Migración a Estados Unidos: remesas, autoempleo e informalidad laboral

MIGRACIÓN A ESTADOS UNIDOS: REMESAS, AUTOEMPLEO E INFORMALIDAD LABORAL

Jesús Arroyo Alejandre y Salvador Berumen Sandoval
Coordinadores

Universidad de Guadalajara
SEGOB / Instituto Nacional de Migración / Centro de Estudios Migratorios
DGE Ediciones
2009

La presente obra se incorpora a la Colección Migración
del Instituto Nacional de Migración.

Primera edición, 2009

D.R. © UNIVERSIDAD DE GUADALAJARA
　　　 Centro Universitario de Ciencias Económico Administrativas
　　　 Periférico norte 799
　　　 45100, Zapopan, Jalisco, México
　　　 http://www.cucea.udg.mx

D.R. © SEGOB
　　　 Instituto Nacional de Migración / Centro de Estudios Migratorios
　　　 Homero 1832, Col. Los Morales, Miguel Hidalgo
　　　 11510, México, D.F.
　　　 http://www.inm.gob.mx

D.R. © DGE Ediciones, S.A. de C.V.
　　　 Sacalum 323, Col. Héroes de Padierna
　　　 14200, México, D.F.
　　　 http://www.dgeequilibrista.com

© Los autores por sus textos

Diseño de portada: DGE Ediciones
Formación y cuidado de la edición: Unidad de Producción Editorial CUCEA/UdeG
Producción: DGE Ediciones

ISBN 978-968-5534-09-3 (UdeG / INM)
ISBN 978-607-7874-08-9 (DGE Ediciones)

Queda prohibida la reproducción parcial o total, directa o indirecta, del contenido de la presente obra, sin contar previamente con la autorización expresa y por escrito de los editores, en términos de la Ley Federal del Derecho de Autor, y en su caso de los tratados internacionales aplicables. La persona que infrinja esta disposición se hará acreedora a las sanciones legales correspondientes.
Las opiniones vertidas en este libro son responsabilidad de sus autores y no reflejan necesariamente la opinión de los coeditores.

Impreso y hecho en México
Printed and made in Mexico

ÍNDICE GENERAL

Presentación 9
Introducción 11

I. GLOBALIZACIÓN Y MIGRACIÓN EN DOS REGIONES DE MÉXICO

Apertura y empleos: la economía de los sectores comerciables
y no comerciables de las regiones de México 29
Kurt Unger
Migración y despoblamiento en el Occidente de México.
El caso de la Costa Alegre de Jalisco 55
Israel Montiel Armas
La migración oaxaqueña: una comparación
con modelos migratorios mexicanos 69
Jeffrey H. Cohen
Crisis económica, mercados de trabajo y emigración
de chiapanecos a Estados Unidos 83
Jorge Alberto López Arévalo
Trabajadores guatemaltecos transfronterizos y emigración
de chiapanecos hacia la Frontera Norte de México
y a Estados Unidos 109
Salvador Berumen Sandoval y Ernesto Rodríguez Chávez

II. MIGRACIÓN, AUTOEMPLEO E INFORMALIDAD LABORAL

Los autoempleados y el sector económico
informal urbano en México 147
Salvador Carrillo Regalado

¿Quiénes son los que se van?
La selectividad de la emigración mexicana 179
Salvador Berumen Sandoval y Julio Santiago Hernández
Migración a Estados Unidos y creación de micronegocios
en doce ciudades pequeñas de la región Centro Occidente de México ... 201
Jean Papail y Fermina Robles Sotelo
Migración México-Estados Unidos desde pequeñas ciudades
del occidente de México, autoempleo y desarrollo regional 227
Jesús Arroyo Alejandre y María Isabel Corvera Valenzuela
Diversificación laboral y autoempleo entre
los trabajadores migratorios guatemaltecos en Chiapas, México 279
Jéssica N. Nájera Aguirre

III. TRANSFERENCIAS INTERNACIONALES DE REMESAS, EXPERIENCIAS Y CAPITAL SOCIAL

Migración, remesas y desarrollo local. El papel de las remesas
en la formación de negocios en Zapotlanejo, Jalisco 317
Alejandro I. Canales y Bianca Carrizales
El Programa Iniciativa Ciudadana 3 x 1 de remesas colectivas en México:
un referente para el programa 2 x 1 en Cuenca, Ecuador 337
Rodolfo García Zamora
Capital social y política social en comunidades migrantes:
reflexiones desde dos comunidades de
los Valles Centrales de Oaxaca 363
Mariana Gabarrot Arenas
La crisis y la participación de los americano-mexicanos
en el desarrollo equitativo de México 387
Mario López Espinosa

PRESENTACIÓN

Este libro está conformado con los resultados de investigación de los participantes en el seminario internacional Autoempleo, Programas Sociales y Migración a Estados Unidos, organizado por la Universidad de Guadalajara, el Centro de Estudios Migratorios del Instituto Nacional de Migración, el Centro de Estudios México-Estados Unidos de la Universidad de California en San Diego y El Colegio de México. La iniciativa de este encuentro, efectuado en diciembre de 2007, correspondió a un grupo de investigadores de dichas instituciones preocupados por la carencia de políticas públicas con enfoque en el desarrollo local y regional, para aumentar el empleo formal, apoyar el autoempleo y el emprendurismo con el fin de aumentar las oportunidades de mejorar los ingresos y la calidad de vida de muchos mexicanos en sus lugares de origen. En el seminario participaron estudiosos de la migración de la capital mexicana, las fronteras norte y sur y el occidente de México, con perspectivas diferentes, lo cual enriqueció el evento, como lo corroboran los trabajos aquí publicados. En sus versiones finales, los autores tomaron en cuenta las observaciones y aspectos más generales e importantes de la discusión.

Este conjunto de trabajos ofrece principalmente hallazgos e información derivados de las investigaciones de académicos y especialistas en los diferentes aspectos de la migración a Estados Unidos, que se pretende sean de utilidad para los tomadores de decisiones directa o indirectamente involucrados en el proceso migratorio.

Es ampliamente conocido que el desempleo en muchas regiones de origen es una de las principales causas de la emigración, así como el subempleo y el autoempleo de personas que obtienen ingresos comparativamente bajos. Los trabajos del libro con este enfoque ofrecen visiones de este problema tanto de carácter macro como individuales, pues analizan información de fuentes secundarias a nivel nacional y regional, así como de encuestas de hogares realizadas por los propios autores. Por ello los hallazgos tienen bases objetivas, un importante grado de originalidad y, lo más relevante, aportan posibles lineamientos de política para los tres ámbitos de gobierno. También se estudian las remesas y sus impactos en los hogares, la creación de empresas y el desarrollo local y regional, así como las relaciones de diversos aspectos de la crisis económica y las diferencias socioeconómicas regionales con el fenómeno migratorio.

Nuestro agradecimiento a las instituciones participantes en la organización del seminario y a los autores por haber aceptado compartir sus ideas y hallazgos en esta obra. De esta manera se ponen a disposición de otros académicos, esperando que contribuyan a la profundización de sus estudios, y de los tomadores de decisiones, a quienes podrían servir de ayuda en el diseño e instrumentación de políticas que resuelvan en alguna medida los problemas que inducen la migración a Estados Unidos.

Agradecemos también al Consejo Nacional de Ciencia y Tecnología el financiamiento otorgado a través del proyecto «El proceso de autoempleo y creación de empresas en áreas urbanas en la región Centro-Occidente» (48205-S) y la contribución financiera de la Universidad de Guadalajara, el Instituto Nacional de Migración y el Centro de Estudios México-Estados Unidos de la Universidad de California en San Diego, que hicieron posible la realización del seminario y la publicación de este libro.

Guadalajara, Jalisco, agosto de 2009.

INTRODUCCIÓN

Jesús Arroyo Alejandre
Salvador Berumen Sandoval

Una primera versión de los trabajos que conforman esta publicación fue presentada y discutida en el seminario internacional Autoempleo, Programas Sociales y Migración a Estados Unidos. Propuestas para Políticas Públicas, que se llevó a cabo en Puerto Vallarta, Jalisco, los días 2, 3 y 4 de diciembre de 2007. El seminario fue auspiciado por la Universidad de Guadalajara a través del proyecto «El proceso de autoempleo y creación de empresas en áreas urbanas del Centro-Occidente de México»,[1] el Instituto Nacional de Migración a través de su Centro de Estudios Migratorios y la Universidad de California en San Diego. Además, se contó con la colaboración del Centro de Estudios Sociológicos de El Colegio de México. Sin el esfuerzo y entusiasmo de las cuatro instituciones no hubiera sido posible la realización del seminario ni la publicación de esta obra. Nuestro profundo agradecimiento a todos los participantes en el seminario por sus brillantes disertaciones y acertados comentarios, que abonaron a la discusión e hicieron posible el perfeccionamiento y la consumación de este esfuerzo.

Quienes participamos en este proyecto compartimos la percepción de que gran parte de los estudiosos del tema migratorio en México se han enfocado principalmente en el estudio de la migración mexicana a Estados Unidos, y que en muchos casos el tema ha sido abordado como si fuera un fenómeno homogéneo en todo el territorio nacional. Se han dejado de lado las peculiaridades regionales y descuidado algunas especificidades del fenómeno, como el hecho de que México también es un país de tránsito y lugar de

---

[1] Este proyecto contó con financiamiento del Consejo Nacional de Ciencia y Tecnología (Conacyt), número de referencia 48205. Responsable del proyecto, Jesús Arroyo Alejandre, investigador del Departamento de Estudios Regionales-Ineser de la Universidad de Guadalajara.

destino de procesos migratorios internacionales. Creemos que se ha puesto demasiado énfasis en las remesas y en su contribución al equilibrio de la balanza de pagos y al sustento de las necesidades básicas de millones de hogares que las perciben. En este contexto, el espejismo de las remesas opacó los costos sociales, las tragedias familiares de la migración y el resquebrajamiento de las estructuras productivas de algunas comunidades de origen, que han provocado que muchas comunidades rurales se dirijan de manera acelerada al abandono y el despoblamiento por la salida continua de sus mejores pobladores: jóvenes de ambos sexos en edad productiva y portadores del capital humano y social de la comunidad. Por otra parte, no han sido suficientemente valoradas y potenciadas las capacidades de los migrantes de retorno, nos referimos a la creación de micronegocios y generación de empleos a su regreso, así como al capital social que aportan a sus comunidades de origen.

La proliferación de micronegocios en la economía informal, la prevalencia de empleos precarios, el autoempleo, la migración interna e internacional, la dependencia de las remesas y la carencia de políticas financieras e industriales con enfoque regional y perspectiva de mediano y largo plazos tienen, seguramente, interrelaciones que no han sido plenamente estudiadas, tampoco se ha evaluado el potencial para detonar el desarrollo socioeconómico de las localidades de origen de la migración. Algunas de estas relaciones son analizadas, implícita o explícitamente, por los autores de los ensayos que conforman esta publicación, todos ellos lo hacen desde una perspectiva crítica y al mismo tiempo propositiva. A lo largo del libro se contrastan resultados empíricos y estudios de caso de dos regiones de México: la región Centro-Occidente, que coincide con la región tradicional de la migración mexicana a Estados Unidos y cuyos orígenes se remontan a finales del siglo XIX, y la región Sur-Sureste, cuya incursión en la migración internacional ocurrió en la última década, aunque existen indicios que nos remontan a mediados del siglo XX; sin embargo, su masificación y extensión territorial es relativamente reciente.

Los ensayos que componen esta obra fueron agrupados en tres secciones: *a)* globalización y migración en dos regiones de México, *b)* migración, autoempleo e informalidad laboral y *c)* transferencias internacionales de remesas, experiencias y capital social. Todas y cada una de las secciones resultan relevantes y oportunas por los contenidos temáticos, las perspectivas teóricas asumidas y el rigor analítico desarrollado por los autores. Por supuesto que los contenidos y conclusiones de algunos trabajos van más allá de la temática de la sección a la que pertenecen; sin embargo, para ordenar la discusión y facilitar su lectura se consideró necesario organizarlos de la manera descrita. Lo anterior, más que una deficiencia, resulta una virtud del libro porque denota que existe una visión de conjunto entre los diferentes ensayos, producto tal vez del intercambio de ideas y de las discusiones llevadas a cabo por los autores en el seminario que dio origen a esta obra.

GLOBALIZACIÓN Y MIGRACIÓN EN DOS REGIONES DE MÉXICO

Un eje integrador de los trabajos que conforman esta sección es el abordaje de la migración como un fenómeno que es resultado, y al mismo tiempo causa, del desarrollo (subdesarrollo, dirían algunos) de las regiones de origen de la migración, influyendo así en la sociedad y en la economía de las mismas. Se destaca la necesidad de estudiarla no como un elemento aislado, sino como parte de las transformaciones regionales que determinan y, al mismo tiempo, son determinadas por los arreglos de la economía global. Se hace evidente la inexistencia de una política suficientemente explícita dirigida a la promoción del desarrollo de microrregiones de amplia migración nacional e internacional. De manera simultánea se destaca la necesidad de tomar en cuenta la vocación y funcionalidad socioeconómica regional de los asentamientos de población y se ponderan los alcances territoriales y encadenamientos sectoriales de las remesas e inversiones públicas y privadas. Esto es importante porque los estudios de caso han demostrado que los efectos positivos de la migración y de las remesas se experimentan no en las pequeñas localidades rurales de origen de la migración, sino en los asentamientos urbanos y semiurbanos que funcionan como centros nodales proveedores de bienes y servicios dentro de esta funcionalidad regional. En resumen, la inserción de México en la globalización ha tenido sectores y regiones ganadoras y perdedoras y, muy probablemente, los habitantes de las regiones perdedoras se han refugiado en la migración como una válvula de escape, al tiempo que las políticas nacionales y extrarregionales no han diseñado mecanismos de compensación regional.

El artículo de Kurt Unger, el primero del libro y de esta sección, dibuja un contexto general de la economía mexicana caracterizado por las contradicciones entre la apertura comercial y los desequilibrios regionales en la generación de empleos. En franca contradicción con los supuestos que dieron origen al Tratado de Libre Comercio de América del Norte (TLCAN), Unger argumenta que las presiones sobre los mercados laborales no han registrado el alivio inicialmente supuesto, por ejemplo, las regiones Norte y Centro de México participan en el producto interno bruto (PIB) en una proporción mayor que la parte correspondiente a la población económicamente activa (PEA), en tanto que en la Sur-Sureste ocurre la situación opuesta. Con el propósito de explicar la generación de empleos en las regiones de México, el autor toma como eje de análisis los sectores comerciables frente a los no comerciables, lo cual le permite llegar a una conclusión que él llama obvia, pero que no lo fue para los negociadores del TLCAN ni lo es actualmente para los hacedores de políticas públicas: sobreviven con más facilidad las actividades económicas no expuestas a la competencia exterior, como lo son el comercio, los servicios y los sectores tradicionales cuya operación se basa en la experiencia local, y además lo hacen con mayores márgenes de rentabilidad y están menos expuestos a cierres de empresas y pérdida de empleos. De esta manera, según el autor, no puede afirmarse que la dinámica de la economía descanse en la relación entre el crecimiento del PIB y la importancia de las manufacturas. Creemos que estas conclusiones merecen un análisis más profundo ya que contradicen frontalmente la hipótesis modernizante de apoyo a la apertura económica y al TLCAN. Además, este trabajo trata un tema de investigación poco explorado, que puede contribuir al análisis de las causas de la migración desde la perspectiva de las regiones de origen.

El trabajo de Israel Montiel pone de manifiesto una situación que ya se venía gestando desde la década de los noventa, pero que se vuelve especialmente crítica durante el quinquenio 2000-2005: la manifestación de la migración interna e internacional en el despoblamiento de un gran número de municipios de la región Occidente de México. El autor resalta el hecho de que, hasta mediados de los noventa, la migración a Estados Unidos, por su carácter circular y los recursos que proporcionaba, fungía como un mecanismo que garantizaba la reproducción social de los municipios con tradición migratoria, anclando en ellos un volumen de población cuando menos constante. Si bien durante las dos últimas décadas del siglo pasado la mayoría de los municipios del Occidente de México habían mostrado saldos netos migratorios negativos, éstos eran compensados por el crecimiento natural de la población. Sin embargo, en el último quinquenio se generaliza el proceso de despoblamiento que llega a afectar a la mayoría de los municipios. En concordancia con lo planteado por Kurt Unger en el capítulo anterior, Montiel menciona que el estancamiento económico y la profunda crisis en las actividades económicas tradicionales de algunas microrregiones del Centro-Occidente de México podrían ser las causales de su despoblamiento. El autor nos ofrece evidencia empírica de la Costa Alegre de Jalisco, una región

INTRODUCCIÓN   15

con alto potencial turístico enclavada al sur de Puerto Vallarta y conformada por cuatro municipios: Cabo Corrientes, Tomatlán, La Huerta y Cihuatlán. Todos ellos experimentaron tasas de crecimiento poblacional positivas durante las últimas décadas del siglo pasado; sin embargo, en el primer quinquenio del presente, la población total de esta región decreció de manera significativa, particularmente el segmento de población de entre 15 y 29 años de edad, lo que podría ser una muestra de las contradicciones inherentes a la globalización y el agotamiento del modelo de desarrollo económico.

El trabajo de Jeffrey H. Cohen nos remonta a la región Sur-Sureste de México, la de mayor pobreza y marginación a escala nacional, así como la más joven en lo que se refiere a tradición migratoria a Estados Unidos. El autor se plantea el interesante reto de explicar la migración oaxaqueña más allá de las teorías acuñadas para las regiones con tradición migratoria; en este afán se da a la tarea de describir la situación sociodemográfica y económica del estado, caracterizada por la pobreza, marginación, desigualdad y precariedad educativa y de salud, pero, al mismo tiempo, dueña de una gran riqueza étnica y cultural que permea los procesos migratorios. Por otra parte, destaca la naturaleza laboral de la migración oaxaqueña que va en busca de un ingreso que satisfaga las necesidades del migrante y su familia. La migración oaxaqueña no es por «aventura», dice el autor, la decisión es tomada en relación con las necesidades del hogar y de los recursos con los que cuenta; es común la emigración del jefe del hogar y la permanencia en Oaxaca de la esposa que se encarga de cuidar a los hijos, administrar las remesas y realizar algunas actividades para complementar los ingresos. Si bien los orígenes de la migración oaxaqueña a Estados Unidos datan de la primera mitad del siglo XX y los primeros migrantes oaxaqueños formaron parte del Programa Bracero, su masificación se presentó a finales de la década de los ochenta del siglo pasado. El autor hace un recuento detallado de las peculiaridades de la migración oaxaqueña, señala que la migración a Estados Unidos tiene como antecedente una amplia tradición migratoria interna; sin embargo, las crisis económicas de finales del siglo pasado y el resquebrajamiento de la estructura productiva, tanto del campo como de las ciudades, obligaron a los oaxaqueños a buscar alternativas más allá de las fronteras nacionales, tanto para allegarse mayores ingresos como para sortear otros inconvenientes de la migración interna, como el racismo y la discriminación de que son objeto dentro del territorio nacional.

Continuando con la región Sur-Sureste, el trabajo de Jorge Alberto López da cuenta de un fenómeno migratorio sumamente reciente y, al mismo tiempo, explosivo: la emigración de chiapanecos a Estados Unidos, que comenzó con la crisis de los precios del café en 1989 pero tiene su catalizador en desastres naturales como el huracán *Mitch*, que afectó las regiones Sierra, Costa y Soconusco de Chiapas a fines de 1998. Resulta muy ilustrativa la descripción de cómo Chiapas pasó de un modelo agroexportador que tenía su base en el café y en el binomio milpa-finca a uno exportador de mano de obra. De esta manera, las recurrentes crisis económicas, el fin de la expansión de la frontera agrícola, los desplazamientos de población y los desastres naturales propiciaron que Chiapas, después de ser un estado que hasta el año 2000 retenía población, se convirtiera en una entidad expulsora de mano de obra de baja calificación y barata. El éxodo masivo de importantes contingentes de chiapanecos en un periodo corto no ha estado exento de altos costos sociales y económicos, como el incremento de la vulnerabilidad de amplios sectores de población (tanto los que se van como los que se quedan), además de que obliga a la reestructuración de las actividades productivas y en algunos casos propicia la destrucción de los medios de vida. La mano de obra chiapaneca ha sido movilizada por el capital hacia la frontera norte o Estados Unidos ante la ausencia o insuficiencia de inversión privada nacional o local, así como de inversión extranjera directa. La globalización por la vía neoliberal, concluye el autor, es un fenómeno que incluye, excluye y destruye. A Chiapas la excluye de los flujos de comercio e inversión, desvaloriza y destruye algunas de sus actividades productivas y la incluye por medio de los flujos migratorios.

Para cerrar esta sección, Salvador Berumen y Ernesto Rodríguez analizan el posible vínculo entre el creciente número de trabajadores guatemaltecos en el estado de Chiapas y la reciente incorporación de la entidad al fenómeno de la migración internacional, misma que está ocurriendo a un ritmo acelerado y en un periodo de tiempo relativamente corto, de tal manera que sus causas y consecuencias no han sido suficientemente comprendidas. Los autores se proponen indagar si los guatemaltecos que hoy en día se emplean en Chiapas propician la emigración de los nativos a Estados Unidos a través del desplazamiento laboral, o si por el contrario están cubriendo un vacío en los mercados de trabajo locales dejado por la emigración de los nativos. Los autores concluyen que no hay evidencia suficiente para afirmar que el mayor volumen de trabajadores guatemaltecos en Chiapas, así como la diversificación ocupacional y ampliación de su territorio de influencia más allá de la zona fronteriza, haya impactado negativamente el mercado de trabajo local y propiciado la emigración de los nativos, como lo suponen algunos sectores proteccionistas. La evidencia de dos encuestas de flujos migratorios, una dirigida a estudiar la emigración de chiapanecos hacia la frontera norte de México y a Estados Unidos (EMIF Norte) y otra especializada en la inmigración de guatemaltecos hacia el sur de México (EMIF Guamex) sugieren que ambos grupos siguen trayectorias migratorias independientes, aunque ambos están estrechamente vinculados con la dinámica económica y social de la región. Debe mencionarse que los trabajadores guatemaltecos forman parte de una vida transfronteriza que tiene raíces estructurales, de tal manera que los cambios recientes en el comportamiento de ambos flujos deben entenderse en un contexto histórico y como parte de las transformaciones económicas recientes y la exposición de la región al capital transnacional y la competencia externa.

Migración, autoempleo e informalidad laboral

Los cinco trabajos que conforman esta sección dan cuenta de las complejas interrelaciones entre la migración internacional y los procesos que sigue el autoempleo, así como del probable vínculo de éste con la economía informal. La lectura de los diferentes trabajos permite formarse una idea de conjunto sobre las trayectorias laborales que siguen diversos grupos de población en México, en particular aquellos que han optado por el autoempleo. Es posible contrastar la situación de la población mexicana (no migrantes, migrantes y migrantes de retorno) con los trabajadores fronterizos guatemaltecos en la frontera sur de México. Se puede constatar que el cambio de situación laboral durante el curso de la vida de los individuos no sólo involucra a los migrantes de retorno, sino también a los no migrantes. Es decir, el autoempleo es una actividad bastante generalizada en las zonas urbanas y semiurbanas con cierto dinamismo económico, así como en las ciudades fronterizas del sur de México; además, generalmente se desarrolla en el sector informal.

El primer trabajo de esta sección, elaborado por Salvador Carrillo, analiza las características ocupacionales y económicas de los autoempleados utilizando la información de la Encuesta Nacional de Ocupación y Empleo (ENOE). El autor demuestra que los autoempleados en el sector económico informal presentan una mayor precariedad laboral que sus contrapartes del sector formal, ya que en ese sector predominan las actividades económicas llevadas a cabo sin un local establecido, con bajos requerimientos de activos y sin ayudantes asalariados; además, se trata de unidades económicas con menor capacidad financiera, de menor tamaño dentro del conjunto de los negocios de autoempleados y que atienden a segmentos de mercados más competidos. La evidencia mostrada por el autor permite aseverar que el autoempleo (formal e informal) tiene un notable arraigo en la actividad productiva nacional, ya que la gran mayoría de los autoempleados no consideran que desempeñan actividades de ingresos complementarios sino que dependen económicamente de ellas; son además estables, no demandan o buscan un segundo empleo y en general no disponen de otras fuentes de ingresos. Otro dato que llama la atención es que el autoempleo es generado desde el sector formal con una posición de asalariado y no mayoritariamente desde el desempleo abierto, como podría suponerse; además, una vez que los trabajadores se autoemplean, se visualizan escasas posibilidades de que regresen a una situación de trabajador asalariado en los sectores formales de la economía, incluso para los autoempleados más precarios. Sin embargo, a largo plazo, la informalidad y el autoempleo no ofrecen una solución para la erradicación de la pobreza, por ello el autor sugiere formalizar de manera gradual las propiedades y actividades de los pequeños negocios desde los gobiernos locales y no buscar que el crecimiento del sector formal reduzca sustancialmente la informalidad económica.

El trabajo de Salvador Berumen y Julio Santiago también es realizado con información de la ENOE pero, a diferencia de Salvador Carrillo, los autores se enfocan en el análisis del perfil sociodemográfico y laboral de los migrantes internacionales antes de iniciar su experiencia migratoria y lo contrastan con la población no migrante. El trabajo cuestiona uno de los hallazgos más debatidos en la literatura, que analiza cómo los inmigrantes en Estados Unidos no constituyen una muestra aleatoria de la población de su país de origen. Utilizando este marco de análisis, los autores se preguntan si los mexicanos que emigran más allá de las fronteras de México son los mejores y más brillantes de su región de origen; sus resultados demuestran que en el caso de las localidades rurales la selectividad de la emigración internacional es claramente positiva, independientemente de que sea medida en términos de credenciales educativas o de participación económica y desempeño laboral; en el caso de las localidades de urbanización media, la selectividad continúa siendo positiva, aunque en menor magnitud; en las localidades altamente urbanizadas los resultados son ambiguos, ya que en términos de credenciales educativas hay una ligera selectividad positiva a favor del grupo con nivel de educación medio y superior que pudiera ser un indicativo de la creciente migración calificada; sin embargo, en términos de ingresos, los migrantes son seleccionados negativamente, es decir, los que emigran perciben menores ingresos que los que se quedan. Lo anterior podría estar revelando, en el caso de las ciudades más urbanizadas, una insatisfacción con el nivel de ingresos prevaleciente en el mercado de trabajo, que impulsa a algunos de sus pobladores a buscar alternativas fuera del país, a pesar de poseer credenciales educativas ligeramente superiores que sus contrapartes no migrantes internacionales. Los autores resaltan la importancia del análisis por tamaño de localidad, ya que al tomar la población como un todo (sin diferenciar por tamaño de localidad) la selectividad sería ligeramente negativa. La aparente contradicción se explica porque, en general, las credenciales educativas y laborales de los pobladores rurales son inferiores a las que prevalecen en áreas más urbanizadas, y dado el peso relativo de las áreas rurales en términos de migración, los resultados generales presentan un sesgo hacia la selectividad negativa. Una conclusión preliminar y que se vincula con el objetivo central de este libro es que los empleadores y trabajadores por su cuenta tienen una propensión a emigrar ligeramente menor; por el contrario, entre los trabajadores sin pago y entre los desempleados ocurre lo contrario, es decir, la propensión a emigrar es mayor. Lo anterior ofrece cierta evidencia que podría sustentar el diseño de estrategias para utilizar el autoempleo como ancla de la población en su lugar de origen; sin embargo, los autores consideran necesario abundar más sobre este punto y, como lo menciona Carrillo, se deben generar las condiciones para que el autoempleo y los micronegocios se integren al sector formal de la economía.

Los siguientes dos trabajos, el primero de Jean Papail y Fermina Robles y el segundo de Jesús Arroyo e Isabel Corvera, utilizan evidencia empírica de una encuesta a hogares realizada en 2006 en doce ciudades pequeñas del Centro-Occidente de México y cuyo objetivo fundamental fue indagar sobre el probable vínculo entre el autoempleo, la creación de micronegocios y la emigración a Estados Unidos. Ambos trabajos forman parte de un proyecto más amplio que tuvo su origen en los hallazgos de diversos estudios previos realizados por los autores en esta región; en ellos se demuestra que una elevada proporción (entre 20 y 30 por ciento) de migrantes a Estados Unidos que habían sido asalariados antes de emigrar se convierten en patrones o trabajadores por cuenta propia (autoempleados) cuando regresan y establecen su residencia en México. De igual manera, algunos migrantes de retorno utilizan las habilidades y conocimientos adquiridos durante el proceso migratorio, junto con sus ahorros, para generar el autoempleo de alguno o varios miembros de la familia. De la misma forma, en ocasiones las remesas son invertidas por los familiares que permanecen en los lugares de origen para los propósitos arriba mencionados. Una ventaja de la encuesta es que fue dirigida a los hogares con presencia de autoempleo, independientemente de que el hogar tuviera o no miembros con experiencia migratoria o percibiera remesas de migrantes; lo anterior permite dar seguimiento puntual a las trayectorias que sigue el proceso del autoempleo y, al mismo tiempo, contrastar la situación cuando existe o existió un vínculo directo o indirecto con la migración a Estados Unidos.

El trabajo de Papail y Robles permite constatar que en las ciudades en que se aplicó la encuesta existe una presencia significativa de personas con experiencia migratoria a Estados Unidos; además, muestra que existe una interrelación positiva entre experiencia migratoria a ese país y autoempleo. Por ejemplo, quienes durante la aplicación de la encuesta se desempeñaban en México como no asalariados habían enviado mayores montos de remesas durante su trayectoria migratoria, y entre las y los ex migrantes el porcentaje de autoempleados es mayor que entre los no migrantes. Estos resultados parecen contradecir lo expresado por Carrillo en el sentido de que es muy bajo el número de migrantes de retorno que se establecen luego como autoempleados, al igual que el número de éstos que reciben ayuda de alguien que vive en el extranjero. Creemos que esta afirmación de Carrillo debe ser matizada, ya que la ENOE recupera la experiencia migratoria del trimestre anterior, mientras que la encuesta utilizada por Papail y Robles recupera información sobre las experiencias migratorias y las transferencias de remesas a lo largo de la vida laboral del individuo. Por otra parte, el trabajo de estos autores corrobora el incremento de la participación económica de las mujeres durante los últimos años, especialmente en la categoría de trabajadoras por cuenta propia; sin embargo, también evidencia que el autoempleo no resuelve la mayor precariedad laboral de las mujeres en comparación con los hombres. Mientras que para la población masculina el ser asalariado se traduce en menores ingresos, para la población femenina no ocurre lo mismo: las asalariadas tienen ingresos superiores a las trabajadoras por cuenta propia. Es muy probable que el diferencial del nivel de calificación (medido por el nivel de escolaridad) entre las mujeres de los dos grupos –más elevado que en la población masculina– represente un factor importante para explicar esta diferencia. Finalmente, en concordancia con los dos trabajos anteriores, tanto los hombres como las mujeres perciben que el retorno a la situación de asalariados no mejoraría su nivel de ingresos, es decir, se reafirma que el autoempleo es percibido como una actividad estable en cuanto a generación de ingresos y se hace evidente la necesidad de orientarla hacia el sector formal de la economía.

El cuarto trabajo de esta sección, elaborado por Jesús Arroyo e Isabel Corvera, puede leerse como complementario al trabajo de Papail y Robles, ya que ambos utilizan la misma fuente de información empírica; sin embargo, el presente trabajo va más allá que el anterior, ya que no sólo describe los procesos del autoempleo y su interrelación con la migración a Estados Unidos, sino que se cuestiona sobre sus determinantes y la calidad y el tipo de empleo: emprendurista del tipo schumpeteriano o de refugio y supervivencia en el sector informal. A nivel micro, los resultados muestran que la mayor parte del empleo generado en las ciudades estudiadas es de refugio o sobrevivencia; sin embargo, resulta interesante el análisis y seguimiento que hacen los autores de los casos considerados autoempleo exitoso. A nivel macro, los autores hacen un análisis de conjunto sobre la funcionalidad regional, la base económica y la presencia de migración internacional en las doce ciudades estudiadas del Centro-Occidente de México. El análisis realizado les permite concluir que la migración y las remesas, vistas de manera aislada, tienen un impacto muy reducido en la generación de empleos y en la calidad de éstos, pero cuando a estas variables se suman la existencia de vías de comunicación que transforman las ciudades en centros nodales proveedores de servicios a nivel regional, así como una base económica propia y dinámica, se observa una mayor propensión a la retención y el arraigo de la población, así como un mayor índice de generación de empleos y mayor calidad de éstos.

El último trabajo de esta sección, elaborado por Jéssica N. Nájera, también aborda el interesante tema de la migración internacional y la tendencia creciente a la diversificación laboral y el autoempleo, pero se enfoca en los trabajadores fronterizos guatemaltecos en el estado de Chiapas. El trabajo se nutre de la información recabada por la Encuesta sobre Migración en la Frontera Guatemala-México 2007 (EMIF Guamex). La autora documenta la reciente diversificación en los oficios y profesiones desempeñados por los trabajadores guatemaltecos transfronterizos, en contraposición con el papel que tradicionalmente habían desempeñado como trabajadores agrícolas en las fincas de café en la región del Soconusco, Chiapas. El análisis se realiza de manera comparativa entre dos grandes grupos: *a)* los trabajadores fronterizos guatemaltecos que van a trabajar a Chiapas y regresan el mismo día, y *b)* los trabajadores temporales guatemaltecos, cuyas estancias en México son mayores de un día pero menores de un año. Resulta muy interesante constatar que, al igual que la migración mexicana, los trabajadores guatemaltecos se han visto obligados a diversificar y maximizar las fuentes de generación de ingresos para sus hogares; de esta manera, hoy en día un gran número de ellos se encuentran trabajando en sectores no agrícolas como una estrategia para hacer frente a los procesos de globalización y a las condiciones de pobreza que aquejan a la zona fronteriza de Guatemala y México. Además de identificar las principales características sociodemográficas, laborales y migratorias de los trabajadores guatemaltecos en Chiapas, el artículo destaca que la mayoría de los oficios y profesiones desempeñados por ellos son empleos informales, de baja calificación y precarios. Situación que es explicada, por un lado, por las propias características personales de los trabajadores guatemaltecos transfronterizos y, por el otro, por las condiciones laborales, el tiempo trabajado, el oficio o profesión desempeñado, la existencia o no de contrato de trabajo, la posesión o no de documentación migratoria y laboral y el acceso o no a prestaciones sociales conforme a la ley.

Transferencias internacionales de remesas, experiencias y capital social

A pesar de la tendencia reciente a la estabilización de la magnitud de las remesas enviadas por los migrantes mexicanos –el inicio de su declive según algunos–, su volumen ronda los 24 000 millones de dólares anuales. Esta cifra las sitúa como la segunda fuente de divisas para el país, sólo por debajo de las exportaciones petroleras; de igual manera, coloca a México en el primero o segundo lugar entre los países perceptores de remesas en el mundo, superando o equiparándose en volumen a países como India, China, Francia y Filipinas. Tanto el volumen de remesas como el continuo crecimiento experimentado durante el último lustro del siglo pasado y el primero del actual, llamaron la atención de académicos, gobiernos y organismos internacionales de cooperación para el desarrollo, de forma que en diversos artículos y foros se ha discutido sobre el potencial de estos recursos para la promoción del desarrollo y el bienestar de la población que las percibe, y sobre su participación en la reducción de la pobreza y las desigualdades sociales y regionales. Además de los impactos positivos para los hogares perceptores y para el equilibrio de la balanza de pagos, se ha subrayado su capacidad para impulsar el desarrollo económico de las regiones de origen de la migración, a través de la creación, mantenimiento y desarrollo de pequeños negocios. El debate ha rebasado las potencialidades, reales o supuestas, de las remesas y se ha llegado a plantear que éstas son sólo una parte del capital social de la migración, el cual estaría conformado por las remesas, individuales o colectivas, el capital humano, los ahorros adquiridos durante el proceso migratorio, las redes sociales y familiares, las organizaciones de migrantes y el trabajo comunitario en el origen o en el destino. En este orden de ideas, el capital social de los migrantes sería un recurso coadyuvante para superar las condiciones de vulnerabilidad social y precariedad económica de las comunidades de origen y tendría sentido desarrollar estrategias para orientar las remesas, ahorros y capacidades de los migrantes hacia la creación de negocios y la generación de empleos. Los cuatro artículos que integran esta sección presentan estudios de caso o alternativas sobre transferencias internacionales de remesas, de experiencias y de capital social que resultan muy ilustrativos para los propósitos de esta publicación.

El primer artículo de esta sección, elaborado por Alejandro Canales y Bianca Carrizales, presenta un estudio de caso del municipio de Zapotlanejo, Jalisco, localidad que en los últimos lustros ha recibido un fuerte impulso económico, sustentado en la inversión en centros de producción y distribución de la industria textil y que se beneficia, en términos de mercado, de su cercanía con la zona metropolitana de Guadalajara. El trabajo tiene como objetivo fundamental ponderar el impacto de las remesas en la dinámica económica local de una comunidad con alta intensidad migratoria, pero también con un alto grado de dinamismo económico. Esto último es relevante porque a diferencia de los trabajos presentados en la sección anterior permite medir el papel e impacto de las remesas en un entorno económico favorable a la inversión productiva. Los autores concluyen de manera tajante que el impacto productivo de las remesas es prácticamente el mismo que el de cualquier otro fondo de inversión; de igual manera, el empleo generado no depende del origen del capital (remesas u otro), sino del volumen del mismo, por ello carece de sentido diseñar políticas o estrategias de desarrollo basadas únicamente en la promoción de las remesas productivas. La evidencia estadística del trabajo permite corroborar que las remesas aportan cerca del 10 por ciento de la inversión en negocios a nivel local y que el 17 por ciento de los establecimientos recurrieron a esta fuente de recursos para su instalación; sin embargo, afirman los autores, ello no indica un potencial productivo de las remesas diferente al de otros ingresos, sino más bien la carencia de otras fuentes de financiamiento de la inversión productiva, así como la ausencia de una adecuada política industrial.

Los coordinadores del libro coincidimos en la necesidad de políticas financieras e industriales adecuadas, con enfoque regional, y en que las remesas no pueden suplir su ausencia, pero también invitamos a la siguiente reflexión: ¿qué pasaría en las localidades de origen si las remesas no estuvieran llenando este hueco (10 por ciento de la inversión productiva o del balance ingreso-gasto de los hogares) o cuáles serían los efectos sociales si durante los últimos quince años la migración no hubiera sido la válvula de escape al desempleo o subempleo de alrededor de 400 000 mexicanos cada año?

El trabajo de Rodolfo García Zamora da cuenta de la evolución reciente del programa 3 x 1 de remesas colectivas en México y de cómo puede ser un referente para el programa 2 x 1 en Cuenca, Ecuador. La lectura del trabajo nos recuerda que, además de transferencias de remesas familiares, la migración puede generar un capital social que se plasma en organizaciones de migrantes de alcance transnacional y que, en ciertas circunstancias, estas organizaciones pueden convertirse en promotoras del cambio institucional y de proyectos de codesarrollo en sus lugares de origen. El ejemplo más emblemático del potencial de este tipo de organizaciones es el programa 3 x 1, en México, cuyo surgimiento, evolución, limitaciones y desafíos son descritos sucintamente por el autor; este recuento permite rescatar elementos útiles para el desarrollo de un programa similar en Cuenca, Ecuador. El autor destaca algunas diferencias fundamentales entre la migración mexicana y la ecuatoriana; en particular destaca la juventud y la diversificación en cuanto a lugares de destino de la ecuatoriana, y a esto atribuye que las organizaciones de migrantes sean débiles o en proceso de formación, y, por elo, no realizan donaciones o transferencias de remesas colectivas por canales institucionalizados; por otra parte, destaca que una fortaleza del programa cuencano es la existencia de un plan de desarrollo estratégico hasta el año 2020 y una sólida administración municipal que posibilita la coordinación entre el gobierno y los ciudadanos. Por el contrario, en México, la mayoría de los gobiernos municipales y las organizaciones locales son débiles, lo que constituye el talón de Aquiles del programa 3 x 1 y de otras iniciativas de codesarrollo en las que podrían participar los migrantes y sus coterráneos en las comunidades de origen.

El trabajo de Mariana Gabarrot nos transporta al estado de Oaxaca, que forma parte de la región Sur-Sureste de México, considerada emergente en lo que se refiere al fenómeno migratorio internacional. La proximidad con la ciudad de México y las áreas de agricultura comercial de los estados vecinos de Puebla y Veracruz han hecho de Oaxaca una fuente tradicional de migración interna más que de migración internacional. La autora sustenta su trabajo en dos estudios de caso en las comunidades Díaz Ordaz y San Juan Teitipac, ubicadas en los Valles Centrales de Oaxaca, que tienen características comunes a la mayoría de las comunidades oaxaqueñas: su población es de alrededor de 2 500 habitantes, predomina la agricultura tradicional como una de las fuentes de subsistencia y una proporción de su población habla alguna lengua indígena. Existen al menos dos elementos que hacen peculiar la migración oaxaqueña y propician el arraigo de parte de la familia o el retorno de los migrantes a la comunidad de origen: *a)* la administración familiar del sistema de herencia de la tierra, que obliga a los hijos a cuidar a los padres, deber que de incumplirse acarrea sanciones específicas, y *b)* el sistema de usos y costumbres, que ha instituido una serie de obligaciones comunales y tiene la facultad de sancionar a quienes no cumplen con ellas. Por otro lado, los migrantes crecen en un entorno en el que los miembros de la familia participan en el sostenimiento del hogar mediante estrategias de vida diversificadas. Estos arreglos no cambian con la migración, de hecho ésta es una decisión familiar y se ha convertido en una estrategia de vida generalizada en la mayoría de las comunidades de Oaxaca. De esta manera, el compromiso con la reproducción del hogar en México puede ser visto como una continuación de las relaciones familiares y de las responsabilidades sociales que son comunes históricamente en estos pueblos. Desde esta perspectiva, las remesas tendrían un impacto positivo no sólo cuando generan desarrollo económico local, sino también cuando contribuyen a la reproducción de la familia en la comunidad de origen, gracias al sostenimiento del capital social. Las remesas también se utilizan en ocasiones para compensar a algún familiar mientras desempeña un cargo civil o religioso a nombre del migrante que se encuentra en Estados Unidos. En suma, los hallazgos del trabajo de Mariana Gabarrot son una invitación a integrar la migración en el diseño de política social y vincular a ésta última con los programas para migrantes, de tal forma que transitemos a un enfoque de diseño de políticas transnacionales para poblaciones transnacionales y trascendamos la innecesaria diferenciación conceptual que conduce a políticas para comunidades de origen y políticas para comunidades de destino, como si se tratara de dos fenómenos diferentes.

El último trabajo de esta sección y del libro es el de Mario López Espinosa, el único que no fue presentado en el seminario que dio origen a esta publicación. Agradecemos al autor haber aceptado la invitación para sumarse a este esfuerzo, ya que su aportación permite cerrar el libro con una valoración actualizada de los impactos de la crisis económica global en la economía nacional, de los probables efectos de ésta en el comportamiento de los flujos migratorios México-Estados Unidos y del rediseño de nuevas estrategias para la gestión de este fenómeno. El autor lanza una llamada de alerta a los diferentes actores nacionales para que reconozcan la profundidad de la crisis y tomen las medidas pertinentes para aminorar sus efectos; argumenta que el país ya se encontraba en crisis desde hace tiempo y la crisis global tan sólo exacerbó y agudizó la delicada situación nacional. Respecto al vínculo crisis-migración, pone en duda el supuesto regreso masivo de connacionales, reconoce que al ser despedidos y no encontrar nuevas opciones laborales algunos paisanos optarán por el regreso, pero la gran mayoría permanecerá en su nuevo lugar de residencia aun sin empleo; menciona que van a preferir la expectativa de trabajar algunas horas al mes, porque en última instancia les significará un ingreso superior al que obtendrían en el bastante improbable caso de conseguir un empleo en sus comunidades de origen. Por otra parte, argumenta que es probable que la crisis de México motive a más mexicanos a abandonar sus lugares de origen en busca de oportunidades de empleo, pero en el corto plazo no se dirigirán a Estados Unidos, sino hacia los grandes centros urbanos, hacia la ciudad capital de cada entidad federativa; al mismo tiempo visualiza que muchos mexicanos pobres, asesorados por las redes sociales y familiares, suspenderán este año, y tal vez el próximo, su salida trágica hacia el vecino país del norte. Finalmente, conviene destacar que el autor hace una propuesta para promover la vinculación del fenómeno migratorio con el desarrollo equitativo en México, la cual se basa en orientar la acción de fomento hacia la comunidad mexicano-estadounidense (aquellos que nacieron o se formaron en Estados Unidos), y que están integrados o decididos a integrarse cultural y económicamente a la sociedad y la realidad estadounidense. El autor aclara que no se propone desatender a los migrantes mexicanos que han desarrollado cierta capacidad y experiencia empresarial y están dispuestos a efectuar inversiones directas en sus comunidades o regiones de origen: los apoyos y el reconocimiento a ellos deben permanecer e incluso incrementarse; sin embargo, es necesario aprovechar el potencial de los mexicano-estadounidenses que si bien, en contraste con los trabajadores migrantes, están mucho menos dispuestos a efectuar donaciones y aportar recursos para cofinanciar obras públicas de beneficio comunitario, están, eso sí, más dispuestos a, y en mejores condiciones de, colocar recursos en posición de riesgo con un propósito particular de negocio en proyectos productivos en México, cuyos supuestos de viabilidad y expectativas razonables de rentabilidad lo justifiquen. Resulta muy interesante dar seguimiento a los principales obstáculos a la inversión productiva que el autor menciona, revisar los proyectos productivos que sugiere promover y analizar algunos mecanismos a través de los cuales podrían los mexicano-estadounidenses participar en el riesgo financiero de los proyectos productivos.

I
GLOBALIZACIÓN Y MIGRACIÓN EN DOS REGIONES DE MÉXICO

APERTURA Y EMPLEOS: LA ECONOMÍA DE LOS SECTORES COMERCIABLES Y NO COMERCIABLES DE LAS REGIONES DE MÉXICO

Kurt Unger[1]

Introducción

Este documento ofrece evidencias preliminares acerca de los determinantes económicos que pueden explicar la generación de empleos en las regiones de México en años recientes. La apertura comercial y de inversiones no ha tenido efectos parejos en las regiones, pero tal vez de mayor relevancia es que en general tampoco ha dado resultados significativos.[2] La explicación predominante es que el Tratado de Libre Comercio de América del Norte (TLCAN) no ha detonado las condiciones económicas hacia el crecimiento de la mayoría de las actividades, limitando por tanto las oportunidades de empleo que en su momento pudieron anticiparse.[3]

En realidad, menos debería haberse esperado del TLCAN, a no ser pecando de ingenuidad flagrante, para que llegara en tan corto tiempo a igualar las condiciones de competitividad en las muy diversas regiones de México. No obstante, el resultado es doblemente pernicioso: subsisten con relati-

---

[1] Agradezco la colaboración de José Gilly en la elaboración de esta versión.
[2] El debate acerca de la relación entre la apertura comercial y el crecimiento en economías en desarrollo aún dista de haber concluido. El caso de México sin duda se sitúa entre las evidencias menos convincentes. Un símil se encuentra en el ámbito de relación con la migración, donde se identifican dos extremos en el argumento, uno a favor de las contribuciones positivas de la migración y el otro, insistiendo en la relación de dependencia total y permanente que se expresa en las crecientes remesas enviadas. Para una introducción al debate, un tanto sesgado, sobre los efectos de las remesas, véase Taylor (1999: 63-86).
[3] El TLCAN intensificó las interacciones entre ambos países, pero «al mismo tiempo ha obligado a importantes reestructuraciones económicas, las cuales se han traducido en un incremento de los desequilibrios y disparidades en el interior de México y con respecto a Estados Unidos, y por ende, en el incremento de las presiones migratorias, entre otras» (Alba, 2000, citado en Zúñiga *et al.*, 2005: 7).

vo éxito las actividades menos expuestas a la competencia y de menor ritmo de progreso técnico, en tanto que los comerciables «modernos» que dependen de considerables recursos de inversión e innovación en forma permanente pierden importancia ante la competencia internacional.

En cuanto a la generación de empleos, tampoco hay buenas nuevas, pues la tendencia principal es que el desempleo inercial se agudiza. Al respecto de la inercia, basta considerar la estimación del déficit ocupacional remunerado en un 24 por ciento de la PEA nacional para el año 2000, esto es, un rezago en que uno de cada cuatro jóvenes que quiere emplearse no lo consigue. Esa proporción alcanza niveles hasta del 40 por ciento en algunas regiones (Conapo, 2005). En este trabajo, la causalidad que buscamos irá en el sentido que impone la evolución de la economía, en tanto que no favorece la generación de nuevos empleos.[4]

El argumento justificativo respecto de la apertura de la economía para ser sometida a las tendencias de la globalización y con el TLCAN, que conduciría a mayores beneficios económicos derivados de aumentar la integración comercial y que traería la modernización de la planta productiva, también da cabida para anticipar aspectos cuestionables. El efecto de las nuevas inversiones y la generación de nuevos empleos en las cantidades deseadas ha resultado a todas luces insuficiente, por decir lo menos. El análisis que se presenta a continuación intenta dar evidencias coherentes en este sentido.

La tarea sustantiva que intentamos consiste en estimar los sesgos con que se conduce el crecimiento económico, los que se traducen en la limitada generación de nuevos empleos en las entidades federativas mexicanas. La comparación es para los 31 estados y el Distrito Federal, en diferentes regiones y con características distintas. De suma importancia también será tomar en cuenta la evolución de los impactos en el tiempo, aunque esta tarea depende de la información disponible en bases comparables.

Los impactos previstos con la apertura y el TLCAN incluían conseguir ganancias en la productividad, nuevas inversiones, más empleos y mejoras en los salarios e ingresos, todo ello a través de esfuerzos de inversión que deberían estar asociados a las condiciones que prevalecen en las distintas regiones de México, y que en última instancia deberían compensar por las pérdidas de competitividad en otras actividades.

---

[4] La relación con los flujos de migración y los efectos que la misma provoca en las regiones de origen, es un ejercicio que en su oportunidad ya fue consignado en otro trabajo (Unger, 2005a).

En ese sentido de reestructuración, hay antecedentes que merecen ser revisados con cuidado. Entre los resultados más importantes de análisis previos, rescatamos una tendencia general hacia la convergencia de las regiones en más de un sentido: sea por indicadores de modernización y de riqueza o pobreza relativa (Unger, 2005a). Es decir, la tendencia dominante es que las regiones se igualen en el tiempo. El resultado, sin embargo, resulta mejor y es más acelerado en algunos estados del norte y centro del país que en otros. A final de cuentas, la estructura productiva que prevalece es, como veremos, la que manda. Mención aparte merece el resultado principal de este ejercicio en cuanto al papel determinante que desempeñan los no transables en la supervivencia y dinámica de muchas de esas estructuras locales.

El trabajo consta de tres secciones además de esta introducción. La primera sección es esencialmente descriptiva de los estados[5] en cuanto a su importancia en PIB y empleo, agrupándolos también en las regiones en que se integran. La segunda sección destaca para cada estado la importancia del producto interno bruto y la orientación económica por sectores (manufactura, servicios, comercio y otras actividades), mismos que son agrupados como comerciables (transables) y no comerciables (no transables). La tercera sección profundiza en el examen de la composición económica de las actividades principales y su evolución, de manera que se pueda explicar la absorción laboral respectiva a cada estado. Las conclusiones aluden a una política industrial y regional que haga énfasis en la promoción de conjuntos o aglomeraciones competitivas de impulso a los mercados internos, incluyendo tanto actividades comerciables como no comerciables.

Empleo y producción por regiones y estados

La primera sección describe las regiones y los estados que las integran según suelen ser definidos en los trabajos de economía y demografía regional.[6] Esto permitirá, entre otras cosas, aprovechar las estimaciones que hace el Conapo del déficit ocupacional en empleos remunerados (*vis-à-vis* la PEA)

---

[5] Aunque se trata de una regionalización con el criterio de expulsión migratoria, también es apropiada en el sentido de agrupar estructuras económicas afines entre los estados de cada región.
[6] Véase, por ejemplo, la compilación reciente del Conapo (2005). Una aplicación de la misma sirvió en el ejercicio que antecedió a éste y que dio pie a las preguntas que aquí atendemos (Unger, 2006).

por los estados mexicanos, para relacionarlas con la estructura productiva en su capacidad de generar nuevos empleos. El censo de 2000 aporta también algunos elementos para identificar algunas de las causas y de los efectos de la limitada generación de empleos y otros impactos no esperados del reacomodo del orden internacional.[7]

Desde la perspectiva mexicana, la intención de integrarse con Estados Unidos y Canadá en una misma región económica, tendencia ya en marcha desde los ochenta y subrayada por la suscripción del TLCAN, elevó las expectativas para tal integración en muchos aspectos, incluyendo el alivio a las presiones de los mercados laborales de ambos lados.

Los impactos regionales han sido diferentes. Una primera aproximación para las cuatro regiones se toma del trabajo extenso de Unger (2006), pues es reveladora de disparidades de fondo entre dos grupos regionales: de una parte, las regiones Centro-Occidente y Sur-Sureste con economías más tradicionales y de menor productividad, cuya participación en la población económicamente activa (PEA) y en el personal ocupado queda muy por encima de su importancia en el producto interno bruto (PIB) nacional. Caso aparte son las regiones con economías más dinámicas del Norte y Centro, que son más importantes en producción que en sus respectivas participaciones en PEA y empleo.[8] Difícilmente causa sorpresa que las regiones Norte y Centro participen con más de seis puntos porcentuales en el PIB que en la PEA. Lo opuesto distingue la región Sur-Sureste, con ocho puntos porcentuales de diferencia a favor de su participación en la PEA por sobre la de producción.

Los estados que más de cerca exhiben ese patrón diferenciado en cada región son unos cuantos, como detallamos a continuación. En la región Norte, Nuevo León, Chihuahua y Coahuila exceden su participación en el PIB con más del 1 por ciento lo que representan en PEA (cuadro 1). En la Centro está todavía más polarizado este aspecto, pues por sí solo el Distrito Federal

---

[7] La información del Censo se obtiene mediante dos cuestionarios: uno básico y uno extendido. El segundo fue aplicado a una muestra probabilística de hogares, mientras que el primero se aplicó al total de los hogares. El cuestionario extendido incluye los mismos tópicos que el básico, pero agrega alguna información, incluyendo una sección de migración internacional.

[8] Adviértase que no ha sido posible incluir adecuadamente las cifras respectivas para el sector agrícola. En todo caso, la hipótesis de modernización relativa pasa por prioridad en la dinámica de producción y empleo de los sectores de manufacturas y servicios.

[9] Es necesario reparar en la disparidad, un tanto arbitraria, del reparto entre el Distrito Federal y el Estado de México: 21.3 y 10.3 por ciento en PIB, respectivamente, contra 9.3 y 13.2 por ciento en PEA, respectivamente (cuadro 1).

Cuadro 1. PEA y PIB por regiones y estados

Región y entidad federativa	PEA 2000 (porcentaje)	PIB 2003 (porcentaje)
NACIONAL	100	100
Centro-Occidente	23.4	18.7
Aguascalientes	0.9	1.3
Colima	0.6	0.5
Durango	1.5	1.3
Guanajuato	4.7	3.8
Jalisco	7.2	6.3
Michoacán	4.0	2.3
Nayarit	1.0	0.5
San Luis Potosí	2.3	1.8
Zacatecas	1.3	0.9
Norte	20.6	26.8
Baja California	2.6	3.2
Baja California Sur	0.5	0.6
Coahuila	2.3	3.4
Chihuahua	3.1	4.4
Nuevo León	4.1	7.2
Sinaloa	2.8	2.0
Sonora	2.3	2.7
Tamaulipas	2.9	3.2
Centro	33.8	40.3
Distrito Federal	9.3	21.3
Estado de México	31.2	10.3
Hidalgo	2.2	1.4
Morelos	1.6	1.4
Puebla	5.2	3.5
Querétaro	1.4	1.8
Tlaxcala	1.0	0.5
Sur-Sureste	22.2	14.2
Campeche	0.7	1.2
Chiapas	4.2	1.8
Guerrero	2.8	1.6
Oaxaca	3.3	1.5
Quintana Roo	0.9	1.5
Tabasco	1.8	1.2
Veracruz	6.6	4.1
Yucatán	1.9	1.4

Fuente: Hernández (2004: 29) y Sistema de Cuentas Nacionales, INEGI.

da cuenta de este desbalance: 21.3 por ciento en PIB, 9.3 por ciento en PEA,[9] en tanto que todos los estados restantes, con excepción de Querétaro, tienen un saldo ocupacional negativo de más gente que producción. En la región Centro-Occidente también hay divergencias entre estados: los dominantes que imponen la tendencia deficitaria (esto es, más participación en PEA que en PIB) son Jalisco, Guanajuato y Michoacán, en ese orden, dejando en condición de excepción a Aguascalientes. La región Sur-Sureste, con mucho la más retrasada en esas y otras proporciones, las manifiesta con mayor intensidad en los estados de Chiapas, Oaxaca, Guerrero y Veracruz, pero experimenta las notables excepciones de Quintana Roo y Campeche, que se explican por sí mismas.[10]

Es notable que las mayores disparidades por encima de la media se concentren en las regiones Centro-Occidente y Sur-Sureste, con estados como Zacatecas, Chiapas, Durango, Michoacán y Nayarit con desbalances de desempleo muy considerables. En la situación opuesta destacan los menores niveles en disparidad de entidades tan diferentes entre sí como Chihuahua y Nuevo León en la Norte, el Distrito Federal y Aguascalientes en la Centro-Occidente y Quintana Roo en la Sureste. Sin duda, esto es el reflejo de mejores condiciones económicas y de generación de empleo que obedecen a lo específico de unas pocas actividades con ventajas competitivas muy sobresalientes en esas entidades, que habría que tomar mucho más en serio para su viabilidad en el futuro.

Una parte sustantiva de la explicación pasa por la actividad sectorial de vocación en cada entidad. Los rasgos más notables de alto crecimiento pueden asociarse a vocaciones naturales cuando es el caso. No obstante, el resultado final como veremos es de crecimiento sostenido y más generalizado para los servicios (cuadro 2) y el comercio, actividades típicamente de no comerciables (también denominados no transables en la jerga que pretende evitar la confusión semántica para las actividades de comercio interno, muy destacadas entre los no comerciables). Estas actividades se desarrollan a salvo de competencia externa a la entidad y generalmente están garantizados en tanto que acompañan con éxito a la dinámica poblacional local.

Enseguida se examinan algunas de las condiciones que explican los patrones de crecimiento muy diferenciado entre sectores y entidades.

SECTORES ECONÓMICOS Y CARACTERÍSTICAS PRODUCTIVAS REGIONALES

Empleo y sectores en PIB: importancia y dinámica
En esta segunda sección se destaca la importancia del producto interno bruto y el empleo por sectores en cada estado. Se parte de recoger la voca-

---

[10] Campeche participa por sí solo con 40 por ciento de la producción del sector minería (entiéndase petróleo), muy por encima de su poca población. Véase Unger (2005b). El turismo en Quintana Roo hace a esta entidad diferente de las otras de la región.

Cuadro 2. Crecimiento relativo* por sectores entre 1998 y 2003

	Manufacturas	Petróleo y energía	Comercio	Turismo	Servicios
NACIONAL	0.83	1.88	0.84	0.75	1.06
Aguascalientes	0.95	0.38	1.03	1.06	1.14
Baja California	1.06	1.80	0.79	0.79	1.07
Baja California Sur	0.70	2.01	1.06	0.75	0.99
Campeche	0.64	1.12	0.43	0.39	0.30
Coahuila	0.93	1.61	1.26	1.16	0.96
Colima	1.13	0.83	0.96	0.79	1.03
Chiapas	2.61	0.95	0.68	0.70	0.93
Chihuahua	1.23	4.69	0.68	0.56	0.80
Distrito Federal	0.68	5.43	0.72	0.58	1.12
Durango	0.77	1.48	1.00	1.01	1.30
Estado de México	0.89	0.58	1.15	1.32	1.29
Guanajuato	0.92	1.49	0.12	1.00	1.19
Guerrero	1.03	1.65	0.88	0.66	0.96
Hidalgo	0.74	-0.18**	0.68	0.73	0.59
Jalisco	0.85	2.61	1.00	0.85	1.28
Michoacán	0.69	1.65	1.13	1.10	1.07
Morelos	0.97	-2.62**	0.92	0.78	0.99
Nayarit	0.55	2.03	0.96	0.81	1.05
Nuevo León	0.84	2.47	0.92	0.71	1.25
Oaxaca	1.41	0.47	0.79	0.64	0.73
Puebla	1.01	0.54	0.92	0.79	1.23
Querétaro	0.74	0.68	1.40	1.30	1.71
Quintana Roo	0.91	6.09	0.94	0.68	1.27
San Luis Potosí	0.80	1.33	1.15	1.41	1.45
Sinaloa	0.86	1.93	0.85	0.98	1.18
Sonora	0.82	2.21	0.87	0.98	1.43
Tabasco	1.41	0.95	0.89	1.06	1.16
Tamaulipas	0.90	2.23	0.87	0.82	0.72
Tlaxcala	0.86	0.71	1.32	1.63	1.89
Veracruz	0.87	1.83	0.97	1.13	0.69
Yucatán	0.88	3.10	0.81	0.87	1.10
Zacatecas	1.05	1.11	0.93	0.75	1.05

Fuente: Elaboración propia con base en Censos Económicos 1999 y 2004, INEGI.
* El crecimiento relativo lo definimos como la variación del porcentaje que representa la actividad en el estado entre 1998 y 2003: (VAact/VAedo03)/(VAact98/VAedo98). El índice con valor 1 significa que no hay cambio.
** Estos datos tienen reportado un valor agregado negativo en el sector de energía en los censos económicos 1999.

ción económica de cada estado o región atendiendo a la orientación sectorial (manufactura, servicios, comercio, turismo, petróleo y energía). El objetivo de fondo, que tal vez constituye la aportación analítica principal que intentamos en este trabajo, es presentar a los sectores agrupados como transables y no transables en cada estado. Las características económicas comparativas de estas actividades en los estados nos darán elementos para explicar el desarrollo o rezago de áreas de especialización. En algunos casos responden a las actividades dinámicas de la manufactura, pero en muchos otros casos los dinámicos son los sectores más característicos de los no transables, tales como el comercio y los servicios.

Las cifras del cuadro 3 revelan diferencias muy significativas entre estados. Contrario a lo esperado, no puede afirmarse que la relación común deba ser entre el crecimiento del PIB y la importancia de las manufacturas.[11] Aunque algunos de los crecimientos más notables en los años 1998-2003 corresponden a estados de mayor inclinación por la manufactura, a saber (compárense los relativos en el cuadro 3): Aguascalientes, Guanajuato, Coahuila, Chihuahua, Nuevo León, Querétaro y Morelos, hay también muchas excepciones. Las más evidentes son Quintana Roo, donde la dinámica del crecimiento se asocia al sector turismo, y Campeche, por la influencia del petróleo.[12]

Otros estados de excepción, pero en otro sentido, muestran relativa importancia en actividades de manufacturas pero exhiben una dinámica más bien moderada (véase el mismo cuadro 3). Éstos están ubicados primordialmente en el centro del país, donde durante décadas se desarrollaron industrias tradicionales (hoy en recomposición) gracias a que se privilegió el mercado interno; tal situación puede asociarse a Jalisco, San Luis Potosí, Hidalgo, Estado de México, Puebla y Tlaxcala. En estos estados al parecer se dan procesos de compactación, estancamiento y desmantelamiento de muchas industrias, al mismo tiempo que surgen otras pocas exitosas.

La estimación más directa de crecimiento del PIB y el empleo en el último lustro arroja resultados sorprendentes y por lo general contrarios a los que veníamos anticipando (véase cuadro 4, cols. 2 y 4). Habida cuenta de algunas confirmaciones notables ya señaladas, las entidades de mayor éxito reciente parecen obedecer a otra lógica distinta de la industrialización, la que merece ser mejor entendida. En particular los servicios y comercios (así como también el petróleo y la energía), como subrayaremos en lo sucesivo, muestran una dinámica más sostenida. Veamos con cuidado.

El cuadro 2 resume la dinámica relativa de cada sector en el interior de cada estado. El cambio de importancia en la participación del valor agregado para cada sector muestra el sesgo en contra de las manufacturas. Los pocos casos en que su importancia crece son aquellos estados en que se parte de una base industrial muy estrecha: Chiapas, Oaxaca y Tabasco (2.6, 1.4 y

---

[11] Los cálculos de correlación directa y de rango entre desempeño del PIB y el de las manufacturas no arrojan resultados significativos.
[12] En el cuadro 4 pueden notarse para estos estados tasas de crecimiento del PIB por año relativamente exitosas, todas superiores a la media nacional del último lustro.

Cuadro 3. Estructura productiva sectorial por estado, 2003
(porcentajes)

Región y entidad	Crecimiento anual PIB 1998-2003	Manufacturas	Petróleo y energía	Comercio	Turismo	Servicios
NACIONAL	2.5	28.8	16.9	18.0	2.0	34.2
Centro-Occidente	2.6	39.7	3.7	26.8	2.8	27.0
Aguascalientes	4.9	55.7	0.3	19.9	2.0	22.0
Colima	1.4	25.8	8.8	25.4	4.8	35.1
Durango	2.7	34.3	9.8	23.3	1.6	31.1
Guanajuato	3.3	51.9	1.8	23.5	2.0	20.8
Jalisco	2.1	38.2	3.0	30.0	3.6	25.2
Michoacán	1.8	18.6	4.9	30.1	2.6	43.7
Nayarit	0.6	12.7	22.9	30.1	6.1	28.2
San Luis Potosí	3.0	47.8	2.3	23.7	2.2	24.0
Zacatecas	3.4	35.0	2.0	28.7	2.9	31.4
Norte	3.4	42.1	7.2	20.3	2.1	28.3
Baja California	3.2	44.1	5.1	21.8	2.9	26.1
Baja California Sur	4.2	6.8	10.7	32.6	11.0	38.8
Coahuila	3.2	59.9	3.7	16.8	1.8	17.8
Chihuahua	3.6	53.5	4.2	17.2	1.6	23.4
Nuevo León	3.9	38.7	2.8	18.7	1.3	38.5
Sinaloa	2.0	15.0	9.0	38.9	4.2	32.8
Sonora	2.0	37.1	4.2	24.8	2.4	31.5
Tamaulipas	4.0	35.2	26.1	18.1	2.1	18.5
Centro	2.0	25.2	3.1	17.1	1.5	53.0
Distrito Federal	1.7	9.2	3.5	14.1	1.3	71.9
Estado de México	2.2	51.7	2.3	25.6	1.7	18.6
Hidalgo	1.0	59.7	6.3	15.5	1.5	17.1
Morelos	3.2	57.6	3.1	19.7	2.8	16.8
Puebla	2.8	54.5	2.5	20.2	1.5	21.2
Querétaro	3.2	49.0	1.1	20.5	2.1	27.3
Tlaxcala	2.7	66.3	0.9	16.7	2.7	13.5
Sur-Sureste	2.1	14.5	61.0	11.6	2.3	10.7
Campeche	3.7	0.4	94.9	1.3	0.3	3.1
Chiapas	2.6	18.0	58.0	13.7	1.3	9.1
Guerrero	1.3	10.2	24.3	32.4	8.5	24.6
Oaxaca	1.8	55.3	2.2	25.2	3.2	14.1
Quintana Roo	3.4	3.6	2.6	28.1	21.0	44.8
Tabasco	1.4	12.3	73.2	7.2	0.7	6.6
Veracruz	1.2	35.4	26.7	21.5	2.4	13.9
Yucatán	3.5	25.5	10.6	26.9	2.9	34.0

Fuente: Elaboración propia con base en Censos Económicos 2004, INEGI y Sistema de Cuentas Nacionales 2005, INEGI.

1.4, respectivamente). En el otro extremo encontramos que petróleo y energía casi duplican su participación nacional, con muchos estados en múltiplos desde dos hasta seis veces su participación de origen. También es notable la creciente importancia de los servicios, a pesar del peso con que ya iniciaban; en dos tercios de los estados crecen los servicios en importancia relativa.

La presencia generalizada en todas las entidades de las actividades de servicios, lo mismo que las comerciales, las define naturalmente como no comerciables o no transables (véanse los criterios de definición en el Apéndice). El análisis en lo sucesivo se conduce en términos de la comerciabilidad,

Cuadro 4. Empleo, PIB y crecimiento anual, 1998-2003

Región y entidad federativa	Personal ocupado 2003 (L) (porcentaje del total nacional)	Tasa de crecimiento anual del personal ocupado 1998-2003	PIB 2003 (porcentaje del total nacional)	Tasa de crecimiento anual PIB 1998-2003
NACIONAL	100.0	3.3	100.0	2.5
Centro-Occidente	21.6	3.9	18.7	2.6
Aguascalientes	1.2	3.3	1.3	4.9
Colima	0.6	5.5	0.5	1.4
Durango	1.3	2.6	1.3	2.7
Guanajuato	4.5	3.5	3.8	3.3
Jalisco	7.5	4.0	6.3	2.1
Michoacán	2.9	4.4	2.3	1.8
Nayarit	0.7	5.4	0.5	0.6
San Luis Potosí	1.9	4.4	1.8	3.0
Zacatecas	0.8	3.8	0.9	3.4
Norte	26.7	2.7	26.8	3.4
Baja California	3.4	1.7	3.2	3.2
Baja California Sur	0.6	2.7	0.6	4.2
Coahuila	3.4	3.5	3.4	3.2
Chihuahua	4.4	1.3	4.4	3.6
Nuevo León	6.2	2.9	7.2	3.9
Sinaloa	2.3	4.3	2.0	2.0
Sonora	2.7	2.5	2.7	2.0
Tamaulipas	3.6	3.5	3.2	4.0
Centro	36.4	2.7	40.3	2.0
Distrito Federal	17.5	2.0	21.3	1.7
Estado de México	9.5	3.4	10.3	2.2
Hidalgo	1.5	4.0	1.4	1.0
Morelos	1.4	5.3	1.4	3.2
Puebla	4.0	2.7	3.5	2.8
Querétaro	1.7	4.6	1.8	3.2
Tlaxcala	0.8	1.4	0.5	2.7
Sur-Sureste	15.3	4.7	14.2	2.1
Campeche	0.7	8.5	1.2	3.7
Chiapas	1.8	4.9	1.8	2.6
Guerrero	1.9	4.6	1.6	1.3
Oaxaca	1.9	3.7	1.5	1.8
Quintana Roo	1.3	9.6	1.5	3.4
Tabasco	1.2	4.9	1.2	1.4
Veracruz	4.5	3.3	4.1	1.2
Yucatán	1.9	4.8	1.4	3.5

Nota: No incluye extracción de petróleo, tampoco empleo en el sector agrícola.
Fuente: Elaboración propia con base en Censos Económicos 1999 y 2004, INEGI.

como una manera de aproximar el grado de presión competitiva que rige entre 163 actividades económicas de importancia. Estas representan 92 por ciento del valor agregado nacional e incluyen todas las que resultaron de importancia en al menos un estado.

El criterio de comerciabilidad nos situaba de inicio en la dicotomía clásica de comerciables y no comerciables. De ahí, al asociarla con la influencia que pueden ejercer los agentes económicos principales, hizo que

Cuadro 5. Estructura productiva por entidad de actividades comerciables y no comerciables, 2003

	No comerciables	Comerciables Experiencia local	Recursos naturales	Empresas transnacionales	Estado	Total general
Aguascalientes	52.2	7.3	5.7	27.9	0.7	93.9
Baja California	49.0	13.1	8.9	18.2	3.7	92.9
Baja California Sur	67.6	10.2	12.2	0.2	3.3	93.5
Campeche	2.7	1.2	0.2	0.0	94.8	99.0
Coahuila	52.0	7.9	16.4	15.7	1.2	93.3
Colima	67.1	20.6	6.7	0.3	0.5	95.2
Chiapas	28.2	3.0	14.8	0.1	51.6	97.6
Chihuahua	63.0	6.9	4.3	18.0	2.2	94.4
Distrito Federal	23.8	47.5	0.8	4.2	6.1	82.5
Durango	66.0	8.3	16.2	3.7	0.2	94.3
Estado de México	53.9	12.1	13.7	10.9	2.0	92.6
Guanajuato	46.3	8.9	13.5	19.2	6.6	94.4
Guerrero	82.3	8.7	2.9	0.2	1.0	95.0
Hidalgo	61.3	5.6	9.2	0.6	19.6	96.3
Jalisco	58.2	14.5	10.5	8.5	1.0	92.6
Michoacán	51.9	17.6	11.0	0.4	12.9	93.8
Morelos	40.4	13.5	4.4	35.0	2.3	95.6
Nayarit	72.5	12.1	7.0	0.5	2.7	94.9
Nuevo León	41.8	25.4	9.5	7.1	6.9	90.8
Oaxaca	45.3	7.2	2.2	0.2	41.0	95.9
Puebla	52.3	10.0	8.2	24.0	0.1	94.6
Querétaro	59.0	10.1	13.1	11.6	0.6	94.5
Quintana Roo	67.9	19.9	1.6	0.7	4.1	94.2
San Luis Potosí	57.2	14.2	12.4	8.1	2.0	93.9
Sinaloa	68.9	12.2	8.9	1.4	0.8	92.1
Sonora	62.5	10.3	11.0	9.2	0.8	93.9
Tabasco	11.4	3.4	10.5	0.0	73.3	98.6
Tamaulipas	42.3	8.9	8.0	9.1	27.0	96.2
Tlaxcala	57.1	8.9	25.1	5.2	0.3	96.6
Veracruz	57.4	10.5	16.8	1.1	9.4	95.2
Yucatán	70.0	11.9	6.7	1.1	3.1	92.9
Zacatecas	68.8	7.9	18.6	0.2	0.3	95.7
Promedio aritmético	53.1	11.9	9.7	7.6	11.9	94.3
Promedio ponderado	39.8	20.1	7.2	7.3	17.1	91.5

Fuente: Elaboración propia con base en Censos Económicos 2004, INEGI.

fuera necesario conformar cinco grupos o tipos de actividades: de una parte, los no comerciables «puros» y otros no tan puros pero también muy difundidos en poder de capitales muy locales, como actividades que gozan de ventaja por cercanía obligada a la demanda; y por otra parte, las tres variantes de comerciables dependiendo de la fuente de su competitividad, a saber: competitividad de base en recursos naturales, de base en capital de empresas transnacionales y de base en empresas del estado. La evidente presencia generalizada en muchos (si no en todos) los estados caracteriza a los no comerciables y comerciables controlados localmente.

La importancia de los dos primeros grupos alcanza a sumar 60 por ciento del valor agregado nacional (cuadro 5). En casi todos los estados representan más de la mitad del valor agregado (las excepciones son Chiapas, Tabasco y Campeche, que se explican por la influencia de actividades controladas por el Estado en petróleo y energía).[13] Al considerar la participación en el empleo estatal, la concentración es aún más pronunciada, pues los no comerciables por sí solos dan cuenta de más de la mitad del total (cuadro 7).

Para intentar explicar estas tendencias a favor de los no comerciables, damos paso en la sección siguiente a estimaciones comparativas del desempeño expresadas en la rentabilidad y supervivencia.

Los sectores por comerciabilidad: rentabilidad y supervivencia

¿Cómo explicar la dinámica y composición productiva a favor de no comerciable y local? Intentemos con dos atributos a su favor: rentabilidad y supervivencia.

En verdad no es necesario darle muchas vueltas para concluir lo obvio: sobreviven con más facilidad las actividades no expuestas a la competencia exterior (a la región, incluyendo con más razón la competencia extranjera), y además lo pueden hacer con márgenes de rentabilidad superiores a los otros. En la más pura lógica de maximización empresarial, tiene sentido enfocarse en las actividades no comerciables o poco expuestas a la competencia de fuera. Lo que a continuación presentamos son los números que lo comprueban.

---

[13] Véase en el cuadro 6 el resultado del análisis de conglomerados (técnica de *cluster análisis*). El resultado para cuatro grupos sitúa muy arriba de los demás a Guerrero, Quintana Roo, Colima, Nayarit, Yucatán y Sinaloa, con más del 80 por ciento en actividades poco competidas (sin olvidar que no se incluye al sector agropecuario).

Cuadro 6. Análisis de conglomerados para comerciables
(experiencia local) y no comerciables, 2003

Entidad	% VA*
Guerrero	91.0
Quintana Roo	87.8
Colima	87.7
Nayarit	84.6
Yucatán	81.9
Sinaloa	81.0
Baja California Sur	77.8
Zacatecas	76.7
Durango	74.3
Sonora	72.8
Jalisco	72.6
San Luis Potosí	71.4
Distrito Federal	71.4
Chihuahua	69.9
Michoacán	69.5
Querétaro	69.1
Veracruz	68.0
Nuevo León	67.2
Hidalgo	66.9
Estado de México	66.0
Tlaxcala	65.9
Puebla	62.3
Baja California	62.1
Coahuila	59.9
Aguascalientes	59.5
Guanajuato	55.2
Morelos	53.9
Oaxaca	52.5
Tamaulipas	51.1
Chiapas	31.1
Tabasco	14.8
Campeche	4.0

* Porcentaje de la actividad local (VA) en la suma de no comerciables y comerciables de base en la experiencia local.
Fuente: Elaboración propia con base en Censos Económicos 2004, INEGI.

El cuadro 8 resume muchas evidencias en la misma dirección. Las actividades con presencia generalizada en todos los estados, que son la suma de no comerciables y los tradicionales controlados con base en experiencia local, son con mucho los negocios más nobles: gozan de alta rentabilidad, de 20 a 50 por ciento mayor que los comerciables y se ven menos expuestos a cierres de empresas, que en todo caso suponen adquisiciones de pequeños por grandes sin pérdidas de empleos. El porcentaje de actividades en que disminuyó el empleo entre 1998 y 2003 es mucho menor para las de presencia generalizada (16 y 28 por ciento en ese cuadro), en tanto que las otras

Cuadro 7. Estructura laboral por entidad de actividades comerciables y no comerciables, 2003

	No comerciables	Comerciables				Total general
		Experiencia local	Recursos naturales	Empresas transnacionales	Estado	
Aguascalientes	61.1	10.7	4.9	7.9	0.6	85.1
Baja California	46.5	20.0	7.3	20.2	1.5	95.5
Baja California Sur	63.1	12.1	12.0	0.3	1.1	88.6
Campeche	51.7	11.6	8.4	0.2	13.6	85.6
Coahuila	62.3	9.8	8.2	5.4	1.8	87.4
Colima	61.4	15.2	8.6	0.5	0.9	86.7
Chiapas	64.5	9.5	7.5	0.6	2.2	84.3
Chihuahua	61.0	8.1	4.0	13.9	1.8	88.8
Distrito Federal	45.6	28.2	3.3	3.8	3.4	84.2
Durango	68.1	8.1	9.6	2.2	0.4	88.4
Estado de México	60.2	11.2	7.8	4.4	1.3	85.0
Guanajuato	55.7	10.8	16.4	2.4	1.8	87.2
Guerrero	61.5	13.3	10.4	0.3	0.3	85.8
Hidalgo	63.7	10.3	9.2	1.0	2.8	87.1
Jalisco	57.5	14.3	8.5	5.5	1.1	86.8
Michoacán	61.5	11.3	10.9	0.9	0.6	85.3
Morelos	62.2	12.6	4.8	4.2	0.8	84.6
Nayarit	63.5	10.1	12.1	0.5	1.6	87.8
Nuevo León	50.8	18.4	8.7	6.0	2.4	86.3
Oaxaca	64.7	10.5	7.7	1.2	1.6	85.6
Puebla	62.2	10.5	9.0	3.8	0.2	85.7
Querétaro	60.5	12.1	6.2	7.7	0.5	87.0
Quintana Roo	67.0	18.5	2.6	0.5	0.9	89.6
San Luis Potosí	60.4	13.1	7.9	3.8	1.3	86.5
Sinaloa	60.6	10.8	13.0	1.2	0.7	86.2
Sonora	58.6	11.0	8.8	8.5	0.6	87.5
Tabasco	56.1	11.9	12.1	0.5	6.4	87.0
Tamaulipas	55.6	11.6	4.9	12.0	3.9	88.1
Tlaxcala	62.9	9.2	10.8	3.3	1.2	87.2
Veracruz	60.7	12.2	9.0	0.9	3.4	86.3
Yucatán	63.5	11.8	7.8	1.5	0.9	85.6
Zacatecas	69.2	9.7	7.5	0.5	0.3	87.2
Promedio aritmético	60.1	12.4	8.4	3.9	1.9	86.9
Promedio ponderado	56.9	14.9	7.6	4.9	2.0	86.3

Fuente: Elaboración propia con base en Censos Económicos 2004, INEGI.

experimentaron contracciones en proporciones que rondan por la mitad de cada una.[14] El rubro que les compite más de cerca es el de los comerciables en poder del Estado, por naturaleza definido y delimitado a esas actividades de reserva estatal, usualmente en condición de monopolio. En contraparte,

---

[14] El cierre de empresas y la pérdida de empleos son estimaciones «netas», a partir del signo negativo entre los números respectivos de unidades económicas y empleo en los censos de 1998 y 2003.

Cuadro 8. Rentabilidad y supervivencia de actividades comerciables y no comerciables

Sectores	Número de actividades	%VA	Rentabilidad*	Actividades que disminuyeron UE %	L %	UEyL %	Número de estados en donde la actividad pierde menos UE	L	UEyL	Número de estados en donde la actividad tiene: Mayor rentabilidad	Mayor porcentaje de VA	Mayor porcentaje de L
Presencia generalizada												
No comerciables	44	39.8	99.3	41	16	16	2	21	12	10	28	32
Comerciables (Experiencia local)	54	20.1	126.8	44	28	24	7	3	3	8	1	0
Sujetos a competencia												
Comerciales (recursos naturales)	30	7.2	73.6	70	57	50	2	0	2	1	0	0
Comerciables (empresas transnacionales)	22	7.3	88.3	68	50	41	7	2	5	7	0	0
Comercibles (estado)	13	17.1	120.3	46	46	23	14	6	13	6	3	0
Totales	163	91.5	103.9	53	34	35						

* Rentabilidad se define como: (valor agregado-salarios) / total de activos fijos. Promedio ponderados en cada renglón de actividades; el total es aritmético.
Fuente: Elaboración propia con base en Censos Económicos 1999 y 2004, INEGI.

las actividades de mayor riesgo, como son las comerciables, se mantienen con menores pretensiones de crecer y sin convertirse en señal atractiva en cuanto a rentabilidad y seguridad de sobrevivir.

Hay desde luego algunas excepciones en los estados, pero deben verse así y no como la señal predominante. Curiosamente hay muchas actividades relacionadas con la producción de maquinaria, equipo e instrumentos que

Cuadro 9. Rentabilidad promedio de actividades comerciables de empresas transnacionales y paraestatales con mayor importancia

Transnacionales	
Estado y actividad con mayor rentabilidad	*Rentabilidad (%)*
1. Aguascalientes	
3333 Fabricación de maquinaria y equipo para comercio y servicios	1833.4
3345 Fabricación de instrumentos de navegación, medición y control	1486.6
2. Colima	
3352 Fabricación de aparatos de uso doméstico	370
3. Chiapas	
3359 Fabricación otros equipos y aparatos	600
3361 Fabricación de otros equipos de transporte	1200
4. Querétaro	
3253 Fabricación fertilizantes y pesticidas	716
3141 Confección de alfombras, blancos y similares	337
5. Quintana Roo	
3255 Fabricación de pinturas, recubrimientos y adhesivos	325
6. Sonora	
3336 Fabricación de motores de combustión interna, turbinas	98200
3345 Fabricación de instrumentos de navegación, medición y control	3159.6
7. Veracruz	
3141 Confección de alfombras blancos y similares	280
3331 Fabricación de maquinaria para actividades agropecuarias	164.7
Estado	
Estado y actividad con mayor rentabilidad	*Rentabilidad (%)*
1. Baja California	
4821 Transporte por ferrocarril	4606.6
2. Coahuila	
3364 Fabricación de equipo aeroespacial	1907
3. Michoacán	
5222 Instituciones financieras de fomento económico	1764.5
4. Nuevo León	
2371 Construcción de obras para abastecer agua, petróleo y gas	674
5. Puebla	
3364 Fabricación de equipo aeroespacial	759
6. San Luis Potosí	
3365 Fabricación de equipo ferroviario	1028
3353 Fabricación de equipo para generación y distribución de energía eléctrica	573

Nota: En algunos estados se tomaron dos actividades porque la segunda con mayor rentabilidad también tenía mucho más rentabilidad en comparación con las otras actividades.

Cuadro 10. Rentabilidad promedio por entidad de actividades comerciables y no comerciables, 2003

	No comerciables	Comerciables Experiencia local	Recursos naturales	Empresas transnacionales	Estado	Total general
Aguascalientes	76.9	180.9	150.9	216.7	-459.9	126.2
Baja California	129.4	167.9	64.0	105.3	583.0	156.1
Baja California Sur	123.7	100.3	59.8	117.9	38.8	101.6
Campeche	183.2	-33.3	59.7	55.3	149.1	71.9
Coahuila	96.1	123.0	140.1	79.1	294.7	121.8
Colima	90.8	78.3	62.7	100.1	26.3	80.3
Chiapas	138.2	109.7	72.8	253.7	62.8	123.5
Chihuahua	130.7	193.8	-17091.6	169.3	130.8	-2692.4
Distrito Federal	115.9	144.4	-265.6	-30.9	6.2	32.4
Durango	135.0	129.7	76.9	105.1	36.9	115.5
Estado de México	123.5	131.0	144.0	80.4	82.2	121.8
Guanajuato	111.5	76.9	71.0	80.9	35.8	84.6
Guerrero	363.5	159.2	70.3	84.9	33.8	206.3
Hidalgo	98.9	197.9	48.6	48.1	89.2	118.8
Jalisco	117.0	117.7	106.2	88.0	49.6	108.5
Michoacán	156.6	180.8	83.2	100.2	352.1	153.6
Morelos	105.4	557.2	108.6	110.3	53.4	265.2
Nayarit	168.5	84.5	68.0	56.9	62.0	108.0
Nuevo León	106.8	108.2	76.3	58.1	121.9	95.3
Oaxaca	82.8	171.9	85.4	105.6	144.7	119.6
Puebla	136.2	103.1	66.7	90.9	158.5	106.7
Querétaro	112.5	114.5	94.7	123.6	98.7	111.3
Quintana Roo	158.2	131.1	103.1	171.2	-3607.8	-51.4
San Luis Potosí	124.9	91.5	99.2	87.6	299.2	112.0
Sinaloa	200.9	106.9	8.4	160.4	-13.2	118.8
Sonora	200.8	312.5	67.8	4938.7	-297.3	843.8
Tabasco	134.1	244.3	167.6	16.1	102.4	170.0
Tamaulipas	98.8	131.0	75.2	108.9	64.8	105.4
Tlaxcala	125.4	106.5	109.0	96.1	32.8	111.1
Veracruz	118.2	112.7	100.7	133.8	73.3	112.7
Yucatán	110.9	105.0	93.3	-36.1	69.2	85.3
Zacatecas	1242.9	105.3	74.7	37.8	-3641.8	366.4
Promedio aritmético	169.3	145.1	-460.9	247.3	-149.0	56.6
Promedio ponderado	99.3	126.8	73.6	88.3	120.3	103.9

Fuente: Elaboración propia con base en Censos Económicos 2004, INEGI.

destacan en la rentabilidad de sus respectivas entidades. En tal sentido, el listado de las actividades de alta rentabilidad en poder de empresas transnacionales del cuadro 9 (que proviene del ejercicio más completo del cuadro 10) podría tomarse como una indicación de lo que la economía de la innovación anticipa en cuanto a rentas superiores en industrias que guardan relación con la economía del conocimiento. Las otras excepciones de alta rentabilidad revisten poca importancia para el argumento pues pertenecen a sec-

Cuadro 11. Análisis de conglomerados para rentabilidad de no comerciables, 2003

Entidad	Promedio de rentabilidad
Zacatecas	1242.9
Guerrero	363.5
Sinaloa	200.9
Sonora	200.8
Campeche	183.2
Nayarit	168.5
Quintana Roo	158.2
Michoacán	156.6
Chiapas	138.2
Puebla	136.2
Durango	135
Tabasco	134.1
Chihuahua	130.7
Baja California	129.4
Tlaxcala	125.4
San Luis Potosí	124.9
Baja California Sur	123.7
Estado de México	123.5
Veracruz	118.2
Jalisco	117
Distrito Federal	115.9
Querétaro	112.5
Guanajuato	111.5
Yucatán	110.9
Nuevo León	106.8
Morelos	105.4
Hidalgo	98.9
Tamaulipas	98.8
Coahuila	96.1
Colima	90.8
Oaxaca	82.8
Aguascalientes	76.9

Fuente: Elaboración propia con base en Censos Económicos 2004, INEGI.

tores controlados por el Estado, destacándose también algunos equipos de relación con el transporte y la energía que el Estado se reserva.[15]

En el nivel de los estados también hay diferencias que vale destacar. El cuadro 11, referido a las estimaciones de rentabilidad de las actividades de no comerciables en los estados, arroja algunas diferencias muy significativas: estados tan distantes entre sí como Guerrero, Sinaloa, Campeche y Sonora, hacen parte de un conglomerado con tasas de rentabilidad superio-

[15] Vale destacar también la altísima rentabilidad de las instituciones financieras de fomento económico en ese mismo cuadro.

res al resto (excluimos a Zacatecas por lo desproporcionado de la estimación), pero los demás se mantienen en cercanía razonable entre sí.[16] La tendencia general, no obstante, es la misma a favor de la rentabilidad de los no comerciables. Una extensión natural a este análisis será estimar los impactos de esta dinámica sobre la productividad y la calidad de los nuevos empleos.

Resumen y conclusiones

El resultado mostrado en este ejercicio es que a pesar del incierto entorno del comienzo del nuevo siglo, hay un crecimiento sostenido y generalizado en casi todos los estados para los servicios y el comercio, actividades típicamente de no comerciables, que se sostienen por la demanda local de necesidades básicas. Estas actividades se desarrollan localmente a salvo de competencia externa a la entidad y generalmente acompañan al ritmo de la dinámica poblacional.

Contrario a lo esperado en la hipótesis modernizante de apoyo a la apertura y al TLCAN, no puede afirmarse que la dinámica de la economía descanse en la relación entre el crecimiento del PIB y la importancia de las manufacturas.

Hemos intentado explicar que la dinámica y la composición productiva de los sectores exitosos va en favor de los no comerciables y de los que siendo comerciables, están más propensos al control de la cercanía entre oferta y demanda local. La estimación es simple, pero tiene amplio poder explicativo: la suma de dos atributos primordiales a las empresas, mayor rentabilidad y mejor viabilidad de supervivencia, reportan resultados a favor de esas actividades. En la lógica de maximización empresarial y aversión al riesgo, tiene sentido enfocarse en las actividades no comerciables o poco expuestas a la competencia de fuera.

Estas condiciones del comportamiento empresarial imponen nuevos visos al diseño de la política económica y laboral. Es vital partir de la composición de las actividades principales de los estados, de manera que las expectativas de la absorción laboral con nuevos empleos sean más realistas.

---

[16] Al considerar el ejercicio que separa en tres conglomerados a los estados (cuadro 11), los mencionados conforman el segundo grupo, Zacatecas queda en solitario hasta arriba, y los 27 estados restantes integran un tercer bloque más afín entre ellos.

Contrario pues a las expectativas de una apertura simplista que acomoda automáticamente el reparto entre sectores, hay que actuar en busca de la dirección correcta. Los estímulos al desarrollo deben orientarse a los agentes cruciales con poder detonante. La política industrial podría construirse en apoyo a las aglomeraciones competitivas que han probado ser exitosas alrededor de los mercados internos ya presentes, incluyendo ambos tipos de mercados, comerciables y no comerciables. La competitividad de cada región o estado debe evaluarse a partir de su realidad actual y de sus recursos evidentes, sin prestar atención a los criterios abstractos de competitividad internacional que siguen imponiendo, en muchos casos, la toma de decisiones.

La hipótesis pretendida de asociar las dinámicas estatales a las condiciones de productividad y dinámica de las manufacturas no explican satisfactoriamente la mayoría de los casos analizados. En realidad tenemos de todo, pero sobresalen las condiciones de crecimiento local ajenas a la competencia externa.

Tal situación es muy destacada en los servicios y comercios, los que aquí hemos identificado como no comerciables por no estar expuestos a la competencia externa, cuya dinámica de crecimiento es muy diferente y poco entendida, menos sujeta a productividades relativas, aunque a la vez también son más proclives a crear nuevos empleos. Por otra parte, las manufacturas generalmente juegan un papel modesto en el empleo y no hay condiciones para que esto cambie en el futuro cercano. El resultado apunta más bien a una dinámica de crecimiento con aumento en el empleo de mano de obra de menor calificación, por lo que la creación de empleos calificados dependerá de mejores políticas para impulsos más colectivos e integrales a las cadenas o *clusters* naturales de cada estado.

Bibliografía

Consejo Nacional de Población (Conapo) (2002). «Índices de intensidad migratoria México-Estados Unidos, 2000», México, Conapo.

Instituto Nacional de Estadística (INEGI) (1999). Economic Census. Automatic System of Census Information, SAIC4.

— (2001). XII Censo General de Población y Vivienda. Resultados definitivos, Aguascalientes, INEGI.

— Sistema Municipal de Bases de Datos, SIMBAD, www.inegi.gob.mx.

— (2005). Censos Económicos 2003.

Hernández, E. (2004). *Desarrollo demográfico y económico de México*, Serie Metas del Milenio, México, Conapo.

Taylor, E. (1999). «The New Economics of Labour Migration and the Role of Remittances in the Migration Process», *International Migration*, vol. 37, núm. 1, pp. 63-88.

Unger, K. (2004). *Los clusters industriales en México: especializaciones regionales y la política industrial*, Documento de trabajo 278, México, Centro de Investigación y Docencia Económicas.

— (2005a). *Regional Economic Development and Mexican Out-Migration*, NBER Working Paper Series 11432, Mass.

— (2005b). «Competitividad del Sur / Sureste en la perspectiva macroeconómica», Reporte a Fidesur, México.

— (2006). «El desarrollo económico y la migración mexicana: el TLCAN e impactos en las regiones», Documento de trabajo 361, México, Centro de Investigación y Docencia Económicas.

Zúñiga, E. *et al.* (2005). *Migración México-Estados Unidos. Panorama regional y estatal*, México, Conapo.

Anexo 1. Ficha técnica: definición de actividades comerciables (transables) y no comerciables

1) Se seleccionaron actividades (cuatro dígitos) importantes porque aparecen en al menos un estado, con representación de valor agregado mayor al 0.5 por ciento del valor agregado del mismo estado.
2) El resultado es una muestra de 163 actividades con importancia relativa en al menos un estado.[1] Estas actividades representan 92 por ciento del valor agregado nacional y concentran 86 por ciento del empleo.
3) Se obtuvo para cada actividad el número de estados en los que aparece con importancia relativa.
4) Buscamos entender por transables las actividades que se encuentran en pocos estados, desde los cuales abastecen el mercado nacional. Las actividades más difundidas se definen como no transables.
5) A partir de esto, se estableció que las actividades que aparecieran con importancia en ocho o menos estados serían transables (o comerciables).
6) Al otro extremo, los 14 estados con importancia dan lugar a considerar las actividades de instalación difundida ampliamente, clasificándolas como no transables (no comerciables).
7) Hay un grupo intermedio, de actividades con importancia relativa en un número de nueve a trece estados. En ese caso se tomaron criterios adicionales con respecto a la actividad para definir su inclusión como actividades comerciables o no comerciables. El resultado son ocho actividades comerciables y once no comerciables.
8) Las actividades comerciables se separaron en cuatro tipos de actividades, dependiendo de dónde procede su fuente de competitividad. Las subdivisiones de base competitiva son recursos naturales, empresas del Estado, empresas con amplia experiencia local y empresas transnacionales. La asignación fue dependiendo de las características dominantes de la actividad.
9) Para separar las actividades dominadas por empresas transnacionales y por empresas con amplia experiencia local, acudimos a dos criterios:
   a) Los servicios y comercio se asignaron a empresas con amplia experiencia local, por tratarse de actividades irremediablemente presentes en cada localidad.
   b) Las actividades industriales se clasificaron de acuerdo con la importancia de empresas extranjeras en el valor agregado. El límite para incluirlas como tales es el 25 por ciento reportado en el censo de 1993 (INEGI, 2000).
10) Excepciones:
   a) La actividad 7224 (centros nocturnos, bares, cantinas y similares) se clasificó como actividad no comerciable ya que aunque sólo alcanza importancia relativa en un estado, es una actividad que está ampliamente instalada en todas las entidades y ciudades de regular tamaño.

---

[1] Se eliminan las actividades 5239, 4335, 4371 y 5211, que siendo importantes en al menos un estado, reportan una rentabilidad poco confiable de más del 1000%.

Anexo 2. Listado de actividades no comerciables

2211 Generación, transmisión y suministro de energía eléctrica
2221 Captación, tratamiento y suministro de agua
2361 Edificación residencial
2362 Edificación no residencial
2373 Construcción de vías de comunicación
3115 Elaboración de productos lácteos
3116 Matanza, empacado y procesamiento de carne de ganado y aves
3118 Elaboración de productos de panadería y tortillas
3119 Otras industrias alimentarias
3121 Industria de las bebidas
3152 Confección de prendas de vestir
3261 Fabricación de productos de plástico
3273 Fabricación de cemento y productos de concreto
3363 Fabricación de partes para vehículos automotores
4311 Comercio al por mayor de alimentos y abarrotes
4312 Comercio al por mayor de bebidas y tabaco
4341 Comercio al por mayor de materias primas agropecuarias
4342 Comercio al por mayor de materias primas para la industria
4611 Comercio al por menor de alimentos
4612 Comercio al por menor de bebidas y tabaco
4621 Comercio al por menor en tiendas de autoservicio
4622 Comercio al por menor en tiendas departamentales
4632 Comercio al por menor de ropa y accesorios de vestir
4641 Comercio al por menor de artículos para el cuidado de la salud
4661 Comercio al por menor de muebles para el hogar y otros enseres domésticos
4671 Comercio al por menor de artículos de ferretería, tlapalería y vidrios
4681 Comercio al por menor de automóviles y camionetas
4682 Comercio al por menor de partes y refacciones para autos, camionetas y camiones
4684 Comercio al por menor de combustibles, aceites y grasas lubricantes
4841 Autotransporte de carga general
4842 Autotransporte de carga especializado
4851 Transporte colectivo de pasajeros urbano y suburbano
4884 Servicios relacionados con el transporte por carretera
5172 Telefonía celular y otras telecomunicaciones inalámbricas, excluye satélites
5312 Inmobiliarias y corredores de bienes raíces
5611 Servicios de administración de negocios
5613 Servicios de empleo
6111 Escuelas de educación básica, media y especial
6113 Escuelas de educación superior
7211 Hoteles, moteles y similares
7221 Restaurantes con servicio de meseros
7222 Restaurantes de autoservicio y de comida para llevar
7224 Centros nocturnos, bares, cantinas y similares
8111 Reparación y mantenimiento de automóviles y camiones

Comerciables (experiencia local)
3113 Elaboración de azúcar, chocolates, dulces y similares
3131 Preparación de hilado de fibras textiles y fabricación de hilos
3256 Fabricación de jabones, limpiadores y preparaciones de tocador
3272 Fabricación de vidrio y productos de vidrio
3321 Fabricación de productos metálicos forjados y troquelados
3322 Fabricación de herramientas de mano sin motor y utensilios de cocina
3323 Fabricación de estructuras metálicas y productos de herrería
3324 Fabricación de calderas, tanques y envases metálicos

3325 Fabricación de herrajes y cerraduras
3328 Recubrimientos y terminados metálicos
3379 Fabricación de productos relacionados con los muebles
3399 Otras industrias manufactureras
4331 Comercio al por mayor de productos farmacéuticos
4353 Comercio al por mayor de equipo para los servicios y actividades comerciables
4354 Comercio al por mayor de maquinaria, mobiliario y equipo de uso general
4651 Comercio al por menor de artículos de perfumería y joyería
4659 Comercio al por menor de mascotas, regalos, artesanías, artículos religiosos y personales
4662 Comercio al por menor de computadoras, teléfonos y aparatos de comunicación
4812 Transporte aéreo no regular
4852 Transporte de pasajeros interurbano y rural
4872 Transporte turístico por agua
4883 Servicios relacionados con el transporte por agua
4885 Servicios de intermediación para el transporte de carga
4921 Servicios de mensajería y paquetería foránea
5111 Edición de periódicos, revistas, libros y similares, excepto a través de Internet
5121 Industria fílmica y del video
5151 Transmisión de progamas de radio y televisión, excepto a través de Internet
5171 Telefonía tradicional, telegrafía y otras telecomunicaciones alámbricas
5173 Reventa de servicios de telecomunicaciones
5221 Banca múltiple
5223 Uniones de crédito e instituciones de ahorro
5224 Otras instituciones de intermediación crediticia y financiera no bursátil
5231 Casas de bolsa, casas de cambio y centros cambiarios
5241 Instituciones de seguros y fianzas
5242 Servicios relacionados con los seguros y las fianzas
5311 Alquiler sin intermediación de viviendas y otros inmuebles
5313 Servicios relacionados con los servicios inmobiliarios
5321 Alquiler de automóviles, camiones y otros transportes terrestres
5324 Alquiler de maquinaria y equipo industrial, comercial y de servicios
5411 Servicios legales
5412 Servicios de contabilidad, auditoría y servicios relacionados
5413 Servicios de arquitectura, ingeniería y actividades relacionadas
5414 Diseño especializado
5415 Servicios de consultaría en computación
5416 Servicios de consultaría administrativa, científica y técnica
5418 Servicios de publicidad y actividades relacionadas
5511 Dirección de corporativos y empresas
5615 Agencias de viajes y servicios de reservaciones
5616 Servicios de investigación, protección y seguridad
6215 Laboratorios médicos y de diagnóstico
6221 Hospitales generales
7131 Parques con instalaciones recreativas y casas de juegos electrónicos
7139 Otros servicios recreativos
8113 Reparación y mantenimiento de maquinaria y equipo (general)

Comerciables (recursos naturales)
1125 Acuicultura animal
1141 Pesca
2121 Minería de carbón mineral
2122 Minería de minerales metálicos
2123 Minería de minerales no metálicos
3111 Elaboración de alimentos para animales
3112 Molienda de granos y de semillas oleaginosas
3114 Conservación de frutas, verduras y guisos

3117 Preparación y envasado de pescados y mariscos
3122 Industria del tabaco
3132 Fabricación de telas
3161 Curtido y acabado de cuero y piel
3162 Fabricación de calzado
3211 Aserrado y conservación de la madera
3219 Fabricación de otros productos de madera
3221 Fabricación de celulosa, papel y cartón
3222 Fabricación de productos de papel y cartón
3251 Fabricación de productos químicos básicos
3252 Fabricación de hules, resinas y fibras químicas
3259 Fabricación de otros productos químicos
3271 Fabricación de productos a base de arcillas y minerales refractarios
3279 Fabricación de otros productos a base de minerales no metálicos
3311 Industria básica del hierro y del acero
3312 Fabricación de productos de hierro y acero de material comprado
3314 Industrias de metales no ferrosos, excepto aluminio
3329 Fabricación de otros productos metálicos
3371 Fabricación de muebles, excepto de oficina y estantería
4321 Comercio al por mayor de productos textiles y calzado
4351 Comercio al por mayor de maquinaria y equipo agropecuario, forestal y pesca
4633 Comercio al por menor de calzado

Comerciables (empresas transnacionales)
3141 Confección de alfombras, blancos y similares
3231 Impresión e industrias conexas
3253 Fabricación de fertilizantes, pesticidas y otros agroquímicos
3254 Fabricación de productos farmacéuticos
3255 Fabricación de pinturas, recubrimientos, adhesivos y selladores
3331 Fabricación de maquinaria y equipo para actividades agropecuarias, de la construcción y extractivas
3333 Fabricación de maquinaria y equipo para el comercio y los servicios
3334 Fabricación de sistemas de aire acondicionado, calefacción y refrigeración
3336 Fabricación de motores de combustión interna, turbinas y transmisiones
3339 Fabricación de otra maquinaria y equipo para la industria en general
3341 Fabricación de computadoras y equipo periférico
3342 Fabricación de equipo de comunicación
3343 Fabricación de equipo de audio y de video
3344 Fabricación de componentes electrónicos
3345 Fabricación de instrumentos de navegación, medición, médicos y de control
3346 Fabricación y reproducción de medios magnéticos y ópticos
3351 Fabricación de accesorios de iluminación
3352 Fabricación de aparatos eléctricos de uso doméstico
3359 Fabricación de otros equipos y accesorios eléctricos
3361 Fabricación de automóviles y camiones
3369 Fabricación de otro equipo de transporte
3391 Fabricación de equipo y material para uso médico, dental y para laboratorio

Comerciables (estado)
2111 Extracción de petróleo y gas
2371 Construcción de obras abastecimiento de agua, petróleo, gas, electricidad y telecomunicaciones
3241 Fabricación de productos derivados del petróleo y del carbón
3262 Fabricación de productos de hule
3353 Fabricación de equipo de generación y distribución de energía eléctrica
3364 Fabricación de equipo aeroespacial
3365 Fabricación de equipo ferroviario
4811 Transporte aéreo regular

4821 Transporte por ferrocarril
4831 Transporte marítimo
4862 Transporte de gas natural por ductos
4881 Servicios relacionados con el transporte aéreo
5222 Instituciones financieras de fomento económico

MIGRACIÓN Y DESPOBLAMIENTO EN EL OCCIDENTE DE MÉXICO. EL CASO DE LA COSTA ALEGRE DE JALISCO

Israel Montiel Armas[1]

INTRODUCCIÓN

Los resultados del II Conteo de Población y Vivienda 2005 mostraron que la población del país ascendía a 103 263 388 habitantes, 3.2 millones menos de lo que había proyectado el Consejo Nacional de Población (Conapo) tres años antes en sus *Proyecciones 2000-2050*. Una de las causas de esta discrepancia reside en el hecho que la migración a Estados Unidos en el periodo que va de 2000 a 2005 ha sido mucho mayor que la proyectada en un principio. Esto se puede observar si comparamos los datos iniciales de las *Proyecciones 2000-2050* con los de la *Conciliación demográfica*, elaborada por el Conapo, el INEGI y El Colegio de México a partir de los resultados del conteo. Si en las proyecciones se estimaba que el saldo migratorio neto internacional en el periodo 2000-2005 sería negativo en aproximadamente 400 000 personas al año, la conciliación demográfica elevó esta cifra 44 por ciento, a 575 000 personas.

La explicación obvia de este explosivo aumento en el número de migrantes es el pobre desempeño de la economía nacional durante los últimos años (2.6 por ciento de crecimiento del PIB como media para el periodo 2000-2005), cuyas consecuencias se agravan por el incremento de la población activa resultado de la elevada natalidad que se experimentó en México hasta principios de los ochenta. Cada año alcanzan la mayoría de edad poco más de dos millones de jóvenes, pero las recurrentes crisis económicas que han azotado al país desde 1976 y el consecuente estancamiento, el descenso de

---

[1] Programa de doctorado en Geografía. Departamento de Geografía, Universitat Autónoma de Barcelona.

las remuneraciones reales[2] y la escasa capacidad de la economía nacional para crear empleos formales al mismo ritmo que crece la población activa,[3] conforman una poderosa fuerza de expulsión de trabajadores a Estados Unidos, que se combina con la insaciable necesidad de fuerza de trabajo en ese país. Aunque la existencia de un mercado de trabajo binacional es una realidad histórica, el estancamiento económico de México durante el periodo 2000-2005 habría intensificado este mecanismo de trasvase de fuerza de trabajo entre ambas economías.

No obstante, los datos del conteo referentes a la población de los distintos municipios nos muestra la existencia de otro fenómeno inquietante: el despoblamiento de la mitad de los municipios del país. Es decir, aunque a escala nacional el crecimiento natural de la población permite aún compensar un saldo migratorio negativo creciente, en realidad este ligero incremento de la población se concentra en algunas zonas, presumiblemente aquellas que muestran cierto dinamismo económico en un contexto general caracterizado por el estancamiento.

Si bien es cierto que el éxodo rural se inició a partir de los años cuarenta del siglo pasado, y que la emigración a Estados Unidos tiene una tradición secular, al menos en la región Occidente, hasta ahora el crecimiento natural de la población había permitido mantener el equilibrio demográfico de la mayor parte de los municipios del país. De hecho, la población rural (aquella que reside en localidades de menos de 2 500 habitantes) no dejó de aumentar a lo largo del siglo XX en términos absolutos. Al mismo tiempo, la migración a Estados Unidos, por su carácter circular y los recursos que proporcionaba, operaba como un mecanismo que garantizaba la reproducción social de los municipios con tradición migratoria, anclando en ellos un volumen de población cuando menos constante. No obstante, para el caso del Occidente de México que analizaremos a continuación, lo que se observa en el último quinquenio es una abrupta generalización de los procesos de despoblamiento, que llegan a afectar a la mayoría de municipios de Durango, Guanajuato, Jalisco, Michoacán, Nayarit, San Luis Potosí y Zacatecas.

---

[2] Entre 1980 y 2005, la remuneración real promedio de los trabajadores cayó de 7.1 a 6.3 mil dólares anuales (estimaciones propias a partir del Banco de Información Económica de INEGI, www.inegi.gob.mx).

[3] El número de asegurados en el Instituto Mexicano del Seguro Social se incrementó de 15 240 131 en el año 2000 a 17 052 418 en 2005, mientras que la población activa crecía en el mismo periodo de 34 154 854 (censo de 2000) a 42 698 165 (ENOE).

Dinámica demográfica y auge de la emigración internacional en el Occidente de México, 1990-2005

Contexto general

La distribución territorial en México de la migración a Estados Unidos muestra la existencia de una región, que a grandes rasgos coincide con el Occidente de México, donde se han concentrado los mayores flujos de emigrantes a Estados Unidos desde el inicio histórico de este fenómeno. Tanto Durand y Massey (2003: 70-96) como el CONAPO (2004: 107) coinciden en señalar a Aguascalientes, Colima, Durango, Guanajuato, Jalisco, Michoacán, Nayarit, San Luis Potosí y Zacatecas como los estados que integran la región tradicional, o histórica, de emigración a Estados Unidos. Con el objeto de analizar si la relación entre la migración internacional y el despoblamiento ha entrado en una nueva fase hemos decidido circunscribir nuestro análisis a esta región, puesto que al tratarse de una zona en que la migración a Estados Unidos es un fenómeno ya maduro se pueden comparar los datos de diferentes periodos.

Basamos el análisis estadístico en estimaciones que hemos elaborado sobre la dinámica demográfica de la región, con base en los datos que ofrece la conciliación demográfica elaborada conjuntamente por CONAPO, INEGI y El Colegio de México (Conapo, 2006). A partir de estos datos, y apoyándonos en la información de los censos de 1980, 1990 y 2000, y de los conteos de 1995 y 2005, hemos estimado la población de cada municipio en 1980, 1990, 2000 y 2005. Asimismo, con base en dichos censos y conteos, así como en los módulos de migración interna e internacional de la Encuesta Nacional de la Dinámica Demográfica de 1992 y 1997 y de la Encuesta Nacional de Empleo de 2002, hemos estimado los saldos migratorios netos internos de la región con el resto del país, para cada quinquenio desde 1980 hasta 2005. Este saldo neto migratorio interno, junto con el saldo neto migratorio total que ofrece la conciliación demográfica, nos permite estimar el saldo migratorio neto internacional de la región para cada uno de estos quinquenios. Finalmente, con base en la información que ofrece la conciliación demográfica respecto a natalidad y mortalidad a nivel de estados, hemos estimado las tasas de crecimiento natural a nivel municipal. Partiendo de todas estas estimaciones, hemos calculado los componentes del crecimiento demográfico (natural y migración) para cada municipio y entidad de la región.

Los resultados de la dinámica demográfica quinquenal de la región Occidente desde 1980, que ofrecemos en la gráfica 1, muestran la existencia de dos periodos diferenciados. El primer periodo, comprendido entre 1980 y

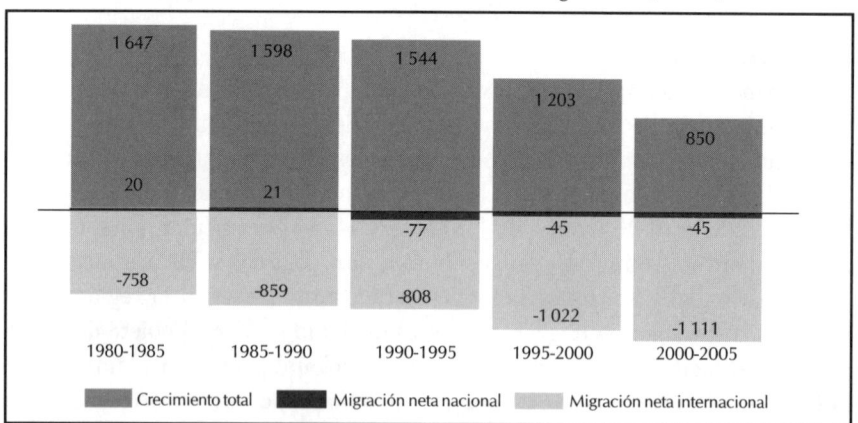

Gráfica 1. Región migratoria tradicional, 1980-2005.
Composición del crecimiento demográfico (miles)

Periodo	Crecimiento total	Migración neta nacional	Migración neta internacional
1980-1985	1 647	20	-758
1985-1990	1 598	21	-859
1990-1995	1 544	-77	-808
1995-2000	1 203	-45	-1 022
2000-2005	850	-45	-1 111

1995, se caracteriza por un crecimiento notable de la población (algo por encima del millón y medio de personas en los quinquenios 1980-1985, 1985-1990 y 1990-1995), combinado con un saldo migratorio neto internacional negativo de unas 800 000 personas por quinquenio. Durante esos quince años se mantuvo una situación demográfica caracterizada por la estabilidad, en la que se producía una elevada emigración a Estados Unidos ampliamente compensada por el crecimiento natural de la población, con unos valores casi constantes en esos dos indicadores demográficos.

A partir de 1995, en cambio, se producen al menos dos cambios notables. En primer lugar se rompe la estabilidad de las cifras de crecimiento total de la población. Este indicador, que por quince años se había mantenido estable en cifras en torno al millón y medio quinquenal, inicia un acusado descenso, ya que pasa de 1.5 millones en el quinquenio 1990-1995 a 1.2 millones en el quinquenio siguiente. Este descenso en el crecimiento de la población se agudiza aún más en el último quinquenio, 2000-2005, cuando se redujo a 850 000. Es decir, en diez años el crecimiento total de la población se contrajo casi a la mitad. En segundo lugar, el saldo neto migratorio negativo, que también se había mantenido constante en torno a las 800 000 personas quinquenales, se incrementa en los dos quinquenios siguientes para situarse en una cifra ligeramente superior al millón de personas por quinquenio.[4]

---

[4] Por lo que se refiere a la migración neta del Occidente con el resto del país, cabe decir que se ha mantenido en valores muy bajos durante los últimos veinticinco años, por lo que no la tomamos en consideración en este análisis. No obstante, también se observa que el saldo pasó de ser positivo a ligeramente negativo.

Gráfica 2. Región migratoria tradicional, 2000-2005.
Tasas de crecimiento demográfico y de migración neta

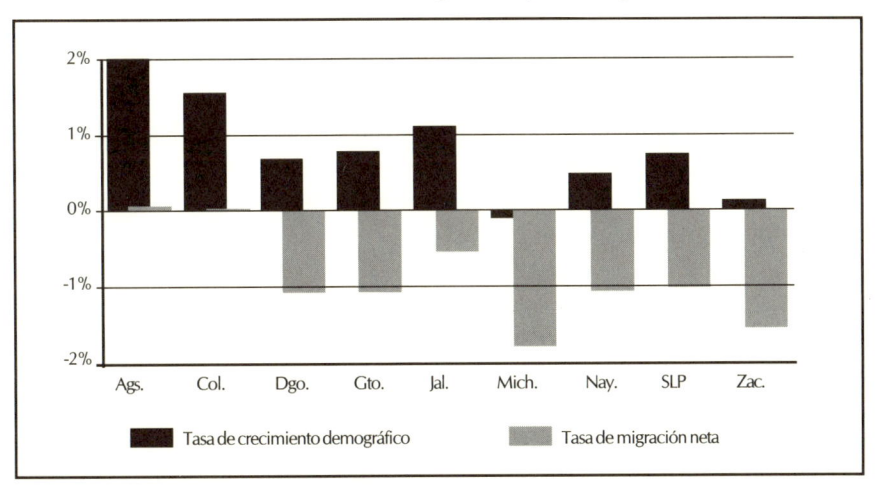

Fuente: Estimaciones propias con base en Conapo (2006); Encuesta Nacional de la Dinámica Demográfica 1992 y 1997, y Encuesta Nacional de Empleo 2002.

En todo caso, a pesar de este deterioro en la situación demográfica de la región provocado por el saldo migratorio negativo, la población total continúa en ascenso gracias al crecimiento natural. No obstante, los datos para cada una de las entidades federativas nos muestran que la situación es especialmente grave en algunas de ellas. Tan sólo Aguascalientes y Colima, dos de las entidades con menos población, mantienen saldos migratorios ligeramente positivos durante el periodo 2000-2005, aunque en realidad muy cercanos a cero. El resto de entidades de la región tienen tasas de migración neta anual negativas bastante importantes: 1 por ciento en Durango, Guanajuato, Nayarit y San Luis Potosí y entre 1.5 y 2 por ciento en Michoacán y Zacatecas. En el caso de Jalisco la tasa de migración neta es negativa en medio punto. Lo más notorio, empero, es el efecto de estas tasas de migración en el crecimiento total de la población, puesto que en el quinquenio 2000-2005 las dos entidades con mayor emigración experimentaron pérdidas o estancamiento de la población: Michoacán tuvo un ligero descenso y en Zacatecas el crecimiento demográfico fue muy cercano a cero. Tan sólo Aguascalientes, Colima y, en parte, Jalisco, tuvieron crecimientos apreciables, de entre 1 y 2 por ciento. En el resto de las entidades el crecimiento no superó el 1 por ciento anual.

Situación de las microrregiones

Es posible descender todavía más en la escala territorial para analizar la evolución demográfica de los municipios que conforman la región. Para ello hemos tomado como referencia los periodos 1990-2000 y 2000-2005, dividiendo a los municipios en tres categorías: aquellos con menor población al final del periodo que al principio (municipios con despoblamiento), aquellos en que, a pesar de que se experimenta un crecimiento de la población, el saldo migratorio es negativo, y aquellos que ganan población durante el periodo y cuyo saldo migratorio es positivo.

Los resultados se muestran en los dos mapas, en los que se pueden apreciar claramente los efectos sobre el territorio de este gran crecimiento de la emigración. El efecto más evidente es que, en la actualidad, el despoblamiento afecta a la mayor parte del territorio de la región. Si bien en el pasado prácticamente la totalidad de los municipios de la región tenían un saldo migratorio negativo, esto no ponía en riesgo su viabilidad demográfica, puesto que el crecimiento natural de la población compensaba la pérdida

Mapa 1. Región migratoria tradicional.
Grado de despoblamiento de los municipios

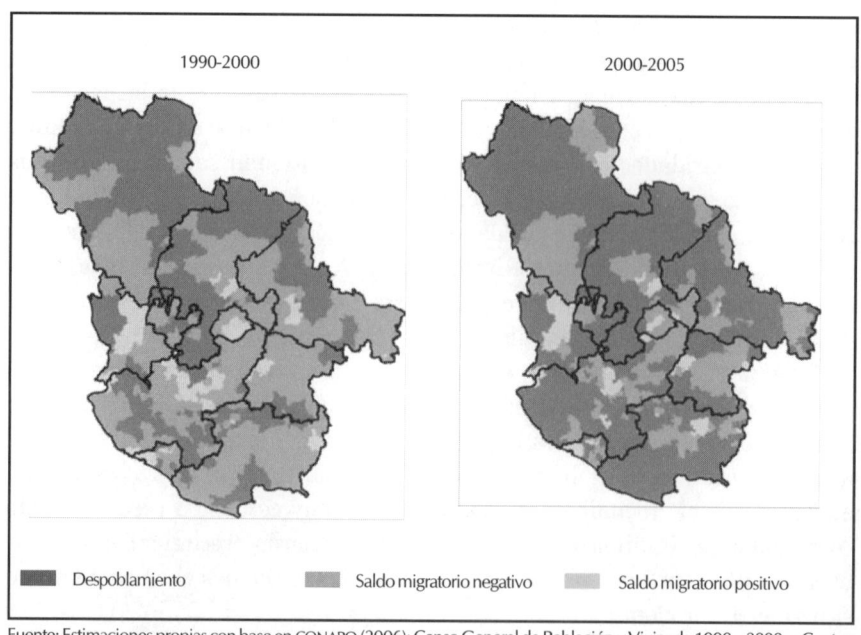

Fuente: Estimaciones propias con base en CONAPO (2006); Censo General de Población y Vivienda 1990 y 2000; y Conteo General de Población y Vivienda 2005.

de población por emigración. El despoblamiento ya era un fenómeno preocupante, pero se limitaba a las regiones montañosas y áridas (tradicionalmente deprimidas tras la crisis de las actividades mineras), la costa norte de Nayarit y a municipios de determinadas zonas con una dilatada tradición migratoria como el Norte de Jalisco, los cañones de Juchipila y Tlaltenango y los bajíos de Guanajuato y Michoacán. En cambio, lo que se observa en los últimos cinco años es una dramática extensión del despoblamiento, que en la actualidad afecta a la mayoría de municipios de la región y a la mayor parte de su territorio.

Otro aspecto destacado del último quinquenio es que el proceso de despoblamiento o, cuando menos, el saldo migratorio negativo, se ha extendido a municipios con ciudades medianas y pequeñas que hasta ahora no habían sido afectados por este fenómeno. Son los casos de Uriangato, en Guanajuato; Apatzingán, Lázaro Cárdenas y Zitácuaro, en Michoacán, o Río Verde, en San Luis Potosí. Por otro lado, encontramos también saldos migratorios negativos en ciudades grandes como Guadalajara y San Luis Potosí, aunque en este caso el factor principal es la existencia de migración residencial hacia sus municipios conurbados debido a la saturación de ambos municipios, un fenómeno distinto al analizado en este artículo.

Tan sólo unas pocas áreas del Occidente de México tienen un saldo migratorio positivo durante el quinquenio 2000-2005. En este sentido no se aprecian grandes cambios de un periodo a otro, ya que tan sólo cabe destacar el caso de La Laguna, que en el periodo 2000-2005 se convierte en una zona de atracción de población. El resto de zonas de atracción de migrantes son las ciudades de Guadalajara, Zacatecas y San Luis Potosí (aunque en estos tres casos los municipios con saldo positivo son en realidad los conurbados o cercanos: Guadalupe, en Zacatecas, Soledad de Graciano Sánchez, en San Luis Potosí, y el resto de municipios de su área metropolitana, en Guadalajara), Tepic, Bahía Banderas (donde se halla el centro turístico de Puerto Vallarta), Manzanillo, León y Morelia. En todos estos casos podemos identificar la existencia de actividades económicas con cierto grado de dinamismo, ya sea polos industriales, comerciales o de servicios (Guadalajara, León, San Luis Potosí, Aguascalientes, La Laguna, Tepic y Morelia), polos turísticos (Puerto Vallarta) o actividades logísticas como en Manzanillo, principal puerto mexicano para mercancías en el Pacífico.

Por su parte, las regiones que están sufriendo un despoblamiento masivo son la Sierra Norte de Durango y los valles del centro de la misma entidad; las regiones mineras de Fresnillo y Sombrerete y del norte de Zacatecas, la región de Río Grande y los cañones de Juchipila y Tlaltenango, en Zacatecas; las regiones de Charcas, del Salado de San Luis, Matehuala, Río Verde y Ciudad del Maíz, en San Luis Potosí; las costas de Nayarit y de Jalisco (excepto Bahía de Banderas), el norte y el sur de Jalisco (excepto Ciudad Guzmán y Sayula); Calvillo, en Aguascalientes; los valles del sur de Guanajuato; la costa de Michoacán y Lázaro Cárdenas, el valle de Apatzingán, las ciénegas (excepto Zamora y Sahuayo), el Bajío (excepto La Piedad) y la Tierra Caliente, en Michoacán. Todas estas microrregiones se caracterizaban por el estancamiento, pero en la actualidad sufren profundas crisis en sus actividades económicas tradicionales.

Hay otras regiones en las que el despoblamiento no afecta a todos sus municipios, pero en las que éste es un fenómeno que anteriormente no se producía o no era tan relevante. Son los casos de la Huasteca potosina, la región de Ameca, la Ciénega y Los Altos de Jalisco (excepto las ciudades medias: Ocotlán, Tepatitlán, Lagos de Moreno); el norte de Guanajuato, parte de Colima y parte del noreste de Michoacán (Zitácuaro).

A partir de todos estos datos se puede intuir la existencia de varios procesos simultáneos de redistribución territorial de la población. A escala internacional tenemos un flujo creciente de población que se dirige del Occidente de México a Estados Unidos y que se traduce en un saldo migratorio internacional negativo y en ascenso. Dentro de este flujo, los migrantes procedentes de zonas rurales tienen un peso desproporcionado en relación con su peso relativo sobre la población total del Occidente. En cambio, los flujos de población entre el Occidente y el resto del país parecen poco relevantes. Por su parte, en el interior de la región observamos un desplazamiento de la población hacia las pocas regiones dinámicas mencionadas anteriormente desde prácticamente todo el Occidente. En este caso, conviene destacar que aunque la zona metropolitana de Guadalajara conserva su poder de atracción como gran capital regional, en los últimos decenios se ha producido un reacomodo de los patrones tradicionales de migración desde las zonas rurales hacia las grandes áreas metropolitanas en favor de las zonas maquiladoras y turísticas. Por último, se produce un proceso de suburbanización, similar al de las metrópolis europeas o estadounidenses, por el que las grandes ciudades (Guadalajara o San Luis Potosí) pierden población en favor de sus áreas conurbadas. En cualquier caso, el resultado de todos estos procesos es un despoblamiento generalizado en el occidente del país.

El caso de la Costa Alegre de Jalisco. De «tierra pródiga» al despoblamiento

Entre los dos periodos considerados (1990-2000 y 2000-2005) se produce en Jalisco el tránsito de una situación de despoblamiento incipiente, en el que este fenómeno se circunscribía a unas zonas determinadas de la entidad, a una situación en la que el despoblamiento se generaliza hasta afectar la mayor parte de regiones del estado. Como se puede apreciar en el mapa anterior, durante el periodo 1990-2000 el despoblamiento se localizaba casi exclusivamente en tres zonas concretas de la entidad. En primer lugar, el despoblamiento afectaba a buena parte de los municipios localizados a lo largo de las distintas sierras en que se dividen la Sierra Madre Occidental y el Eje Neovolcánico a su paso por Jalisco, como las de Manantlán, Quila o Amula. La segunda zona de despoblamiento correspondía a la región norte de Jalisco, situada a caballo entre la Sierra Madre Occidental y el cañón de Tlaltenango. Se trata de una región tradicionalmente estancada en la que la migración a Estados Unidos tiene una dilatada trayectoria histórica. Por último, la tercera región con despoblamiento correspondía a los tres municipios situados en los cañones del río Santiago y del río Verde al norte de Guadalajara: Cuquío, Ixtlahuacán del Río y San Cristóbal de la Barranca. En el resto de la entidad, en cambio, no había prácticamente casos de municipios con despoblamiento, si bien es cierto que la inmensa mayoría tenían un saldo migratorio negativo. En realidad tan sólo dos zonas mostraban un saldo migratorio positivo y, por tanto, capacidad de atraer población de otras regiones. Evidentemente, la principal de ellas era la zona metropolitana de Guadalajara, capital manufacturera, comercial y de servicios de todo el Occidente del país y bien integrada en los mercados nacional e internacionales. La otra zona que experimentó un saldo migratorio positivo importante durante dicho periodo fue Puerto Vallarta, uno de los destinos turísticos más importantes del país, por lo que requiere una cantidad considerable de mano de obra.

En los siguientes cinco años, en cambio, se observa un deterioro pronunciado en el despoblamiento de la entidad: la situación se agrava en aquellas zonas que experimentaban pérdida de población en el periodo anterior, y se suman nuevas regiones al proceso de despoblamiento. De estas últimas el caso más espectacular es el de la totalidad de la costa de Jalisco al sur de Puerto Vallarta, la llamada Costa Alegre. Se trata de una región que se pobló en los últimos cien años durante la llamada «marcha hacia el mar», un proceso que Agustín Yáñez relató en su novela *La tierra pródiga*. La novela se ubica en este periodo histórico en que se producía la llegada de campesinos procedentes de las sierras interiores densamente pobladas para establecerse en las costas subtropicales del Pacífico, que habían quedado vírgenes desde la Conquista. Pero al tiempo que se describe la gran riqueza natural de la región, se refleja también el ambiente de violencia que caracteriza a las «fronteras internas» latinoamericanas. El protagonista, un cacique que logra imponer su ley temporalmente y aspira a desarrollar un centro turístico que rivalice con el Acapulco de la época, es doblegado por el aparato burocrático estatal. Finalmente los proyectos de desarrollo llegaron en los años setenta, con la construcción de la presa Cajón de Peñas, hasta ahora la mayor del estado, y del tramo de la carretera federal 200 que recorre la costa.

A pesar de ello la región continuó caracterizándose por el abandono, aunque en la segunda mitad del siglo XX experimentó un crecimiento demográfico vigoroso. En la gráfica 3 se refleja cómo aún en los años ochenta y noventa su tasa de crecimiento anual se situaba por encima del 1.5 por ciento. No obstante, a pesar de su atractivo turístico, con playas como las de

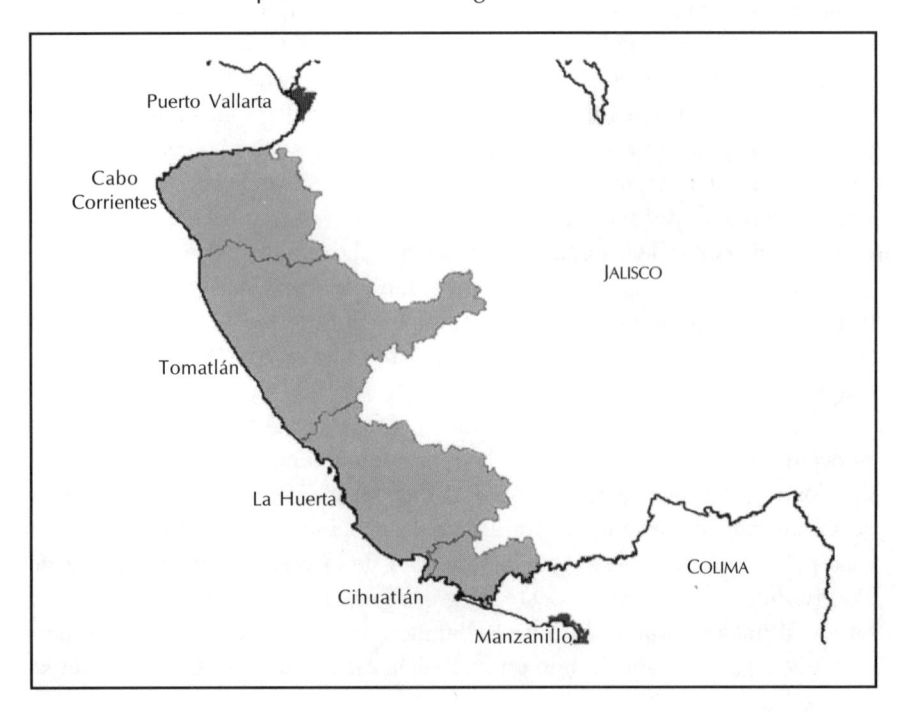

Mapa 2. La Costa Alegre en el contexto

MIGRACIÓN Y DESPOBLAMIENTO EN EL OCCIDENTE DE MÉXICO

Barra de Navidad, Melaque, Careyes y Chamela, y de la existencia de dos grandes mercados cercanos para su producción frutícola, ganadera y pesquera, como son Puerto Vallarta y Manzanillo, en el periodo 2000-2005 se observa que los cuatro municipios de la Costa Alegre perdieron población, cuando en el periodo 1990-2000 tal situación no afectaba a ninguno de ellos e incluso Cihuatlán tuvo un ligero saldo migratorio positivo. Es posible que la potencialidad turística, que ha desatado conflictos por la posesión de las tierras entre los pobladores y desarrolladores foráneos, esté teniendo el efecto perverso de expulsar a sus habitantes, pero en realidad el despoblamiento tiene un carácter tan generalizado en toda la región Occidente que habría que buscar sus causas últimas en el ámbito nacional.

Gráfica 3. Evolución demográfica de la Costa Alegre, 1980-2005

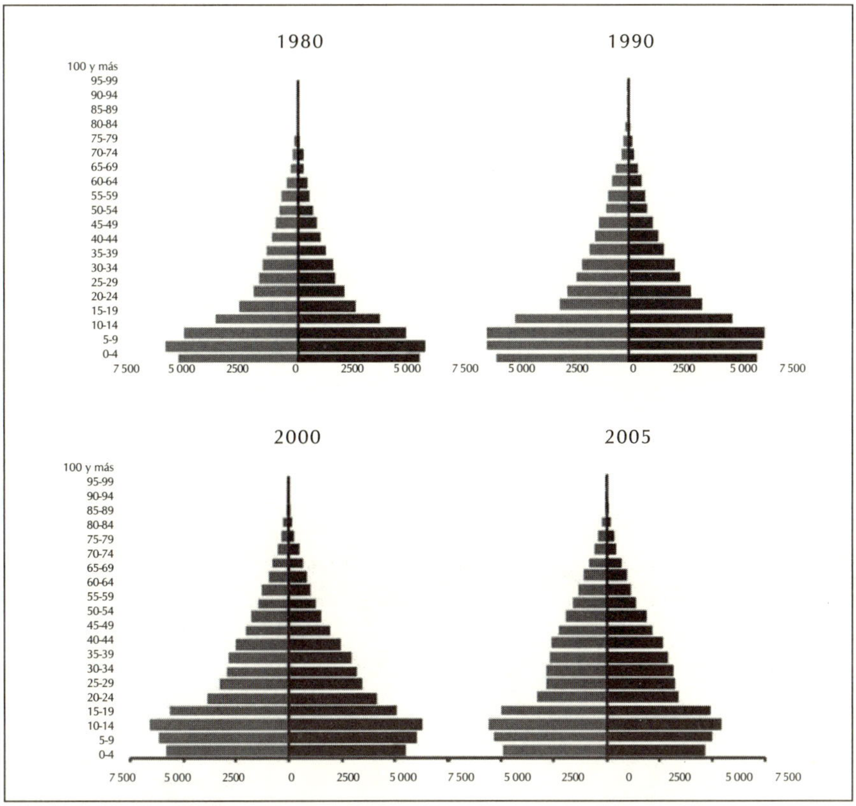

Fuentes: 1980: X Censo General de Población y Vivienda 1980. INEGI.
1990: XI Censo General de Población y Vivienda 1900. INEGI.
2000: XII Censo General de Población y Vivienda 2000. INEGI.

En la misma gráfica mostramos también las distintas pirámides de población del periodo 1980-2005. Lo que se observa es una pirámide típica de población en las primeras etapas de la transición, con una base muy amplia y un angostamiento muy acentuado, pero entre 2000 y 2005 se observa un cambio radical en la forma de la pirámide, producto de la fuerte emigración. Para cuantificar mejor los efectos de este cambio, ofrecemos el volumen total de población joven (de 15 a 29 años) y la tasa de crecimiento demográfico de esa población, lo que evidencia la transformación profunda de la dinámica demográfica de la zona. Como se puede apreciar, hasta la década de los noventa la población joven crecía a una tasa muy superior a la del conjunto de la población. Esta situación se revirtió en los años noventa, para invertirse completamente en los primeros cinco años de este siglo: si bien la población

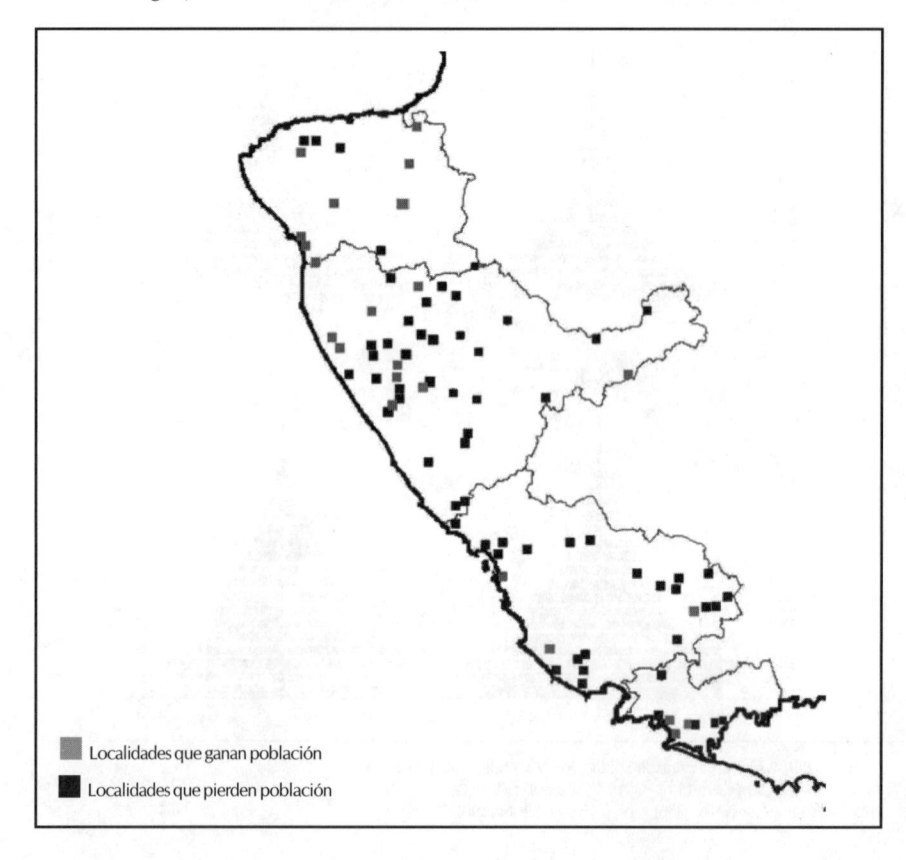

Mapa 3. Evolución demográfica reciente de las localidades de la Costa Alegre, 2000-2005 (localidades con más de 100 habitantes

total de la Costa Alegre decreció en ese lapso, la población joven disminuyó a un ritmo todavía superior. Es decir, una región que en el siglo pasado fue una de las «fronteras» del país, y que aún hoy en día se considera con un alto potencial de desarrollo, está expulsando a su población joven.

El mapa 3, con la evolución demográfica de las localidades, muestra que la situación es generalizada y no se aprecia que haya alguna microrregión o algún tipo de localidad que se libre de ese sino. Las localidades afectadas por el despoblamiento son la mayoría (66 de las 89 con más de 100 habitantes en 2005) y constituyen también la mayoría de las que se encuentran directamente en la costa o a lo largo de la carretera federal 200, teóricamente los dos ejes de desarrollo de la región. El despoblamiento tampoco parece tener relación con las condiciones socioeconómicas de la población, puesto que el único municipio de la región con un índice alto de marginación, Cabo Corrientes, es también el menos afectado por el despoblamiento.

En definitiva, y a la espera de conocer los datos del próximo censo de población, que nos dará una mejor perspectiva del fenómeno, tal parece que el modelo económico nacional implantado en los años ochenta agotó todo su impulso en tan sólo veinticinco años. En un contexto demográfico de fin de la transición y envejecimiento incipiente de la población, la situación podría agravarse por el hecho que ya no sólo las regiones que tradicionalmente habían experimentado el éxodo rural pierden población, en la actualidad incluso zonas que se habían identificado como «nuevas fronteras» padecen el mismo fenómeno de despoblamiento.

Bibliografía

Consejo Nacional de Población (Conapo) (2002). *Índices de intensidad migratoria México-Estados Unidos, 2000*, México, Conapo.
— (2004). *La nueva era de las migraciones. Características de la migración internacional en México*, México, Conapo.
— (2006). *Conciliación demográfica, del XII Censo de Población de 2002 y el II Conteo de Población de 2005*, México, Conapo/INEGI/El Colegio de México.
Comité de Planeación para el Desarrollo del Estado (Coplade) (2005). *Plan de Desarrollo Regional 08 Costa Sur*, México, Gobierno de Jalisco.
— (2005). *Plan de Desarrollo Regional 09 Costa Norte*, México, Gobierno de Jalisco.

Durand, J. y D.S. Massey (2003). *Clandestinos. Migración México-Estados Unidos en los albores del siglo XXI*, México, Universidad Autónoma de Zacatecas/Miguel Ángel Porrúa.

LA MIGRACIÓN OAXAQUEÑA: UNA COMPARACIÓN CON MODELOS MIGRATORIOS MEXICANOS[1]

Jeffrey H. Cohen[2]

Comprender la migración oaxaqueña es complicado por los informes etnográficos detallados que a menudo se enfocan en algunas familias y abordan específicamente una sola comunidad (perdiendo así la calidad paradójica del movimiento) y no puede captar las tendencias generales de la migración y su historia. Además, mientras existe un vasto campo de trabajo sobre la migración desde el centro, occidente y norte de México (Durand *et al.*, 2001; Jones, 1995; Massey *et al.*, 1994), sólo unos cuantos describen los nuevos flujos procedentes de los estados del sureste de México (Corbett *et al.*, 1992; Iszaevich, 1988; Lee, 2006; Velasco, 2005). Para empezar a comprender la migración de Oaxaca y colocarla en el marco nacional, nuestro informe tiene dos metas: primera, resumir la estructura de la migración contemporánea, y segunda, explorar las similitudes y diferencias entre los migrantes oaxaqueños y los de regiones tradicionales de salida.

Los Valles Centrales de Oaxaca

Oaxaca es uno de los estados más pobres y diversos étnicamente de México; además, se ubica en los últimos lugares en los indicadores económicos del

---

[1] Este proyecto fue apoyado por el programa Cultural de Antropología de la National Science Foundation (beca BCS#9875539). Mi agradecimiento al Instituto Tecnológico de Oaxaca por apoyar este proyecto, y a Sylvia Gijón, Rafael Reyes y sus estudiantes por su ayuda en el trabajo de campo y el análisis que realizaron.

[2] Antropólogo cultural por la Ohio State University, especializado en tema relacionados con la migración y el desarrollo. http://anthropology.ohio-state.edu/faculty_pages/cohen.htm

país. La infraestructura de la mayoría de las comunidades rurales es fragmentaria, y servicios básicos como el agua corriente, alcantarillado y teléfono, con frecuencia no existen. En el campo de la salud, el estado de Oaxaca está en mala situación de acuerdo con los indicadores sociales (Digepo, 1999), además de que el acceso a la asistencia médica en comunidades rurales es escaso o deficiente y con pocos dispensarios y médicos que atiendan a la población. Con respecto a la educación, los programas instrumentados en las escuelas son también marginales, aun cuando la Constitución establece que la educación primaria es obligatoria.

La mayoría de los oaxaqueños que viven en zonas rurales no rebasan los seis años de educación, es decir, no han terminado la educación primaria (Taracena, 2003). Las mejoras realizadas en el desarrollo de la infraestructura básica en estas zonas son financiadas con la contribución monetaria de la comunidad, los migrantes y los programas del gobierno federal, que aportan dos o tres pesos por cada peso con que coopera la comunidad (un ejemplo de esto son los programas 2 x 1 y 3 x 1); de esta forma se promueve el desarrollo de las comunidades (Moctezuma, 2002). En cualquiera de estas situaciones, los fondos reunidos por los ciudadanos para financiar en parte los costos generados por los proyectos planeados suman miles de pesos anualmente (De la Garza y Orozco, 2002; Gijón Cruz et al., 2000).

Mientras que Oaxaca presenta una pobreza generalizada en comparación con otros estados de México, podemos decir que algunas comunidades que rodean los Valles Centrales de Oaxaca, incluyendo varias ubicadas en el centro, como Ejutla, Etla, Ocotlán, Tlacolula, Zaachila y los distritos de Zimatlán, están relativamente lejos de esta realidad. Estas comunidades están ligadas económicamente a la ciudad de Oaxaca y a sus mercados locales. La infraestructura carretera y el servicio de transporte regular hacen que los flujos de bienes y personas entre estas comunidades rurales y la capital del estado sean muy intensos. Es así como la ciudad de Oaxaca ofrece múltiples oportunidades de acceso a la educación, especialmente superior y técnica, y es un destino importante del turismo, tanto nacional como extranjero, que visitan las comunidades rurales cercanas y los sitios arqueológicos, y a menudo adquieren productos elaborados en dichas localidades (Acevedo y Restrepo, 1991).

La migración oaxaqueña

La mayoría de migrantes oaxaqueños que cruzan la frontera de Estados Unidos son jóvenes que van en busca de trabajo y un mejor sueldo, y su principal destino es el sur de California (Cohen, 2004b; Corbett *et al.*, 1992; INEGI, 2001b; Iszaevich, 1988; Klaver, 1997). Sin embargo, también existe una migración dentro de México sumamente importante; aunque en este estudio la migración a Estados Unidos es el principal eje articulador. Los datos que arroja la investigación de campo de este proyecto demuestran que en los años ochenta los principales flujos migratorios de los oaxaqueños concluían dentro de las fronteras de México. Es importante señalar que esta migración interna se caracterizó por un equilibrio de género: 45 por ciento de mujeres y 55 por ciento de hombres. Estos resultados contrastan con la migración a Estados Unidos, en la que encontramos que 78 por ciento de los migrantes son hombres.

Ya sea que tenga como destino Estados Unidos u otra entidad del territorio mexicano, el migrante típico oaxaqueño no sale de su lugar de origen en busca de una aventura. Un hombre casado de alrededor de 25 años de edad sale en busca de trabajo por un sueldo que satisfaga sus necesidades. La decisión es tomada en relación con las necesidades que se presentan en su hogar y los recursos con los que cuenta; lo que la Encuesta Nacional de Ocupación y Empleo (ENOE) (1989: 183) llama «capacidad de la absorción» de los hogares.

En este contexto, mientras que los migrantes están entrando en la edad adulta (de 25 años en adelante), sus esposas son dos años más jóvenes y se quedan al frente de sus hogares realizando actividades domésticas, cuidando de los niños durante su crecimiento y administrando las remesas que reciben. En conjunción, la pareja maneja el hogar nuclear, que normalmente incluye dos o tres menores (63 por ciento de las casas). En algunos casos la pareja y sus hijos dependen directamente del jefe del hogar o de los padres del mismo y residen en unidades habitacionales con patios centrales compartidos (Stephen, 1991).

El trabajo en la agricultura es importante para los hogares tanto por la tradición que de ésta emana como por las escasas oportunidades locales de trabajo. Los resultados de esta investigación muestran que aproximadamente tres de cada cuatro casas encuestadas en las áreas rurales que cubrió este proyecto, cultivan en promedio de 1.5 hectáreas, y en el lapso de seis meses que dura la temporada de lluvias regulares se cosecha lo necesario para alimentar una familia típica y al ganado. Los ingresos derivados del trabajo en el campo complementan los ingresos obtenidos en un trabajo en la ciudad de Oaxaca. El trabajo no asalariado o informal normalmente es realizado por las mujeres en el hogar, independientemente de las actividades cotidianas que realizan. En este contexto, el trabajo de las mujeres consiste principalmente en la venta de alimentos preparados y de productos lácteos elaborados en casa; otra alternativa es llevarse el trabajo a casa en actividades como bordado, lavado de ropa sucia o planchando. Es de señalar que el ingreso que generan estas actividades con frecuencia iguala al de los hombres; los ingresos percibidos por las mujeres muchas veces son la principal fuente de ingreso del hogar cuando el migrante deja la casa (Rees y Coronel, 2005).

La decisión de emigrar a Estados Unidos data de la primera mitad del siglo XX; los primeros migrantes oaxaqueños formaron parte del Programa Bracero (Runsten y Zabin, 1995). No obstante, la migración oaxaqueña no creció rápidamente hasta finales de la década de los ochenta (gráfica 1). La decisión de emigrar tiene por objeto la manutención de la familia, cubrir los costos de educación y equipar al hogar con las comodidades modernas del mundo actual. Asimismo, la migración representa una manera de escapar de la familia y de las responsabilidades que ésta conlleva, además de establecer una nueva vida en un nuevo destino. No obstante, su volumen parece ser reducido, incluso no rebasa el 10 por ciento de los migrantes de ninguna comunidad (Cohen, 2004a).

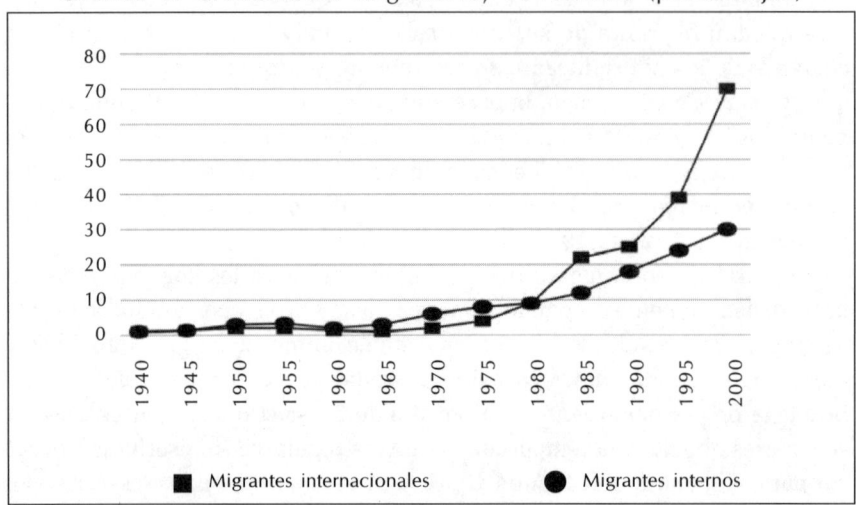

Gráfica 1. Crecimiento migratorio, 1940-2000 (porcentajes)

La decisión que toma el migrante oaxaqueño al elegir su destino final, ya sea nacional o internacional, está basada en cuestiones personales como la educación, el género, la relación que tiene él o ella con los demás migrantes ya asentados en el destino final elegido, las necesidades de su familia y las redes previamente establecidas en Oaxaca y más allá de las fronteras del país. A través del tiempo, aproximadamente 35 por ciento de los migrantes de los Valles Centrales han elegido destinos como los campos agrícolas de Baja California o el Distrito Federal. Las principales fuentes de ingresos de estos migrantes en este último destino han sido el trabajo doméstico (especialmente las mujeres), en el sector de servicios o en la construcción (predominantemente los hombres). Mientras que algunos oaxaqueños continúan emigrando a destinos nacionales, la mayoría de los migrantes contemporáneos salen con rumbo a Estados Unidos. Una vez que un migrante decide cuál será su destino, dentro o fuera de México, debe administrar el dinero necesario para cubrir los gastos de la migración. Viajar a Estados Unidos puede costar miles de dólares. La gran mayoría de los migrantes originarios de los Valles Centrales (91 por ciento) financia estos gastos con sus propios ahorros, utilizando dinero de la familia o el obtenido mediante regalos de familiares o amigos cercanos. Sólo una pequeña parte financia su viaje mediante préstamos (4 por ciento). Para todos aquellos que deciden emigrar, los costos de cruzar la frontera son sumamente altos. Por estas causas, una parte de los que emigraron a Estados Unidos comentaron que el tiempo de residencia en su nuevo destino dependería del tiempo que requiera para recuperar esos gastos. Tiempo atrás, en los primeros años noventa, los emigrantes no enfrentaron el problema de pagar un costo alto por cruzar y muchos de ellos tuvieron la oportunidad de ir y venir las veces que fuera necesario en determinados periodos de tiempo, dividiendo su trabajo entre Estados Unidos y sus comunidades de origen. Actualmente, la mayoría de los migrantes que radican en Estados Unidos no pueden viajar periódicamente a México porque temen ser deportados y corren el riesgo de no poder pagar la deuda que adquirieron al cruzar la frontera, por lo que sólo mantienen el contacto con los familiares que permanecen en sus comunidades de origen mediante el teléfono.

Conocer a alguien en el punto de destino es crucial para muchos migrantes, el 65 por ciento de los entrevistados confirma que llegaron con un pariente (generalmente un primo) o un amigo establecido en Estados Unidos. En cambio para las mujeres migrantes las redes migratorias establecidas son primordiales para elegir su destino, pues ellas dependen de un pariente cercano (padres y hermanos) que las acoja, mientras que en el caso de los hombres las redes que ellos siguieron estuvieron basadas principalmente en primos y amigos. En el caso de las mujeres la decisión de emigrar dependió de contar con algún miembro de la familia (el padre o un hermano) ya establecido en el lugar de destino. Aproximadamente 60 por ciento de las mujeres oaxaqueñas que emigraron a Estados Unidos siguen a un miembro de la familia masculino que ya está viviendo y trabajando en aquel país, mientras que el 17 por ciento de los migrantes oaxaqueños provienen de hogares con familia inmediata ya establecida en Estados Unidos. Estas son algunas de las formas cómo los migrantes eligen su destino y se establecen en él, asegurando la convivencia con personas de su misma comunidad. Mientras que la mayoría de los migrantes nacionales recurren a miembros cercanos de su familia (padres, tías o tíos), los migrantes internacionales lo hacen con primos o amigos.

Tanto en la migración nacional como en la internacional los empleos en que se ocupan son semejantes entre sí; aunque cabe mencionar que los migrantes internos encuentran trabajos más variados. El sector terciario (servicios) emplea a más oaxaqueños que viven en Estados Unidos (48 por ciento) que cualquier otro sector. El trabajo asalariado (incluyendo la construcción), sin tomar en cuenta el sector de servicios, empleó al 14 por ciento del resto de los migrantes.

El sector primario empleó 16 por ciento de los oaxaqueños provenientes de comunidades rurales. Un 13 por ciento adicional obtiene empleo como jardineros en casas privadas y en empresas especializadas en jardinería y 8 por ciento de los que viven en Estados Unidos han tenido empleo como trabajadores domésticos. Sólo 4 por ciento de los entrevistados dijeron que su experiencia laboral fue inusual en relación con los trabajos desempeñados por el resto de los entrevistados. Por ejemplo, una mujer trabajó como asistente en un jardín de niños privado, otro migrante puso una pequeña tienda en su domicilio y una joven oaxaqueña estuvo empleada en un hospital como enfermera y obtuvo la *green card*. Por su parte, los migrantes nacionales obtuvieron trabajo en el sector terciario (29 por ciento), y un grupo más grande en el sector primario, específicamente en el agrícola (30 por ciento), mientras que 7 por ciento (casi todas mujeres) estuvieron empleadas en servicios domésticos. Una diferencia importante entre migrantes internos e internacionales es el alto número de profesionistas que encontraron trabajo en su país (7 por ciento de migrantes nacionales, contra menos de 1 por ciento de los migrantes internacionales).

Es variable el tiempo de permanencia de los migrantes fuera del hogar y de su comunidad de origen. En el caso de los migrantes internacionales el tiempo de estancia está vinculado con experiencias negativas durante su permanencia; otros no obtuvieron empleo y regresaron a casa. La permanencia varía cualquiera que sea el caso, y más aún en la migración internacional. Los resultados de esta investigación muestran que el tiempo de estancia de los migrantes en Estados Unidos es menor de nueve años. No obstante, la estancia promedio de los migrantes era de sólo un año, y cerca del 50 por ciento de los migrantes totales no permanecieron más de cinco años en Estados Unidos. Pocos migrantes estuvieron más de diez años y sólo el 10 por ciento permaneció más de veinte. Los hogares típicos de estas comunidades rurales envían comúnmente a un miembro de la familia como migrante, y sólo el 8 por ciento de ellos posee más de dos migrantes. En el caso de los migrantes internos, el tiempo de permanencia también varía. La residencia en el territorio nacional obtuvo un promedio de 11 años, pero el promedio de permanencia generalmente es de dos años. Más del 50 por ciento de los migrantes internos no pasan más de seis años separados del hogar, y tan sólo el 20 por ciento pasa 16 o más años fuera del mismo. Los hogares con migrantes internos expulsaron sólo un migrante, y únicamente el 7.5 por ciento a más de tres.

Pautas de la migración oaxaqueña y de la migración mexicana
La discusión contemporánea de la migración mexicana encuadra el movimiento en una de dos formas. La primera se construye con el enfoque acumulativo de la causalidad propuesto por Massey y el enfoque en el fenómeno migratorio que se ha extendido con amplitud por nuevas regiones de expulsión de las zonas rurales de los estados del centro y el occidente de México (Durand *et al.*, 2001; Goldring, 1991; Massey, 1990; Massey *et al.*, 1994). Un segundo modelo, seguido por Marcelli y Cornelius, centra la atención en el continuo cambio de los mercados laborales y en la diversificación de la población migratoria mexicana (Bustamante *et al.*, 1998, Cornelius, 1992, Marcelli y Cornelius, 2001). Puesto que cada modelo ofrece un punto de vista propio, Marcelli y Cornelius hacen notar la importancia creciente de los migrantes mexicanos provenientes de nuevas regiones del país (2001).

Aunque cada uno de estos modelos menciona elementos que dan como resultado la migración y podrían relacionarse con la oaxaqueña, ninguno de estos enfoques explica totalmente las características de la migración contemporánea de los Valles Centrales de Oaxaca. Existen cinco rasgos que diferencian a la migración oaxaqueña de la de otras partes de México. Primero, los migrantes provenientes de los Valles Centrales son relativamente nuevos; al igual que la mayoría de los emigrantes que salieron en los años noventa, lo hicieron motivados, más que por las experiencias exitosas de las primeras generaciones de grupos migrantes que salieron de la comunidad, por los sueldos atractivos y bien remunerados. Segundo, la migración oaxaqueña busca trabajos específicos en qué desarrollarse y tienden a vivir con otros migrantes de la misma comunidad o grupo étnico. Tercero, las mujeres ocupan un lugar importante en la corriente migratoria y, en contra de lo que ocurre en movimientos internos, es muy pequeño el porcentaje que ha cruzado la frontera estadounidense. Cuarto, la mayor parte de los migrantes oaxaqueños gana y envía el dinero necesario para cubrir los gastos de la casa y al menos durante los primeros años del siglo XXI estuvieron más interesados en regresar a su hogar que en permanecer en Estados Unidos. Quinto, los oaxaqueños, en particular la comunidad indígena, sufren de discriminación en México y a menudo deciden emigrar a Estados Unidos como una forma de evitar los efectos de la intolerancia y el racismo que viven en su propio país.

Aunque la migración oaxaqueña data de la primera mitad del siglo XX, el número total de oaxaqueños que emigraron antes los años noventa fue muy reducido, y una de sus características fue que se concentraron en el territorio nacional. En contraste, el rápido aumento de la migración desde los primeros años noventa no fue a raíz de experiencias exitosas de otros mexicanos, aunque los migrantes oaxaqueños tenían conocimiento de las posibilidades de éxito que se obtienen con la migración de acuerdo con las experiencias de otros migrantes. No obstante, algunos migrantes accedieron a redes migratorias más allá de sus amigos y familiares inmediatos; durante los años noventa la mayoría de los migrantes provenientes de los Valles Centrales se desplazaron hacia nuevos destinos con el fin de ganar los sueldos que entonces no ganaban en sus localidades. De hecho muchos de ellos han emigrado con metas específicas y establecidas, como el cuidado y apoyo a la familia, la compra de bienes de consumo, la construcción de su casa y dar educación a sus hijos. Cada vez que lograban una de sus metas, el emigrante volvía a su casa. Sólo en los últimos años, a causa del continuo declive de la economía local, así como por el reforzamiento de la vigilancia en la frontera de Estados Unidos, que ha originado el aumento de los costos del cruce fronterizo, han aumentado los migrantes oaxaqueños que optan por quedarse en Estados Unidos más de dos años.

Respecto a la segunda diferencia, los migrantes oaxaqueños de los Valles Centrales a menudo buscan trabajo en el sector servicios y en la construcción antes que emplearse en el trabajo agrícola, además de que tienden a desplazarse al sur de California, donde es más común encontrar este tipo de trabajos y ya se encuentran residiendo familiares y amigos de su comunidad. Las redes construidas alrededor de amigos y familiares son importantes para el migrante, pues le facilitan la adaptación a su nueva forma de vida y son enlaces ideales para encontrar trabajo. Las historias compartidas y las experiencias comunes tienen un significado para el migrante, pues sabe que puede confiar en sus amigos y paisanos, con quienes a partir de ese momento convivirá a menudo. Estas historias, la lengua, la comida y las tradiciones recrean un ambiente familiar y confiable para el migrante. Finalmente, para quienes permanecen poco tiempo y tienen familiares y amigos establecidos en Estados Unidos, estas redes representan el apoyo necesario para identificar y dar información sobre posibles trabajos y lugares disponibles para vivir, lo que contribuye a fortalecer estas redes; de esta manera se evita que el nuevo migrante reinvente por sí mismo caminos que ya están establecidos y han sido recorridos por otros migrantes.

Mientras que la migración oaxaqueña sigue pautas de causalidad acumulativa (Massey, 1990), con las tasas migratorias construidas a través del tiempo y para ganar ímpetu, es importante señalar que aun cuando casi todos los oaxaqueños están ligados a alguien que vive en Estados Unidos, una buena parte de las personas que radican en los Valles Centrales continúa buscando trabajo en su comunidad o en la capital de estado. Por otro lado, el aumento de la tensión en la frontera con Estados Unidos parece haber disminuido la migración desde el año 2000; además, el motivo para emigrar proviene de decisiones tomadas por los miembros de la familia ante la situación económica que se enfrente en determinado momento. Ante esta situación, la emigración es una entre varias opciones a las que los miembros de las familias recurren para satisfacer sus necesidades (Cohen, 2004b).

En lo que se refiere a la tercera diferencia, una de las más representativas entre los migrantes de los Valles Centrales de Oaxaca, en comparación con migrantes de otras partes del país, es la ausencia significativa de mujeres que se dirigen a Estados Unidos. Mientras que la migración interna tiene un equilibrio de desplazamiento en relación con el género, no sucede lo mismo con la migración internacional, pues menos del 20 por ciento de quienes cruzan la frontera mexicana hacia Estados Unidos son mujeres. Además, los motivos por los que este pequeño porcentaje emigra es la esperanza de reunirse con un miembro de la familia, ya sea un hermano o el padre. En reuniones con migrantes, sus familias y migrantes potenciales, resulta obvio que existe una expectativa diferente sobre la migración femenina, pues las mujeres deben quedarse en casa, casarse y tener hijos; en cambio, en el caso de los hombres, se espera que emigren con el sólo objetivo de mantener a su familia.

Cuarta diferencia, como ya dijimos, la migración oaxaqueña frecuentemente sigue el mismo patrón de migración que la mayoría de los migrantes contemporáneos: es motivada por la necesidad de encontrar trabajo con un sueldo relativamente alto, disponible únicamente en Estados Unidos. Los oaxaqueños saben de los éxitos de otros mexicanos migrantes procedentes de zonas tradicionales del país, no obstante, son pocos los motivados a cruzar la frontera para emular estas experiencias. Entre los años noventa e inicios del siglo XXI el sueldo mínimo en Oaxaca era dos veces mayor que el salario mínimo vigente, situado en aproximadamente 5 dólares diarios (INEGI, 2001a). Entre los entrevistados, no más de 40 por ciento gana el salario mínimo; en varios casos, especialmente en las comunidades indígenas y agrarias, no más del 5 por ciento de los trabajadores ha percibido un salario digno en su vida (Cohen, 2004b). Así, mientras el éxito obtenido por migrantes originarios de Zacatecas y Durango fue motivado por la superación alcanzada por sus paisanos en Estados Unidos, la motivación más importante de los oaxaqueños fueron los mayores sueldos que se perciben en ese país.

La quinta y última diferencia son las pautas marcadas por el fanatismo local y el racismo que afectan la decisión de emigrar de muchos oaxaqueños (Nangengast y Kearney, 1990). Estos individuos, especialmente los indígenas que hablan una lengua distinta del español, a menudo deciden emigrar a Estados Unidos antes que hacerlo hacia a un destino nacional, como una manera de evitar el racismo en México. Uno de los determinantes más fuertes para emigrar directamente a Estados Unidos es encontrar entre las comunidades a líderes monolingües que velen por sus intereses.

Dadas estas diferencias, ¿en qué lugar quedan los oaxaqueños dentro del flujo migratorio? Seguramente, una parte de los migrantes de los Valles Centrales persiguen el éxito de sus compatriotas y utiliza las mismas redes y recursos que ellos utilizaron cuando decidieron cruzar la frontera. Así, la migración oaxaqueña se mueve dentro de las redes establecidas, que crecen continuamente, o se debe a la causalidad acumulativa de la migración. De esta manera, el éxito de estos migrantes significa ingresos más altos, mientras que otros, como los campesinos sin historia migratoria, siguen siendo relativamente pobres. No obstante, cabe hacer énfasis en que los emigrantes oaxaqueños no salen en busca de aventuras, ellos no se integran con otros mexicanos y en su mayoría evitarían la migración si hubiera alternativas laborales disponibles y bien retribuidas en sus lugares de origen.

Sin embargo, queda claro que la migración de los Valles Centrales de Oaxaca crece rápidamente, pero con un crecimiento variado que depende de cada comunidad y cada hogar. Puede ser cierta la afirmación de que cuando sus compatriotas pasan largos periodos de tiempo y llegan a establecerse en Estados Unidos tienden a debilitar sus relaciones con las comunidades de origen. De hecho, la inquietud y la violencia que se suscitó en 2007 en Oaxaca (para mayores detalles sobre temas de actualidad en la ciudad de Oaxaca véase Martínez, 2007) pudo ser el acontecimiento que motivó a los emigrantes a salir de sus comunidades y del estado para mejorar su situación. Pero este punto es algo que debe ser estudiado y no ser asumido como un hecho. La naturaleza acumulativa de la migración oaxaqueña, las diferencias en ingresos generados y la importancia de la comunidad desempeñan un papel importante en la vida de los oaxaqueños y es en estas áreas en que las líneas de investigación deben continuar. Paradójicamente, queda claro que la migración aumenta día con día como una opción para Oaxaca. Mientras que muchos oaxaqueños deciden emigrar, muchos otros de los Valles Centrales eligen permanecer en casa, y comprender esta variación es difícil si tratamos de entender la trayectoria y el crecimiento de la migración oaxaqueña y cómo está relacionada con el movimiento migratorio interno de México.

BIBLIOGRAFÍA

Acevedo, M.L. e I. Restrepo (1991). *Los Valles Centrales de Oaxaca*, Centro de Ecodesarrollo, Gobierno de del Estado de Oaxaca.
Adams, R.H. (1989). «Worker Remittances and Inequality in Rural Eygpt», *Economic Development and Cultural Change*, núm. 39, pp. 695-722.
Bustamante, J.A. et al. (1998). *Characteristics of Migrants: Mexicans in the United States. Migration between Mexico and the United Status*, Austin, Mexican Ministry of Foreign Affairs, United States Commission on Immigration Reform.
Cohen, A. (1993). *Masquerade Politics: Explorations in the Structure of Urban Cultural Movements*, Berkeley, University of California Press.
Cohen, J.H. (1999). *Cooperation and Community: Economy and Society in Oaxaca*, Austin, University of Texas Press.
— (2004a). «Community, Economy and Social Change in Oaxaca, Mexico: Rural Life and Cooperative Logic in the Global Economy», en G. Otero (ed.), *Mexico in Transition: Neoliberal Globalism, the State and Civil Society*, Nueva York, Zed Books.
— (2004b). *The Culture of Migration in Southern Mexico*, Austin, University of Texas Press.

Corbett, J.A. *et al.* (eds.) (1992). *Migración y etnicidad en Oaxaca*, Nashville, Vanderbilt University (Publications in Anthropology 43).

Cornelius, W.A. (1992). «From Sojourners to Settlers: The Changing Profile of Mexican Labor Migration to California in the 1980s», en J.A. Bustamante *et al., U.S.-Mexico Relations: Labor Market Interdependence,* Stanford, Stanford University Press.

Dirección General de Población (Digepo) (1999). *Oaxaca, indicadores socioeconómicos, índice y grado de marginación por localidad (1995),* Oaxaca, Digepo-Gobierno de Oaxaca / Consejo Nacional de Población.

Durand, J., D.S. Massey y R. Zenteno (2001). «Mexican Immigration to the United States: Continuities and Changes», *Latin American Research Review*, núm. 36, pp. 107-127.

Garza, R.O. de la y M. Orozco (2002). «Binational Impact of Latino Remittances», en R.O. de la Garza y B.L. Lowell (eds.), *Sending Money Home: Hispanic Remittances and Community Development*, Lanham, MD., Rowman and Littlefield.

Gijón-Cruz, A.S. *et al.* (2000). «Impacto de las remesas internacionales», *Ciudades*, núm. 47, pp. 34-42.

Goldring, L. (1991). «Development and Migration: A Comparative Analysis of two Mexican Circuits», en S. Díaz-Briquet y S. Weintraub (eds.), *The Effect of Receiving Country Policies on Migration Flows*, Boulder, Westview Press.

Hondagneu-Sotelo, P. (1994). «Family and Community in the Migration of Mexican Undocumented Immigrant Women», en V. Demos y M.T. Segal (eds.), *Ethnic Women: A Multiple Status Reality*, Dix Hills, NY, General Hall.

Howell, J. (1999). «Expanding Women's Roles in Southern Mexico: Educated, Employed Oaxaquenas», *Journal of Anthropological Research*, vol. 55, pp. 99-127.

Instituto Nacional de Estadística, Geografía e Informática (INEGI) (2001a). *Población ocupada según nivel de ingreso mensual, 2000*, Aguascalientes, INEGI.

— (2001b). *Población residente según condición migratoria, 2000*, Aguascalientes, INEGI.

Iszaevich, A. (1988). «Migración campesina del Valle de Oaxaca», en G. López Castro (ed.), *Migración en el Occidente de México*, Zamora, El Colegio de Michoacán.

Jones, R.C. (1995). *Ambivalent Journey: US Migration and Economic Mobility in North-Central Mexico*, Tucson, University of Arizona Press.

Klaver, J. (1997). *From the Land of the Sun to the City of Angeles: The Migration Process of Zapotec Indians from Oaxaca, Mexico to Los Angeles, California*, Utrecht/Amsterdam, The Dutch Geographical Society/Department of Human Geography Faculty of Environmental Sciences University of Amsterdam.

Lee, A.E. (2006). *Economic Crisis and the Incorporation of New Migrant Sending Areas in Mexico: The Case of Zapotitlán Salinas, Puebla*, San Diego, The Center for Comparative Immigration Studies, University of California.

Marcelli, E.A. y W.A. Cornelius (2001). «The Changing Profile of Mexican Migrants to the United States: New Evidence from California and Mexico», *Latin American Research Review*, núm 36, pp. 105-131.

Martínez, V.R. (2007). *Autoritarismo, movimiento popular y crisis política: Oaxaca 2006*, Oaxaca, Universidad Autónoma Benito Juárez.

Massey, D.S. (1990). «Social Structure, Household Strategies, and the Cumulative Causation of Migration», *Population Index*, núm. 56, pp. 3-26.

— y F.G. España (1987). «The Social Process of International Migration», *Science*, núm. 237, pp. 733-738.

—, L. Goldring y J. Durand (1994). «Continuities in Transnational Migration: An Analysis of Nineteen Mexican Communities», *American Journal of Sociology*, núm. 99, pp. 1492-1533.

Moctezuma, M. (2002). *Inversión social y productividad de los migrantes mexicanos en Estados Unidos*, Red Internacional de Migración y Desarrollo.

Otero, G. (1996). *Neoliberalism Revisited: Economic Restructuring and Mexico's Political Future*, Boulder, Westview Press.

— (1999). *Farewell to the Peasantry? Political Class Formation in Rural Mexico*, Boulder, Westview Press.

Rees, M.W. (2006). «Ayuda or Work? Analysis of Labor Histories of Heads of Households from Oaxaca», en E.P. Durrenberger y J.E. Marti (eds.), *Labor in Anthropology*, Walnut Creek, CA, AltaMira Press.

— y D. Coronel (2005). «El trabajo y la migración femenina en los Valles Centrales de Oaxaca, 1950-2000», en P. Sesia-Arcazzi-Masino y M.E. Zapata (eds.), *Los actores sociales frente al desarrollo rural*, México, Asociación Mexicana de Estudios Rurales.

Runsten, D. y C. Zabin (1995). «Regional Perspective on Mexican Migration to Rural California», documento presentado en Asilomar, June 11.

Stephen, L. (1991). *Zapotec Women*, Austin, University of Texas Press.

— (2007). *Transborder Lives: Indigenous Oaxacans in Mexico, California, and Oregon*, Durham, Duke University Press.

Taracena, E. (2003). «A Schooling Model for Working Children in Mexico: The case of Children of Indian Origin Working as Agricultural Workers during the Harvest Childhood», *Global Journal of Child Research,* núm 10, pp. 301-318.

Velasco, L. (2005). *Mixtec Transnational Identity*, Tucson, University of Arizona Press.

CRISIS ECONÓMICA, MERCADOS DE TRABAJO Y EMIGRACIÓN DE CHIAPANECOS A ESTADOS UNIDOS

Jorge Alberto López Arévalo[1]

La globalización neoliberal en Chiapas

La globalización neoliberal (no por el deseo de adjetivarla sino porque esa es la vía por la que se ha conducido hasta ahora tanto en el plano económico como en el ideológico) ha producido importantes efectos porque genera profundos cambios en la recomposición y articulación de los ámbitos mundial, nacional, regional y local. Se modifican los términos de la inserción de las economías particulares, con creciente complejidad de los vínculos y con cambio del margen de maniobra y la forma de utilizarlo (Martínez, 2007).

Si se considera que la globalización económica, en la esfera de la producción, se puede explicar y medir en forma sucinta a partir de los flujos de comercio e inversión y la migración, Chiapas sólo participa de esta última, pues los datos son contundentes: la inversión extranjera directa (IED) acumulada en el periodo 1994-2006 en relación con el PIB estatal de 2006 era del 0.2 por ciento, mientras que en el ámbito nacional alcanzaba el 28.1 (es decir, a México ingresó 140.5 veces más de IED/PIB que a Chiapas). En México el coeficiente de apertura en 2003 era de 52.5 por ciento, y en Chiapas de sólo 5.7[2] (más de nueve veces en México) (Sovilla *et al.*, 2007). En relación con los flujos migratorios, en fechas recientes Chiapas se ha incorporado a ellos como actor importante; aunque no existen cifras oficiales del número de sus migrantes, éstos se pueden medir indirectamente a partir del flujo de remesas y otros indicadores que mencionaremos en el texto. Por

---

[1] Profesor de economía de la Facultad de Ciencias Sociales-Universidad Autónoma de Chiapas, integrante del cuerpo académico Estudios Interdisciplinarios en Ciencias Sociales. Correo electrónico: jalachis@hotmail.com

[2] El dato del intercambio comercial (X + M) ha sido tomado de IMCO-EGAP (2007).

ejemplo, si en 1995 Chiapas representaba el 0.54 por ciento de las remesas que llegaban a México, en 2007 representó el 3.25 (los datos son elaborados a partir de Banco de México). Estas cifras demuestran que la globalización por la vía neoliberal incluye, excluye y destruye; a Chiapas lo excluye de los flujos de comercio e inversión pero la incluye, muy recientemente, en los flujos migratorios, y destruye importantes actividades productivas mediante la desvalorización del trabajo de los chiapanecos. Con estos datos deberíamos llegar a la conclusión de que Chiapas es una de las entidades menos globalizadas de México, pues tiene indicadores irrelevantes en flujos de inversión extranjera directa, de comercio exterior y aún hoy es inferior al promedio nacional en remesas y seguramente por emigrante.[3] Lo mismo ocurre en tecnologías de la información. Para muestra un botón: Chiapas sólo participa con el 36 por ciento del promedio nacional de viviendas que cuentan con computadora, el 31 por ciento del promedio nacional de líneas telefónicas fijas en servicio, el 57 por ciento del promedio nacional de usuarios de telefonía móvil por cada 100 000 habitantes, apenas la quinta parte del promedio de integrantes del Sistema Nacional de Investigadores y el 46.6 del promedio de estudiantes de posgrado del país (López, 2008).

La migración laboral internacional en Chiapas es un fenómeno relativamente reciente (la entidad era lugar de tránsito y de destino pero no expulsaba mano de obra hasta los años noventa del siglo XX); por eso existen algunos trabajos que, bien entrada la década de los noventa y aun en los comienzos del siglo XXI (Martínez, R.G., 1999; Balkan, 2001), trataban de explicar por qué no emigraban los chiapanecos. Sólo desde años recientes la presencia de fuertes flujos migratorios en algunas regiones del estado (principalmente las más pobres) ha llamado la atención de los estudiosos e investigadores sociales. La combinación de una serie de acontecimientos político-sociales, económicos y naturales –la crisis de los precios del café en 1989, el levantamiento zapatista de 1994 y la consiguiente militarización, la crisis del maíz, la pesquería y la ganadería causadas por la entrada en vigor del TLCAN, los huracanes *Mitch* y *Stan* en 1998 y 2005, respectivamente, el fin de la expansión de la frontera agrícola y el estancamiento de la economía chiapaneca, que es incapaz de generar empleo, entre otros– han detonado una migración masiva en la entidad.

---

[3] Aquí se parte de la idea de que la globalización es un proceso histórico que tiene como base material la revolución tecnológica en curso, mientras que el neoliberalismo es una política económica y una ideología que ha acompañado a la globalización, esta última reversible; la globalización no, la vía sí.

La evaluación de los efectos de esta migración es una tarea que recién comienza y este trabajo espera contribuir a la discusión de este fenómeno y a demostrar el papel jugado por los distintos factores que determinaron que Chiapas se convirtiera en un estado emergente en los flujos migratorios laborales a Estados Unidos.

En este sentido analizamos, en un primer momento, la crisis de la economía chiapaneca, posteriormente el mercado de trabajo y sus características en las economías de agricultura atrasada como Chiapas, así como los factores que determinan tanto la retención de mano de obra como los que han contribuido a su expulsión a partir de fines de la década de los noventa y los primeros años del presente siglo y, por último, el seguimiento de la huella de la migración de los chiapanecos a Estados Unidos.

CHIAPAS: UNA ECONOMÍA EN CRISIS

Con el cambio de modelo económico y el proceso de globalización por la vía neoliberal, la economía chiapaneca ha experimentado una profunda crisis que se manifiesta en la mayor parte de los indicadores de la economía, lo cual se expresa en que la entidad exhibe los peores indicadores en: *a)* desarrollo humano, último lugar en 2005 (PNUD, 2007: 39); *b)* PIB per cápita, penúltimo lugar en 2006, sólo superado por Oaxaca (INEGI y Anexo del VI Informe de gobierno); *c)* índice de marginación, penúltimo lugar en 2005, sólo superado por Guerrero (Conapo, 2006), y *d)* pobreza alimentaria, último lugar en 2000, aunque en pobreza urbana Guerrero supera ligeramente a Chiapas, en la rural Chiapas supera a todos, así como por el total de pobres (Székely *et al.*, 2007). Es decir, Chiapas siempre se encuentra disputando el último lugar en casi todos los indicadores de bienestar –¿o malestar?– a Oaxaca y Guerrero.

El la gráfica 1 se puede apreciar que los efectos del proceso de reestructuración de la economía en México y el proceso de globalización por la vía neoliberal se comienzan a sentir en Chiapas a partir de 1985, a pesar de que la entidad resiente la baja de los precios del petróleo y la crisis de 1982; sin embargo, eran tiempos buenos para los dos productos más importantes de Chiapas, maíz y café; además, comienza a ser estratégico en la energía eléctrica y también crece en comercio, restaurantes y hoteles; por eso podemos ver en la gráfica 1 que el PIB per cápita con petróleo decrece de 1980-1985, pero sin petróleo crece en forma significativa (2.2 por ciento de la tasa de

Gráfica 1. PIB per cápita con y sin minería en Chiapas, 1980-2006
(pesos de 1993)

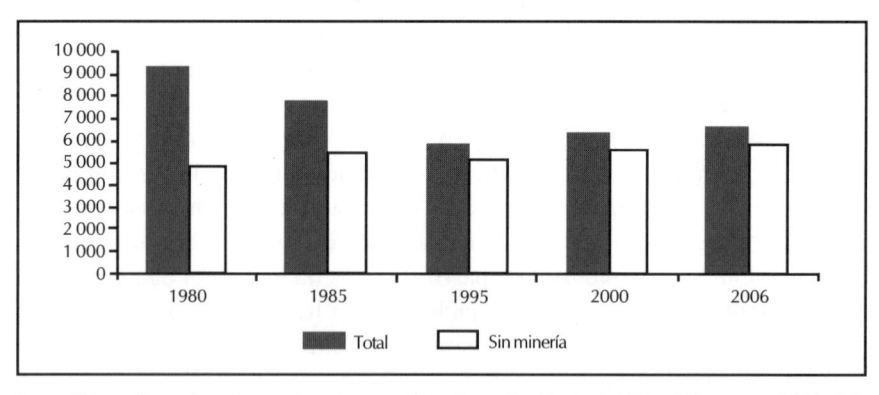

Fuente: Elaboración propia con base en datos de INEGI, deflactados con los del INPC de 1993 = 100, por gran división de la actividad económica y excluyendo servicios bancarios imputados (1980-1985). De 1993 a 2006 datos del INEGI en pesos de 1993.

crecimiento media anual, TCMA), lo cual explica que el crecimiento de los sectores no petroleros logra amortiguar la brusca caída del petróleo y de la crisis de 1982 que golpea a la economía mexicana; esto también obedece a que las economías más modernas e integradas son las que resienten más las crisis y las que también se recuperan más rápido, no así las más atrasadas como Chiapas. En el periodo de 1985 a 1995 se agudiza la crisis de la economía chiapaneca y puede decirse que a la baja de la actividad petrolera se viene a sumar la de sus productos fundamentales en el sector agropecuario: café y maíz (gráfica 2).[4]

Se puede constatar que de 1980 a 1995 se produce una catástrofe para la economía chiapaneca, de la cual todavía no se había recuperado en 2006. Si se analiza el PIB per cápita total (incluyendo minería, que en Chiapas era casi petróleo y electricidad, gas y agua) en el periodo 1980-2006 tiene una tasa de crecimiento negativa (su TCMA es de −1.3) y sin energéticos de 1980 a 2006 apenas crece en este periodo de 26 años el 0.7 por ciento anual (cuasi estancamiento), lo cual quiere decir que, de continuar esa tendencia, duplicar su PIB per cápita sin energéticos le llevaría nada menos que 98 años, siempre y cuando la economía del país permaneciera inmóvil, congelada. Es

---

[4] Es posible que pueda existir una distorsión de precios relativos, ya que los cálculos se hacen sobre el índice nacional de precios implícitos con base en el INPC, 1993 = 100, del INEGI y no del estatal; pueden evolucionar de manera diferente y eso genera distorsión, pero sólo es válido para 1980 y 1985, pues de 1993 en adelante se toman los datos en pesos de 1993 del INEGI.

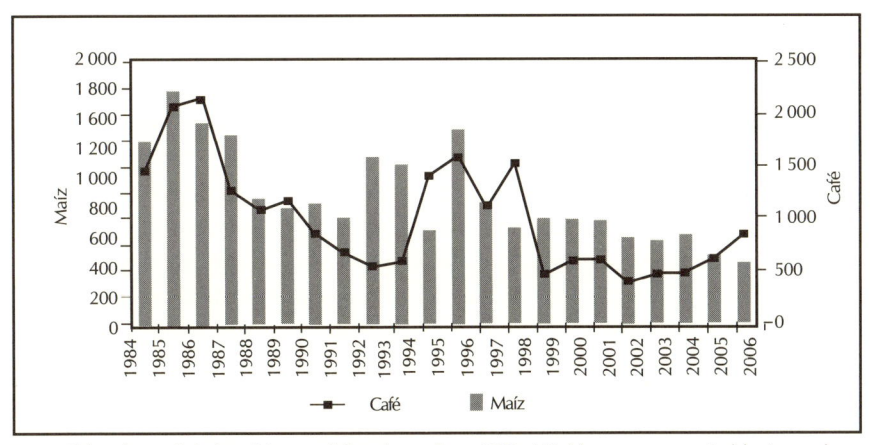

Gráfica 2. Valor de la producción de maíz (millones de pesos de 1993) y café (millones de dólares de 2000)

Fuente: Elaborado a partir de datos del INEGI y deflactado con el INPC 1993 = 100 del sector agropecuario del país, y en el caso del café, con el deflactor implícito del PIB de Estados Unidos INPC 2000 = 100.

decir, podemos ver que el PIB per cápita total observa una tendencia regresiva en Chiapas y por eso la economía chiapaneca no converge con la nacional sino que diverge, y sin energéticos el crecimiento es mínimo y se puede calificar de estancamiento; por ello no es capaz de generar empleos. En relación con el periodo 1995-2006 podemos apreciar que el PIB per cápita total de Chiapas crece a una TCMA de 1.16 por ciento y sin energéticos en 1.18 por ciento, en el primer caso; de seguir esa tendencia, se duplicaría al cabo de 59 años, mientras que sin energéticos lo haría al cabo de 58 años a pesar de la derrama importante de recursos del gobierno federal en esa etapa y, más recientemente, de las remesas.

Aquí habría que develar un mito. Chiapas ya no es un estado petrolero, lo fue de 1980 a 1985, y de ahí hasta 2006 ha mantenido una tendencia descendente y no lo es en la actualidad, pues el coeficiente de especialización en 2006 en minería es inferior a la unidad. Únicamente es importante y estratégico para el país en electricidad, gas y agua (sector V), y sigue siendo un estado eminentemente agropecuario no tanto por el valor generado sino por la población económicamente activa que se encuentra en ese sector.

En la gráfica 2 se pueden apreciar los efectos sobre los dos cultivos clave de Chiapas: café y maíz. A partir de 1985 empiezan un ciclo descendente, profundizado en el caso del café por el proceso de liberalización de las cláusulas económicas del convenio de la Organización Internacional del Café en 1989. Café y maíz ocuparon cerca del 80 por ciento de la superficie cosechada en las décadas recientes, aunque en los últimos años ha disminuido ligeramente, pero son por mucho los cultivos más importantes del agro chiapaneco (López, 2007).

En este contexto de una profunda crisis en la economía chiapaneca se da el levantamiento zapatista de 1994, . El Estado mexicano respondió con la militarización de la vida en las zonas rurales, lo que dio lugar a desplazamientos de personas y trajo consigo una enorme derrama de recursos públicos como vía de contrainsurgencia. Ésta sería una de las demostraciones de cómo el Estado mexicano decidió canalizar recursos en una zona que estaba prácticamente al margen de la atención de las políticas públicas (gráfica 3). El levantamiento zapatista tuvo efectos bifrontes; por un lado, produjo desplazamientos de población civil; por otro, indujo una derrama de recursos públicos.

En 1998 el huracán *Mitch* fue el detonante de la migración, pues si bien los flujos migratorios de la entidad comenzaron después de 1989 con la caída brusca de los precios del café, éstos eran irrisorios. El éxodo comenzó después de 1998, pues los habitantes de las zonas afectadas por el huracán *Mitch* se quedaron a reconstruir lo poco que podían y posteriormente tomaron la decisión de emigrar, y a partir de 2001 adquirió características de éxodo. El huracán *Mitch* vino a sumarse a la serie de acontecimientos negativos que estaban en proceso en la economía chiapaneca desde 1982. Este desastre

Cuadro 1. Impacto de los huracanes *Mitch* (1998) y *Stan* (2005)

Tipo de evento	Población afectada		Daños totales (millones de dólares corrientes)			Daños totales como porcentaje del PIB*
	Muertos	Damnificados directos (afectación primaria)	Totales	Directos (daño al acervo de capital)	Indirectos (pérdidas en flujos)	
Huracán *Mitch*	229	28 753	602.7	602.7	N/D	9.3
Huracán *Stan*	86	253 825	1 432.0	837.0	595	12.8
Total	315	282 578	2 034.7	1 439.7	—	—

* El cálculo se realizó convirtiendo dólares corrientes a pesos de acuerdo con el tipo de cambio promedio del Banco de México, y el PIB de Chiapas a pesos corrientes de INEGI.
Fuente: Elaboración propia con base en información de la Comisión Económica para América Latina y el Caribe y el Centro Nacional de Prevención de Desastres.

natural se convirtió en el catalizador de los flujos migratorios, pues significó para muchos hogares la destrucción de sus medios de subsistencia, de ahí que algunos de los integrantes del grupo familiar tomaran la decisión de emigrar. Los chiapanecos tuvieron que construir sus redes migratorias a pasos acelerados y todavía no están bien consolidadas, evidencia de lo cual es que son los más aprehendidos y acogidos por los programas de repatriación voluntaria; además, se han incorporado crecientemente a las estadísticas de muertes al cruzar la frontera o en accidentes en Estados Unidos.

La Comisión Económica para América Latina y el Caribe y el Centro Nacional de Prevención de Desastres han estimado los daños totales por la destrucción de los huracanes más recientes en Chiapas. Han sido cuantiosos (en vidas humanas y destrucción económica) y han representado partes importantes del PIB. Sin embargo, los desastres naturales tienen la característica, desde el punto de vista económico, de causar destrucción física e impactan negativamente el PIB, pero en la fase de reconstrucción tienen el efecto contrario. Es decir, no es lo mismo construir carreteras, nuevas casas habitación, etcétera, como resultado de una política de ampliación de infraestructura física y de demanda de vivienda producto del crecimiento económico, que esas mismas carreteras y casas reemplacen a carreteras y casas que fueron destruidas por los huracanes. Lo mismo aplica para un sinfín de obras mal construidas, otras que se han desplomado o no se usan porque fueron mal planeadas (Puerto Madero,[5] aeropuerto de Tuxtla «Llano San Juan»,[6] aeropuerto de San Cristóbal de Las Casas,[7] puente San Cristóbal –que se cayó antes de ser inaugurado–, carreteras que no llevan a ninguna parte y un largo etcétera). Ambos casos impactan al PIB, pues se les computa como si fueran lo mismo, pero cuando esto ocurre en procesos de reconstrucción (*Mitch* y *Stan*) o infraestructura que no es utilizable, no sirve o se desploma, es como si se corriera lo más rápido posible para permanecer en el mismo lugar. Es como la metáfora de Alicia a través del espejo de Lewis Carroll (1992), cuando la reina le dice «¡Un país bastante lento!, pues hace falta correr todo cuanto una pueda para permanecer en el mismo sitio». Esta puede ser una distorsión que oculta la gravedad de la situación económica

---

[5] Se reconstruyó y pasó a llamarse Puerto Chiapas; se inauguró el 9 de febrero de 2006 con la llegada del crucero *The World*, pero su utilidad es mínima.

[6] Se construyó otro aeropuerto, Ángel Albino Corzo, inaugurado el 27 de junio de 2006, y Tuxtla Gutiérrez es una de las pocas ciudades del mundo que cuentan con tres aeropuertos (Terán, Llano San Juan y Ángel Albino Corzo). Por eso jocosamente le llaman «Tuxtla York».

[7] No se utiliza y es un elefante blanco más. Se inauguró el 15 de mayo de 2006.

de Chiapas, ya que a partir de 1993 la industria de la construcción se convirtió en la más dinámica de la entidad, que parece ajustarse a la metáfora de *Alicia en el país de las maravillas*.[8]

Ante esta situación de crisis, visible a partir del levantamiento zapatista, el Estado mexicano respondió con mayor gasto público. Tan es así que Chiapas, después de padecer el olvido oficial, se convirtió de pronto en un territorio en el cual el gasto público es creciente (gráfica 3). Es decir, luego de tener un gasto público irrisorio, que en 1993 no llegaba ni al 10 por ciento del PIB, en 1994 (año del levantamiento) se incrementó más de dos veces y ha mantenido la tendencia a crecer (excepto en 1995 y 1996, por la crisis), llegando a representar más de una cuarta parte del PIB chiapaneco (28.3 por ciento en 2006). Pero ni así se ha revertido el deterioro de la economía, sólo se ha estabilizado sobre la base de un mediocre crecimiento económico por habitante (1.16 y 1.18 por ciento total y sin energéticos, respectivamente), inferior al del país, que también ha sido calificado de «mediocre y ridículo, para decirlo en forma dulce» hasta por Guillermo Ortiz, gobernador del Banco de México (*La Jornada*, 30 de noviembre de 2005).

Es decir, si el gasto público se incrementa considerablemente sería de esperar que repercutiera en mayor crecimiento económico, generación de empleos y menor migración de chiapanecos. Sin embargo, hemos visto cómo, en tiempos recientes, parte de ese gasto sirve para construir lo destruido por los desastres naturales, otra parte se gasta en obras mal construidas y otra se destina al gasto corriente. Es decir, si bien tiene efectos sobre el incremento de la demanda agregada, y ésta sobre el PIB, no amplía la infraestructura física y el crecimiento económico es lento, lo cual da lugar a una débil acumulación de capital y ello, a su vez, a que no se genere empleo y por consiguiente a la emigración a otras regiones del país o del extranjero que demandan mano de obra. Aquí hay que subrayar que Chiapas ha venido experimentando una especie de «enfermedad holandesa» atípica, pues pasa a depender de transferencias públicas y privadas (gasto público y remesas), ya que entre las dos representaron el equivalente al 35 por ciento del PIB total de Chiapas en 2006, y sin energéticos representaría el 39 por ciento.

La enfermedad holandesa se produce cuando un país depende de la exportación de uno o dos productos que le generan el ingreso masivo de divisas, lo cual revalúa la moneda local, pero anula prácticamente la pro-

---

[8] En esta industria son públicos los niveles de corrupción y opacidad y se puede ver una entreverada ramificación en el otorgamiento de obras por parte de todos los actores que participan en el negocio y los diezmos.

Gráfica 3. Gasto público/PIB en Chiapas, 1993-2006 (porcentajes)

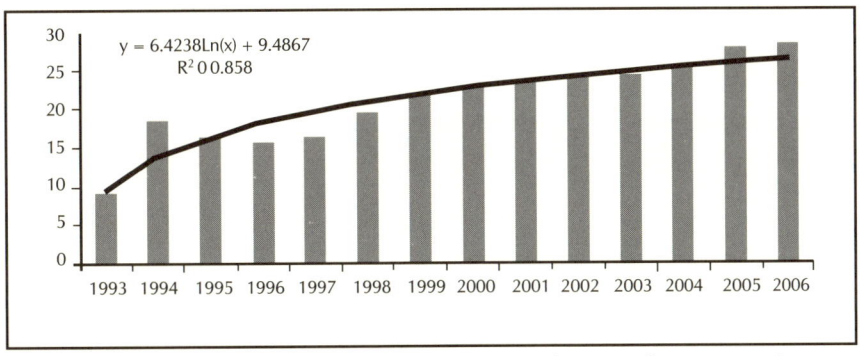

$y = 6.4238\text{Ln}(x) + 9.4867$
$R^2\ 0\ 0.858$

Fuente: Elaboración propia con base en datos del INEGI. Los cálculos están en relación con valores en pesos corrientes.

ductividad y competitividad del resto de los sectores exportadores, los cuales tienen que pagar cada día mayores costos internos de producción, a la vez que reciben menos divisas por los productos que logran colocar en los mercados internacionales. Los demás sectores se ven afectados, cae el empleo y la demanda agregada de insumos y de materias primas, todo por el mal manejo del *boom*. Esto significa que México se inundó de divisas pero en realidad caminaba hacia la pobreza (Horbath, 2004; Puyana y Romero, 2005). Sin embargo, la enfermedad holandesa no se adquiere sólo por la abrupta entrada de divisas por la exportación de un recurso natural. Aquí sostenemos que se contrae por el flujo importante de recursos tanto públicos como privados (gasto público y remesas), de ahí que se aprecie su presencia en Chiapas, donde se está produciendo un efecto importante de desindustrialización y pérdida de agricultura, pues los sectores no transables tienden a crecer más que los transables (Sovilla *et al.*, 2008).

Lo mismo acontece con la población que no recibe ingresos, que ha aumentado a partir de 1990 en Chiapas, particularmente en agricultura, minería y manufacturas (Jiménez, 2008: 82), es decir, en los sectores transables. Hay autores que han calculado los índices de enfermedad holandesa para las distintas entidades del país a partir de estimaciones de la norma de Chenery y no logran explicarse por qué Chiapas tiene un alto índice (Horbath, 2004), así que lo toman como estado petrolero cuando ya no es importante en el contexto nacional en este rubro.[9] La razón hay que buscarla en estos

---

[9] Los cálculos de Horbath son de 2000. Él considera que Chiapas es uno de los estados petroleros, cuando su coeficiente de especialización en 2000 era apenas superior a la unidad, es decir, ya no es importante, y en 2006 su coeficiente era inferior a la unidad.

flujos inestables de importantes recursos foráneos (gasto público y remesas), así como en la apreciación cambiaria que afecta a todo el país y a los productos exportables del sector agropecuario; en el caso de Chiapas, directamente al café, el principal producto de exportación, e indirectamente al maíz, pues abarata las importaciones.[10]

Mercado de trabajo en Chiapas

En la estructura productiva se sustenta el mercado de trabajo; dependiendo de cuál sea ésta, se definirá el mercado laboral. Aunque la relación no es lineal, el mercado de trabajo debidamente formado es producto de una estructura productiva desarrollada, de la misma manera que una estructura débil será incapaz de contar con uno debidamente estructurado.

Debido a ello el indicador del desempleo abierto no es de mucha utilidad para medir la flexibilidad del mercado laboral en economías de agricultura atrasada como Chiapas, pues buena parte de su población está fuera del mercado de trabajo formal porque el autoempleo tiene importancia crucial como estrategia de sobrevivencia en sectores de la población no vinculados al mercado de trabajo, dadas las imperfecciones del mismo. Es pertinente analizar la tasa de condiciones críticas de ocupación, que en el primer trimestre de 2008 fue de 31.6 por ciento en Chiapas, mientras que el promedio de México fue de menos de la tercera parte, 10.3; éste es un indicador más apropiado para las zonas o regiones donde imperan el rezago social y el atraso;[11] otro indicador útil es la tasa de trabajo asalariado, que en el país es de 61.3, mientras que en Chiapas es de 41.7 en el mismo periodo.

El desempleo abierto está relacionado con la cultura de trabajo asalariado y con un mercado laboral debidamente formado. Es un fenómeno relacionado con el desequilibrio. En los países desarrollados el nivel de empleo es la

---

[10] No es tan importante el efecto directo que tiene esta variable en Chiapas, ya que es más evidente en las entidades que tienen un proceso de integración con la economía mundial, y particularmente con la de Estados Unidos. Por eso decimos que es una enfermedad holandesa atípica, ya que es la variable que la explica en las entidades más integradas a la economía mundial.

[11] La tasa de las condiciones críticas de ocupación se refiere a la población ocupada que trabaja menos de 35 horas a la semana por razones ajenas a su voluntad, que lo hace más de 35 horas semanales con ingresos inferiores a un salario mínimo o que labora más de 48 horas ganando menos de dos salarios mínimos.

variable de ajuste de los desequilibrios, mientras que en México y Chiapas lo es el salario real. Es decir, el desempleo es una variable relacionada con la flexibilidad o la rigidez, eficiencia o ineficiencia de los mercados laborales. Identificar el desempleo abierto con la marginación es un error conceptual, porque un desempleado mantiene la expectativa de vincularse al mercado de trabajo y el marginado carece de expectativas para probar suerte en el mismo. Por eso consideramos que el mejor indicador para medir este problema en las economías de agricultura atrasada como Chiapas, a nuestro juicio, es la tasa de las condiciones críticas de ocupación. Otro factor que reduce la significación de dicho indicador es la creciente emigración de Chiapas. Ésta habría que contarla como desempleados que optan por acudir a mercados de trabajo más dinámicos (Riviera Maya, norte de México o Estados Unidos); es un desempleo encubierto que alivia, por otra parte, el fuerte desequilibrio entre oferta y demanda de trabajo local. Esto es válido también para la economía mexicana, pero en el caso de Chiapas adquiere mayor dramatismo.

En términos del INEGI, el desempleo es bajísimo y Chiapas aparece con pleno empleo en el periodo 2000-2007, de acuerdo con los estándares internacionales, y por eso cuando hay desaceleración de la economía la tasa de desempleo es baja. Aquí al menos, en este periodo, la economía chiapaneca creció ligeramente, pero aun si se le compara con las épocas de crisis Chiapas tiene una tasa de desempleo menor que las de Estados Unidos, Alemania, Japón o España; lo mismo podemos apreciar en los casos de Nuevo León, el Distrito Federal y el promedio nacional, pues Chiapas aparece con menor tasa de desempleo. El problema chiapaneco no es el desempleo abierto sino la informalidad y el subempleo, que en las estadísticas aparecen como empleo. La enfermedad holandesa, por su parte, ha propiciado que la tasa de trabajo asalariado se mantenga durante los últimos años en promedio en 41 por

Cuadro 2. Tasa de desempleo abierto, 2000-2007
(porcentajes)

Entidades	2000	2001	2002	2003	2004	2005	2006	2007
Prom. nacional	1.69	1.69	2.01	2.38	2.75	3.58	3.58	3.67
Chiapas	1.30	1.30	1.37	1.35	1.33	2.07	1.84	2.09
Oaxaca	0.80	0.74	0.47	0.72	0.68	1.70	1.83	1.78
Guerrero	0.40	0.29	0.25	0.39	0.63	1.09	1.35	1.16
Baja California	1.16	0.97	1.83	2.09	1.27	1.44	1.78	2.13
Nuevo León	1.83	2.38	3.19	3.76	3.80	5.14	4.99	4.76
Distrito Federal	2.60	2.83	2.89	3.52	4.47	5.57	5.54	5.81

Fuente: Elaboración propia con datos de la Encuesta Nacional de Ocupación y Empleo, http://interdsap.stps.gob.mx:150/302_0058t.asp y http://interdsap.stps.gob.mx:150/302_0058enoe.asp.

ciento, cuando en el país es de 60 (Encuesta Nacional de Ocupación y Empleo, ENOE) y que la migración sea una alternativa para buscar en otros lugares del país o Estados Unidos los empleos no generados en la economía chiapaneca.

Factores determinantes de la retención/expulsión de mano de obra en Chiapas

Los factores que amortiguaron la crisis e impedían que Chiapas fuera expulsora de mano de obra, pese a estar situada en medio de fuertes corrientes migratorias (Centroamérica y Oaxaca), a nuestro juicio y de manera sucinta, son los siguientes:

1. La migración laboral de tipo rural-rural (1890-1970), cuando los indios iban a trabajar a las fincas cafetaleras del Soconusco, la Sierra Madre y el norte del estado, en un principio por medio de «enganchadores» y posteriormente como jornaleros agrícolas; circuito de migración rural-rural interrumpido porque los indios se vieron obligados a reorientar sus flujos migratorios a Villahermosa o la península de Yucatán, que comenzaban a demandar mano de obra tanto por el *boom* petrolero como por el desarrollo de la industria turística; los jornaleros guatemaltecos entrarían a cubrir la demanda de mano de obra del Soconusco y en menor medida de otras regiones del estado; se puede decir que en estas fechas comenzó la decadencia del sistema milpa-finca, configurado desde el último cuarto del siglo XIX y que de alguna manera creaba un mercado de trabajo rural-rural para los campesinos procedentes de la agricultura de subsistencia de Chiapas, que les permitía obtener un ingreso monetario que complementaba el ingreso familiar que recibían en la parcela, o la producción de la parcela era un complemento del ingreso familiar. Este mecanismo milpa-finca se rompió con la casi desaparición de las fincas, la crisis de los precios del café y la reorientación de los flujos migratorios. Hay quien dice que los finqueros y las fincas son una especie en extinción en Chiapas, no así para el imaginario popular y algunos autores que escriben como si esta forma de dominación permaneciera intacta en el agro chiapaneco.

2. La participación en el Programa Bracero de la región sureste fue irrisoria, como lo han documentado Durand y Massey (2003) y Villafuerte y García (2006), quienes plantean que la participación de la región fue

mínima (0.95 por ciento). Chiapas prácticamente no participó en este programa (0.02 por ciento), que en otras regiones del país funcionó como desencadenante de la migración (Jáuregui y Ávila, 2007). Esto no le permitió crear las redes que sí construyeron los estados participantes en la migración histórica.

3. Las tomas de tierra que comenzaron a cobrar relevancia a partir del Congreso Indígena de 1974 y significaron la recampesinización del agro chiapaneco y un trasvase de población rural-rural, a contrapelo de las tendencias históricas del capitalismo, que tiende a desruralizar las regiones. Aquí es preciso señalar que la inundación de tierras por las presas hidroeléctricas significó la necesidad de reubicar la población que habitaba esos lugares.

4. La llamada colonización de la Selva Lacandona (la reciente, iniciada por el gobernador Manuel Velasco Suárez y el presidente Luis Echeverría Álvarez en la década de los setenta), significó un importante desplazamiento de población rural-rural mediante la expansión de la frontera agrícola e incluso de otras regiones del país para demandantes de tierra o para restar base social a la guerrilla de Guerrero.[12]

Por eso, de acuerdo con el *II Conteo de Población y Vivienda 2005*, Chiapas sobresale por la dispersión: 52.2 por ciento de la población vive en localidades de menos de 2 500 habitantes y el 68 por ciento en localidades de menos de 15 000 personas, mientras que, en el otro extremo, sobresale la alta concentración, 19.2 por ciento de la población vive en tres ciudades de más de 100 000 habitantes[13] (INEGI). De acuerdo con esta dicotomía entre lo rural y lo urbano, sólo tres ciudades en Chiapas pueden ser consideradas urbanas, catorce urbanas intermedias (más de 15 000 y menos de 100 000 habitantes), 131 rurales semiurbanas (más de 2 500 y menos de 15 000) y 19 311 localidades rurales (menos de 2 500).

Esta especie de dicotomía dispersión-concentración es un factor que explica muchos de los indicadores de la entidad y, hasta cierto punto, cómo México, puede estar considerado entre las doce economías más grandes del mundo (World Development Indicators Database, Banco Mundial, 1 de julio de 2007) en términos de PIB por paridad del poder de compra (75 por ciento producido en áreas urbanas) y a la vez tener

---

[12] Si se quiere profundizar al respecto véanse los trabajos de Reyes y López (1994), Reyes (2004) y De Vos (2005).

[13] Tuxtla Gutiérrez (490 455 habitantes), Tapachula (189 991) y San Cristóbal de Las Casas (142 364).

una clasificación baja en la mayoría de los indicadores promedio, desde el PIB, el ingreso por habitante (lugar 79) y el índice de desarrollo humano hasta los indicadores de resultado educativos de PISA. Cuando se desglosan estos indicadores en sus componentes rurales y urbanos, aparecen las diferencias más notorias, dando como resultado que los indicadores más divergentes se encuentran en las entidades rurales, lo cual evidencia una auténtica división entre lo rural y lo urbano.

Todos estos factores fortalecieron la dispersión poblacional y ahora el gobierno de Juan Sabines Guerrero (2006-2012) plantea la reconcentración en las denominadas «ciudades rurales», que representan una contradicción hasta semántica y una reedición de la política de concentración de indios que se dio en la época de la Colonia. El que Chiapas sea rural es producto de que la economía no crece y, por consiguiente, no genera empleo e incluso ha provocado un descenso en términos absolutos de la población ocupada. Si hubiera dinamismo económico, la gente habría abandonado las localidades rurales, papel que comienza a jugar la migración interestatal e internacional, ya que tendrá un efecto desruralizador en el mediano y largo plazos. Asimismo, los indicadores de bienestar más regresivos del país son indicadores de salida, *ex post,* no causas; lo mismo que la dispersión poblacional, la línea de causalidad va por otro lado.

Los factores que detonaron la migración, desde nuestro punto de vista, son, de manera sucinta:

1. Profundización y duración de la crisis económica a partir del cambio de modelo económico y la globalización neoliberal, que significó una desvalorización del trabajo de los chiapanecos.[14] La productividad del trabajo en México, en términos gruesos, es equivalente a 2.1 veces la de Chiapas (cálculos a partir del PIB de 2006 a pesos de 1993 del INEGI y de la ENOE para la población ocupada). En 1993 la diferencia de productividad era en el país de dos veces la de Chiapas (INEGI y Encuesta Nacional de Empleo, 1993). En el crecimiento de la productividad in-

---

[14] En relación con la política neoliberal, por ser Chiapas un estado agropecuario, aquí afectó considerablemente el proceso de desregulación, que condujo a la desaparición de dos de los instrumentos de regulación del Estado en el sector agropecuario: la Conasupo y el Inmecafé, debido a que los cultivos fundamentales son el maíz y el café, objeto de la regulación de estas dependencias; desaparición de la banca de desarrollo y disminución del crédito al sector. Por otra parte, también se afectó el abasto que significaba Conasupo en el medio rural. Además, el café fue afectado por el rompimiento de las cláusulas económicas de la Organización Internacional del Café y el maíz por el TLCAN y la sobrevaluación del peso.

fluye la acumulación de capital físico y humano, así como la eficiencia en el uso de los recursos productivos. Parece haber consenso respecto a que en los últimos años se registró en México un descenso de sus índices de productividad, con lo que el caso de Chiapas adquiere características alarmantes.

2. El fin de la expansión de la frontera agrícola y la pulverización de la tenencia de la tierra, que implicó la cancelación del mecanismo más amplio de trasvase de población rural-rural en el agro chiapaneco.

3. Las expulsiones que implicaron desplazamientos forzosos de población por conflictos políticos y religiosos desde fines de la década de los setenta y, más recientemente, por el levantamiento zapatista de 1994 y la militarización de amplias zonas de la entidad.[15] Esta última es la que más explica la migración internacional reciente (de las dos oleadas de expulsiones), pues los eventos anteriores fueron en parte amortiguados por la colonización de espacios abiertos de selva en el medio rural y en los mercados de trabajo marginales urbanos, mientras que los desplazamientos provocados por el levantamiento zapatista se produjeron en situación de mayor vulnerabilidad, pues la frontera agrícola está agotada y los informales en las ciudades no pueden ser absorbidos por la gran cantidad de gente que llegó primero o dejó la crisis económica, que en Chiapas se sintió con particular virulencia entre 1985 y 1995.

4. La expansión de la demanda de mano de obra para la creciente industria maquiladora de exportación desde mediados de los noventa, que demandó mano de obra; existían mecanismos de contratación en Chiapas para ir a trabajar a Tijuana u otros lados de la frontera norte.[16] Los empresarios mandaban autobuses con megáfonos a algunos pueblos o ciudades de Chiapas para «enganchar» trabajadores por la alta movilidad de trabajadores en la industria maquiladora. Algo similar aconteció con los campos agrícolas de Sinaloa, Sonora y Baja California, que reclutaban trabajadores chiapanecos. Es decir, este mercado de trabajo los acercó a la frontera y a la dinámica migratoria.

---

[15] Durand (2007: 319) señala que «la guerra de los 6 días en Chiapas y la guerra de baja intensidad de más de 6 años han provocado que se inicie el proceso migratorio en esta entidad, como resultado de la inestabilidad política, la represión, los desplazamientos de población y los enfrentamientos entre comunidades».

[16] En 2000 los chiapanecos ya aparecen como grupo importante en la composición de los flujos migratorios a Tijuana (Simonelli, 2002). También en testimonios recogidos en trabajo de campo en Tijuana, en las colonias Nueva Las Granjas y Tecolote, septiembre de 2006.

5. Desastres naturales como el huracán *Mitch* (1998), y más recientemente *Stan* (2005), que implicaron destrucción de medios de vida y colocaron a las poblaciones de amplias regiones de Chiapas en situación de mayor vulnerabilidad. Se debe precisar que no todo es atribuible al cambio climático pues, como consecuencia de la disminución de los ingresos familiares derivada de la caída de los precios de los principales productos agrícolas, los campesinos recurrieron a los únicos activos que tenían a la mano, los árboles, y las compañías madereras se encargaron de explotar irracionalmente este recurso, explotación que en algunas zonas adquiere características de ecocidio, por lo cual podemos sostener que es una zona de desastre económico, social y ambiental, como puede corroborarse con la reciente tragedia que azotó Tabasco y la zona norte de Chiapas a principios de noviembre de 2007; cualquier lluvia provoca zozobra en la entidad y desastres.[17]

6. La incapacidad estructural de la economía chiapaneca para crear empleos, pues lo anterior se ha dado en la lógica del trasvase de mano de obra casi dentro del sector agropecuario, por ello ahí se condensaban los conflictos hasta la década de los noventa. La migración ha distendido la inelasticidad de la oferta de tierras, pues es casi imposible encontrar empleo en un obsoleto, débil, desestructurado, deformado y casi inexistente sector industrial y por lo mismo se recurría a la toma de tierras o colonización para tener acceso a una parcela, como una especie de autoempleo o seguro de desempleo en la práctica. El resto de la mano de obra se encaminaba al sector terciario de baja productividad, y en muchos casos a la informalidad. La emigración a otras entidades y a Estados Unidos alivia, en cierta medida, el fuerte desequilibrio entre la oferta y la demanda de trabajo local, pues la economía no crea empleos, sino que incluso los pierde en términos absolutos en el periodo 2000-2007.

7. Se rompió la lógica de funcionamiento de la economía campesina, que operaba por medio de los tiempos muertos del proceso de producción; los campesinos se empleaban como jornaleros en las fincas o en otras actividades para complementar su ingreso familiar, o el de la parcela

---

[17] En trabajo de campo hemos podido constatar que algunos ejidos de la Sierra Madre solicitan los aprovechamientos forestales, pero fungen como prestanombres de las compañías madereras. El ejido selecciona un cubicador de madera, pero es corrompido por las empresas madereras y no se resiembra nada, ni se hace autosustentable el aprovechamiento forestal. Se quema bosque para solicitar de nuevo aprovechamientos, pero el negocio es de las compañías madereras.

era el complemento. Sin embargo, la crisis de los precios internacionales del café, la migración laboral de los campesinos chiapanecos a lugares cada vez más distantes, la casi desaparición de las fincas por las tomas de tierras y el reparto agrario, afectaron en alguna medida la reproducción de la economía campesina.[18]

En síntesis, podemos decir que en Chiapas están presentes todas las causas que compulsan al éxodo de la población en cualquier parte del mundo: violencia económica del mercado, violencia política y, en fechas recientes, violencia de la naturaleza; es necesario acotar que en Chiapas la violencia política es de larga data, pues la violencia del aparato de Estado, así como la caciquil, han tenido presencia desde antes del levantamiento del Ejército Zapatista de Liberación Nacional en 1994, pero el levantamiento por sí mismo implicó la militarización de amplias áreas rurales en los territorios llamados de conflicto y de importantes desplazamientos de población.[19]

Siguiendo la huella de la emigración chiapaneca[20]

Los siguientes datos muestran la evolución de las remesas en Chiapas y el resto del país:[21] es evidente que aunque el estado estuvo excluido del circuito migratorio internacional hasta finales de la década de los noventa, se ha insertado plenamente en él. Lo novedoso de la reciente emigración chiapaneca es que ha tenido un carácter explosivo debido a que, como analizamos en el apartado anterior, se hicieron presentes las tres violencias: económica, política y de la naturaleza.

---

[18] No quiere decir que defendamos la explotación de las fincas, que fue terrible, sino que queremos evidenciar la lógica de funcionamiento de la estructura productiva, que no fue sustituida por otra más moderna y funcional que el modelo de economía abierta.

[19] Los desplazamientos de población no son nuevos en Chiapas, aunque, con otras características, comenzaron con las expulsiones por motivos político-religiosos en la década de los setenta en San Juan Chamula y en la década de los ochenta y noventa se sumaron otros municipios indios.

[20] Este apartado fue tomado en parte de un trabajo previo (Sovilla et al., 2007 y López, 2007), pero se le actualizó y complementó.

[21] Tuirán et al. (2006) consideran excesivo el monto de las remesas oficialmente registrado por el Banco de México y citan como ejemplo de dicha sobreestimación el caso de Chiapas, donde esos envíos llegaron a 655.3 millones de dólares en el 2005. No objeta el monto de dinero que entró sino la metodología con que éste se determinó, ya que cree que esas remesas pueden esconder lavado de dinero. Sin embargo, esos estudios

Tratándose en general de emigración ilegal, resulta difícil cuantificar dichos flujos y es necesario recurrir a pruebas indirectas. En nuestro caso, algunas de éstas son:

1. Según la Encuesta sobre Migración en la Frontera Norte de México, de El Colegio de la Frontera Norte, acerca de la emigración internacional (EMIF, 2003),[22] los chiapanecos entrevistados en los lugares fronterizos que se disponían a cruzar a Estados Unidos o lo acaban de hacer pasaron de 5 992 en 1993-1994 a 16 850 en 2001-2002. Chiapas fue la entidad del país cuyos flujos tuvieron mayor crecimiento en este periodo (181 por ciento), seguida por Sonora (Sovilla *et al.*, 2007). Lo mismo acontece con los migrantes procedentes del sur con destino a Estados Unidos: los chiapanecos pasaron de 2 434[23] en 1995 a 53 827 en 2003 y 33 786 en 2004 (EMIF, 2004).[24]

2. Según la misma fuente (EMIF, 2004) los chiapanecos detenidos por la Patrulla Fronteriza pasaron de 2 984 entre 1993 y 1994 (lugar 27 en el país) a 49 213 en 2002-2003 (primer lugar) y en 2004 a 29 381 (cuarto lugar). Si bien la EMIF es una encuesta que mide más la circularidad, no por eso no deja entrever una tendencia.

3. En el módulo de migración internacional de la Encuesta Nacional de Empleo (2002) se ve la importancia que comienzan a tener los chiapanecos que se fueron a trabajar o estudiar (vivir) a Estados Uni-

---

consideran las cifras migratorias del censo de 2000 y las comparan con el dato de las remesas del 2005, lo que provoca una distorsión importante, ya que la intensificación de la emigración de Chiapas tuvo lugar a partir de 2000 (principalmente en las regiones Sierra, Costa y Soconusco), como reacción a la destrucción de los medios de vida provocada por el huracán *Mitch* a fines de 1998. Si la evaluación del dato de las remesas se hace en el 2005, pero con base en la migración de 2000, el dato de las remesas por hogar parece incongruente, lo cual reflejaría una subestimación de los flujos migratorios, y no necesariamente una sobreestimación de las remesas, aunque no se descarta ese dato, válido también para el país y no solamente para Chiapas, en caso de darse.

[22] Véase http://www.stps.gob.mx/DGIET/302_0293.htm.

[23] Chiapas en este año tiene menos de 10 casos muestrales, es decir, no tiene relevancia estadística y era insignificante (es el único año en que aparece con un asterisco).

[24] El flujo de procedentes del sur brinda la posibilidad de conocer la evolución del número de chiapanecos que, con la intención de dirigirse a Estados Unidos, llegaron a la frontera entre 1993 y 2003. El flujo de chiapanecos vive dos ciclos: el primero se desarrolla de 1993 a 2001 y se caracteriza por ser un periodo de estancamiento; el segundo, de crecimiento explosivo, abarca de 2001 a 2003, periodo en que el flujo se triplicó al pasar de 5 494 a 16 795 en 2001-2002, hasta llegar a 62 061 en 2002-2003 (Jáuregui y Ávila, 2007: 23). Hay alguna discrepancia en los datos pero se podría agregar, con la EMIF, que en 2004 inicia un tercer ciclo: de nuevo comienza una disminución de la dinámica migratoria de los chiapanecos.

Gráfica 4. Detenciones de chiapanecos por la Patrulla Fronteriza
(porcentajes del total de los mexicanos)

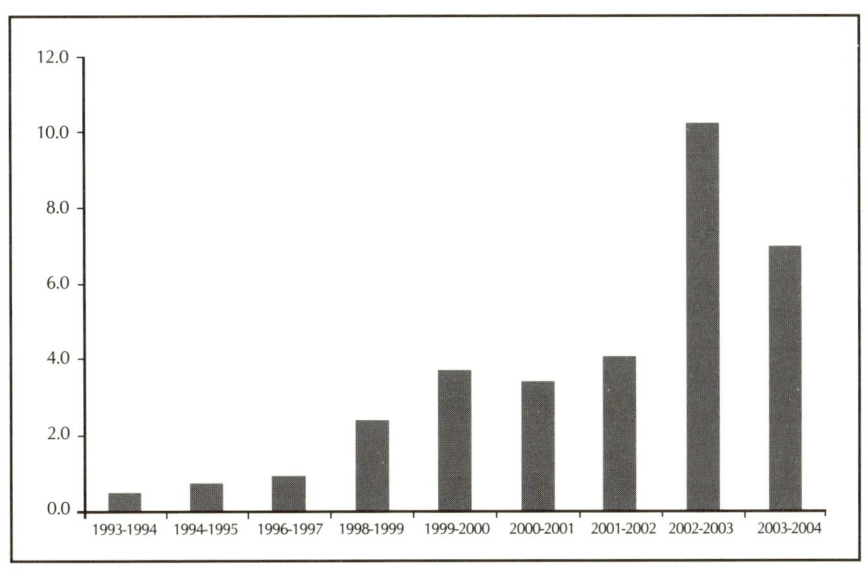

Fuente: EMIF.

dos, pues se observa un crecimiento explosivo entre noviembre de 1997 y noviembre de 2002, cuando el número de migrantes alcanzó la cifra de 41 945, cantidad siete veces mayor que la registrada entre noviembre de 1990 y noviembre de 1995 (Jáuregui y Ávila, 2007: 22).

4. Las matrículas consulares de alta seguridad expedidas a chiapanecos en 2005 y 2006 fueron 17 389 en 46 entidades de Estados Unidos y el Distrito de Columbia, lo cual indica que estos inmigrantes están distribuidos a lo largo y ancho de ese país, pues en los años considerados solamente en cuatro estados no había registro de chiapanecos en dicho documento. Las matrículas consulares son expedidas por la Secretaría de Relaciones Exteriores.

5. En el programa de «repatriación voluntaria», instituido en 2004 por los gobiernos de México y Estados Unidos, de los 14 071 mexicanos repatriados 1 203 eran chiapanecos (8.5 por ciento). Lo mismo aconteció en 2005 y 2006, cuando fueron repatriados más de 15 000 mexicanos, la mayoría de ellos procedentes de los estados de México, Chiapas, Oaxaca, Puebla y Veracruz (boletín de prensa conjunto de la Secretaría de Gobernación y la Secretaría de Relaciones Exteriores, 8 de julio de 2007).

6. Las remesas enviadas a Chiapas pasaron de 360.9 millones de dólares en 2003 a 824.5 millones en 2006. El estado ocupó en ese periodo el primer lugar en términos de crecimiento medio anual de las remesas en el país. En 2007 las remesas disminuyen a 780 millones de dólares (5.4 por ciento menos), siendo Chiapas el cuarto lugar en disminución porcentual de las remesas a nivel nacional, debido a la recesión de Estados Unidos; recibió 44.5 millones de dólares menos que en 2006.
7. La población ocupada de Chiapas descendió en términos absolutos de 2000 a 2006 (226 000 personas menos), aunque esta tendencia se revirtió parcialmente en 2007, cuando la población económicamente activa creció en 91 000 personas (en el periodo 2000-2007 la población ocupada perdió 134 000 personas). Mientras que la población ocupada nacional registró tasas de crecimiento positivas en el mismo periodo, en Chiapas, aunque la tasa de crecimiento de la población del estado fue mayor que la nacional, dichas tasas fueron negativas (gráfica 5).
8. En las estadísticas de muertes también comienza a ocupar un lugar, pues en 2003 murieron 92 chiapanecos; en 2004, 127, y en 2005, 174 (Sovilla *et al.*, 2007).
9. En términos de remesas per cápita, Chiapas ocupaba en 2006 el lugar 17 en el país, con 189.0 dólares por habitante, inferior al promedio nacional de 226.4 (83.5 por ciento por abajo de la media). Es un mito

Gráfica 5. Población ocupada en Chiapas y México, 2000-2007
(miles de personas)

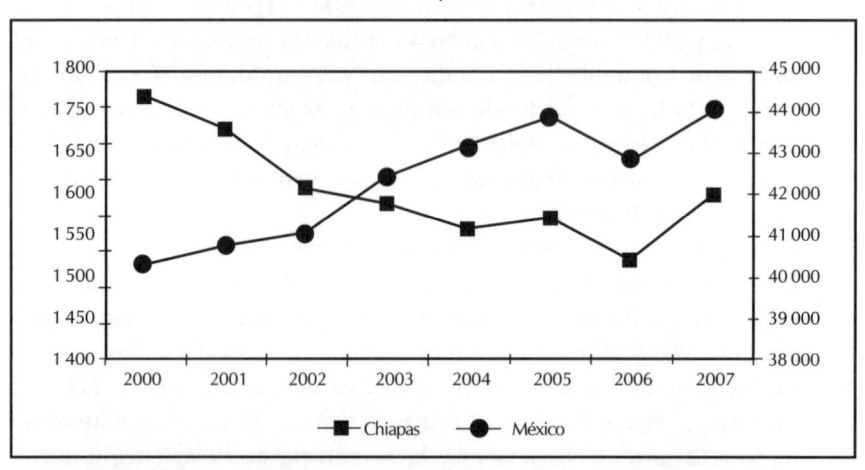

Los cálculos se efectuaron a partir de la sumatoria trimestral de cada año dividida entre los cuatro trimestres.
Fuente: INEGI, Encuesta Nacional de Ocupación y Empleo, trimestral.

que en Chiapas las remesas sean desproporcionadas, pues hemos demostrado el éxodo y lo reciente del mismo, además de que por habitante está por debajo del promedio del país. Lo mismo ocurre con los que van en dirección sur-norte, ya sean migrantes interestatales a la frontera norte o que se dirigen a Estados Unidos. Según cálculos de la EMIF, Chiapas pasó del lugar 26 en 1994-1995 al noveno en 2004 (Jiménez, 2008).

Conclusiones

La reestructuración de la economía mexicana y la globalización por la vía neoliberal colocaron a los chiapanecos en una situación de extrema vulnerabilidad y una cada vez mayor desvalorización social del trabajo. La globalización por la vía neoliberal es un fenómeno que incluye, excluye y destruye. A Chiapas la excluye de los flujos de comercio e inversión, desvaloriza y destruye algunas de sus actividades productivas, y la incluye por medio de los flujos migratorios.

En Chiapas se ha pasado de un modelo agroexportador que tenía su base en el café y en el binomio milpa-finca a uno exportador de mano de obra, sin pasar siquiera por el modelo de industrialización sustitutiva de importaciones. En el modelo agroexportador se exportaban productos agrícolas, principalmente café (se sigue haciendo pero en menor escala y desvalorizado) y en el actual se exporta mano de obra, y en cambio se reciben remesas, la fuente de recursos más dinámica de la economía chiapaneca, que representa un monto superior al valor de los principales productos agropecuarios de Chiapas. En la esfera de la producción de bienes y servicios, la industria de la construcción se ha convertido en la más dinámica, lo cual se explica a partir de la combinación del gasto público y las remesas; además, se ha inflado el dato a raíz de los desastres naturales y la posterior reconstrucción, como dijimos antes, para correr y quedar parado en el mismo sitio.

Chiapas se ha convertido en los años recientes en una entidad subsidiada, por las transferencias tanto públicas (gasto público) como privadas (remesas), pero ni así se han logrado revertir las tendencias negativas que implicaron el cambio de modelo económico, en el plano nacional, y la globalización por la vía neoliberal y el TLCAN, en el plano internacional.

La prolongada crisis económica, el fin de la expansión de la frontera agrícola, los desplazamientos de población y los desastres naturales propiciaron que Chiapas, que fue una entidad que retenía población hasta el año 2000, se convirtiera en una entidad expulsora de mano de obra de baja calificación y barata. Si se sigue el rastro de la emigración de los chiapanecos, se puede ver cómo hay elementos que muestran que la migración, aunque reciente, es a gran escala, por lo cual Chiapas se ha incorporado de manera acelerada a los estados expulsores de mano de obra. Es decir, en un breve lapso se juntaron todas las causas que compulsan a la población al éxodo, lo que ocasionó la mayor vulnerabilidad de amplios sectores de la población, la desestructuración de las actividades productivas y en algunos casos la destrucción de medios de vida, haciendo de la emigración internacional una actividad cotidiana de los chiapanecos. La mano de obra de Chiapas ha sido movilizada por el capital hacia la frontera norte o a Estados Unidos ante la ausencia o insuficiencia de inversión privada nacional o local, así como de IED que la arraigara en la entidad. Es una forma de participar en los procesos de deslocalización productiva, aportando mano de obra en la frontera norte (maquila) o para trabajos de baja productividad y escasa calificación en Estados Unidos; además, en una entidad que tenía excedentes en la producción de maíz, hoy se importa una parte del grano, de ahí que se pueda decir, por otro lado, que se exportan campesinos que se convierten en obreros agrícolas y se importan alimentos, lo cual es muy riesgoso en la etapa actual de crisis alimentaria mundial e incremento del precio de los alimentos. En síntesis, en Chiapas, por sus condiciones estructurales, no se desarrolló una clase obrera industrial ni un gran sector de obreros agrícolas, pero la globalización por la vía neoliberal la está creando fuera de su territorio, en otros espacios nacionales o internacionales. A la clase obrera de Chiapas hay que buscarla en la frontera norte y en Estados Unidos, a miles de kilómetros de su territorio.

El lento o nulo crecimiento de la economía chiapaneca ha provocado un descenso en términos absolutos de la población ocupada en el periodo 2000-2007, lo que se puede constatar en la ENOE. Asimismo, ha habido un fuerte crecimiento de los informales, marginales, etcétera, que puede deducirse de la tasa de condiciones críticas de ocupación y la tasa de trabajo asalariado de alrededor del 41 por ciento en ese lapso. En general, se puede decir que el sector capitalista se estanca y crece el sector improductivo-parasitario. Por lo mismo, se expande un sector no capitalista marginal y pauperizado, que rodea como un océano al reducido sector capitalista.

El gasto público no se debe convertir en gasto corriente ni en subsidios redistributivos. Se debe aplicar preferentemente a la inversión productiva. En la misma izquierda opera el afán de emplear el excedente público en subsidios al consumo popular. Este es un criterio cortoplacista que no resuelve, sólo aplaza, los problemas básicos. Lo importante a mediano y largo plazos es impulsar la inversión productiva y la consiguiente generación de empleos productivos y bien remunerados. Con ello, en vez de agotar el gasto público vía subsidio al consumo, se genera una lógica de reproducción ampliada de ese excedente y, por ende, de la inversión y el empleo (Valenzuela, 2007).

Hay que evitar que el gasto público se transforme sólo en gasto corriente que multiplique la burocracia y la demanda agregada por el lado del consumo y el gasto público (no por el de inversión y la diferencia de exportaciones – importaciones = exportaciones netas), lo mismo que hacen las remesas en el ámbito privado, pues ello genera síntomas de la enfermedad holandesa y destruye el tejido productivo. En el caso de Chiapas, ese dinero como llega sale, pues si es en la industria de la construcción se trae la varilla y el cemento de otras partes del país, y si es por remesas éstas se gastan preferentemente en las ciudades y en productos manufacturados. El exceso de demanda agregada sobre la oferta agregada doméstica se cubre con productos de otras partes del país o importaciones. La paradoja es que los empleos productivos que se deberían generar en Chiapas con las transferencias públicas y privadas se generan en otros lados del país y del extranjero, ante la insuficiente oferta interna.

Este modelo de crecimiento tiene limitaciones y una vulnerabilidad clave: dependencia extrema de factores exógenos como el gasto público y las remesas. Si los precios del petróleo disminuyera o México dejará de ser exportador de petróleo y se convirtiera en importador, o si la recesión de Estados Unidos se prolongara y las remesas de los chiapanecos continuaran disminuyendo, el efecto negativo puede ser significativo. Mientras tanto se ha incrementado la reorientación de la economía hacia los no transables, con lo que aumenta la especialización y se incrementa su vulnerabilidad.

El argumento de que Chiapas puede ser considerado el paradigma de la inconsistencia de los datos del Banco de México no es tal, pues hemos podido constatar cómo la chiapaneca es una emigración reciente pero a gran escala. Aunque eso no invalida las inconsistencias del Banco de México planteadas por Tuirán *et al.* (2006a y 2006b) y Canales (2007), únicamente demuestran que el de Chiapas no es el caso paradigmático al que se refieren Tuirán *et al.* (2006) o Garavito *et al.* (2004) y que, contrariamente a lo que ellos sostienen, hay rastros evidentes de la emigración chiapaneca a Estados Unidos, se les puede encontrar en la EMIF, encuesta en la cual algunos de estos autores están implicados directamente, sea en su diseño, elaboración o procesamiento.

Los resultados de este trabajo dan pie a una serie de interrogantes: ¿qué consecuencias traerá para la economía y la sociedad chiapaneca que una parte considerable de su población esté ocupada en un sector emergente que radica fuera de sus fronteras?, ¿cómo afecta la migración a gran escala la productividad de la agricultura y las actividades rurales no agrícolas?, ¿las remesas de los migrantes exacerban o compensan la pérdida de mano de obra en las comunidades rurales?, ¿cuáles serán los efectos del envejecimiento de la población, que seguramente acelerarán el proceso de transición demográfica como consecuencia de la emigración de la población en edad productiva? (López *et al.*, 2008).

BIBLIOGRAFÍA

Balkan, J.L. (2001). *Why Not Migrate? A Case Study of Two Rural Villages in Chiapas, México*, tesis de doctorado, Austin, Universidad de Texas.
Canales, A. (2007). «Las remesas en México. Mitos y realidades», ponencia presentada en el Foro Internacional: Migraciones Internacionales, Remesas y Perspectivas de Desarrollo en el estado de Chiapas, San Cristóbal de Las Casas, Chiapas, México, 23 al 25 de agosto.
Carrol, L. (1992). *Alicia en el país de las maravillas*, Madrid, Cátedra.
Consejo Nacional de Población (2003). *Migración internacional*, en http://www.conapo.gob.mx
— (2006). *Índices de marginación, 2005*, Consejo Nacional de Población, http://www.conapo.gob.mx.
Durand, J. y D.S. Massey (2003). *Clandestinos. Migración México-Estados Unidos en los albores del siglo XXI*, México, Universidad Autónoma de Zacatecas y Miguel Ángel Porrúa.
— (2005). «Nuevas regiones de origen y destino de la migración mexicana», en M. Estrada y P. Lavazée (coords.), *Globalización y localidad. Espacios, actores, movilidades e identidades*, México, Publicaciones de la Casa Chata.
— (2007). *Braceros. Las miradas mexicana y estadounidense. Antología (1945-1964)*, México, Universidad Autónoma de Zacatecas y Miguel Ángel Porrúa.
Garavito, E., R. Albina y R.E. Torres (2004). «Migración e impacto de las remesas en la economía nacional», *Análisis Económico*, Universidad Autónoma Metropolitana-Xochimilco, vol. XIX, núm. 41.

Horbath, J.E. (2004). «Desequilibrio regional y efectos en el mercado de trabajo: educación, empleo e ingreso en México», *Economía y Desarrollo*, Universidad Autónoma de Colombia, vol. 3, núm. 2, septiembre.

Instituto Nacional de Estadística, Geografía e Informática (2001). *XII Censo General de Población y Vivienda 2000*, Aguascalientes, INEGI.

Jáuregui, J.A. y M.J. Ávila (2007). «Estados Unidos, lugar de destino para los migrantes chiapanecos», *Migraciones Internacionales*, El Colegio de la Frontera Norte, vol. 4, núm. 1, enero-junio.

Jiménez, G. (2008). *Migración y remesas en las regiones Sierra, Soconusco e Istmo-Costa de Chiapas, afectadas por los huracanes Mitch y Stan*, tesis de licenciatura, Facultad de Ciencias Sociales-Universidad Autónoma de Chiapas.

López, J. (2007). «Crisis, migración y remesas familiares en Chiapas», ponencia presentada en el Seminario Internacional: Las Migraciones en el Sur-Sureste de México, Oaxaca, México, 19 al 21 de septiembre.

— (2008). «La economía de Chiapas y el desastre», manuscrito inédito, Facultad de Ciencias Sociales, Universidad Autónoma de Chiapas.

—, F. García y G. Cóporo (2008). *Chiapas: un estado emergente en la migración laboral internacional*, Venezuela, Universidad de Carabobo.

Martínez, R.G. (1999) *¿Por qué quedarse en Chiapas? Un análisis de los factores de la migración intraestatal de la población indígena*, tesis de doctorado, El Colegio de la Frontera Norte.

Martínez González-Tablas, A. (2007). *Economía política mundial 1. Las fuerzas estructurantes*, Barcelona, Ariel.

Programa de las Naciones Unidas para el Desarrollo (2007). *Informe sobre desarrollo humano, México 2006-2007. Migración y desarrollo humano*, México, Mundi-Prensa.

Puyana, A. y J. Romero (2005). *Diez años con el TLCAN. Las experiencias del sector agropecuario mexicano*, México, FLACSO.

Reyes, M.E. (2004). «Política agraria en Chiapas: atención a focos rojos», ponencia presentada en el IV Congreso Internacional de Mayistas, celebrado en Villahermosa, Tabasco, en julio de 2004.

— y Á. López (1994). «Historia del conflicto agrario en Chiapas. El conflicto por la tierra», *Chiapas y la Cuestión Indígena*, núm. 62.

Santibáñez, J. (2005). «El Banco de México y las remesas chiapanecas», *El Financiero*, México, D.F., 30 de junio, p. 24.

Simonelli, C.E. (2002). «Cambios recientes en la migración y en la inserción laboral en Tijuana entre 1990-2000», *Papeles de Población*, Universidad Autónoma del Estado de México, núm. 34, octubre-diciembre.

Sovilla, B., H. Escobar y J. López (2007). «Crisis económica y migración en el estado de Chiapas y la región Sierra», ponencia presentada en el Foro Internacional: Migraciones Internacionales, Remesas y Perspectivas de Desarrollo en el Estado de Chiapas, San Cristóbal de Las Casas, Chiapas, 23 al 25 de agosto.

—, J. López y H. Escobar (2008). «Crisis económica y flujos migratorios internacionales en Chiapas», artículo sujeto a dictamen en revista arbitrada.

Székely, M., L.F. López-Calva, Á. Meléndez, E. Rascón y L. Rodríguez-Chamussy (2007). «Poniendo a la pobreza de ingresos y a la desigualdad en el mapa de México», *Economía Mexicana*, nueva época, vol. XI, núm. 2, pp. 239-303.

Tuirán, R., J. Santibáñez y R. Corona (2006). «El debate sobre el monto de las remesas familiares», manuscrito inédito.

— — — (2006b). «El monto de las remesas familiares en México: ¿mito o realidad?», *Papeles de Población,* Universidad Autónoma del Estado de México, núm. 50.

Valenzuela, J. (2007). *Estancamiento y crisis en el México neoliberal*, México, Dirección General Académica-Universidad Autónoma Chapingo.

Villafuerte, D. y M.C. García (2006). «Crisis rural y migraciones en Chiapas», *Migración y Desarrollo*, núm. 6, primer semestre.

Vos, J. de (2005). *Una tierra para sembrar sueños. Historia reciente de la Selva Lacandona (1950-2000),* México, Fondo de Cultura Económica.

TRABAJADORES GUATEMALTECOS TRANSFRONTERIZOS Y EMIGRACIÓN DE CHIAPANECOS HACIA LA FRONTERA NORTE DE MÉXICO Y A ESTADOS UNIDOS[1]

Salvador Berumen Sandoval[2] y Ernesto Rodríguez Chávez[3]

En este artículo se analiza la posible relación entre dos flujos migratorios. El primero de ellos se origina en los departamentos de Guatemala cercanos a la frontera con México y es integrado por trabajadores guatemaltecos trasfronterizos que tienen como destino fundamental el estado de Chiapas; sus orígenes anteceden al establecimiento mismo de la frontera México-Guatemala y forma parte de un movimiento migratorio transfronterizo con raíces históricas y motivaciones sobre todo laborales. El segundo lo conforma la emigración de chiapanecos hacia la frontera norte de México y a Estados Unidos. Cabe destacar que la incorporación de Chiapas a la emigración internacional está ocurriendo a ritmo acelerado y abarca un periodo relativamente corto, por lo que sus motivaciones y consecuencias no han sido estudiadas ni comprendidas lo suficiente. En cuanto al primer flujo, diversos estudios han documentado la presencia histórica de trabajadores guatemaltecos en el sur de Chiapas y dado cuenta de su incursión laboral fundamentalmente en la agricultura en fincas cafetaleras de la región del Soconusco.[4] Estudios recientes[5] se han referido a su diversificación ocupacional y su incursión territorial más allá de las localidades fronterizas y plantean

---

[1] Los autores agradecen el apoyo de Luis Felipe Ramos, Graciela Martínez, Betzabé Guillén, Nina Frías y Jesús Gijón.
[2] Director de Investigación del Centro de Estudios Migratorios del Instituto Nacional de Migración (INM).
[3] Director general del Centro de Estudios Migratorios del INM.
[4] Para una discusión más amplia se recomienda consultar: Secretaría del Trabajo y Previsión Social y Consejo Nacional de Población (1994), Ángeles Cruz (2001), Dardón (2002), Rojas y Ángeles (2003) y Villafuerte y García (2008).
[5] Para una discusión más amplia se recomienda consultar: INM, Conapo, SRE, STPS y Colef (2009), Rodríguez (2006a, 2006b y 2006c), Corona y Reyes (2009), Nájera (2009), así como el artículo de Jessica Nájera en este mismo libro.

la necesidad de políticas migratorias que trasciendan las dirigidas a los trabajadores agrícolas y a los movimientos de población del ámbito local. De cualquier manera, el grueso del flujo de guatemaltecos hacia la frontera sur de México y la periodicidad de sus desplazamientos se explican aún sobre todo por la dinámica de la actividad agrícola en el Soconusco, y recientemente en la Frailesca, en Chiapas.

Algunos sectores con inclinaciones proteccionistas del mercado de trabajo local han expresado su preocupación por la probable competencia laboral que estos flujos pudieran significar para la población nativa, es decir, para los trabajadores chiapanecos del medio rural, y en menor medida para los de otros sectores. Ellos plantean que los trabajadores guatemaltecos transfronterizos generan desempleo y presionan a la baja los salarios de los chiapanecos, aumentan la presión sobre los mercados de trabajo locales e impulsan la emigración de los nativos. Estas aseveraciones no parecen tener en cuenta que la presencia de estos trabajadores en Chiapas forma parte de una vida transfronteriza con raíces estructurales que ha sido fundamental para el desarrollo del sector agropecuario en la entidad. Aquí se plantea que los cambios recientes en el comportamiento de ambos flujos migratorios, el de los trabajadores guatemaltecos que llegan a laborar a Chiapas y el de los chiapanecos que emigran de la entidad por motivos laborales, deben entenderse en su contexto histórico y a la luz de las transformaciones económicas recientes de carácter global, que han expuesto la región a la competencia externa y tenido como resultado la pérdida de competitividad de las actividades agrícolas tradicionales. El ejemplo más notable es la baja de los precios internacionales del café en los inicios del presente siglo, cuyos efectos se manifestaron en una profunda crisis del campo en la mayoría de los países de América Central y en el sur de México.

De esta manera, el artículo discute y aventura conclusiones en torno a tres aspectos: *a)* la posibilidad de que los trabajadores guatemaltecos transfronterizos que hoy en día se emplean en Chiapas estén propiciando la emigración de los nativos a Estados Unidos tras su desplazamiento laboral; *b)* la alternativa de que los extranjeros estén cubriendo un vacío en los mercados de trabajo locales dejado por la emigración de chiapanecos, y *c)* la posibilidad de que ambos flujos estén siendo afectados por la crisis estructural del agro chiapaneco. En resumen, los autores se cuestionan si el mayor volumen de trabajadores guatemaltecos en Chiapas –cuyo punto culminante tuvo lugar en la última década del siglo XX–, así como la diversificación ocupacional hacia otros sectores y la ampliación de su área de influencia más allá de la zona fronteriza, han impactado negativamente el mercado de trabajo local y propiciado la emigración de los nativos. La evidencia empírica se sustenta en los registros administrativos del INM derivados de la expedición y entrega a nacionales guatemaltecos de la Forma Migratoria para Visitante Agrícola (FMVA) y en dos encuestas de flujos migratorios que utilizan metodologías de aplicación e instrumentos de captación de información similares: una dirigida a estudiar la llegada de trabajadores guatemaltecos al sur de México (EMIF Guamex) y otra especializada en la emigración de chiapanecos hacia la frontera norte del país y a Estados Unidos (EMIF Norte). Además de analizar la evolución y el perfil sociodemográfico de ambos flujos migratorios, se pretende indagar si existe relación entre las trayectorias migratorias y laborales de ambos grupos y su vínculo con la dinámica económica y social de la región.

Principales flujos migratorios en la frontera sur de México[6]

En este apartado se presenta una visión general de la heterogeneidad geográfica, la desigual distribución del movimiento migratorio en la frontera sur y su evolución durante los últimos años. La frontera sur de México, cuya longitud es de 1 149 kilómetros, que equivalen aproximadamente a una tercera parte de la que constituye la frontera norte del país–, está integrada por los límites geográficos de los estados de Chiapas, Tabasco, Campeche y Quintana Roo con Guatemala y Belice (mapa 1). México tiene una frontera terrestre de 193 kilómetros con Belice y de 956 kilómetros con Guatemala. En general, esta frontera se caracteriza por una geografía muy accidentada constituida por selvas, ríos y montañas (Rodríguez, 2006c).

En la frontera de Quintana Roo con Belice tiene lugar un intenso flujo migratorio integrado esencialmente por visitantes locales documentados y por decenas de miles de turistas; se ha estimado en alrededor de medio millón de cruces fronterizos al año a través del puente Subteniente López en Chetumal. En otros puntos de esta frontera se presentan flujos de menor magnitud, pero que se mantiene constante, desde poblaciones localizadas a ambos lados del río Hondo, conformados en su mayoría por personas sin

---

[6] Una explicación más detallada sobre los flujos migratorios que tienen lugar en la frontera sur de México se puede encontrar INM, Conapo, SRE, STPS y Colef (2009).

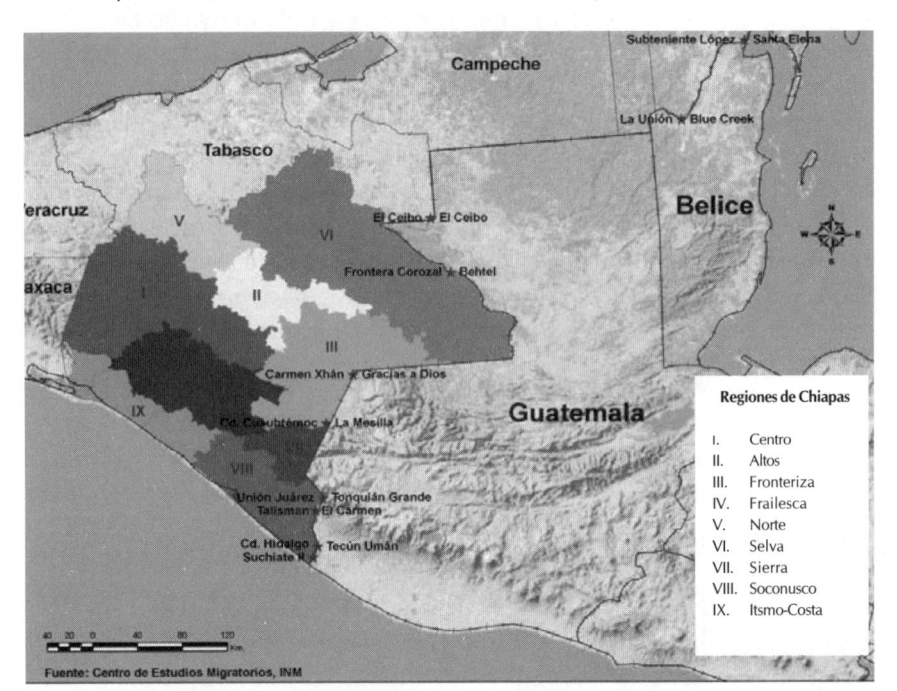

Mapa 1. Puntos de internación a México por la frontera sur

documentos de quienes no queda registro migratorio alguno. Además de la frontera con Belice, Quintana Roo tiene una frontera natural montañosa con Guatemala de muy baja afluencia poblacional.

La frontera entre Campeche y Guatemala está dominada por la selva del Petén, donde el cruce de personas entre comunidades que viven en ambos lados de una frontera virtual también es bajo e irregular, como ocurre cerca de Candelaria y Calakmul.

El estado de Tabasco también comparte con Guatemala una zona fronteriza de baja densidad poblacional y escasas vías de comunicación del lado guatemalteco. A pesar de ello, desde la década de los noventa del siglo XX, se ha convertido en una vía de entrada a México para transmigrantes centroamericanos que cruzan por el corredor migratorio de Tenosique con la intención de atravesar el territorio mexicano y llegar a Estados Unidos.

Por último, Chiapas tiene con Guatemala 654 kilómetros de línea fronteriza y es el estado que registra mayor número de cruces de visitantes locales y de trabajadores fronterizos, así como de transmigrantes de Guatemala y otros países centroamericanos que buscan llegar a Estados Unidos a través del territorio mexicano.[7] Las localidades de Ciudad Hidalgo y Talismán, de esta entidad, presentan el mayor movimiento migratorio en ambas direcciones de toda la frontera sur, pues se conectan con importantes vías de comunicación y varios de los departamentos más poblados de Guatemala; Ciudad Cuauhtémoc y Carmen Xhan también registran un importante número de cruces, pero menos que las dos localidades anteriores; finalmente, en las zonas de Chiapas colindantes con Tabasco, donde predomina la selva y la orografía es montañosa, los flujos de trabajadores transfronterizos y visitantes locales son relativamente escasos.

El Centro de Estudios Migratorios del INM estima que en la frontera sur de México tienen lugar alrededor de 1.8 millones de entradas de extranjeros al año, cifra que se ha mantenido más o menos constante durante los últimos cinco años, con un ligero descenso en 2006 y 2007 y una recuperación en 2008 que se explica por el mayor dinamismo de los visitantes locales con documentos o indocumentados, mientras que los trabajadores fronterizos tienden a disminuir o sus cifras continúan más o menos constantes. De esta manera, con base en el criterio de que tengan o no documentos migratorios para ingresar a México, el flujo migratorio en la frontera sur del país puede subdividirse en dos grandes grupos. El primero lo constituyen quienes entran con documentos, que han venido ganando importancia relativa en los últimos años, pues pasaron del 72 por ciento en 2005 al 82 por ciento en 2008, y la mayoría de ellos se documentaron con la (FMVL) o con el Pase Local. La FMVL que emite el INM en forma de credencial tiene vigencia de un año y permite múltiples entradas. En el caso de Guatemala existe también el Pase Local, válido para una sola entrada, emitido por la autoridad migratoria de ese país y sellado por el INM cuando el interesado se presenta en el punto de internación en México. Ambos documentos permiten una estancia en el país no mayor de 72 horas y no son válidos para trabajar.[8]

---

[7] Según Villafuerte Solís (2008), desde el año 2000 el estado de Chiapas se ha vuelto estratégico para el tránsito de las migraciones de América Central y de más al sur del continente, especialmente de Colombia y Ecuador. Es el corredor migratorio más grande del sur de México por vía terrestre y marítima; por él transitan diariamente cientos de migrantes centroamericanos y sudamericanos en busca del sueño americano.

[8] El 12 de marzo de 2008 se publicó en el *Diario Oficial de la Federación* un nuevo decreto para la FMVL que sustituye a la circular 006-2000 del 16 de mayo de 2000 para el caso de los guatemaltecos y a la circular 003/2002 del 6 de agosto de 2002 para el de los beliceños. La nueva FMVL beneficia a los nacionales guatemaltecos residentes

Hasta marzo de 2008, los guatemaltecos que se dirigían a Chiapas a trabajar en el sector agrícola podían solicitar la Forma Migratoria de Visitante Agrícola (FMVA) que otorgaba el INM en forma de credencial y que autorizaba la estancia y la actividad laboral agrícola en territorio chiapaneco hasta por un año como máximo, con múltiples entradas. Para los trabajadores transfronterizos no agrícolas no existía documento alguno que les permitiera trabajar en México, por lo que muchos de ellos entraban de manera documentada con un Pase Local o una FMVL y trabajaban en forma irregular.[9]

El segundo gran grupo lo constituye el flujo migratorio de indocumentados, compuesto sobre todo por la migración de tránsito a Estados Unidos[10] y por un movimiento local indocumentado que ingresa a México por motivos laborales. En términos absolutos y relativos, la migración indocumentada alcanzó su punto máximo en 2005. Se estima que en este año ocurrieron 533 000 eventos de entrada a México, equivalentes al 28 por ciento del total de las entradas al país por la frontera sur; en 2008 su número se redujo a 323 000 y su participación al 18 por ciento del total. Es importante destacar que en 2005 uno de cada cuatro cruces de la frontera sur de México fue con la intención de llegar a Estados Unidos (448 000 eventos). En contraste, en 2008 sólo uno de cada diez cruces de la frontera (182 000 eventos) tenía ese propósito (véase el cuadro 1).

---

en los departamentos de Quetzaltenango, San Marcos, Huehuetenango, El Quiché, Petén, Retalhuleu y Alta Verapaz, a quienes permite el libre tránsito dentro de los municipios mexicanos que se encuentran dentro de una franja de 100 kilómetros a partir de la frontera México-Guatemala en los estados de Chiapas, Campeche y Tabasco. En el caso de Belice aplica para todos los residentes en ese país y les permite el libre tránsito por todo el estado de Quintana Roo.

[9] El 12 de marzo de 2008 el *Diario Oficial de la Federación* publicó el acuerdo que permite otorgar a los guatemaltecos y beliceños la Forma Migratoria para Trabajadores Fronterizos (FMTF), documento que sustituye a la FMVA que era regulada por la circular CRE-247-97 del 2 de octubre de 1997. La FMTF no limita la ocupación a las actividades agrícolas, beneficia a los residentes en todo el territorio de Guatemala y Belice y les permite desempeñar actividades laborales en cualquiera de los cuatro estados mexicanos fronterizos, independientemente del lugar de su expedición.

[10] En términos conceptuales, la migración de tránsito estaría integrada por tres subgrupos: *a)* los migrantes indocumentados que ingresan por la frontera sur de México y son detenidos por el INM; *b)* los centroamericanos detenidos por las autoridades migratorias estadounidenses en la frontera México-Estados Unidos y que se asume cruzaron el territorio mexicano; *c)* una estimación de los centroamericanos que cruzaron el territorio mexicano, lograron internarse y residen en Estados Unidos. La migración de tránsito está conformada básicamente por nacionales guatemaltecos, hondureños y salvadoreños, que suman alrededor del 95 por ciento del total, aunque también se ha detectado la presencia de migrantes extrarregionales, como es el caso de los procedentes de América del Sur, el Caribe o de países asiáticos.

Cuadro 1. Entradas de extranjeros por la frontera sur de México, 2004-2008 (miles de eventos)

Concepto	2004	2005	2006	2007	2008[1]	Promedio 2004-2008
Absolutos	1 879	1 898	1 686	1 659	1 795	1 784
Flujo documentado[2]	1 429	1 365	1 271	1 355	1 473	1 379
Visitantes locales terrestres[3]	1 234	1 173	1 096	1 190	1 302	1 199
Otros[4]	195	191	175	166	171	180
Flujo indocumentado[5]	450	533	415	303	323	405
Migración de tránsito hacia Estados Unidos[6]	335	448	319	218	182	300
Movimiento local por motivos laborales[7]	114	86	96	85	141	104
Relativos	100.0	100.0	100.0	100.0	100.0	100.0
Flujo documentado[2]	76.1	71.9	75.4	81.7	82.0	77.3
Visitantes locales terrestres[3]	65.7	61.8	65.0	71.7	72.5	67.2
Otros[4]	10.4	10.1	10.4	10.0	9.5	10.1
Flujo indocumentado[5]	23.9	28.1	24.6	18.3	18.0	22.7
Migración de tránsito hacia Estados Unidos[6]	17.8	23.6	18.9	13.1	10.1	16.8
Movimiento local por motivos laborales[7]	6.1	4.5	5.7	5.2	7.8	5.9

[1] Cifras preliminares a partir de la fecha que se indica.
[2] Incluye las entradas por los estados de Chiapas, Quintana Roo y Tabasco, en los cuales existen registros de internación por el INM.
[3] Incluye las entradas con la Forma Migratoria de Visitante Local (FMVL) y con Pase Local.
[4] Incluye turistas, trabajadores agrícolas, visitantes, transmigrantes, etcétera. En el caso de los trabajadores agrícolas se refiere al número de credenciales de FMVA o FMTF emitidas, mismas que permiten múltiples entradas.
[5] No se incluyen los cruces indocumentados por motivos no laborales, aunque se estima que su número es de poca cuantía dado que el INM ofrece varias opciones para su documentación (FMVL y pases locales) y los requisitos solicitados son mínimos; tampoco se incluyen las internaciones por espacios de tiempo cortos y por motivos comerciales a establecimientos o tianguis que se encuentran ubicados sobre la línea fronteriza, porque no hay forma de registrarlos y no se realiza un proceso de internación formal a México.
[6] Incluye tres grandes grupos: *a)* los extranjeros indocumentados que ingresaron por la frontera sur de México y fueron retenidos por el INM, *b)* los centroamericanos retenidos por Estados Unidos en la frontera con México, se asume que cruzaron el territorio mexicano, y *c)* una estimación de los centroamericanos que cruzaron el territorio mexicano y lograron internarse y residir en Estados Unidos.
[7] Se estimó con base en la Encuesta sobre Migración en la Frontera Guatemala-México (EMIF-Guamex), 2004-2008, se realizó una extrapolación para los lugares donde la encuesta no tiene cobertura.
Fuente: Centro de Estudios Migratorios del INM con base en diversos registros administrativos, información del Departamento de Seguridad Nacional de Estados Unidos y de la *Encuesta sobre Migración en la Frontera Sur de México* (EMIF-Sur).

La evidencia empírica obtenida de los registros administrativos sobre los migrantes devueltos por las autoridades migratorias de México y Estados Unidos, así como las estimaciones del volumen de indocumentados que residen en este último país, dan cuenta clara de una baja generalizada en los flujos migratorios que se originan o transitan por México. Aun así, diversos estudios insisten en una tendencia siempre creciente de los flujos migratorios a Estados Unidos. Al respecto, Villafuerte Solís (2008) afirma:

Ni la destrucción de una parte importante de las vías de ferrocarril Chiapas-Mayab causada por el huracán *Stan* (2005) –transporte preferido por los migrantes para llegar a la frontera México-Estados Unidos–, ni los programas de control, han detenido el creciente flujo de migrantes. Es verdad que las detenciones han venido en aumento, pero también es cierto que un número cada vez más grande de migrantes centroamericanos logran llegar a territorio estadounidense.

En contraste con este planteamiento, compartido por varios autores, conviene destacar que la crisis económica mundial y las medidas de control migratorio por parte de México y de Estados Unidos tienen un efecto en la desaceleración de los flujos migratorios a este último país, tanto en los que se originan en México como en los que lo utilizan como país de tránsito para llegar a Estados Unidos.

Este estudio se centra en los desplazamientos migratorios de carácter laboral que se originan fundamentalmente en los departamentos guatemaltecos fronterizos o cercanos a la frontera con México, de personas que se dirigen a trabajar o buscar trabajo en Chiapas. De esta manera, con el propósito de ilustrar los desplazamientos de los trabajadores guatemaltecos con destino a Chiapas y, al mismo tiempo, dar cuenta de la emigración de los chiapanecos hacia la frontera norte y a Estados Unidos, hemos construido una zona fronteriza binacional entre Guatemala y Chiapas (mapa 2).

La franja fronteriza guatemalteca está integrada por los departamentos de San Marcos, Quetzaltenango, Huehuetenango, Retalhuleu, Quiché, Alta Verapaz y Petén, donde según la Dirección de Estadística de Guatemala vivía en 2004 el 38 por ciento de la población de Guatemala, es decir, 4.8 millones de personas. Del lado mexicano, el área fronteriza está integrada por los municipios que se encuentran en una franja de aproximadamente cien kilómetros a partir de la frontera México-Guatemala y en ella reside el 49 por ciento de la población chiapaneca de acuerdo con el II *Conteo de Población y Vivienda 2005*, esto es, 2.1 millones de personas. De esta manera, en conjunto, en la zona fronteriza binacional que hemos definido para los propósitos de este estudio residen aproximadamente siete millones de personas; como veremos más adelante, la mayoría de los trabajadores guatemaltecos transfronterizos realizan sus desplazamientos migratorios dentro de ella. De igual manera, alrededor del 60 por ciento de la emigración chiapaneca hacia la frontera norte de México o a Estados Unidos se origina en la franja fronteriza del lado mexicano.

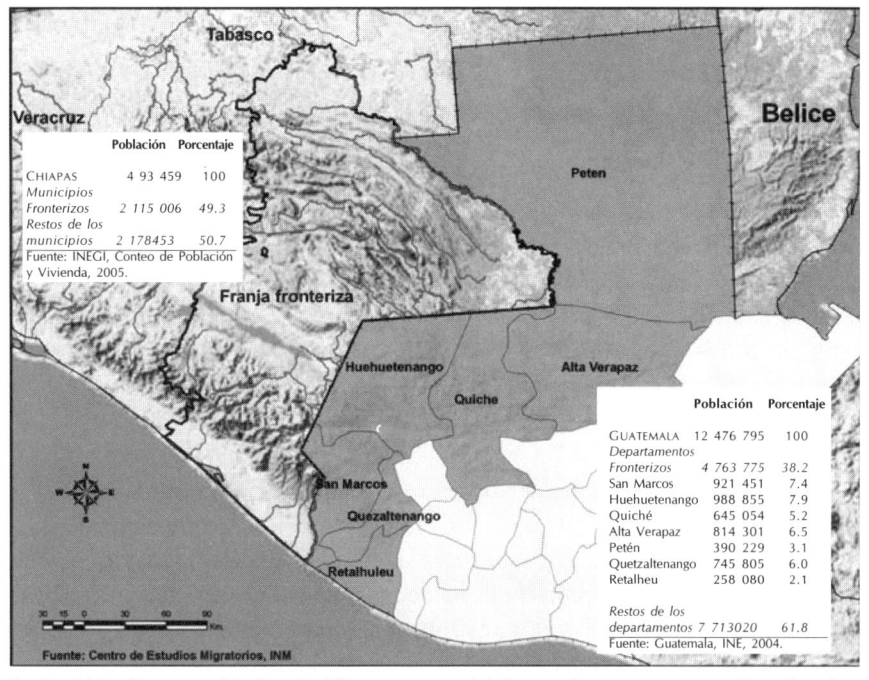

Mapa 2. Zona fronteriza binacional*

	Población	Porcentaje
CHIAPAS	4 93 459	100
Municipios Fronterizos	2 115 006	49.3
Restos de los municipios	2 178 453	50.7

Fuente: INEGI, Conteo de Población y Vivienda, 2005.

	Población	Porcentaje
GUATEMALA	12 476 795	100
Departamentos Fronterizos	4 763 775	38.2
San Marcos	921 451	7.4
Huehuetenango	988 855	7.9
Quiché	645 054	5.2
Alta Verapaz	814 301	6.5
Petén	390 229	3.1
Quetzaltenango	745 805	6.0
Retalheu	258 080	2.1
Restos de los departamentos	7 713 020	61.8

Fuente: Guatemala, INE, 2004.

Fuente: Centro de Estudios Migratorios, INM

* Municipios chiapanecos ubicados a cien kilómetros o menos de la frontera; departamentros guatemaltecos fronterizos o cercanos a la frontera.

Los trabajadores guatemaltecos transfronterizos no son un flujo migratorio en sentido estricto, ya que la mayoría no cambian su residencia a México y su estancia en el país puede durar desde algunas horas hasta días, semanas o meses, dependiendo de la distancia entre el lugar de origen y el de destino, así como de la actividad que realicen en México. De esta manera, quienes tienen actividades comerciales por lo general permanecen en el país menos de un día, los del servicio doméstico pueden estar de un día a una semana; en cambio, quienes trabajan en la agricultura permanecen en México periodos de tiempo más prolongados, que pueden ser de un mes o hasta que termina la actividad para la que son contratados. Por lo anterior, más que un desplazamiento migratorio en sentido estricto, es conceptualmente más apropiado entender este fenómeno como un movimiento circular transfronterizo con propósitos laborales.

Trabajadores agrícolas guatemaltecos en el sur de Chiapas

Es difícil entender el flujo de trabajadores agrícolas guatemaltecos al sur de Chiapas sin hacer una breve descripción de la frontera y el desarrollo agrícola de la región del Soconusco, Chiapas, que inició a finales del siglo XIX y se consolidó en el siglo XX (Olivera y Sánchez, 2008). Durante la segunda mitad del siglo XX se fueron incorporando otras regiones a la dinámica agrícola del estado de Chiapas, como La Frailesca y la denominada región Fronteriza. De esta manera, la dinámica migratoria actual en la frontera entre el estado y Guatemala tiene sus orígenes en una relación sociohistórica centenaria que precede a la delimitación geográfica entre México y Guatemala. Los procesos históricos y políticos que culminaron con el establecimiento de los límites internacionales definitivos entre estos dos países en 1882 dividieron de manera virtual asentamientos de población que antes formaban parte de un mismo colectivo y compartían lazos sanguíneos, comerciales y culturales (INM, 2005: 9). No obstante, este acontecimiento histórico no afectó la interacción social ni la movilidad de personas entre ambos países; por el contrario, propició la consolidación y el desarrollo de una gran actividad comercial y laboral transfronteriza que ha permanecido desde finales del siglo XIX hasta nuestros días.

Con el propósito de explotar los recursos naturales de los nuevos territorios, el Estado mexicano fomentó su poblamiento facilitando el asentamiento de extranjeros alemanes, franceses y españoles, que derivó en la colonización gradual de la región fronteriza del lado mexicano. Como parte de este proceso, se comenzó a desarrollar en el Soconusco una agricultura de exportación sustentada en el cultivo del café y el cacao; la cosecha de ambos cultivos movilizaba grandes cantidades de mano de obra y dio inicio al sistema de peones acasillados y jornaleros de temporada procedentes de asentamientos indígenas de la sierra cercanos al Soconusco y de otros más lejanos de la región del Pacífico guatemalteco. En el último cuarto del siglo XIX y principios del XX inició en ambos países la conformación de las actuales fincas agrícolas: algunas tierras de grupos indígenas fueron expropiadas y donadas o vendidas a extranjeros para consolidar la colonización. Al principio el cultivo del café se desarrolló en la región Pacífico de Guatemala y se sustentó en el trabajo de jornaleros de la misma. Sin embargo, con el paso del tiempo los finqueros fueron abandonando el enganche en estas fincas para incorporarse a los procesos de producción transnacional empleando jornaleros guatemaltecos de temporada en el Soconusco, Chiapas. Además de lo anterior, las tierras guatemaltecas fueron perdiendo interés para los finqueros por motivos políticos, sociales y climáticos, entre otros, lo cual dio paso a la producción transnacional mediante el desarrollo de fincas en México con capital extranjero, especialmente europeo, y mano de obra sobre todo guatemalteca, aunque también participaban algunos trabajadores chiapanecos. La principal región cafetalera de Chiapas era –y sigue siendo– el Soconusco. En 1983 ya había en la región 783 000 cafetos en producción y 1 199 400 más recién plantados. En 1908 se cosecharon 9 200 toneladas de café, y en 1930 la producción ascendió a 13 800 toneladas (Viqueira, 2008). La construcción del ferrocarril de la costa, que comunicaba Tapachula con el centro de México, atrajo a trabajadores indígenas zapotecos del istmo de Tehuantepec y a chinos que no habían logrado entrar en Estados Unidos.

A finales de la década de los ochenta se inicia un proceso de reestructuración de la actividad agrícola. Del monocultivo se pasa a la diversificación incorporando cultivos de ciclo corto como papaya, plátano, sandía, melón, chile verde y soya. Por otra parte, desde los noventa los finqueros comenzaron a recurrir en mayor medida a la mano de obra guatemalteca, que estaba dispuesta a trabajar por salarios más bajos que los percibidos por los chiapanecos. De esta manera, además de aumentar la superficie cultivada, se incrementa la demanda de trabajadores durante dicha década. Por su parte, algunos asentamientos de Chiapas enclavados en la sierra comienzan a producir café en sus propias parcelas junto con otros productos de subsistencia. Así, al mismo tiempo que el Soconusco se consolida como el centro agrícola de la región gracias a los trabajadores mexicanos y guatemaltecos de temporada,[11] se van desarrollando pequeños enclaves de producción agrícola en otras regiones del sur de Chiapas. Finalmente, con el desplome de los precios internacionales del café en 2001 los pequeños productores chiapanecos fueron los más afectados, pues no pudieron disminuir sus costos; además, ante la estrategia de reducción de salarios adoptada por las fincas dedicadas a la exportación, tampoco les resultaba conveniente contratarse como trabajadores asalariados de temporada y tuvieron que refugiarse en la producción de autoconsumo. Al inicio del presente siglo se inician los procesos de emigración de Chiapas, primero en los ámbitos local y regional y más tarde hacia la frontera norte de México y a Estados Unidos, como veremos en la siguiente sección.

---

[11] Véase Martínez (1994).

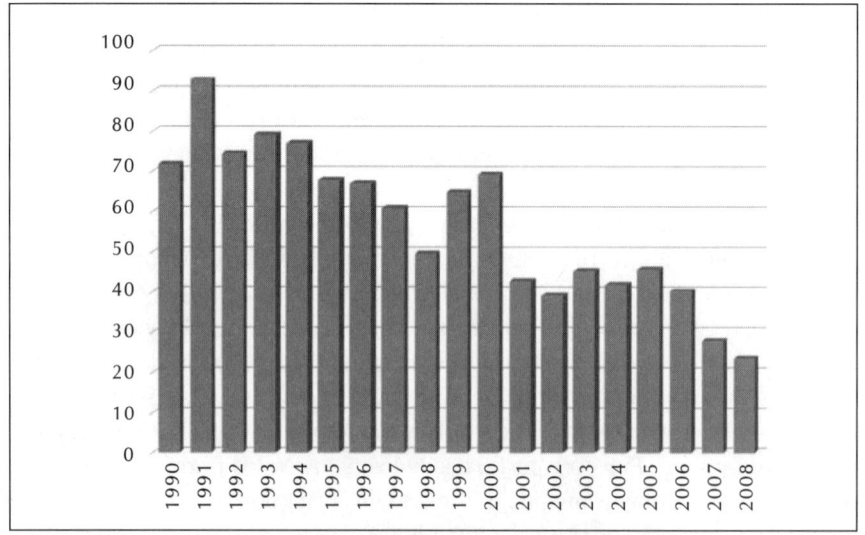

Gráfica 1. Entradas de trabajadores agrícolas guatemaltecos a Chiapas, documentados con FMVA,[1] 1990-2008 (miles)

[1] A partir de abril de 2008 comenzaron a documentarse con la Forma Migratoria de Trabajador Fronterizo (FMTF), que sustituye a la FMVA.
Fuente: Centro de Estudios Migratorios del INM con base en registros administrativos de la delegación regional del INM en Chiapas.

Como resultado de las transformaciones económicas de carácter transnacional arriba descritas, aunadas al resquebrajamiento de la actividad agrícola del sur de Chiapas y al contexto de crisis recurrentes del país, el flujo de trabajadores agrícolas guatemaltecos al sur de Chiapas muestra una tendencia descendente en lo que va del presente siglo. En la gráfica 1 puede observarse que en la última década del siglo XX el número de trabajadores agrícolas documentados por el INM con una FMVA ascendió a 70 000 trabajadores en promedio anual. Desde el año 2000 su número se ha reducido de manera paulatina, llegando a registrar el mínimo histórico de los últimos veinte años: 28 000 y 24 000 expediciones de FMVA en 2007 y 2008, respectivamente.

En la gráfica 2, elaborada con base en los registros administrativos del INM sobre expediciones de FMVA para el periodo 1999-2007, se puede corroborar que el mayor arribo de trabajadores agrícolas guatemaltecos tiene lugar entre los meses de octubre y enero de cada año, patrón que corresponde al ciclo agrícola del sur de Chiapas. De igual manera, en el cuadro 2, elaborado con base en la misma fuente de información y para el periodo 2004-2007, se observa que la mayoría de los trabajadores agrícolas documentados con FMVA proceden de la costa del Pacífico en Guatemala y se dirigen fundamentalmente a las regiones del Soconusco y la Frailesca en Chiapas. Respecto a su origen, casi el 90 por ciento de los trabajadores agrícolas documentados con FMVA proceden de departamentos guatemaltecos fronterizos o cercanos a la frontera con México (véase el cuadro 2), entre los que sobresalen, en orden de importancia, los de San Marcos, Alta Verapaz, Quetzaltenango y Huehuetenango como lugares de origen de estos desplazamientos transnacionales; aproximadamente la mitad del flujo se origina en San Marcos, Alta Verapaz ha ganado importancia relativa en los últimos dos años (18 por ciento en 2007) y ha disminuido la participación de Quetzaltenango. La mayoría de los trabajadores agrícolas guatemaltecos entran por Tecún Umán-Ciudad Hidalgo y El Carmen-Talismán. En conjunto, ambos puntos de internación registraron el 84 por ciento del total de este flujo migratorio en el periodo 2004-2007. Respecto a su destino, casi el 90 por ciento del flujo se dirige a dos regiones de Chiapas: el Soconusco y la Frailesca, cuya participación relativa fue de 53 y 35 por ciento respectivamente en 2007. Llama la atención que en el periodo 2004-2006 la participación de la Frailesca fue ligeramente superior a la del Soconusco, lo que contrasta con lo encontrado por diversos estudios de finales del siglo pasado

Gráfica 2. Entradas de trabajadores agrícolas guatemaltecos a Chiapas documentados con FMVA, promedio mensual, 1999-2001, 2002-2004 y 2005-2007 (miles)

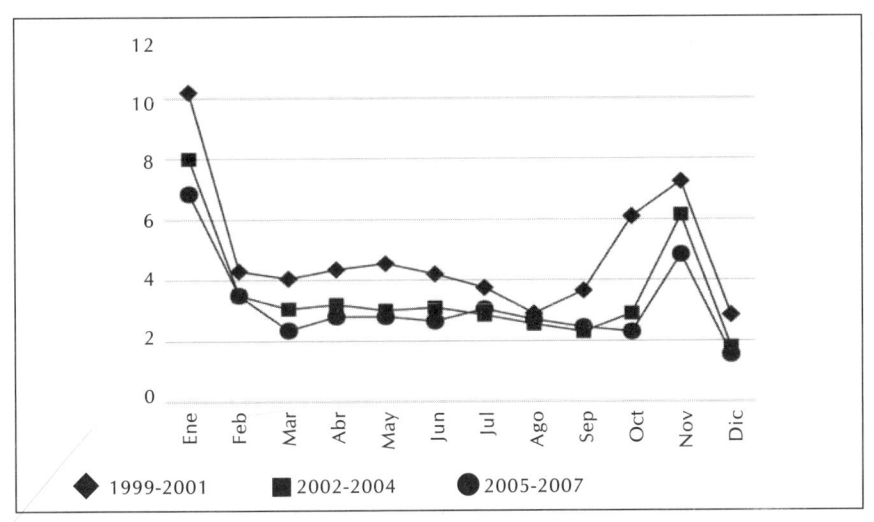

♦ 1999-2001   ■ 2002-2004   ● 2005-2007

Fuente: Centro de Estudios Migratorios del INM con base en registros administrativos de la delegación regional del INM en Chiapas.

que hacían referencia casi exclusivamente al Soconusco como lugar de destino de los jornaleros agrícolas guatemaltecos.[12] Respecto a los cultivos para los que fueron contratados los trabajadores guatemaltecos, sobresalen en 2007 los de café, tabaco, papaya y plátano. La producción de café ha ido perdiendo importancia relativa en los últimos años, al pasar de 78 a 64 por ciento del total entre 2004 y 2007 (véanse el cuadro 2 y el mapa 2).

Las regiones de origen y destino de los trabajadores agrícolas guatemaltecos forman parte de una megarregión binacional México-Guatemala que se ha constituido en el principal corredor comercial y de servicios ya que en ella tiene lugar el mayor movimiento laboral y de comercio transfronterizo de toda la frontera sur de México, además en ella se encuentra gran parte de la infraestructura carretera y ferroviaria que conecta los dos países.

Por otra parte, la literatura especializada en el tema ha documentado que en las actividades agrícolas participan todos los integrantes de la familia, ya que en los lugares donde existe alta demanda de mano de obra y el pago es a destajo o por tarea los jefes de familia promueven el trabajo familiar, que incluye mujeres y menores de edad. La información sobre la expedición de FMVA plasmada en el cuadro 3 corrobora que existe la migración familiar, pues en 2004 y 2005 alrededor del 8 por ciento de los que solicitaron una FMVA lo hicieron como acompañantes y no como trabajadores agrícolas, proporción que se redujo al 3 por ciento en 2006 y 2007. Una vez seleccionado el grupo de quienes solicitaron la FMVA para trabajar se puede observar que la participación de las mujeres oscila entre el 13 y 15 por ciento, proporción nada despreciable si consideramos las exigencias físicas de las actividades agrícolas para las que son contratadas. Estas exigencias se reflejan en la estructura de edades de los trabajadores agrícolas documentados con la FMVA, ya que dos de cada tres (67 por ciento del total) se ubican en el rango de 14 a 29 años de edad, es decir, se trata de una población extremadamente joven si se le compara con otros flujos migratorios. Se debe poner especial atención en los grupos extremos: los menores de 18 años de edad y la población de 50 años y más, cuyas proporciones fueron durante el periodo alrededor del 11 y 5 por ciento, respectivamente. Es evidente que la vulnerabilidad ante las exigencias del trabajo agrícola es mayor para ambos grupos.

---

[12] La evidencia disponible no permite establecer el momento histórico preciso cuando la región de la Frailesca cobra importancia como lugar de destino de trabajadores guatemaltecos agrícolas, ya que la base de datos a nivel registro individual sólo se tiene disponible a partir de 2004.

Otro dato que se debe destacar es la baja proporción de casados o unidos, la cual oscila entre 5 y 15 por ciento durante el periodo y ha tendido a incrementarse en los últimos años como resultado de la menor participación de los menores de 18 años en el flujo migratorio. Un dato preocupante es la alta proporción de analfabetas, que oscila entre el 30 y 50 por ciento durante

Cuadro 2. Trabajadores agrícolas guatemaltecos documentados con FMVA en el estado de Chiapas, por lugar de origen, cruce y características laborales, 2004-2007

Lugar de origen y cruce	2004	2005	2006	2007
Departamento de origen[1]	100.0	100.0	100.0	100.0
Departamentos fronterizos o cercanos a la frontera	86.7	87.5	83.9	89.3
San Marcos	52.6	53.8	49.2	47.2
Alta Verapaz	0.2	4.1	9.8	17.7
Quetzaltenango	17.2	16.0	12.8	10.5
Huehuetenango	9.7	7.0	5.5	7.0
Retalhuleu	5.1	5.6	5.1	4.4
Quiché	1.8	0.7	0.9	1.9
Petén	0.1	0.2	0.6	0.5
Departamentos no fronterizos	13.3	12.5	16.1	10.7
Lugar de expedición de credencial	100.0	100.0	100.0	100.0
Ciudad Hidalgo	46.1	46.7	42.1	21.9
Talismán	36.0	30.4	38.1	59.5
Unión Juárez	13.2	19.4	16.7	13.5
Ciudad Cuauhtémoc	4.4	3.5	3.0	5.0
Mazapa de Madero	0.2	—	—	—
Región de destino en Chiapas[1]	100.0	100.0	100.0	100.0
Soconusco	42.3	45.1	42.1	52.9
Frailesca	49.6	44.6	44.3	35.2
Sierra	4.3	3.7	3.7	4.4
Istmo-Costa	0.7	1.6	3.1	3.3
Centro	2.0	4.1	4.1	2.7
Selva	0.1	0.2	2.4	1.3
Otras regiones [2]	0.9	0.7	0.3	0.2
Tipo de cultivo[1]	100.0	100.0	100.0	100.0
Café	78.0	73.8	72.2	64.2
Tabaco	0.0	0.0	—	13.5
Papaya	13.9	18.5	17.5	9.2
Plátano	3.4	3.5	4.1	8.3
Caña	4.4	2.6	3.7	2.8
Actividad ganadera	0.1	0.0	1.8	1.6
Otros	0.1	1.5	0.7	0.4

[1] Sólo se considera a los que se documentaron para trabajar (se excluye a los acompañantes).
[2] Incluye a las siguientes regiones: Fronteriza, Altos y Norte.
Fuente: Centro de Estudios Migratorios con base en los registros electrónicos de credenciales FMVA emitidas por la delegación regional del INM en Chiapas.

el periodo y ha tendido a incrementarse en los últimos años. Hay indicios de que nos encontramos ante un proceso de mayor precarización salarial de las actividades agrícolas en las que se ocupan los trabajadores transfronterizos, desempeñadas por los menos calificados que no tienen otras opciones de trabajo. En resumen, los trabajadores agrícolas documentados con FMVA para trabajar en el sur de Chiapas conforman un grupo de población extremadamente joven, en su mayoría hombres sin compromisos de pareja, con altos niveles de analfabetismo y muy probablemente sin otras opciones de trabajo ni en México ni en su lugar de origen.

Emigración de chiapanecos hacia la frontera norte de México y a Estados Unidos

Las fuentes de información disponibles para medir la emigración de mexicanos a Estados Unidos, basadas en entrevistas en hogares (censos y encuestas por muestreo), hasta el año 2002 ubicaban a Chiapas como una entidad con bajo nivel de emigración internacional. En todo caso existen diversas referencias que destacan su importancia como lugar de tránsito de migrantes a Estados Unidos desde de la década de los noventa.[13] Trabajos más recientes, basados en evidencia empírica y estudios de campo focalizados en algunas localidades, dan cuenta del surgimiento reciente de la emigración internacional. Angulo (2008: 335-336) menciona, en relación con las tendencias nacionales, y especialmente con otros estados de México, que los migrantes campesinos chiapanecos salieron tarde a su aventura internacional y llegaron tardíamente al reparto del territorio estadounidense por los trabajadores campesinos mexicanos. A mediados de los noventa, cuando surge en Chiapas la práctica de la migración de campesinos a Estados Unidos, Oaxaca, Guerrero y algunas regiones de Michoacán y Puebla ya tenían muchos años de práctica migratoria. En el mismo sentido, Villafuerte (2008: 199) menciona que Chiapas comenzó recientemente a figurar en las estadísticas de los estados de origen de emigrantes a Estados Unidos, aunque su contribución todavía es relativamente baja en comparación con la de otras entidades; así mismo, destaca la tendencia creciente de los flujos migratorios a dicho país que se manifiestan en un incremento sostenido de las reme-

---

[13] Para una discusión más amplia se recomienda consultar: Conapo (1992), Casillas (1992), Angulo (2008) y Villafuerte (2008).

Cuadro 3. Trabajadores agrícolas guatemaltecos documentados
con FMVA en el estado de Chiapas por características
sociodemográficas, 2004-2007

Características sociodemográficas	2004	2005	2006	2007
Motivo de internación	100.0	100.0	100.0	100.0
Trabajo	91.9	91.7	96.6	97.2
Acompañante	8.1	8.3	3.4	2.8
Sexo[1]	100.0	100.0	100.0	100.0
Masculino	86.5	86.1	86.8	84.8
Femenino	13.5	13.9	13.2	15.2
Grupos de edad[1]	100.0	100.0	100.0	100.0
De 14 a 17 años	11.1	11.1	12.7	8.0
De 18 a 29 años	54.4	56.5	56.1	57.8
De 30 a 49 años	29.3	28.0	26.9	29.1
De 50 y más años	5.1	4.5	4.2	5.2
Estado civil[1]	100.0	100.0	100.0	100.0
Soltero / Divorciado / Viudo	91.4	94.7	88.8	84.8
Casado / Unión libre	8.6	5.3	11.2	15.2
Condición de alfabetismo[1]	100.0	100.0	100.0	100.0
Sabe leer	63.3	69.9	58.0	50.4
No sabe leer	36.7	30.1	42.0	49.6

[1] Sólo se considera a los que se documentaron para trabajar.
Fuente: Centro de Estudios Migratorios con base en los registros electrónicos de credenciales FMVA emitidas por la delegación regional del INM en Chiapas.

sas. Rus y Rus (2008: 343-380) destacan que trabajadores de habla tzolzil del municipio de Chamula –localizado en la región de Los Altos de Chiapas– emigran con cada vez mayor frecuencia a Estados Unidos. Aunque el primer movimiento de chiapanecos a la Unión Americana no ocurrió en esta región sino en la Costa y Sierra de Chiapas, hoy en día la emigración de los chamulas se ha convertido en un movimiento de personas y económico significativo para la región.

En el mismo sentido apuntan las cifras de la EMIF Norte, las cuales corroboran que desde el año 2000 la emigración de chiapanecos hacia la frontera norte de México y a Estados Unidos inició un proceso de expansión a tasas aceleradas y sin precedente ni en Chiapas ni en ningún otro estado de México. En 1995, la EMIF Norte sólo registró la emigración de seis mil chiapanecos, mientras que en 2000 la cifra fue de 46 000, de 82 000 en 2005 y de 163 000 en 2008 (véase la gráfica 3).

La EMIF Norte mide el desplazamiento de flujos migratorios del interior del país a la frontera norte de México y a Estados Unidos en sus viajes

Gráfica 3. Migrantes chiapanecos hacia la frontera norte de México y a Estados Unidos, 1995, 1999-2008 (miles)

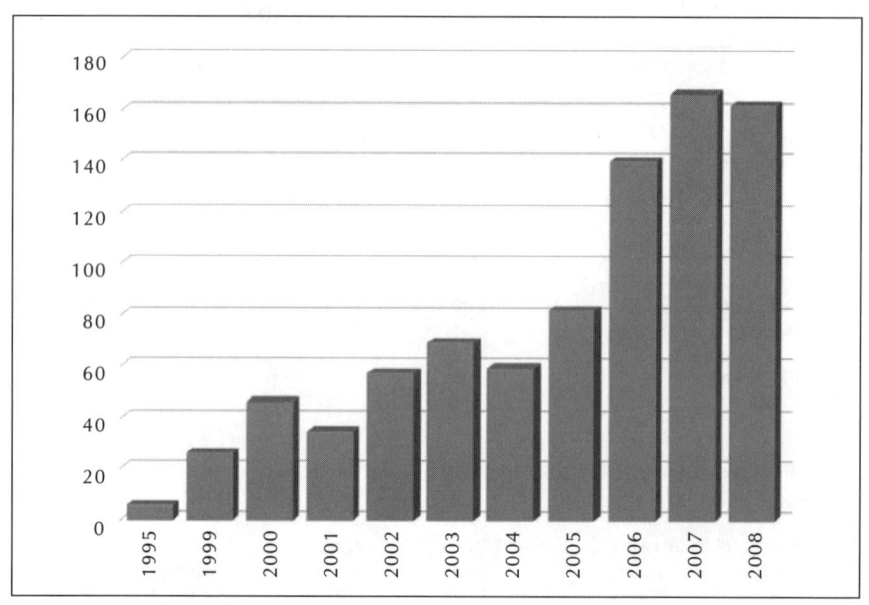

Fuente: Centro de Estudios Migratorios del INM con base en INM, Conapo, SRE, STPS y El Colef, Encuesta sobre Migración en la Frontera Norte de México (EMIF-Norte), Flujo procedentes del sur, 1995, 1999-2008.

de ida y de regreso. Los migrantes son entrevistados en las terminales aéreas o de autobuses, así como en algunos puntos de concentración. La encuesta permite diferenciar a los migrantes que tienen como destino final la frontera norte de los que van en tránsito a Estados Unidos.[14] En este trabajo, si no se especifica lo contrario, se hará referencia al flujo de los que llegan a la frontera norte como flujo procedente del sur. Una de las ventajas de este flujo es su potencial para dar cuenta de la dinámica del fenómeno migratorio casi en el momento en que ocurre, a diferencia del flujo procedente del norte, que está desfasado según el tiempo de permanencia del migrante en el lugar de destino. Se ha dicho que el flujo del sur mide una intención de emigrar a Estados Unidos sin la certeza de que los migrantes lograrán cruzar la frontera; sin embargo, en el caso que nos ocupa se trata de migrantes que cruzaron todo el territorio nacional y sus desplazamientos ya dan cuenta del abandono de su lugar de residencia habitual con la intención de trabajar o bus-

---

[14] Para una discusión más amplia sobre los diferentes flujos migratorios que conforman la EMIF-Norte se recomienda consultar INM, Conapo, SRE, STPS y Colef (2009a).

car trabajo en la frontera norte de México o en Estados Unidos, y eso es lo relevante para el objeto de estudio de este trabajo, tenga o no éxito su aventura migratoria.

En el cuadro 4 se observa que la emigración de chiapanecos hacia la frontera norte de México ha permanecido más o menos constante a lo largo del periodo 1999-2008: su número ha oscilado entre 21 000 y 33 000 desplazamientos como promedio anual, con una ligera tendencia a la baja. En contraste, ha aumentado la emigración a Estados Unidos de manera constante a lo largo de todo el periodo: mientras que en el bienio 1999-2000 se registraron 3 400 desplazamientos como promedio anual, en el bienio 2007-2008 su número se multiplicó por más de 40 veces, para alcanzar la cifra de 140 000 desplazamientos. En términos relativos, los desplazamientos migratorios con destino a Estados Unidos pasaron del 9 al 85 por ciento del total del flujo migratorio durante los periodos mencionados. Según esta fuente de información es evidente que esta emigración comienza a cobrar importancia numérica en 2001 y desde entonces su crecimiento ha sido continuo y

Cuadro 4. Migrantes chiapanecos por periodo según destino del desplazamiento, 1999-2008 (promedio anual)

Año o periodo	Total	Frontera norte	Estados Unidos
Absolutos			
1999-2000	36 370	32 951	3 419
2001-2002	46 129	25 740	20 389
2003-2004	64 732	20 925	43 807
2005-2006	111 105	21 636	89 469
2007-2008	164 505	24 341	140 163
Relativos			
1999-2000	100.0	90.6	9.4
2001-2002	100.0	55.8	44.2
2003-2004	100.0	32.3	67.7
2005-2006	100.0	19.5	80.5
2007-2008	100.0	14.8	85.2
Porcentaje de Chiapas respecto al total nacional			
1999-2000	1.6	2.1	0.6
2001-2002	3.1	4.2	0.8
2003-2004	2.3	2.8	1.1
2005-2006	3.5	2.3	5.0
2007-2008	4.9	2.0	8.6

Fuente: Centro de Estudios Migratorios del INM con base en INM, Conapo, SRE, STPS y El Colef, Encuesta sobre Migración en la Frontera Norte de México (EMIF-Norte), Flujo procedentes del sur, 1995, 1999-2008.

a tasas aceleradas, de tal suerte que en el bienio 2007-2008 la emigración chiapaneca captada por la EMIF Norte representó casi el 9 por ciento del total nacional, mientras que en los años previos a 2004 su participación se había mantenido en menos de un punto porcentual (véase el cuadro 4). Se debe aclarar que los flujos migratorios captados por la EMIF Norte tienen un sesgo a favor de los migrantes con un mayor número de desplazamientos terrestres, mismos que están sobrerrepresentados. Los migrantes de regiones emergentes, al no estar insertos en redes migratorias ni tener documentos para cruzar la frontera, se ven obligados a desplazarse por las terminales aéreas y de autobuses de la frontera norte, lugares donde hay personas que levantan la encuesta. Por el contrario, los migrantes de regiones con tradición migratoria (centro y occidente del país) se desplazan en automóviles particulares con familiares o amigos, y los que cuentan con documentos migratorios lo hacen en avión directamente a Estados Unidos. Por todo lo anterior, es probable que los chiapanecos estén sobrerrepresentados en este flujo migratorio, pero de cualquier forma es relevante su gran incremento durante los últimos años si se toma en cuenta que se trata de la misma fuente de información y que la metodología de levantamiento no ha variado a lo largo del periodo analizado.

Entre los probables detonantes de la emigración chiapaneca se encuentra el estancamiento económico del estado desde 1980 hasta la fecha, situación que ha sido destacada en diversos foros y estudios. López Arévalo, en esta misma publicación, afirma que el PIB per cápita de Chiapas presenta una tendencia regresiva y por ello la economía chiapaneca no converge con la nacional ni es capaz de generar empleos. Estima que de mantenerse la tendencia registrada durante el periodo 1995-2006 el PIB per cápita total de Chiapas necesitaría 59 años para duplicarse, y sin considerar los energéticos lo haría en 58 años. Lo anterior a pesar de la importante derrama de recursos del gobierno federal en respuesta al levantamiento armado zapatista de 1994, y más recientemente a los crecientes flujos de remesas.

Otro elemento para explicar la creciente emigración de chiapanecos es la crisis de los dos cultivos principales de la entidad, el café y el maíz. Desde 1985 se observa una tendencia descendente en el valor de la producción de ambos, la cual se profundizó en el caso del café con la liberalización de las cláusulas económicas del convenio de la Organización Internacional del Café (OIC) en 1989. El café y el maíz ocuparon cerca del 80 por ciento de la superficie cosechada en las décadas recientes, aunque en los últimos años ésta ha disminuido ligeramente, pero son por mucho los cultivos más importantes del agro chiapaneco (López Arévalo en esta misma publicación).

Según la Comisión Económica para América Latina y el Caribe (CEPAL, 2002: 5-10, 22-23), a finales de los noventa e inicios de 2001 se percibía una baja en los precios internacionales del café que afectaba directamente la producción y exportación del grano de los países de América Central. Con datos de 2002, la producción cafetalera representaba el 1.3 por ciento del PIB de Costa Rica, el 2.5 por ciento de El Salvador, el 4.2 por ciento de Guatemala, el 7.2 por ciento de Nicaragua y el 8.2 por ciento de Honduras. Los precios del café registraron sus niveles más bajos en cincuenta años, por debajo de los 50 dólares el quintal (46 kilogramos). En este estudio se comparan los ingresos anuales promedio por exportaciones de café en la región para los periodos 1994-1998 y 1999-2001, lo cual permite observar que la región dejó de percibir 311 millones de dólares en promedio al año, que equivalen al 0.5 por ciento del PIB regional. Es muy probable que la crisis generalizada del sur de México y de los países de América Central, originada por el desplome internacional de los precios del café, haya incentivado la emigración tanto de centroamericanos como de chiapanecos a Estados Unidos, así como la reducción del flujo trabajadores guatemaltecos transfronterizos al sur de México que se expuso en el apartado anterior.

En resumen, el detonante de la emigración de chiapanecos a Estados Unidos es una combinación de sucesos políticos y económicos, así como de fenómenos naturales. La inestabilidad política de la entidad en los últimos años, las caídas recurrentes en los precios internacionales del café, el abandono del agro chiapaneco por el gobierno y el embate de dos grandes huracanes en menos de siete años (*Mitch* en 1998 y *Stan* en 2005) precipitaron el surgimiento en Chiapas del fenómeno de la migración internacional. En la gráfica 3 se puede observar que ambos fenómenos meteorológicos fueron seguidos del incremento en los flujos migratorios originarios de la entidad que se manifiestan claramente con un año de rezago, es decir, el repunte ocurrió en los años 2000 y 2006 como respuesta a los impactos de los huracanes *Mitch* y *Stan*, respectivamente. En el primer caso la EMIF Norte da cuenta de una emigración mayoritariamente hacia la frontera norte de México y en 2006 con destino sobre todo a Estados Unidos.

Visión de conjunto: trabajadores guatemaltecos transfronterizos y emigración de chiapanecos hacia la frontera norte de México o a Estados Unidos

En esta sección son analizados los trabajadores guatemaltecos transfronterizos con información de la EMIF Guamex, específicamente del flujo procedente de México, conformado por los guatemaltecos que regresan a su país tras haber trabajado durante algún tiempo en México.[15] Por su parte, la emigración de chiapanecos hacia la frontera norte de México o a Estados Unidos se analiza con base en la EMIF Norte, tomando en cuenta las consideraciones mencionadas en el apartado anterior. Se utilizan dichos flujos porque de esta manera es posible comparar el perfil de los guatemaltecos que llegan a trabajar a Chiapas con el de los chiapanecos que deciden salir de la entidad. En ambos casos las características laborales se refieren a Chiapas: después de la experiencia migratoria en el caso de los guatemaltecos y antes de la misma en el de los chiapanecos. Los trabajadores guatemaltecos transfronterizos se dividen según tiempo de permanencia en México en aquellos que permanecen hasta 24 horas y los que están en el país más de un día, en tanto que los emigrantes chiapanecos se dividen, según lugar de destino, en los que se dirigen hacia la frontera norte o a Estados Unidos. En los dos casos se utiliza el periodo 2007-2008 para tener mayor número de casos como punto de partida para generalizar los resultados. La aplicación continua de ambas encuestas permite documentar cambios en los flujos migratorios a lo largo del tiempo; la EMIF Norte da cuenta del surgimiento reciente de Chiapas en el fenómeno de la emigración a Estados Unidos, la EMIF Guamex ha permitido fundamentar y ampliar el conocimiento previo acerca de los movimientos migratorios de Guatemala a México y corroborar que los trabajadores guatemaltecos se insertan en el mercado laboral mexicano en la producción agrícola, pero también en actividades comerciales y de la construcción, el trabajo doméstico y en otros servicios.

En el cuadro 5 se observa que durante el bienio 2007-2008 uno de cada tres trabajadores transfronterizos guatemaltecos (33.2 por ciento) permaneció en México por un tiempo no mayor de 24 horas y que la mayoría de ellos procedía de departamentos guatemaltecos fronterizos o cercanos a la frontera con México: 99.8 por ciento para el grupo de hasta 24 horas y 95.9 para

---

[15] Para una discusión más amplia sobre los diferentes flujos migratorios que conforman la EMIF Guamex (en 2008 cambió su nombre por el de EMIF Sur) se recomienda consultar INM, Conapo, SRE, STPS y Colef (2009b) y Corona y Reyes (2009).

los de más de un día. Respecto al municipio donde trabajaron en México, casi la totalidad lo hicieron en un municipio fronterizo: 99.9 y 98 por ciento, respectivamente. Es claro que el movimiento de trabajadores guatemaltecos transfronterizos se circunscribe a la megarregión binacional descrita en el mapa 2, tanto en el origen como en el destino del desplazamiento migratorio. En cuanto a la emigración de chiapanecos, se observa que uno de cada siete (14.8 por ciento) se dirige a la frontera norte de México y el resto, que es la

Cuadro 5. Trabajadores guatemaltecos transfronterizos y migrantes chiapanecos por lugar de residencia y destino, 2007-2008

Característica	Total	Trabajadores guatemaltecos transfronterizos según tiempo de permanencia en México	
		Hasta 24 horas	Más de un día
Distribución porcentual	100.0	33.2	66.8
Departamento guatemalteco de residencia	100.0	100.0	100.0
Fronterizo o cercano a la frontera[1]	97.2	99.8	95.9
No fronterizo	2.8	0.2	4.1
Tipo de municipio donde trabajó en Chiapas	100.0	100.0	100.0
Fronterizo [2]	98.6	99.9	98.0
No fronterizo	1.1	0.1	1.6
Otra entidad federativa	0.3	—	0.4
Característica	Total	Emigrantes chiapanecos según lugar de destino	
		Frontera norte	Estados Unidos
Distribución porcentual	100.0	14.8	85.2
Tipo de municipio de residencia	100.0	100.0	100.0
Fronterizo [2]	58.7	62.2	58.0
No fronterizo	41.3	37.8	42.0

[1] Los departamentos guatemaltecos fronterizos son: San Marcos, Quetzaltenango, Retalhuleu, Huehuetenango, Quiché. Los departamentos guatemaltecos no fronterizos son: Alta Verapaz, Suchitepéquez, Totonicapán, Escuintla, Guatemala, Izabal, Sololá, Santa Rosa y Chiquimula.

[2] Comprende los municipios que se encuentran en una franja aproximada de 100 kilómetros de la frontera: Acacoyagua, Acapetahua, Altamirano, Amatenango de la Frontera, Amatenango del Valle, Ángel Albino Corzo, Bejucal de Ocampo, Bella Vista, Cacahoatán, Catazajá, Comitán de Domínguez, La Concordia, Chanal, Chicomuselo, Chilón, Escuintla, Frontera Comalapa, Frontera Hidalgo, La Grandeza, Huehuetán, Huixtán, Huixtla, La Independencia, La Libertad, Mapastepec, Las Margaritas, Mazapa de Madero, Mazatán, Metapa, Motozintla, Ocosingo, Oxchuc, Palenque, El Porvenir, Villa Comaltitlán, Las Rosas, Salto de Agua, Siltepec, Sitalá, Socoltenango, Suchiate, Tapachula, Teopisca, La Trinitaria, Tumbalá, Tuxtla Chico, Tuzantán, Tzimol, Unión Juárez, Venustiano Carranza, Yajalón, Benemérito de las Américas, Maravilla Tenejapa, Marqués de Comillas, Montecristo de Guerrero.

Fuente: Centro de Estudios Migratorios del INM con base en INM, Conapo, SRE, STPS y El Colef, *Encuesta sobre Migración en la Frontera Norte de México* (EMIF-Norte), 2007-2008; INM, Conapo, SRE, STPS y El Colef, *Encuesta sobre Migración en la Frontera Sur de México* (EMIF-Sur), 2007-2008.

gran mayoría, lo hace a Estados Unidos. Se debe destacar que en los municipios chiapanecos fronterizos con Guatemala es mayor la intensidad de la emigración que en el resto del estado, ya que alrededor del 60 por ciento de los migrantes chiapanecos son originarios de alguno de estos municipios, aunque en 2005 la población que residía en ellos representaba sólo el 49 por ciento de la población total residente en la entidad. En términos generales, la región de destino en México de los trabajadores guatemaltecos transfronterizos coincide con la región de origen de la mayoría de los emigrantes chiapanecos hacia la frontera norte o a Estados Unidos (véanse el cuadro 5 y el mapa 2).

En el cuadro 6 aparecen las principales características sociodemográficas de ambos grupos de población. En él destaca que entre los trabajadores guatemaltecos transfronterizos la participación de las mujeres es mayor que entre los migrantes chiapanecos: 24 y 10 por ciento, respectivamente. Entre los guatemaltecos destaca la participación de las mujeres en el grupo de hasta 24 horas (41 por ciento). Este incremento se explica fundamentalmente por la demanda de trabajadoras domésticas en Tapachula y por las actividades de comercio informal en lugares cercanos a la frontera o casi sobre la misma línea. En el caso de los migrantes chiapanecos la participación de las mujeres es mayor en el grupo de quienes se dirigen a la frontera norte (15 por ciento). Respecto a la distribución por grupos de edad se observa que, en general, en ambos grupos predomina la población joven; sin embargo, los trabajadores guatemaltecos son menos jóvenes que los migrantes chiapanecos. El 48 por ciento de los primeros se ubica en el grupo de 15 a 29 años de edad, en tanto que entre los migrantes chiapanecos esta proporción es del 65 por ciento. La diferencia es de 17 puntos porcentuales, cifra bastante significativa que confirma la diferencia de edades entre ambos grupos y debe tenerse presente para explicar probables diferencias entre ambos grupos. Es oportuno recordar que la estructura por edad de los trabajadores agrícolas guatemaltecos documentados con FMVA por el INM es bastante similar a la estructura de los migrantes chiapanecos. En ambos grupos prevalece un alto número de hablantes de alguna lengua indígena: 32 por ciento en los guatemaltecos de más de un día y 30 por ciento en los migrantes chiapanecos a Estados Unidos. En cuanto a su nivel de instrucción, ambos grupos presentan niveles muy bajos, aunque es claro el mayor rezago de los guatemaltecos respecto a los chiapanecos: 93 por ciento de los guatemaltecos tiene como grado máximo de estudios seis años, frente al 67 por ciento de los chiapanecos en la misma situación, para una diferencia de 26 puntos porcentuales entre ambos grupos. Respecto a la posición en el hogar y la situación conyugal, no hay grandes diferencias entre ambos grupos, salvo que entre los guatemaltecos el porcentaje cuya posición en el hogar de cónyuge es ligeramente mayor que entre los chiapanecos, e igual comportamiento muestra el porcentaje de casados o unidos. Estas diferencias proba-

Cuadro 6. Trabajadores guatemaltecos transfronterizos y migrantes chiapanecos por características sociodemográficas, 2007-2008

Características sociodemográficas	Trabajadores guatemaltecos transfronterizos según tiempo de permanencia en México			Migrantes chiapanecos según lugar de destino		
	Total	Hasta 24 horas	Más de un día	Total	Frontera norte	Estados Unidos
Distribución porcentual	100.0	33.2	66.8	100.0	14.8	85.2
Sexo	100.0	100.0	100.0	100.0	100.0	100.0
Hombres	75.9	58.9	84.3	90.2	85.5	91.0
Mujeres	24.1	41.1	15.7	9.8	14.5	9.0
Grupos de edad	100.0	100.0	100.0	100.0	100.0	100.0
15 a 19 años	10.0	7.7	11.2	11.9	13.8	11.6
20 a 29 años	37.8	34.0	39.6	52.5	54.2	52.3
30 a 39 años	29.6	30.1	29.4	25.8	21.3	26.5
40 a 49 años	15.6	18.3	14.2	7.9	7.6	8.0
50 o más años	7.0	9.9	5.5	1.8	3.1	1.6
Condición de habla de lengua indígena	100.0	100.0	100.0	100.0	100.0	100.0
Hablante	22.2	2.0	32.2	27.9	16.7	29.9
No hablante	77.8	98.0	67.8	72.1	83.3	70.1
Nivel de instrucción	100.0	100.0	100.0	100.0	100.0	100.0
Ninguno	21.4	21.0	21.6	11.8	6.5	12.7
1 a 5 años	42.1	36.6	44.8	24.0	14.3	25.7
6 años	29.0	32.1	27.5	31.1	21.8	32.7
7 a 9 años	6.5	8.8	5.3	23.8	34.3	22.0
10 o más años	1.1	1.5	0.8	9.3	23.0	6.9
Posición en el hogar	100.0	100.0	100.0	100.0	100.0	100.0
Jefe	54.1	44.5	58.9	54.8	46.1	56.3
Cónyuge	12.0	28.2	4.0	3.7	6.2	3.3
Hijo(a)	33.4	27.0	36.6	38.3	45.8	37.0
Otro[1]	0.4	0.3	0.5	3.2	2.0	3.4
Situación conyugal	100.0	100.0	100.0	100.0	100.0	100.0
Unido	63.5	69.7	60.4	57.5	45.9	59.6
No unido	36.5	30.3	39.6	42.5	54.1	40.4

[1] Incluye: hermano(a), padre o/y madre, otros y sin relación de parentesco.
Fuente: Centro de Estudios Migratorios del INM con base en INM, Conapo, SRE, STPS y El Colef, *Encuesta sobre Migración en la Frontera Norte de México* (EMIF-Norte), 2007-2008; INM, Conapo, SRE, STPS y El Colef, *Encuesta sobre Migración en la Frontera Sur de México* (EMIF-Sur), 2007-2008.

blemente sean resultado del mayor porcentaje de mujeres y de una estructura por edad menos joven entre los guatemaltecos.

En el cuadro 7 aparecen las principales características laborales de ambos grupos de población. Lo primero que se debe destacar es que casi la totalidad de los guatemaltecos trabajaron en México, lo cual no resulta extraño porque es un criterio establecido en la cédula filtro para seleccionar al entrevistado. En el caso de los emigrantes chiapanecos el criterio laboral para seleccionar a quienes serían encuestados es la expectativa laboral en el lugar de destino, por lo que resulta significativo el alto porcentaje de quienes trabajaron en el lugar de origen durante los treinta días previos al inicio del desplazamiento migratorio, cuyas proporciones fueron del 58 por ciento para los que se dirigen a la frontera norte y el 90 por ciento para los que se encaminan a Estados Unidos. Respecto al sector de actividad, destaca que los guatemaltecos con estancia en México de hasta 24 horas participan marginalmente en la agricultura (7 por ciento), mientras que los de más de un día y los emigrantes chiapanecos que se dirigen a Estados Unidos se ocupan mayoritariamente en la agricultura: 70 y 69 por ciento, respectivamente; la proporción de ocupados en el sector manufacturero es inferior al 3 por ciento en todos los grupos; los ocupados en la construcción representan alrededor del 15 por ciento en todos los grupos, con excepción de los guatemaltecos con estancia en México menor de 24 horas, que alcanzan el 24 por ciento; la proporción de ocupados en el comercio oscila entre 4 y 5 por ciento, con excepción del grupo de guatemaltecos con estancia en México menor de 24 horas, que alcanza el 45 por ciento; el número de ocupados en los servicios (excluyendo servicios domésticos) es poco significativo, con excepción de los chiapanecos que se dirigen hacia la frontera norte; la ocupación en los servicios domésticos es poco significativa para los migrantes chiapanecos: entre 1 y 4 puntos porcentuales, pero es importante para los trabajadores guatemaltecos transfronterizos, con alrededor de 10 por ciento para ambos grupos. En resumen, a los tradicionales desplazamientos de jornaleros agrícolas se agregan en los últimos años los de trabajadores de la construcción, el comercio y los servicios en general. Estos migrantes se dirigen principalmente a Tapachula y localidades pequeñas de la línea fronteriza como Ciudad Hidalgo, Talismán y Tuxtla Chico. La mayoría de ellos realizan cruces diarios o de manera semanal.

En lo que respecta a la posición en el trabajo, existen profundas diferencias entre los trabajadores guatemaltecos transfronterizos y los migrantes chiapanecos: el 28 por ciento de los primeros trabajan a cambio de un sueldo fijo y no se observan diferencias por tiempo de estancia en México,

Cuadro 7. Trabajadores guatemaltecos transfronterizos y migrantes chiapanecos por características laborales en Chiapas, 2007-2008

Características laborales	Trabajadores guatemaltecos transfronterizos según tiempo de permanencia en México			Migrantes chiapanecos según lugar de destino		
	Total	Hasta 24 horas	Más de un día	Total	Frontera norte	Estados Unidos
Condición de actividad	100.0	100.0	100.0	100.0	100.0	100.0
Ocupados	99.7	99.6	99.7	84.9	58.4	89.5
Desocupados	0.3	0.4	0.3	5.4	23.6	2.2
Inactivos	—	—	—	9.7	18.0	8.2
Sector de actividad	100.0	100.0	100.0	100.0	100.0	100.0
Agropecuario	49.5	7.1	70.2	67.1	53.3	68.6
Manufacturero	1.7	2.1	1.5	3.2	1.3	3.4
Construcción	13.9	24.0	8.9	15.0	17.8	14.7
Comercio	18.3	45.3	5.1	3.8	3.6	3.9
Servicios	5.8	11.1	3.3	9.5	19.9	8.3
Servicios domésticos	10.	10.3	10.9	1.4	4.1	1.1
Posición en el trabajo	100.0	100.0	100.0	100.0	100.0	100.0
Sueldo fijo	28.3	26.1	29.3	84.7	85.2	84.7
Destajo o por obra	54.7	29.6	67.0	4.4	1.3	4.7
Trabajador por su cuenta	16.9	44.0	3.6	8.4	9.6	8.2
Patrón	0.1	0.2	—	0.2	0.2	0.2
Familiar sin pago	—	—	—	2.2	3.7	2.1
Otra posición	0.0	0.0	0.0	0.1	—	0.1
Ingresos mensuales por múltiplos de salario mínimo[1]	100.0	100.0	100.0	100.0	100.0	100.0
Sin ingreso	0.0	—	0.0	2.9	7.0	2.4
Hasta un salario mínimo	18.9	10.9	22.8	45.7	29.1	47.8
Más de uno hasta dos	57.8	45.3	64.0	38.2	38.2	38.2
Más de dos hasta tres	14.3	25.7	8.7	8.3	15.5	7.4
Más de tres hasta cinco	8.2	17.0	3.8	4.1	10.0	3.4
Más de cinco	0.8	1.1	0.6	0.7	0.2	0.8
Condición de prestaciones[2]	100.0	100.0	100.0	100.0	100.0	100.0
Con prestaciones	31.2	3.9	44.5	7.5	19.6	6.1
Sin prestaciones	68.8	96.1	55.5	92.5	80.4	93.9

— Sin registro.
[1] Para generar los múltiplos de salario mínimo se homologó a una sola unidad monetaria, en este caso pesos mexicanos, posteriormente se agrupó en múltiplos de acuerdo con el salario mínimo vigente para cada año, éste se obtuvo en la Comisión Nacional de Salarios Mínimos.
[2] Se refiere a apoyos, beneficios o prestaciones en el trabajo que desempeñó en Chiapas.
Fuente: Centro de Estudios Migratorios del INM con base en INM, Conapo, SRE, STPS y El Colef, *Encuesta sobre Migración en la Frontera Norte de México* (EMIF-Norte), 2007-2008; INM, Conapo, SRE, STPS y El Colef, *Encuesta sobre Migración en la Frontera Sur de México* (EMIF-Sur), 2007-2008.

mientras que presentan esta misma condición de trabajo el 85 por ciento y no se ven diferencias en cuanto al destino de la emigración; respecto al trabajo a destajo o por obra, ocurre lo contrario: mientras que más de la mitad de los guatemaltecos (55 por ciento) trabajan en esta condición, tal categoría de trabajo prácticamente no existe entre los migrantes chiapanecos (su porcentaje es inferior al 5 por ciento); la condición de patrón o trabajador por cuenta propia prácticamente no existe entre los trabajadores guatemaltecos con estancia en México mayor de un día (3.6 por ciento) y, en cambio, es la posición dominante (44 por ciento) de los trabajadores guatemaltecos con estancia en México menor de 24 horas; de igual manera, en el caso de la emigración mexicana esta posición en el trabajo representa alrededor del 9 por ciento (véase el cuadro 7).

Respecto al nivel de ingresos, destaca la precariedad laboral de todos los grupos, aunque es más acentuada entre los migrantes chiapanecos: más de la mitad de los guatemaltecos (58 por ciento) ganan más de uno y hasta dos salarios mínimos, seguidos por el grupo de los que ganan hasta un salario mínimo (19 por ciento) y los que perciben más de dos y hasta tres salarios mínimos. Los trabajadores con estancia menor de un día tienen ingresos mayores que sus contrapartes, lo que se explica por el sector de actividad y la posición en el trabajo y un poco por el relativamente mayor nivel de instrucción y los más bajos niveles de hablantes de lengua indígena. Entre los migrantes chiapanecos casi la mitad ganan menos de un salario mínimo, seguidos por el grupo de más de uno y hasta dos salarios mínimos (38 por ciento). Se observa que los migrantes hacia la frontera norte están en mejor posición salarial que quienes emigran a Estados Unidos, lo que guarda estrecha relación con los mejores niveles de escolaridad de este grupo. Con respecto a la condición de prestaciones laborales, sobresale que el 45 por ciento de los trabajadores guatemaltecos con estancia en México de más de un día cuenta con prestaciones, lo cual se explica porque un alto porcentaje de ellos trabajan en la agricultura y seguramente se ven favorecidos por la prestación de vivienda. Entre los trabajadores guatemaltecos de menos de un día la proporción con prestaciones laborales es inferior al 4 por ciento, lo cual es lógico porque un gran porcentaje de ellos trabajan por su cuenta; en el caso de los migrantes chiapanecos la condición es más favorable para los que se dirigen a la frontera norte ya que el 20 por ciento cuenta con prestaciones laborales, frente al 6 por ciento de los que se dirigen a Estados Unidos.

La evidencia empírica comparativa entre estos dos grupos de población pone de manifiesto que en años recientes se han desplazado algunos trabajadores guatemaltecos transfronterizos a sectores no agrícolas y que los trabajadores guatemaltecos están llegando a la franja fronteriza de donde emigra el mayor número de chiapanecos y que ambos grupos, los guatemaltecos que llegan por estancias mayores de un día y los chiapanecos que emigran a Estados Unidos, se desempeñan mayoritariamente en la agricultura, por lo cual pareciera que podría estar ocurriendo un desplazamiento laboral. Sin embargo, cuando analizamos la posición en el trabajo, el nivel de ingresos y la tenencia de prestaciones nos damos cuenta de que se trata de grupos que comparten un mismo espacio geográfico en términos macrorregionales y que participan en el mismo sector de actividad pero se insertan en la actividad laboral de manera muy distinta: gran parte de los guatemaltecos son contratados en fincas de producción agrícola y trabajan largas jornadas a destajo o por obra, lo que les permite acumular más ingresos que los migrantes chiapanecos; estos últimos siguen un patrón de contratación laboral más convencional en el campo mexicano: contratación por sueldo fijo, con el salario mínimo y nulas prestaciones.

El cuadro 8 contiene información sobre la situación laboral de los migrantes chiapanecos y guatemaltecos en la frontera norte de México y en Estados Unidos. En el primer caso se utiliza información del flujo procedente del norte que regresa de manera voluntaria, mientras que en el segundo se emplea información de los devueltos por autoridades migratorias estadounidenses. Respecto a la condición de ocupación en la frontera norte o en Estados Unidos, se observa que el 63 por ciento de los chiapanecos trabajó en la frontera norte, mientras que hizo lo propio sólo el 25 por ciento de los procedentes de Estados Unidos. Se debe mencionar que la menor participación laboral de este grupo de migrantes responde a una situación muy particular: un gran porcentaje de ellos en realidad son migrantes detenidos por las autoridades de Estados Unidos cruzando la línea o a los pocos días de haber ingresado a ese país, por ello no tuvieron oportunidad de insertarse en el mercado laboral y muchos de ellos harán un nuevo intento de cruzar por otra ciudad. Entre los guatemaltecos devueltos por Estados Unidos la ocupación fue de 48 por ciento.

En cuanto al sector de actividad, se observan cambios significativos respecto al patrón de ocupación prevaleciente en Chiapas expuesto en el cuadro 7. Contra lo que ocurre en el lugar de origen, en el de destino no figura la ocupación en actividades agrícolas, lo cual puede tener varias lecturas: el ascenso en la escala ocupacional respecto a su lugar de origen derivado del proceso migratorio o, por el contrario, la manifestación de que los mercados agrícolas están saturados por el arribo tardío de estos grupos migratorios. En ambos casos los migrantes deben insertarse en actividades para las que no tienen experiencia laboral, por lo que tendrán los niveles salariales más bajos en el lugar de destino. En el cuadro 8 se puede observar que los chiapanecos procedentes de la frontera norte se desempeñaron en su mayoría en el sector manufacturero, la construcción y los servicios no domésticos con 42, 31 y 23 por ciento, respectivamente. La mayoría de los chiapanecos procedentes de Estados Unidos se desempeñaron en los sectores de la construcción y los servicios no domésticos con 52 y 32 por ciento, respectivamente. Los guatemaltecos procedentes de Estados Unidos trabajaron en su mayoría en los mismos sectores, así como en los sectores manufacturero y de servicios domésticos, con 42, 25, 18 y 8 por ciento, respectivamente. Cabe destacar que en todos los casos los ocupados en la agricultura no superan el 5 por ciento del total y los ocupados en el sector comercio no sobrepasan el 3 por ciento. En cuanto a la posición en el trabajo, casi todos los guatemaltecos procedentes de la frontera norte (98.4 por ciento) fueron contratados a sueldo fijo; en el caso de los chiapanecos procedentes de Estados Unidos los porcentajes se reparten por igual entre sueldo fijo y a destajo o por obra (47.5 por ciento cada uno); entre los guatemaltecos procedentes de Estados Unidos predominan los que trabajaron por un sueldo fijo (70 por ciento), seguidos por el trabajo a destajo o por obra (21 por ciento); los trabajadores por su cuenta no superaron el 6 por ciento en ninguno de los casos (véase el cuadro 8).

El análisis de los ingresos percibidos en la frontera norte y en Estados Unidos arroja datos que explican parcialmente la emigración de ambos grupos de población y la preferencia por emigrar a Estados Unidos, pues las distancias salariales entre Chiapas, la frontera norte y Estados Unidos son de magnitudes considerables y suponemos que ejercen una fuerte atracción sobre los migrantes potenciales. En el cuadro 8 se observa que los chiapanecos procedentes de la frontera norte se ubicaron en su mayoría en el rango de más de dos y hasta cinco salarios mínimos (62 por ciento); por su parte, los chiapanecos y guatemaltecos procedentes de Estados Unidos se ubicaron mayoritariamente en el rango de más de 10 a 20 salarios mínimos: 69 y 59 por ciento, respectivamente. El segundo grupo más importante se ubicó en el rango de 5 a 10 salarios mínimos en el caso de los mexicanos (22 por ciento) y de 20 a 30 salarios mínimos (27 por ciento) en el de los guatemaltecos. Se puede observar que el nivel de ingresos de los guatemaltecos en Estados Unidos es claramente superior al de los chiapanecos y que el ingreso percibido por ambos grupos en el lugar de destino (la frontera norte de México o Estados Unidos) supera ampliamente a los prevalecientes en

Cuadro 8. Migrantes de retorno a su lugar de residencia: chiapanecos de retorno voluntario y guatemaltecos devueltos por las autoridades migratorias de Estados Unidos, 2007-2008

Características	Migrantes chiapanecos de retorno según lugar de procedencia		Guatemaltecos devueltos por Estados Unidos
	Frontera norte	Estados Unidos	
Condición de actividad en su lugar de procedencia	100.0	100.0	100.0
Ocupados	63.2	24.9	48.0
Desocupados	36.8	75.1	52.0
Sector de actividad en su lugar de procedencia	100.0	100.0	100.0
Agropecuario	1.4	5.2	4.9
Manufacturero	42.3	5.5	17.8
Construcción	30.8	52.3	41.5
Comercio	1.7	0.3	3.2
Otros servicios	23.0	31.9	25.0
Servicios domésticos	0.5	4.8	7.6
Otro sector[1]	0.2	—	0.2
Posición en el trabajo en su lugar de procedencia[2]	100.0	100.0	100.0
Sueldo fijo	98.4	47.5	69.6
Destajo o por obra	1.0	47.5	21.2
Trabajador por su cuenta	0.3	5.0	5.8
Patrón	0.3	—	—
Otro	—	—	3.4
Ingresos mensuales por múltiplos de salario mínimo[3] en su lugar de procedencia	100.0	100.0	100.0
Hasta dos salarios mínimos	31.6	—	—
Más de tres hasta cinco	62.3	1.1	1.1
Más de cinco hasta diez	6.1	21.5	6.3
Más de diez hasta quince	—	38.5	25.6
Más de quince hasta veinte	—	30.7	33.3
Más de veinte hasta treinta	—	8.0	27.0
Más de treinta		0.1	6.6

— Sin registro.
[1] Comprende los sectores de minería y extracción del petróleo, electricidad y agua.
[2] Se refiere al periodo 2004-2006.
[3] Para generar los múltiplos de salario mínimo se homologó a una sola unidad monetaria, en este caso pesos mexicanos, posteriormente se agrupó en múltiplos de acuerdo con el salario mínimo vigente para cada año, éste se obtuvo en la Comisión Nacional de Salarios Mínimos.
Fuente: Centro de Estudios Migratorios del INM con base en INM, Conapo, SRE, STPS y El Colef, *Encuesta sobre Migración en la Frontera Norte de México* (EMIF-Norte), 2007-2008; INM, Conapo, SRE, STPS y El Colef, *Encuesta sobre Migración en la Frontera Sur de México* (EMIF-Sur), 2007-2008.

Chiapas, analizados en detalle en el cuadro 7, y se pudo constatar que ambos grupos se ubican en su mayoría en menos de dos salarios mínimos: 77 y 87 por ciento para guatemaltecos y chiapanecos, respectivamente.

A MANERA DE CONCLUSIONES

En este artículo se hace un análisis comparativo de la evolución en el tiempo y el perfil sociodemográfico y laboral de dos flujo migratorios: los trabajadores guatemaltecos transfronterizos que tienen como destino fundamental el estado de Chiapas y los migrantes chiapanecos hacia la frontera norte y a Estados Unidos. El objetivo fundamental es indagar si existe relación entre las trayectorias migratorias y laborales de ambos grupos, así como su probable vínculo con la dinámica económica y social de la región.

Se plantea que los cambios recientes en el comportamiento de ambos flujos migratorios –los trabajadores guatemaltecos que llegan a laborar a Chiapas y los chiapanecos que emigran de la entidad por motivos laborales– deben entenderse en su contexto histórico y a la luz de las recientes transformaciones económicas globales, que han expuesto la región a la competencia externa, lo cual ha derivado en la pérdida de competitividad de las actividades agrícolas tradicionales.

Se descarta la posibilidad de que los trabajadores guatemaltecos transfronterizos que hoy en día se emplean en Chiapas estén propiciando la emigración de los nativos a Estados Unidos a través del desplazamiento laboral, ya que la presencia de trabajadores guatemaltecos en el sur de Chiapas tiene raíces históricas y tuvo su punto más alto en la última década del siglo pasado; sin embargo, el éxodo masivo de chiapanecos hacia la frontera norte en un primer momento y luego a Estados Unidos ha tenido lugar en el presente siglo. Además de un desfase en el tiempo, llama la atención que al mismo tiempo que la emigración chiapaneca se volvía masiva, el flujo de trabajadores guatemaltecos transfronterizos tendía a la baja de manera continua y persistente.

Respecto al planteamiento de que los trabajadores guatemaltecos transfronterizos podrían estar cubriendo un vacío en los mercados de trabajo locales dejado por la emigración de los chiapanecos, la revisión de literatura y la evidencia estadística permite demostrar que desde finales del siglo XIX los chiapanecos fueron perdiendo interés en emplearse como jornaleros agrícolas y comenzaron a producir café y otros cultivos en pequeña escala en lugares diferentes de la tradicional región del Soconusco. Estos puestos de trabajo los fueron ocupando de manera gradual trabajadores agrícolas de temporada procedentes de Guatemala, específicamente de la región del Pacífico. Debe destacarse que la integración y complementariedad de los mercados laborales de ambos países tiene raíces históricas; sin embargo, ante la abrupta y persistente caída de los precios internacionales del café de finales del siglo XX e inicios del presente, los finqueros optaron por reducir los salarios como estrategia para abatir costos, ante lo cual chiapanecos y guatemaltecos que podían hacerlo optaron por emigrar a Estados Unidos y el empleo como jornaleros agrícolas quedó para los guatemaltecos sin otras opciones laborales.

En resumen, las actividades agrícolas del sur de México y de la mayoría de los países centroamericanos resultaron afectadas por una crisis estructural de dimensiones transnacionales, de manera que el sistema de producción y complementariedad binacional se resquebrajó de la noche a la mañana. Este proceso afectó a finqueros y productores en pequeña escala y tuvo impactos de alcance territorial tanto en la región sur-sureste de México como en la mayoría de los países de América Central. En este contexto surge a pasos agigantados la emigración a Estados Unidos y la opción de emplearse como jornaleros agrícolas en el sur de Chiapas se convierte en una actividad de refugio que continúa movilizando de una a otra nación decenas de miles de trabajadores, cuyas dimensiones son mucho menores que las observadas en la historia; además, su composición adquiere un rostro cada vez más guatemalteco y la participación de los nacionales se ha vuelto marginal.

El perfil sociodemográfico de los guatemaltecos involucrados en estos flujos migratorios evidencia sus bajos niveles de escolaridad y su falta de experiencia laboral y de capital humano; su inserción laboral en Chiapas ocurre en condiciones precarias y en niveles de subsistencia. Una situación no muy diferente viven los chiapanecos antes de emprender su aventura migratoria. Sin embargo, el proceso migratorio hacia la frontera norte en el caso de los chiapanecos, o a Estados Unidos en el de ambos grupos, les representa mejoras sustantivas en sus condiciones de ocupación y sus niveles de ingresos, que son más notorios para los migrantes guatemaltecos, lo que propicia la salida de nuevos migrantes por el efecto demostración. El trabajo muestra que el detonante de la emigración de chiapanecos a Estados Unidos es una combinación de sucesos políticos y económicos, así como de fenómenos naturales. Es muy probable que factores similares expliquen la emigración de los centroamericanos.

Un punto insuficientemente explorado en este trabajo es la probable diversificación ocupacional de los trabajadores guatemaltecos transfronterizos en el sur de México, e incluso de los propios chiapanecos, como respuesta a la crisis agrícola y la precarización de las condiciones laborales en el sector agrícola de Chiapas.

Bibliografía

Ángeles Cruz, H. (2001). «Los flujos migratorios laborales en la frontera sur de México», en *Población y desarrollo sustentable,* Guanajuato, Consejo Estatal de Población del Estado de Guanajuato, pp. 103-106.
— y M.L. Rojas (2000). «Migración femenina internacional en la frontera sur de México, *Papeles de Población*, Universidad Autónoma del Estado de México, núm. 23, enero-marzo.
Angulo Barredo, J. I. (2008). «De las montañas de Chiapas al Soconusco», en *Migraciones en el sur de México y Centroamérica*, Tuxtla Gutiérrez, Miguel Ángel Porrúa/Universidad de Ciencias y Artes de Chiapas.
Casillas R., R. (1992). «La migración centroamericana de paso: un desafío a la política exterior de México», en *Migración internacional en las fronteras norte y sur de México*, México, Consejo Nacional de Población, pp. 391-400.
Centro de Estudios Migratorios-Instituto Nacional de Migración (2005). *Diagnóstico general de los trabajadores temporales en la frontera sur de México*, México, Instituto Nacional de Migración.
Comisión Económica para América Latina y el Caribe, Unidad de Desarrollo Agrícola y Económico (2002). *Centroamérica: el impacto de la caída de los precios del café*, México, Organización de las Naciones Unidas.
Consejo Nacional de Población (Conapo) (1992). *Migración internacional en las fronteras norte y sur de México,* México, Conapo.
Corona, R. y M. Á. Reyes (2009). «Identificación, caracterización y cuantificación de los flujos laborales guatemaltecos en la frontera sur de México», en R. Corona y M. E. Anguiano Téllez (coords.), *Flujos migratorios en la frontera Guatemala-México*, México, El Colegio de la Frontera Norte (Colef)/Instituto Nacional de Migración (INM).
Dardón S., J. J. (coord.) (2002). *La frontera de Guatemala con México: aporte para su caracterización,* Guatemala, Facultad Latinoamericana de Ciencias Sociales (Flacso).

Instituto Nacional de Migración, Consejo Nacional de Población, Secretaría de Relaciones Exteriores, El Colegio de la Frontera Norte (2009a). *Encuesta sobre Migración en la Frontera Norte de México* (EMIF Norte, 2006), México.

— (2009b). *Encuesta sobre Migración en la Frontera Guatemala-México* (EMIF Guamex, 2006), México.

Martínez Velasco, G. (1994). *Plantaciones, trabajo guatemalteco y política migratoria en la frontera sur de México,* Ocozocoautla de Espinosa, Chiapas, Departamento de Comunicación y Difusión-Instituto Chiapaneco de Cultura (Serie Nuestros Pueblos).

Nájera Aguirre, J. N. (2009). «Trabajo extra doméstico de las migrantes guatemaltecas en Chiapas», en R. Corona y M. E. Anguiano Téllez (coords.), *Flujos migratorios en la frontera Guatemala-México,* México, El Colegio de la Frontera Norte (Colef)/Instituto Nacional de Migración (INM).

Olivera Bustamante, M. y L. A. Sánchez Trujillo (2008). «Género: ¿estructura estructurante de la migración?», en *Migraciones en el sur de México y Centroamérica,* Tuxtla Gutiérrez, Chiapas, Miguel Ángel Porrúa/Universidad de Ciencias y Artes de Chiapas.

Rojas Wiesner, M. L. y H. Ángeles Cruz (2003). «La frontera de Chiapas con Guatemala como región de destino de migrantes internacionales», *Ecofronteras,* El Colegio de la Frontera Sur, núm. 19, San Cristóbal de las Casas, pp. 15-17.

Rodríguez Chávez, E. (2006a). «Frontera sur y política migratoria en México (circularidad, seguridad y derechos humanos)», *Foreign Affairs en Español,* vol. 6, núm. 4, octubre-diciembre, pp. 64-70.

— (2006b). «Hacia una política migratoria en la frontera sur de México», en *La migración en México: ¿un problema sin solución?,* México, Centro de Estudios Sociales y de Opinión Pública, Cámara de Diputados, LIX Legislatura.

— (2006c). «Por una política migratoria integral en la frontera sur de México», en *Los nuevos rostros de la migración en el mundo,* Tuxtla Gutiérrez, Chiapas, Gobierno del estado de Chiapas/Organización Internacional para las Migraciones/Instituto Nacional de Migración.

Rus, D. y J. Rus (2008). «La migración de trabajadores indígenas de Los Altos de Chiapas a Estados Unidos, 2001-2005: el caso de San Juan Chamula», en *Migraciones en el sur de México y Centroamérica,* Tuxtla Gutiérrez, Chiapas, Miguel Ángel Porrúa/Universidad de Ciencias y Artes de Chiapas.

Sánchez, J. E. y R. Jarquín (eds.) (2004). *La frontera sur. Reflexiones sobre el Soconusco, Chiapas y sus problemas ambientales, poblaciones y productivos*, México, El Colegio de la Frontera Sur.

Secretaría del Trabajo y Previsión Social y Consejo Nacional de Población (1994). *Los flujos migratorios internacionales en la frontera sur de México*, México.

Universidad Nacional Autónoma de México, Instituto de Investigaciones Históricas (1998). *Chiapas*, Instituto de Investigaciones Económicas-UNAM/Ediciones Era.

Villafuerte Solís, D. (2008). «Migración y desarrollo en el área del Plan Puebla-Panamá», en *Migraciones en el sur de México y Centroamérica*, Tuxtla Gutiérrez, Chiapas, Miguel Ángel Porrúa/Universidad de Ciencias y Artes de Chiapas.

— y M. C. García Aguilar (2006). «Crisis rural y migraciones en Chiapas», *Migración y Desarrollo*, núm. 6, primer semestre.

— (coords.) (2008). *Migraciones en el sur de México y Centroamérica*, Tuxtla Gutiérrez, Chiapas, Miguel Ángel Porrúa/Universidad de Ciencias y Artes de Chiapas.

Viqueira, J. P. (2008). «Indios y ladinos, arraigados y migrantes en Chiapas: un esbozo de historia demográfica de larga duración», en *Migraciones en el sur de México y Centroamérica*, Tuxtla Gutiérrez, Chiapas, Miguel Ángel Porrúa/Universidad de Ciencias y Artes de Chiapas.

II
MIGRACIÓN, AUTOEMPLEO E INFORMALIDAD LABORAL

LOS AUTOEMPLEADOS Y EL SECTOR ECONÓMICO INFORMAL URBANO EN MÉXICO

Salvador Carrillo Regalado[1]

Introducción

La economía informal absorbe una cantidad considerable de mano de obra y desempeña un papel importante particularmente en la economía de los países en desarrollo;[2] sin embargo, ante la diversidad de conceptos y actividades asociados a la informalidad, ésta se ha percibido como un sector de actividades comerciales y no comerciales que desempeñan los pobres en las ciudades, también como actividades de pequeños empresarios que es necesario formalizar con ayuda de programas oficiales. Por otra parte, la informalidad se visualiza como una barrera a la modernización de las economías nacionales o un problema de competencia desleal a las empresas formales, e incluso como un problema de seguridad pública (comercio de mercancías de contrabando, robadas, adulteradas o «pirateadas»). Todo lo cual da idea de la heterogeneidad que abarca el término de informalidad económica.

Originalmente, a inicios de la década de los setenta, para el caso de los países en desarrollo, se le asoció con el intenso proceso migratorio campo-ciudad, en donde los inmigrantes tendían a refugiarse en un creciente sector informal de autoempleo, haciendo uso del trabajo familiar ante las escasas posibilidades de integrarse a los sectores económicos modernos. En el caso particular de México, ha disminuido en gran medida la importancia relativa de la migración a las ciudades desde finales de los años ochenta, y

---

[1] Profesor-investigador del Centro Universitario de Ciencias Económico Administrativas, Universidad de Guadalajara, scarrillo@cucea.udg.mx

[2] Por ejemplo, Manning y Smith (2007: 75-84) estiman que la economía informal abarca 42 por ciento del valor añadido en África, 41 por ciento en América Latina y 35 por ciento en las economías en transición de Europa y la antigua Unión Soviética, en comparación con 13.5 por ciento en los países de la OCDE.

también la presencia de migrantes en el sector informal (Roubaud, 1995). Sin embargo, las sucesivas crisis y recesiones de la economía mexicana han colaborado al aumento de los empleos informales (Oliveira y Roberts, 1993; Rendón y Salas, 1996), a la vez que se ha generado una relativa heterogeneidad en los mismos (Tokman, 1992; Roubaud, 1995). En el presente trabajo, esta heterogeneidad se verá reflejada particularmente entre los trabajadores independientes o autoempleados con capacidad para contratar trabajo asalariado y la mayoría de los autoempleados que trabajan solos o que a lo sumo son asistidos por sus familiares. Por otra parte, en la actualidad se puede afirmar que tanto el sector informal como la migración a Estados Unidos han fungido como recursos alternativos para una población importante que no puede o no prefiere emplearse como asalariado en los sectores formales de la economía mexicana.

Aparte de la flexibilidad con que se ha percibido y definido al sector informal, también ha generado diversas actitudes sociales y las políticas hacia este sector han variado a lo largo de las últimas cuatro décadas en el caso de México, desde integrar a los trabajadores de este sector al corporativismo oficial (formando parte de la CNOP, por ejemplo) hasta tratarlos con medidas de corte represivo en respuesta a reclamos empresariales. Pero su problemática socioeconómica no ha sido atendida adecuadamente por ningún orden de gobierno, debido a medidas muy marginales y parciales que intentan enfrentar una complejidad ocupacional que rebasa el alcance de las acciones administrativas, de control político o de apoyos financieros y de capacitación laboral, por ejemplo.

Con el fin de hacer una delimitación conceptual, en el presente trabajo se elige la perspectiva que concibe la economía informal como una economía no regulada, donde los productos son legales pero la comercialización no es regulada ni registrada institucionalmente. De esta forma lo informal se reconoce frente a la dinámica de las instituciones de control y registro estatales, mientras que las características socioeconómicas tanto de las unidades productivas como de los trabajadores del sector económico informal son derivadas del análisis empírico. Así, por ejemplo, para el presente estudio el pequeño tamaño de la unidad económica o el escaso grado de estructuración en la organización productiva de los negocios y los bajos niveles de ingresos son características asociadas empíricamente pero no definitorias conceptualmente ya que también pueden ser compartidas por los negocios y trabajadores formales. En este sentido el objetivo del presente trabajo es efectuar una recapitulación teórica sucinta para dar un marco y acotar el alcance del concepto de sector informal y así proceder, en las siguientes secciones, a la medición de su magnitud y el análisis de sus características ocupacionales y económicas, intentando así dar una descripción actual a este fenómeno para el caso de México.

EL SECTOR ECONÓMICO INFORMAL COMO PARTE DEL UNIVERSO DE LA ECONOMÍA NO REGULADA

La economía informal y otros conceptos utilizados en la amplia bibliografía sobre el tema, como economía subterránea, economía sombra, economía no registrada, economía extralegal, etc., hacen evidente, como ya fue expuesto, una enorme heterogeneidad de actividades comerciales y no comerciales y actores económicos y sociales; pero todas las formas de actividad informal o subterránea tienen un punto en común: se ejercen relativamente fuera del alcance de las regulaciones públicas y al margen de la contabilidad nacional y del registro institucional, incluyendo el censal económico informativo (Thomas, 1992; Roubaud, 1995; Manning y Thomas, 2004; García, 2005; OIT, 2005). Estas características señalan el punto de partida más general del análisis y es necesario acotar el término de «economía informal» antes de proceder al diagnóstico y tratamiento de las causas e implicaciones.

En primer lugar se excluyen de la economía informal las actividades ilícitas perseguidas por la policía como lo son el tráfico de drogas, el contrabando y todas aquellas actividades criminales, cuyos productos y comercialización son prohibidos por las leyes, pues su existencia presenta una lógica y una problemática peculiar y diferente de la economía informal. En segundo término, se aclara que dentro del universo de las actividades económicas no reguladas y no registradas se distingue el sector de las actividades no comerciales,[3] por ejemplo las actividades productivas de autoconsumo (particularmente relevantes en el medio rural de los países en desarrollo), el trabajo comunitario, la autoconstrucción de vivienda y las actividades no comerciales o no remuneradas efectuadas en los hogares (mantenimiento, limpieza, cuidado de niños y enfermos, etc.), pues ninguna de estas activida-

---

[3] Para efectos de contabilidad nacional algunos autores consideran importante incluir el sector de las actividades no comerciales realizadas dentro de los hogares, pues existe una considerable transferencia de estas actividades al mercado, es decir, que cada vez más se paga un trabajador o empresa para que las realice. Sin embargo, enfrentan severos problemas de medición y de comparabilidad entre países (Thomas, 2001).

des involucran extralegalidad o irregularidad legal alguna y se ajustan a procesos con lógicas distintas en su causalidad e implicaciones con respecto a las actividades comerciales no reguladas (Thomas, 1992; Roubaud, 1995). Hasta aquí se ha distinguido dentro de la economía no regulada y no registrada a la economía ilícita y a la economía no comercial (del autoconsumo, comunal y del hogar). Según se puede sintetizar, el subconjunto restante de actividades no reguladas y no registradas lo son particularmente en lo que se refiere a la comercialización de bienes y servicios o a la contratación de trabajadores, ya que el producto comercializado o producido en sí es totalmente legal y se encuentran a cargo principalmente de personas y empresas privadas. Este subconjunto es tratado en la vasta bibliografía especializada con tres enfoques distintos en lo conceptual, teórico y metodológico, como se verá enseguida.

A fin llevar a cabo esta tarea, se procede de acuerdo con la unidad de análisis de la que parten metodológicamente los estudios: *a)* transacciones no registradas o no reguladas que realizan las empresas privadas, cualquiera que sea su tamaño; *b)* individuos ocupados en cualquier tipo de empresa u organización empleadora, que se encuentran al margen de la cobertura de la seguridad social de los trabajadores (en el caso de México, principalmente el IMSS y el ISSSTE), y *c)* unidades económicas privadas que operan al margen de la regulación institucional, que incluye particularmente a los autoempleados. Para ambos criterios metodológicos se encuentran las siguientes perspectivas:

1. Atendiendo como unidad de análisis a las transacciones o actividades económicas no registradas. Este universo de actividades se ha dado en llamar economía subterránea o economía irregular, cuya realización involucra a la economía privada nacional (particularmente se alude a las pequeñas empresas, pero participan también empresas de mayor tamaño), por ejemplo: transacciones comerciales entre empresas y ventas al consumidor final de bienes y servicios, que en cierta proporción evaden la regulación institucional y la contribución fiscal en particular; o bien la contratación de trabajadores a salario fijo, destajo o por producto, que elude la regulación de las instancias oficiales de trabajo y de seguridad social. El principal propósito de los estudios de la economía subterránea es estimar el valor de las transacciones no declaradas y la contribución al producto, además de valorar su impacto en las finanzas públicas y en el empleo. Para conseguir esto los métodos directos de medición son las auditorías a las empresas; sin embargo, preferentemente se utilizan métodos indirectos de estimación a través de modelos econométricos aplicados inicialmente en los países desarro-

llados (Gutmann, 1977; Feige, 1979; Tanzi, 1983; Siesto, 1987; Blades, 1982; Thomas, 1992).[4] En el contexto de estos países, la dinámica de la economía subterránea ha sido atribuida a los altos niveles impositivos. Y en el caso de los países latinoamericanos, a la permanencia y crecimiento de esta economía también se les ha imputado como causas fundamentales las excesivas y complejas regulaciones fiscales, deficiente administración pública o pesada tramitación burocrática y corrupción en las oficinas gubernamentales; aunque estos factores influyen también en la propensión al no registro de las unidades económicas (De Soto, 1986; Manning y Thomas, 2007). Sin embargo, no todos los autores tienen una visión tan liberal y manifiestan, en cambio, que la economía subterránea tiene como causa, no este «exceso de Estado», sino las limitaciones del Estado capitalista para hacer valer las reglamentaciones sobre la actividad económica y la contratación protegida de la mano de obra, tanto en las grandes como en las pequeñas empresas, dadas las exigencias de flexibilidad productiva y laboral por parte de la economía globalizada (Mathias y Salama, 1986; Castell y Portes, 1989; Portes y Benton, 1984; Portes, 1995). Debe aclararse que, salvo que se asuma que la economía subterránea está exclusiva o predominantemente a cargo de las pequeñas empresas, este enfoque dificulta la identificación de un sector económico informal constituido a partir de unidades económicas o de trabajadores autoempleados. Situación insostenible, pues toda empresa privada está expuesta a la posibilidad de no registrar transacciones o a la contratación de trabajo asalariado que elude parcial o totalmente la normatividad laboral. En particular, estas contrataciones, si bien son tradicionalmente predominantes en las pequeñas empresas, presentan en el caso de México una dinámica más significativa en las grandes empresas a partir de los años ochenta (Carrillo, 2005).

2. Atendiendo como unidad de análisis a los individuos sin cobertura de seguridad social. Este enfoque metodológico ha sido utilizado por autores e instituciones nacionales e internacionales de trabajo, entre otras razones, por la relativa facilidad para estimar la magnitud del sector informal y

---

[4] Los métodos indirectos de medición econométrica consideran básicamente factores monetarios tales como depósitos bancarios en efectivo y el coeficiente de transacciones monetarias. Incluso en el caso de México ya rige un impuesto a los depósitos en efectivo que intenta gravar las transacciones informales. En general, los métodos indirectos de estimación arrojan resultados diversos según los países en los que se aplican y no son del todo confiables, entre otras razones porque no hay forma de diferenciar las transacciones de la economía ilícita de las de la economía informal (Thomas, 1992).

centrarse en las características sociodemográficas y condiciones laborales precarias y vulnerables, tales como la inestabilidad y riesgos laborales y la falta de seguridad en los ingresos (OIT, 2006 y 2007) o bien, como ya fue apuntado en el inciso anterior, para utilizar perspectivas de la economía política sobre la flexibilidad laboral que exige la reorganización productiva global (Bangasser, 2000; Castells y Portes, 1989; Portes, 1995; para el caso de México, véase Carrillo, 2005). Sin embargo, definitivamente a partir de esta perspectiva no se conforma una clasificación sectorial de unidades económicas formales e informales ya que tanto las pequeñas como las grandes empresas y organizaciones empleadoras contratan, al menos parcialmente, personal sin ofrecer la afiliación de seguridad o incluso desconociendo la relación laboral al suplantarla como relación mercantil (por ejemplo, subcontrataciones y pagos por honorarios). Además, dada la flexibilidad productiva y la desconcentración mediante la subcontratación industrial de procesos productivos en red de las grandes empresas hacia las pequeñas, evita concebir una desvinculación intersectorial (formal e informal).

En cuanto a la medición del sector informal, se incluyen todos los autoempleados y propietarios de pequeñas empresas que generalmente son excluidos de la seguridad social (en el caso de México, particularmente del IMSS) a pesar de que parte de ellos, como luego será expuesto, se encuentran en unidades económicas plenamente reguladas y registradas para el pago de contribuciones. Partiendo de esta perspectiva, la cuantificación del sector informal tiende a exagerar su magnitud. En otros términos, se trata de enfoques para el análisis de la ocupación flexible y extralegal que involucran horizontalmente a distintos tipos de unidades económicas empleadoras con diversos motivos, que van desde la imposibilidad financiera de afiliar a los trabajadores al IMSS, hasta la implantación de estrategias de flexibilidad laboral y de acumulación capitalista a cargo de medianas y grandes empresas, como la contratación por honorarios asimilados, comisiones, destajos y propinas, o la subcontratación a terceros de trabajo y procesos productivos; por lo tanto, dada la heterogeneidad de esta categoría (individuos sin cobertura de seguridad social) difícilmente puede definir un sector económico de ocupación informal, aunque desde la perspectiva de la flexibilización y precarización laboral sí ofrece una categoría que cuestiona la legitimidad del capitalismo global.

Mención aparte de este enfoque merecen los hogares que emplean trabajadores de manera informal para desempeñar servicios domésticos y actividades de mantenimiento, ya que se encuentran al margen de los procesos productivos de la acumulación capitalista.

3. Atendiendo a las unidades económicas privadas. Estos enfoques son los únicos que permiten la clasificación categórica de las unidades económicas de producción en sectores formales e informales; aunque no se desconoce que sigue existiendo una cierta continuidad gradual entre la informalidad y la formalidad de estas unidades, pues son pocas las empresas que cumplen todas las normas y en términos prácticos necesariamente se decide por uno o más indicadores operativos que permitan la clasificación. Los antecedentes más precisos se encuentran en las perspectivas de la Organización Internacional del Trabajo, a través de su Programa Regional para América Latina y el Caribe (PREALC), que propuso distinguir las unidades económicas que pertenecen al *sector económico informal* por su modo de producción, cuyo objetivo consiste en asegurar la supervivencia del grupo familiar maximizando su ingreso, pero muy ajeno a la lógica de la acumulación capitalista de la economía moderna y caracterizado por utilizar técnicas intensivas de trabajo, escasos activos, incluso operar sin local, generar una limitada productividad y una intensa competitividad entre ellas (Tokman, 1987 y 1991). La génesis de este sector, según el PREALC, está condicionada por el excedente estructural de mano de obra y la insuficiente capacidad de absorción del sector moderno en las economías periféricas (Souza y Tokman, 1991). Sin embargo, los enfoques sobre el sector informal, en tanto refugio de población con características socioeconómicas distintivas, socialmente desprotegida y cuya opción ante la informalidad es el desempleo, fueron modificándose para concebirlo como un sector con potencialidades para contribuir al crecimiento económico de los países en desarrollo (Tokman, 1991). De Soto (1986) visualiza también una dicotomía de sectores económicos formal e informal, donde el primero, integrado principalmente por grandes empresas, goza de los beneficios y preferencias de un Estado mercantilista, en tanto que por otro lado, impone una pesada carga de tramitación a la regulación de las pequeñas empresas que resulta muy onerosa, generando y engrosando así un sector económico informal. La visión de De Soto tuvo una fuerte aceptación y sus ideas tuvieron un soporte teórico en los enfoques econométricos de la economía subterránea. Las deficiencias regulatorias y la corrupción en la administración pública siguen vigentes en los tratamientos de política pública sobre el sector informal de los documentos de la OECD (Manning y Thomas, 2007), pues si bien asocian la existencia de la informalidad económica con el desempleo estructural y a la pobreza, se reconoce que una vez que los trabajadores se han establecido en actividades de autoempleo informal, su permanencia es debida a la complicada normatividad mercantil, rígidas leyes laborales, deficiente administración y prácticas

generalizadas de corrupción burocrática, que obstaculizan la legalidad económica. De cualquier manera, es importante destacar la distinción entre las actividades de las microempresas en la economía informal y las transacciones de la economía subterránea, reconocida ya desde la 15ª Conferencia Internacional de Estadígrafos del Trabajo de 1993.

Las implicaciones de política para las perspectivas citadas están a la vista. Por una parte se encuentra la posición ideológica liberal y neoclásica de la economía que reconoce la informalidad tanto en las transacciones de la economía subterránea como en las mismas unidades económicas como resultado de los altos impuestos, complicados sistemas recaudatorios o excesiva intervención del Estado, en este sentido la política se debería orientar a limitar y hacer más eficiente la administración de este intervencionismo. En segundo lugar se tiene la posición keynesiana que reconoce insuficiencias del mercado de trabajo y su segmentación en sectores formal e informal, por lo que se recomiendan políticas activas de empleo y medidas tendientes a la redistribución del ingreso y la promoción y regularización de las pequeñas unidades de producción. Finalmente se halla la postura neomarxista que supone estrategias de ocupación flexible e informal de mano de obra de parte de las empresas capitalistas, dado el sometimiento del Estado a las necesidades de acumulación de estas empresas; la extralegalidad en la ocupación de la mano de obra no se limita al empleo directo atípico, sino también a través de la subcontratación de procesos parciales de producción en red que practican las grandes empresas con las pequeñas. Así, la política se orienta a la sustitución del Estado capitalista, o al menos a fortalecer la regulación del Estado para garantizar la seguridad y protección laboral ante la flexibilización y globalización productiva del capital.

En síntesis, y siguiendo en cierta medida a Thomas (1992) y Roubaud (1995), se visualiza la clasificación del universo de la economía no regulada en cuatro subsectores: *a)* economía ilícita o criminal; *b)* economía no comercial: producción de autoconsumo rural, de trabajos comunitarios y del hogar y la autoconstrucción de vivienda; *c)* economía subterránea: transacciones y contrataciones de trabajo no registradas, y *d)* economía informal.[5] Atendiendo al concepto de economía subterránea, constituye tal vez la parte más grande del universo de la economía no regulada e involucra fundamental-

---

[5] Las transacciones y empleos de las unidades económicas clasificadas en el sector informal se consideran también dentro en la economía subterránea cuando se utilizan métodos indirectos de estimación, pero se podrán diferenciar claramente cuando estadísticamente su estimación provenga de auditorías fiscales.

mente a las empresas formales, pero dado el predominio de la medición indirecta de su valor, puede involucrar por igual las transacciones del sector económico informal (e incluso del sector criminal). Aunque teóricamente, como ya fue apuntado, las operaciones económicas subterráneas dependen de los niveles impositivos, mientras que en general la economía del sector informal surge de las condiciones de los mercados de trabajo (desempleo, bajos niveles salariales, flexibilidad laboral, predominio de mano de obra no calificada, etc.), además de los obstáculos burocráticos.

El análisis del sector económico informal, que se llevará a cabo en este trabajo, es delimitado a partir de unidades económicas de producción sin regulación pública y que de acuerdo con Roubaud (1995: 96) el indicador operativo idóneo es la condición ante el registro fiscal.[6] La información disponible se encuentra en las encuestas de empleo del INEGI (Instituto Nacional de Estadística y Geografía). Además, de acuerdo con lo visto aquí, la hipótesis señalada para el sector informal vincula su existencia a desequilibrios en el mercado laboral; es decir, a una limitada generación de empleos en los sectores formales que, aunado en el caso de México a la ausencia de seguro de desempleo, conlleva la presencia de subempleo y desempleo estructural abierto cuya alternativa es la ocupación en el sector informal. En este sentido se supone que la calidad de las ocupaciones e ingresos en este sector son inferiores a los predominantes en los sectores formales, a la vez que la población ocupada del sector informal expresa características socioeconómicas que explican la dificultad para competir o acceder a puestos asalariados en los sectores formales, particularmente el sector público y las grandes empresas, lo cual implica la necesidad de emprender actividades económicas de autoempleo informal.

Para las siguientes secciones, correspondientes al análisis empírico de este trabajo, se analiza el sector económico informal considerando como unidad de análisis a los trabajadores autoempleados y no a las unidades económicas de las que son dueños, de acuerdo con las fuentes de información, que son las encuestas de empleo; sin embargo, como luego se verá, hay una alta correspondencia con dichas unidades económicas. Además las características del sector informal serán analizadas comparativamente sólo

---

[6] El criterio del no registro de la unidad económica para determinarla como informal es utilizado por Roubaud (1995: 80-102) con la finalidad de incorporar al sector económico informal como un sector institucional y ser contabilizado (mediante métodos de encuestas mixtas a hogares y establecimientos) al lado de los otros sectores institucionales como el sector público, el sector de las grandes empresas corporativas y el sector de las pequeñas y medianas empresas registradas.

en relación con los autoempleados formales. En consecuencia, el presente trabajo analizará, para las áreas urbanas a escala nacional, algunas características socioeconómicas de los autoempleados o de sus pequeños negocios familiares, según su estatus institucional formal e informal, de acuerdo con la condición de registro para el pago de contribuciones. La fuente principal de información utilizada es la Encuesta Nacional de Ocupación y Empleo (ENOE) para el segundo trimestre de 2007, y en menor medida la Encuesta Nacional de Micronegocios (ENAMIN) de 2002 (INEGI/STPS).

Autoempleo y sector económico informal

En general, la bibliografía sobre el tema aquí tratado no ofrece una definición precisa y aceptada de manera general sobre el término de autoempleo, aunque puede sobreentenderse que se trata de trabajadores cuya remuneración la obtienen mediante la producción o venta de bienes o servicios y su actividad económica no involucra una relación salarial sino comercial. En otros términos un autoempleado actúa en los mercados de productos y por tanto participa como una unidad productora de bienes o servicios de manera personal (sin ayuda de otros trabajadores), familiar o en sociedad con otros trabajadores, incluso puede disponer o contratar trabajadores bajo modalidades sin remuneración o asalariados. Pueden hacer uso también de locales, oficinas, puestos, vehículos, instalaciones u otros activos fijos o circulantes, características que son ampliamente abordadas por la Encuesta Nacional de Micronegocios y cuya última versión es de 2002. Para esta encuesta todo trabajador autoempleado es dueño de un negocio, aunque para su operación éste no haga uso de locales o activos fijos, situación que es pertinente para un trabajador por cuenta propia que sólo depende de su capacidad de trabajo sin disponer de mano de obra asalariada.

De esta manera, un autoempleado se asimila a lo que INEGI define como un trabajador por cuenta propia o un pequeño patrón, ambos dueños de un micronegocio de acuerdo con la ENAMIN.[7] Por otra parte, considerando a la ENOE, es factible identificar a los autoempleados o trabajadores independientes que se desempeñan en unidades productoras o comercializadoras

---

[7] Trabajador por cuenta propia, según el INEGI (ENAMIN, 2002), es aquella persona que en su ocupación, oficio, negocio o taller trabaja solo o asociado, pero sin contratar trabajadores a sueldo. Además, es la dueña del producto, tiene que buscar su materia prima, posee herramientas y participa en el mercado buscando clientes. Su trabajo o

de bienes y servicios que no están organizadas bajo una sociedad mercantil (como una sociedad anónima o de otro tipo), lo cual permite introducir esta característica como una condición en la definición de autoempleo con fines operativos en el presente trabajo. En efecto, se puede sintetizar que una unidad económica de este tipo es conformada por uno o más trabajadores entre los cuales se distribuyen los ingresos de la actividad conjunta, pero como la ENOE está dirigida a los hogares, no capta número de negocios, aunque sí distingue ciertas características de éstos, así como al trabajador independiente de los trabajadores familiares con y sin pago, garantizando que los familiares que participan con remuneración no son clasificados en la categoría de trabajadores independientes o autoempleados.

Según las encuestas de empleo del INEGI, particularmente la ENOE, y para años anteriores a 2005 la ENEU y la ENE, casi en su totalidad el tamaño de ocupación de los negocios familiares es predominantemente de seis o menos personas incluyendo a los propietarios, socios, familiares sin pago y asalariados, por lo que este tamaño de negocios es similar al de *micronegocio* propuesto por la ENAMIN.

Se advierte que para una determinada unidad territorial el número de autoempleados no corresponde exactamente al número de negocios, debido a la posibilidad de que la propiedad del negocio sea compartida por dos o más autoempleados (que se registra en seis por ciento de los casos de acuerdo con la ENOE, segundo trimestre de 2007) o bien que un autoempleado posea más de un puesto o negocio, lo que sólo sucede en un caso de cada cien autoempleados en la encuesta. En este sentido, si bien la ENOE señala algunas características de las unidades económicas, no cuantifica, como ya se dijo, número de unidades económicas o negocios sino número de autoempleados que se desempeñan en estas unidades, puesto que la información es levantada en las viviendas.[8]

---

    empleo principal lo realiza independientemente en su propio negocio. A su vez, un patrón dueño de un micronegocio también participa de las características de los trabajadores por su cuenta, salvo que éste sí dispone de trabajadores a sueldo.

    Por su parte, la ENAMIN define micronegocio como la unidad económica involucrada en actividades relacionadas con la producción de bienes, el comercio, los servicios, la construcción y los transportes, cuyas tareas se pueden realizar en la vivienda o fuera de ella, con un local o sin él, y que cuenta con hasta seis trabajadores salvo en los casos de las actividades manufactureras, donde el tamaño se incrementa hasta 16 trabajadores incluyendo al dueño del negocio.

[8] Bangasser (2000) sugiere no utilizar como unidad de análisis la unidad económica dado su sentido ambiguo sino al trabajador; sin embargo, esto depende de la unidad de análisis utilizada en la fuente de información y en el presente trabajo tanto las encuestas de empleo como la ENAMIN del INEGI se basan en los trabajadores.

De acuerdo con lo hasta aquí revisado, se comprende que el sector económico informal está conformado por el conjunto de pequeños negocios familiares sin registro fiscal o, mejor dicho, de acuerdo con la fuente de información aquí utilizada, por el conjunto de autoempleados que no cuentan con el registro fiscal de sus negocios.[9] La dimensión del registro fiscal permite clasificar a los autoempleados y sus actividades económicas en formales e informales con gran utilidad analítica, ya que efectivamente (como luego se expondrá) permite diferenciar socioeconómicamente a los propietarios en cuanto a las actividades que desempeñan, la manera de llevarlas a cabo, los ingresos obtenidos, sus antecedentes laborales, problemas económicos y expectativas de sus negocios. Quedan fuera del presente trabajo los aspectos sociodemográficos, que son abordados por el autor en otro trabajo (Carrillo, 2008), para el análisis del sector económico informal en Jalisco.

Salvo por el uso de la información de la ENAMIN (delimitada a las áreas más urbanizadas de México), el ámbito territorial de análisis será el total de áreas urbanas cubiertas por la ENOE, y sólo para fines de comparación entre ambas coberturas territoriales urbanas se presenta la información dada en el cuadro 1. Éste demarca la diferencia entre el total de las áreas urbanas y las áreas más urbanizadas (43 mayores ciudades) para las principales categorías de ocupación según la posición en el trabajo. En promedio para 2007 (segundo trimestre) la composición entre ambas coberturas territoriales es más o menos similar, diferenciándose el total de áreas urbanas básicamente por una mayor cantidad relativa de autoempleados y trabajadores familiares, a costa de una menor proporción de trabajadores asalariados; como era de esperarse esta última proporción se incrementa con el grado de urbanismo de los territorios. Específicamente, entre 26 y 22 por ciento de la población ocupada son autoempleados que poseen, en lo individual o en sociedad, al menos un negocio o actividad económica por su cuenta que les permite vivir. En general, también se estima que los trabajadores familiares con o sin pago y aquellos que no siendo familiares ayudan en los micronegocios promedian entre 9 y 12 por ciento de la población ocupada, según se trate del conjunto de áreas urbanas o sólo de las ciudades principales. Además la categoría de autoempleados que contratan tra-

---

[9] De acuerdo con el cuestionario básico de mayores de la ENOE, la identificación de los autoempleados se da con las preguntas 3b = 1 y 4c = 1. Y la clasificación de autoempleado informal, mediante la pregunta que establece el tipo de contabilidad, 4g = 2 o 4; a su vez, los formales con la pregunta 4g = 1 o 3. El INEGI, por su parte, identifica a los trabajadores informales en general condicionando a una mayor cantidad de características (véanse ENOE, 2005 y 2006).

Cuadro 1. Posición en el trabajo de la población ocupada según áreas urbanas en México, 2007 (porcentajes)

Posición en el trabajo	Total de áreas urbanas[1]	Áreas más urbanizadas[2]
Empleadores dueños de empresas mercantiles (no microempresa)[3]	1.2	1.3
Autoempleados dueños de negocios que contratan trabajadores asalariados[4]	3.8	4.0
Autoempleados que no contratan trabajadores asalariados[5]	22.6	17.8
Trabajadores asalariados	60.5	67.6
Otros trabajadores familiares y no familiares con pago	5.0	5.7
Trabajadores familiares y no familiares sin pago	6.9	3.6
Total (%)	100.0	100.0
Total población ocupada	42 906 656	22 702 921

[1] Localidades mayores de 2 500 habitantes.
[2] Localidades mayores de 100 000 habitantes.
[3] Datos obtenidos por diferencia entre total de patrones y los patrones dueños de micronegocios.
[4] Clasificados por INEGI como «patrones» dueños de micronegocios.
[5] Clasificados por INEGI como «trabajadores por su cuenta».
Fuente: INEGI, ENOE, segundo trimestre de 2007, indicadores estratégicos.

bajadores asalariados constituyen sólo alrededor del 4 por ciento y aquellos que no disponen de mano de obra asalariada, constituyen la mayoría. La diferenciación entre ambos tipos de autoempleados resulta analíticamente significativa al expresar capacidades productivas y remunerativas distintas, como luego se verá.

Por otra parte, de acuerdo con la definición de informalidad manejada en este trabajo se estima, utilizando la información de la ENOE (2007), que el 76.1 por ciento de los autoempleados comprenden el universo del sector económico informal en el total de las áreas urbanas.[10] En términos absolutos se identifican en estas áreas 9 076 000 autoempleados de los cuales 6 908 000 no cuentan con ningún tipo de registro fiscal de sus negocios o actividades económicas.

Los autoempleados han manifestado más bien un moderado dinamismo en la estructura ocupacional en la última década. Por ejemplo, considerando sólo el medio más urbanizado, su participación ha evolucionado de

---

[10] Esta proporción es muy similar a la estimada por la última Encuesta Nacional de Micronegocios (2002) para los autoempleados que no cuentan con ningún tipo de registro fiscal, que fue de 70 por ciento, y para los que no llevan ninguna contabilidad o sólo notas personales es de 71.2, considerando que esta encuesta sólo está referida a las áreas más urbanizadas de México (INEGI, ENAMIN, cuadros 1.28 y 1.37).

18 por ciento del total de la población ocupada, en 1987 a 22 por ciento en 2007. Se aprecia que su magnitud absoluta es relevante, por ejemplo: en 1998, 4 219 000 autoempleados y en 2002, 4 415 000 (ENAMIN, 1998 y 2002); por su parte, la ENOE estima para 2007, 4 936 000 autoempleados.

Características socioeconómicas de los autoempleados

El análisis de las características de los autoempleados se efectúa siguiendo la clasificación dicotómica de formales e informales, según su condición de registro fiscal. La presencia o ausencia de un registro ante alguna institución federal o estatal para el pago de contribuciones establece un parteaguas en las características socioeconómicas de los negocios o de sus dueños, particularmente por la escala de operaciones, la localización de las actividades, el tipo de actividades predominantes y su mercado. Además, a estas características se asocian otras que se procede a analizar enseguida.

El tamaño de las unidades económicas de autoempleo
La información del cuadro 2 evidencia que el autoempleo informal reside en unidades económicas con una escala mínima de operaciones, pues 72 por ciento de los trabajadores no tienen ayuda de persona alguna y 19 por ciento sólo disponen de otra persona más; mientras que en el autoempleo registrado o formal las proporciones son de 38 y 27 por ciento, respectivamente. Además, casi dos terceras partes de los autoempleados formales contratan mano de obra asalariada. Esto señala una primera distinción para el autoempleo informal: un predominio de trabajadores sin ayudan-

Cuadro 2. Tamaño de los negocios de autoempleo según tipo formal o informal, 2007 (porcentajes)

Tamaño según ocupados incluyendo un dueño	Negocio formal	Negocio informal	Total
Una persona (el propietario)	37.5	71.9	63.7
Dos personas	27.1	19.3	21.2
De 3 a 6 personas	29.9	8.0	13.2
De 7 a 16 personas	4.9	0.7	1.7
Más de 16 personas	0.6	0.0	0.2
Total	100.0	100.0	100.0

Fuente: Elaboración propia con base en la información de la base de datos de la ENOE, 2007, segundo trimestre.

tes; más específicamente, 89 por ciento de este autoempleo no contrata trabajo asalariado y 86 por ciento no dispone de trabajadores sin pago.

Otro aspecto de la dimensión económica de los autoempleados (tanto formales como informales) es que prácticamente no poseen más de un giro comercial, es decir, que sus actividades no se diversifican; además de aquellos que poseen algún establecimiento, oficina o local o bien, al menos, un puesto en la calle o un vehículo para efectuar su actividad, no cuentan con más de uno.

Lugar y rama de actividad económica

El cuadro 3 resume la información correspondiente al tipo de local o establecimiento y las principales ramas de actividad en las que se ocupan los autoempleados. En particular los autoempleados formales tienden a desempeñarse en locales, oficinas o establecimientos con atención al público, mientras que los autoempleados informales lo hacen predominantemente en la calle (ambulantes de casa en casa, en puestos improvisados o en vehículos), en su propio domicilio o en el domicilio de los clientes.[11]

En general, sobresalen las ramas del comercio al por menor, y entre ellas las dedicadas a la venta de alimentos y bebidas para los negocios formales y aún con mayor concentración en los negocios informales que cuentan con algún local. Casi 35 por ciento de los autoempleados con negocios formales y local se dedican al comercio al por menor, 12 por ciento son médicos, profesionistas y técnicos, 6 por ciento se ocupan en los servicios de restaurantes y fondas y poco más de 5 por ciento se dedican a la manufactura.

En lo que se refiere a los autoempleados en negocios informales que no poseen un establecimiento, fundamentalmente se dedican al comercio al por menor de alimentos y bebidas, prendas de vestir y accesorios personales, entre otras actividades relevantes (según se aprecia en el cuadro 3); un tercio de estos autoempleados informales realizan sus actividades en su propio domicilio o bien disponen de un puesto en la calle; 17 por ciento son ambulantes de casa en casa, quienes aparte del comercio también realizan actividades publicitarias; en vehículos, con o sin motor, se lleva a cabo la venta de alimentos y el transporte de carga y de pasajeros. En lo que corresponde a los autoempleados informales que se desempeñan en el domicilio de los clientes, representan 22 por ciento y se dedican a la construcción, servicios de reparación, comercio y otras actividades.

---

[11] Williams (2003) indica que la informalidad de encuentra predominantemente en el comercio y su trabajo contribuye a esclarecer de manera detallada las características del comercio en la vía pública de la ciudad de México.

Cuadro 3. Tipo de local y rama de actividad económica de los autoempleados según tipo de negocios, 2007 (porcentajes)

	Negocio formal	Negocio informal	Total
Locales manufactureros: industria alimentaria, productos metálicos y fabricación de muebles	5.3	2.0	2.8
Locales comerciales: comercio al por menor de alimentos y bebidas, textiles y ropa, calzado, papelería, enseres domésticos, cómputo, ferreterías y tlapalerías, venta de vehículos de motor y refacciones y lubricantes	34.8	9.5	15.5
Locales de servicios médicos, profesionales y técnicos	12.2	0.3	3.2
Locales de preparación y venta de alimentos: restaurantes y fondas	6.2	2.3	3.3
Talleres de reparación y mantenimiento: de automóviles y camiones	4.5	1.4	2.2
Talleres de reparación y mantenimiento: de equipo, maquinaria, artículos para el hogar y personales	2.4	0.6	1.1
Locales de servicios: personales diversos	3.0	1.1	1.5
Otros locales: manufactureros, comerciales o de servicios	13.7	1.7	4.6
Subtotal con local o establecimiento	*82.1*	*19.0*	*34.0*
En el campo: aprovechamiento forestal; pesca y otras ramas	0.1	1.8	1.4
Ambulante de casa en casa, en la calle o en un puesto improvisado: comercio y preparación de alimentos, ropa nueva, accesorios de vestir, calzado; papelería, muebles para el hogar y enseres domésticos; reparto de publicidad y servicios personales	0.7	16.9	13.0
En vehículos con y sin motor: comercio y preparación de alimentos; transporte de pasajeros y de carga	2.8	7.5	6.4
En su propio domicilio con o sin una instalación específica, en puestos fijo, semifijos y otros lugares: industria alimentaria; confección de textiles; fabricación de prendas de vestir, fabricación de muebles; comercio al por menor de alimentos; servicios de preparación de alimentos; comercio al por menor de ropa, calzado, accesorios de vestir y textiles, comercio al por menor de enseres domésticos; comercio al por menor de papelería; servicios profesionales y técnicos, servicios de reparación de automóviles y camiones, y servicios de reparación y mantenimiento de equipo, maquinaria, artículos para el hogar; otros servicios personales	7.8	32.6	26.6
En el domicilio de los clientes: edificación residencial y trabajos de albañilería, eléctricos e hidrosanitarios; comercio al por menor de prendas de vestir y textiles; publicidad, servicios profesionales y técnicos; jardinería, reparación y mantenimiento de automóviles y camiones, reparación y mantenimiento de equipo, maquinaria, artículos para el hogar, servicios personales	6.6	22.3	18.6
Subtotal sin local o establecimiento	*17.9*	*81.0*	*66.0*
Total	100.0	100.0	100.0

Fuente: Elaboración propia con base en la información de la base de datos de la ENOE, 2007, segundo trimestre.

En general, se observa que en menor proporción los autoempleados informales operan locales establecidos con atención al público, pues éstos están destinados predominantemente a los negocios formales. Por ejemplo, en lo que a comercio al por menor se refiere, pueden ser: tiendas de abarrotes, tlapalerías, zapaterías, etc.; locales de servicios como tintorerías, restaurantes, salones de belleza, etc.; talleres de servicios de reparación (mecánicos, electrodomésticos, etc.), talleres de producción (herrerías, tortillerías, imprentas, etc.) o bien servicios técnicos y profesionales (clínicas, consultorios, bufete de abogados, etc.). Debido a la localización donde se desarrollan estas actividades es difícil escapar de una serie de regulaciones institucionales impuestas por las autoridades federales, estatales y municipales. En este sentido, los autoempleados informales que declaran poseer un local establecido, que son el 19 por ciento del total de éstos, pueden estar localizados en zonas urbanas marginadas o zonas semiurbanas que son escasamente inspeccionadas; además la ENOE, no detalla el tipo de establecimiento y sólo se alcanza a inducir por la rama de actividad registrada en la encuesta, tal como se observa en el cuadro 3. De cualquier forma, no hay que desconocer fuertes barreras a la formalización provenientes del costo de impuestos, licencias y seguridad social de los trabajadores, pagos a contadores, trámites excesivos, abusos de autoridad y rigidez en la normatividad laboral, además de la corrupción de agentes gubernamentales; todos estos son considerados factores de disuasión para la formalización de los negocios (Manning y Thomas; 2007). En todo caso, frente a estas barreras, la formalización gradual es más factible (por ejemplo, controles sencillos y medidas de atención de parte de los ayuntamientos); por otra parte, los autoempleados informales que deciden volverse formales lo hacen en función de la percepción de los beneficios sobre los inconvenientes citados que los afectan en mayor o menor medida, por ejemplo el mantenerse en un lugar que se ha comercializado y es objeto de revisiones oficiales, tener la obligación de facturar dado el tipo de clientes que atiende, etcétera.

Las encuestas de empleo y de micronegocios de INEGI llevadas a cabo en los últimos veinte años no reconocen que los procesos de la subcontratación involucren significativamente al trabajo de autoempleo informal con las empresas medianas y grandes. Más bien, los estudios sobre subcontratación generada por las empresas globales al amparo de la flexibilización productiva moderna involucran a pequeñas empresas formales que a su vez hacen uso de altas proporciones de mano de obra asalariada sin coberturas de seguridad social (Carrillo, 2005). En este sentido, en lo que respecta a la información vertida en el cuadro 4, no se observa una dependencia en alto

Cuadro 4. Mercado o clientela de los autoempleados según tipo de negocio, 2007 (porcentajes)

Mercado o clientela	Negocio formal	Negocio informal	Total
A una sola empresa, negocio o intermediario	1.2	2.0	1.8
A varios negocios, empresas o intermediarios	12.8	3.9	6.0
Directamente al público	91.4	95.4	94.4
Total[1]	105.3	101.3	102.3

[1] El total no cierra en 100 por ciento debido a que las opciones no son mutuamente excluyentes en la encuesta.
Fuente: Elaboración propia con base en la información de la base de datos de la ENOE, 2007, segundo trimestre.

grado de las unidades económicas de autoempleo con empresas o intermediarios, pues a lo sumo 2 por ciento declara vender predominantemente su producción o servicios a una empresa. Y cuando se trata de un mercado más diversificado y la venta la realizan a varios negocios o intermediarios, los autoempleados formales se encuentran más involucrados (en 13 por ciento); aunque sus ventas no son exclusivas para estos negocios sino que además diversifican parte de sus ventas directamente al público en general, como lo evidencian las proporciones de venta directa al público superiores al 90 por ciento.

Antigüedad de los negocios, problemas y expectativas
La antigüedad de los negocios de autoempleo demarca la medida de supervivencia y estabilidad de los mismos. La información contenida en el cuadro 5 para 2007, indica que dos terceras partes de los negocios de autoempleo en general presentan una antigüedad superior a los tres años y 35 por ciento con más de diez años de antigüedad. Los datos hacen suponer que la mayoría de los negocios de autoempleo son en cierta forma exitosos o al menos cumplen con sostener económicamente a sus dueños y sus familias.[12] En general, los negocios de autoempleo formal presentan un grado de antigüedad mayor que el de los negocios de autoempleo informal (véase cuadro 5); sin embargo, se puede afirmar que las diferencias no son extremas, entendiéndose así que también los negocios informales tienen buenas expectativas de sobrevivencia, aunque no están libres de fuertes problemas de mercado. En este sentido, la información de la Encuesta Nacional de Micronego-

[12] De acuerdo con la ENAMIN, con datos referentes al segundo trimestre de 2002, 98.1 por ciento de los negocios de autoempleo reportan ganancias. Además, la estructura de los negocios según su antigüedad presenta una relativa consistencia, pues los negocios con antigüedad mayor de diez años representan 33 por ciento.

Cuadro 5. Autoempleados según antigüedad y tipo de negocio, 2007 (porcentajes)

Antigüedad en los negocios	Negocio formal	Negocio informal	Total
Hasta 3 años	23.8	35.3	32.5
De 4 a 10 años	37.0	31.2	32.6
De 11 a 20 años	23.9	19.5	20.5
Más de 20 años	15.3	14.0	14.3
Total	100.0	100.0	100.0

Fuente: Elaboración propia con base en la información de la base de datos de la ENOE, 2007, segundo trimestre.

cios (INEGI/STPS, 2002) con respecto a la percepción de los autoempleados sobre los principales problemas que afectan a sus negocios, se encuentran la falta de clientes, la competencia excesiva y las consecuentes bajas ganancias, que en general padecen 84 por ciento de los autoempleados. Además, de acuerdo con las expectativas de los autoempleados, al menos 90 por ciento de éstos esperan continuar con su negocio a pesar de los problemas de ventas y de baja ganancia, independientemente del tamaño o tipo de negocio de que se trate. Por otra parte, del 10 por ciento restante de autoempleados que esperan cambiar o abandonar el negocio, sólo una mínima proporción (uno por ciento de los autoempleados) desea contratarse como asalariado (principalmente se trata de autoempleados informales), lo que implica que el autoempleo escasamente funciona como reserva de mano de obra para el mercado de trabajo asalariado, al menos en una percepción de corto plazo. Esto último debe ser tomado en cuenta al diseñar políticas respecto al sector informal, pues tal parece que las metas de las políticas deberían reorientarse a la atención de los pequeños negocios y proponerse formalizar sus propiedades y operaciones desde los gobiernos locales y no esperar que el crecimiento de la economía formal reduzca sustantivamente la informalidad económica.

Jornada de trabajo e ingresos

En general los autoempleados desempeñan sus actividades durante jornadas semanales muy variadas o flexibles. Así, 38 por ciento lo hacen mediante jornadas menores de 35 horas y 36 por ciento en jornadas superiores a 48 horas, lo cual les permite ocuparse en otras actividades (por ejemplo al hogar) o bien buscar mayores ingresos con más trabajo (véase cuadro 6). En particular, tratándose de negocios de autoempleo informal predominan las jornadas parciales en mayor medida que en los formales, pero la situación se invierte para las jornadas mayores de 48 horas semanales, pues los negocios

Cuadro 6. Jornada semanal de trabajo de autoempleados, según tipo de negocio, 2007 (porcentajes)

Jornada de trabajo horas/semana[1]	Negocio formal	Negocio informal	Total
De 1 a 10	1.9	10.9	8.7
De 11 a 35	14.7	33.6	29.0
De 36 a 48	31.2	24.8	26.4
De 49 a 70	39.5	24.9	28.4
De 71 a 140	12.7	5.8	7.5
Total	100.0	100.0	100.0

[1] La jornada es la declarada en la semana inmediata anterior al levantamiento de la encuesta. En general, esta jornada es la habitual en 92 por ciento de los autoempleados.
Fuente: Elaboración propia con base en información de la base de datos de la ENOE, 2007, segundo trimestre.

formales presentan proporciones superiores. Esta situación se asocia al menor tamaño de la unidad económica de los autoempleados informales, como ya se había señalado en una sección previa, 72 por ciento de éstos no tienen ayuda en su negocio (véase cuadro 2) y por lo tanto su flexibilidad laboral en jornadas parciales se facilita de acuerdo con las necesidades o preferencias personales del autoempleado; mientras que las excesivas jornadas de trabajo en el autoempleo formal pueden estar reflejando una mayor exigencia comercial, al menos en parte, fundamentada en horarios ampliados o laborando todos los días de la semana.

El cuadro 7 despliega los ingresos mensuales por estratos. Se observa el predominio de mayores proporciones de autoempleados informales en los estratos menores de dos salarios mínimos; más específicamente, mientras que 52.9 por ciento de los autoempleados informales obtienen estos ingresos, los formales sólo son afectados en 20.6 por ciento.[13] Se podría afirmar razonablemente que las diferencias en las jornadas podrían reflejarse igualmente en diferentes ingresos obtenidos, para ello es necesario calcular entonces el ingreso por hora de trabajo. Este ingreso es estimado en el cuadro 8,

[13] El cálculo de los ingresos de los trabajadores autoempleados es más difícil que el de los trabajadores asalariados, ya que deben ser netos de los gastos y compras de material o mercancías para la venta. En las encuestas de la ENE o de la ENOE, el cuestionario y los documentos metodológicos no entran en detalles de este tipo sino que sólo se considera la mera estimación que el sujeto entrevistado da en el momento. Esto tal vez cuestiona la comparabilidad de ingresos entre asalariados y autoempleados, pero entre distintos tipos de autoempleados puede resultar válida; en este sentido la Encuesta Nacional de Micronegocios de 1996 y de 2002 ofrecen resultados en la misma dirección a los aquí ofrecidos, considerando gastos y compras de materiales y mercancías.

Cuadro 7. Ingresos percibidos por los autoempleados
según tipo de negocio, 2007 (porcentajes)

Número de veces el salario mínimo[1]	Negocio formal	Negocio informal	Total
Hasta 1	5.6	28.8	23.5
De 1 a 2	15.0	24.1	22.0
De 2 a 3	20.1	22.5	22.0
De 3 a 5	21.2	15.5	16.8
De 5 a 10	24.5	7.6	11.4
De 10 a 20	11.1	1.3	3.5
De 20 a 40	2.2	0.2	0.6
Más de 40	0.3	0.0	0.1
Total	100.0	100.0	100.0

[1] De acuerdo con esta fuente, el salario mínimo mensual considerado es de 1 470 pesos.
Fuente: Elaboración propia con base en información de la base de datos de la ENOE, 2007, segundo trimestre.

donde se observa que continúa una marcada diferencia: 46.6 por ciento de los autoempleados informales no logran ganar por arriba de 17 pesos la hora, frente a 29.6 de los formales. El resultado es entonces que los autoempleados informales no sólo tienden a trabajar en mayor medida jornadas parciales sino también a ganar menos por hora trabajada.

Con lo analizado hasta ahora se perfila que el concepto de informalidad y el criterio metodológico para medirla corresponde a una categoría relativamente homogénea en sus características socioeconómicas; sin embargo, lo anterior no obsta para aceptar una homogeneidad socioeconómica absoluta dentro del universo del autoempleo informal, pues al menos marginalmente se encuentra un factor que determina una diferenciación interna y lo es tanto para los negocios informales como para los formales. Este factor es la capacidad económica de los autoempleados, indicada adecuadamente por la capacidad para contratar trabajo asalariado; así, esta capacidad entre los autoempleados formales es en promedio de 40 por ciento y para los informales de sólo 11 por ciento. El cuadro 9 contempla la diferenciación dentro de cada tipo de negocio utilizando los ingresos obtenidos de sus actividades económicas: 56.1 por ciento de los autoempleados informales que no contratan trabajadores asalariados tienen remuneraciones menores a dos mínimos, esta proporción se reduce a 17.9 en el caso los autoempleados que contratan trabajadores asalariados. De manera similar, aquellos autoempleados formales con capacidad para contratar asalariados perciben remuneraciones superiores a los que carecen de esta capacidad. En síntesis, el cuadro 10 contiene la estimación promedio (media aritmética) de las remuneraciones en pesos para las distintas categorías de autoempleo, que contrata o no

Cuadro 8. Estratos de ingresos por hora percibidos por los autoempleados, según tipo de negocio, 2007 (porcentajes)

Estrato de ingreso por hora, en pesos[1]	Negocio formal	Negocio informal	Total
Hasta 8.50	9.9	18.7	16.8
De 8.51 a 17.00	19.7	27.9	26.1
De 17.01 a 25.50	15.9	20.2	19.2
De 25.51 a 42.50	20.8	18.6	19.1
De 42.51 a 85.00	21.3	10.7	13.0
De 85.01 a 170.00	9.0	2.9	4.2
De 170.01 a 340.00	2.7	0.7	1.2
Más de 340.00	0.7	0.3	0.4
Total	100.0	100.0	100.0

[1] Los grupos de ingreso son calculados siguiendo los estratos dados en el cuadro 2.9. Para esto se divide el salario mínimo mensual (1 470.00 pesos) entre la jornada mensual (estimada en 172 horas, suponiendo 40 horas semanales), lo que arroja un límite superior a 8.50 la hora para el primer estrato.
Fuente: Elaboración propia con base en información de la base de datos de la ENOE, 2007, segundo trimestre.

Cuadro 9. Ingresos percibidos por los autoempleados según su condición de empleador por tipo de negocio, 2007 (porcentajes)

No contrata trabajadores asalariados Ingreso mensual VSM[1]	Negocio formal	Negocio linformal	Total
Hasta 1	7.1	30.9	27.1
De 1 a 2	18.2	25.2	24.1
De 2 a 3	24.6	21.8	22.3
De 3 a 5	22.4	14.4	15.7
De 5 a 10	19.6	6.5	8.6
De 10 a 20	6.8	1.0	1.9
De 20 a 40	1.1	0.1	0.2
Más de 40	0.2	0.0	0.0
Total	100.0	100.0	100.0
Contrata trabajadores asalariados			
Hasta 1	1.1	5.0	3.1
De 1 a 2	5.6	12.9	9.4
De 2 a 3	12.1	28.0	20.3
De 3 a 5	19.5	29.7	24.8
De 5 a 10	36.3	19.1	27.4
De 10 a 20	19.5	4.2	11.6
De 20 a 40	5.0	1.1	3.0
De 40	0.7	0.1	0.4
Total	100.0	100.0	100.0

[1] De acuerdo con esta fuente, el salario mínimo mensual considerado es de 1 470 pesos.
Fuente: Elaboración propia con base en la información de la base de datos de la ENOE, 2007, segundo trimestre.

trabajo asalariado y según sea informal o formal. El resultado también es muy evidente: las remuneraciones promedio para todos los empleadores de asalariados son 2.4 veces mayores respecto de los que no disponen de mano de obra asalariada; en particular, es casi dos veces mayor el ingreso de los informales que disponen de asalariados frente al de los informales que no lo hacen; y, finalmente, entre los formales se observa una diferencia de 1.8 veces entre los empleadores de asalariados y los no empleadores de éstos. Así, los bajos ingresos de los informales se asocian con un predominio de actividades económicas llevadas a cabo sin local, sin fuertes requerimientos de activos y sin ayudantes asalariados; además se trata de unidades económicas con menor capacidad financiera, de menor tamaño dentro del conjunto de los negocios de autoempleados y atienden segmentos de mercado más competidos y distintos al de los formales. Estos últimos también pueden disponer de cierta capacidad de organización y diferenciación de sus bienes y servicios, por ejemplo al otorgar garantías y otros servicios de atención al cliente.

Si bien la situación económica de los autoempleados es precaria para aquellos informales sin capacidad de disponer de mano de obra asalariada (y en su mayoría sin ayuda alguna), no se está en la posibilidad de afirmar, según lo señalado teóricamente en la primera sección, que se encuentren a la espera de oportunidades para incorporarse como asalariados en el sector formal (al menos no es así en su percepción a corto plazo), y con el propósito de ofrecer una mayor evidencia al respecto se incluye el cuadro 11. Este cuadro es revelador: en promedio, 96 por ciento de los autoempleados informales (y formales) no buscan otro trabajo; además, la proporción de aquellos que buscan trabajo en otro país o hacen preparativos para cruzar la frontera es prácticamente inexistente, e incluso aquellos autoempleados que reciben la ayuda de alguien que vive en el extranjero sólo favorece en promedio al dos por ciento. Asimismo, a partir de la información de la ENOE (segundo

Cuadro 10. Promedio de ingresos mensuales de los autoempleados por condición de empleador y tipo de negocio, 2007 (pesos corrientes)

Condición del empleador	Negocio formal	Negocio informal	Total
No contrata trabajo asalariado	6 381	3 204	3 710
Contrata trabajo asalariado	11 898	6 182	8 944

Fuente: Elaboración propia con base en información de la base de datos de la ENOE, 2007, segundo trimestre

Cuadro 11. Situación respecto a la búsqueda de otro trabajo
por parte de los autoempleados, según tipo de negocio, 2007
(porcentajes)

Búsqueda de otro trabajo	Negocio formal	Negocio informal	Total
Busca trabajo en otro país o hace preparativos para cruzar la frontera	0.1	0.2	0.2
Busca trabajo en el país	2.5	4.2	3.8
Busca cambiar o poner otro negocio	0.5	0.2	0.3
No busca otro trabajo	96.9	95.4	95.8
Total	100.0	100.0	100.0

Fuente: Elaboración propia con base en información de la base de datos de la ENOE, 2007, segundo trimestre

trimestre, 2007), se estima que los autoempleados propietarios de negocios formales o informales que disponen de un segundo empleo para complementar sus ingresos es de sólo 7 por ciento y su participación como asalariados es de alrededor de 1.4 por ciento.[14] En síntesis, la gran mayoría de los autoempleados no consideran que desempeñan actividades de ingresos complementarios sino que dependen económicamente de ellas; son además estables, no demandan o buscan un segundo empleo y en general no disponen de otras fuentes de ingresos. Ante todo esto, sin embargo, a largo plazo, la informalidad no ofrece una solución para la erradicación de la pobreza y es necesario implementar políticas para reducirla, previo estudio de los obstáculos para formalizar las unidades económicas.

Antecedentes laborales de los autoempleados

Hasta aquí se ha verificado que una vez que los trabajadores se autoemplean, se visualizan escasas posibilidades de que regresen o pretendan regresar a una situación de trabajador asalariado en los sectores formales de la economía, incluso de los autoempleados más precarios. Frente a esta situación, ahora se proseguirá con los antecedentes laborales de éstos. Para ello se utiliza la información de la Encuesta Nacional de Micronegocios (INEGI/STPS, 2002), a partir de la cual se estima que una cuarta parte de los autoempleados inician sus actividades sin experiencia laboral previa (cuadro 12). Una

---

[14] A mediano plazo, sin embargo, cabe la posibilidad de movimientos significativos de trabajadores entre una posición de trabajo autónoma y otra de asalariados, según los ciclos económicos de recesión o crecimiento, donde además se podrían apreciar algunos impactos en la distribución del ingreso (Cortés, 1998: 41-75).

primera observación relevante es la débil relación del autoempleo con la condición previa de desempleo abierto del trabajador, que sería de esperar de acuerdo con el planteamiento teórico expuesto en la primera sección, puesto que según esta fuente sólo 1 por ciento estaba desempleado tratando de encontrar trabajo; mientras que a partir de la información de la ENOE (INEGI/STPS, 2007) se estima una tasa de 7.8 por ciento de desempleo abierto entre aquellos que decidieron autoemplearse, tasa muy similar entre formales e informales.[15] Además, estar estudiando o dedicarse al hogar son las dos condiciones de actividad más relevantes entre aquellos sin experiencia laboral. Por otra parte, la condición ocupacional de asalariado (de planta y eventual) constituye la más importante entre los autoempleados con experiencia laboral, lo cual confirma que el autoempleo es generado desde el sector formal con una posición de asalariado y no mayoritariamente desde el desempleo abierto; en segundo término en importancia, otra condición laboral anterior la constituye el mismo sector de autoempleo (cuadro 12).[16]

Por otra parte, según la ENOE (2007, segundo trimestre) los autoempleados (formales e informales) que en su condición laboral anterior perdieron o abandonaron su empleo como asalariados constituyeron casi 80 por ciento del total de los que declararon tener alguna experiencia laboral (véase cuadro 13). Haber tenido un negocio anterior sólo representó en promedio 10.5 por ciento, es decir, que también a partir de esta información se concluye que entre los autoempleados con experiencia laboral predominan los que tienen un antecedente de asalariado. Los pensionados, jubilados o retirados tienen una presencia relativamente pequeña y, finalmente, los migrantes de retorno desde Estados Unidos que se establecen luego como autoempleados son el 2.2 por ciento.

Más específicamente, el cuadro 14 muestra que aquellos asalariados que renunciaron a su empleo anterior para autoemplearse tomaron en cuenta, principalmente, razones personales y el deseao de independizarse,

---

[15] La ENAMIN de 1998 capta aproximadamente a 6.2 por ciento de los autoempleados con antecedentes de desempleo abierto, por lo que la proporción es variable pero mínima, independientemente del ritmo de crecimiento general de la actividad económica nacional, ya que este año se caracteriza por registrar tasas relativamente altas de crecimiento y en cambio 2002 por una acentuada recesión.

[16] Aunque no ha sido analizado con suficiente profundidad, existen algunos estudios de caso sobre el tránsito de la posición de asalariado a la de autoempleado (Bazán y Estrada, 1998; Estrada, 1996). Por otra parte, es poco probable que exista escasez de mano de obra no calificada en el sector formal debido a la migración hacia el sector informal, pues tanto el crecimiento económico general como el empleo formal han sido muy lentos en México.

Cuadro 12. Condición de actividad anterior, con y sin antecedentes laborales de los autoempleados, 2002 (porcentajes)

Condición de actividad anterior	Total
Estaba desempleado tratando de encontrar trabajo	1.08
Estudiaba	10.24
Hogar	10.79
No trabajaba y no buscaba trabajo	2.89
Era trabajador asalariado de planta	34.83
Era trabajador asalariado eventual	22.23
Tenía un negocio o trabajaba por su cuenta	10.60
Era aprendiz sin remuneración	1.22
Otra actividad que abandonó	1.44
Tenía un trabajo asalariado que no ha abandonado	1.40
Tenía un negocio que no ha dejado	3.29
Total	

Fuente: ENAMIN (INEGI/STPS) información del segundo trimestre de 2002).

Cuadro 13. Condición previa de los autoempleados con experiencia laboral, según tipo de negocio, 2007 (porcentajes)

Motivos	Negocio formal	Negocio informal	Total
Perdió o terminó su empleo (asalariado)	24.3	30.5	29.1
Renunció a su empleo (asalariado)	52.7	49.4	50.1
Cerró o dejó su negocio propio (autoempleado)	12.0	10.1	10.5
Se pensionó, jubiló o retiró de su negocio	6.9	4.9	5.3
Lo detuvieron, se enfermó o se accidentó (inactivo)	0.4	1.7	1.4
Regresó o lo deportaron de Estados Unidos	2.4	2.1	2.2
Otro	1.3	1.3	1.3
Total	100.0	100.0	100.0

Fuente: Elaboración propia con base en información de la base de datos de la ENOE, 2007, segundo trimestre.

Cuadro 14. Motivos de la renuncia o abandono del trabajo asalariado anterior de los autoempleados, según tipo de negocio, 2007 (porcentajes)

Para aquellos que renunciaron a su empleo asalariado	Negocio formal	Negocio informal	Total
Quería ganar más	12.8	15.7	15.0
Quería independizarse	57.1	34.3	39.7
Cambio o deterioro de las condiciones de trabajo	3.1	5.2	4.7
Por problemas laborales o motivos personales	27.0	44.8	40.6
Total	100.0	100.0	100.0

Fuente: Elaboración propia con base en información de la base de datos de la ENOE, 2007, segundo trimestre.

mientras que sueldos insuficientes o condiciones desfavorables de trabajo sólo repercutió en una quinta parte restante, con lo cual se establece también una débil relación entre las condiciones laborales de los asalariados y la decisión de autoemplearse con un negocio, tanto para formales como informales.

Conclusiones

Se ha delimitado un sector económico informal compuesto a partir de trabajadores autoempleados que operan pequeñas unidades productoras con o sin ayuda de otros trabajadores (que pueden ser familiares y asalariados) y cuyas actividades no son registradas institucionalmente. De esta manera, el concepto de informalidad económica constituye parte del universo de la economía no regulada. Mediante esta delimitación, el sector económico informal toma sentido como una categoría de análisis que permite caracterizar empíricamente a sus integrantes y sus negocios de manera más o menos homogénea incluso frente a los autoempleados formales; además, dada su escala de operaciones, este sector comparte una lógica de producción precisa, cuyo objetivo es obtener una remuneración para el sostenimiento personal o familiar y no objetivos de acumulación de capital. Las características encontradas y que podrían tipificar a los autoempleados son:

1. La gran mayoría de los autoempleados informales desempeñan su actividad de manera personal, sin ayuda de otras personas (72 por ciento), asociándose con una mayor flexibilidad en los horarios y jornadas parciales de trabajo (por ejemplo, 44 por ciento laboran hasta 35 horas semanales), lo cual permite llevar a cabo otras actividades no comerciales en el hogar, particularmente en el caso de las mujeres.
2. Actúan predominantemente en la calle (ambulantes de casa en casa, en puestos o vehículos), en su propio domicilio o en el domicilio de los clientes y la exigencia de recursos financieros es mínima.
3. Se concentran en las ramas del comercio al por menor, y entre éstas destacan las dedicadas a la preparación y venta de alimentos y bebidas; otras actividades son el reparto de publicidad, transporte de carga, la construcción, la manufactura domiciliar, los servicios de reparación y mantenimiento doméstico. Así que, ante este panorama de actividades básicamente terciarias, es prácticamente inexistente la subcontratación.

4. A pesar de la precariedad que pudiera caracterizar a los autoempleados informales, la antigüedad con sus actividades o negocios es mayor de cuatro años para cerca de dos tercios de éstos, lo que implica una relativa estabilidad y expectativas de continuar en la actividad (solamente 10 por ciento esperan dejar su actividad) a pesar de los problemas que enfrentan en sus competidos mercados de productos.
5. Los autoempleados informales no sólo tienden a trabajar en mayor proporción jornadas parciales sino también a ganar menos por hora trabajada en comparación con los autoempleados formales, por lo que sus remuneraciones totales son en promedio menores, salvo para una minoría con capacidad para contratar a otros trabajadores con pago de salario. Sin embargo, al igual que los autoempleados formales, la gran mayoría de los informales dependen básicamente de los ingresos obtenidos de su actividad, pues manifiestan tener una actividad más o menos estable, no demandan o buscan un segundo empleo y en general no disponen de otras fuentes de ingresos. En este sentido, no se está en la posibilidad de afirmar que los autoempleados informales se encuentren también en el mercado de trabajo a la espera de oportunidades para incorporarse como asalariados al sector formal.
6. Además, en general, para los autoempleados la proporción de aquellos que buscan trabajo en otro país o hacen preparativos para cruzar la frontera es muy baja. Lo que implica que el autoempleo informal (o formal) escasamente funciona como reserva de mano de obra para el mercado de trabajo asalariado, quizá debido a los bajos niveles educativos o de capacitación que les impiden obtener salarios equivalentes o superiores a las remuneraciones de sus actividades de autoempleo. A lo que habría que agregar otras razones personales de los autoempleados como el desempeño de actividades no comerciales en el hogar.
7. La condición ocupacional previa de asalariado constituye la más importante entre los autoempleados con experiencia laboral, confirmándose así que el autoempleo en general surge desde el sector formal. Pero una vez que los trabajadores se autoemplean (de manera formal o informal) se visualizan, como ya se dijo antes, escasas posibilidades de que regresen o pretendan regresar a una situación de trabajador asalariado en los sectores formales, incluso para los autoempleados con menores ingresos. Esto debe ser tomado en cuenta al diseñar políticas respecto al sector informal, pues tal parece que las metas de las políticas deberían reorientarse a la atención de los pequeños negocios y proponerse formalizar sus propiedades y operaciones desde los gobiernos

locales y no esperar que el crecimiento de la economía formal reduzca sustantivamente la informalidad económica.

8. Se observa una débil relación del autoempleo informal (y formal) con una condición previa de desempleo abierto del trabajador, que sería de esperar de acuerdo con el planteamiento teórico expuesto en la primera sección. De esta manera, tal parece que el factor determinante del autoempleo no está en la insuficiente generación de empleo, sino en las oportunidades que brindan los mercados de productos y servicios en los que se desempeñan.

9. Por su parte, aquellos asalariados que renunciaron a su empleo anterior para incursionar en el autoempleo adujeron principalmente razones personales y deseos de independizarse, mientras que sueldos insuficientes o condiciones desfavorables de trabajo sólo repercutió en una quinta parte, con lo cual se establece también una débil relación entre las condiciones laborales de los asalariados y la decisión de autoemplearse, tanto para los formales como informales.

10. Finalmente, los migrantes de retorno de Estados Unidos que se establecen luego como autoempleados no alcanzan 1 por ciento (o 2 por ciento respecto de aquellos con experiencia laboral) e incluso aquellos autoempleados que reciben la ayuda de alguien que vive en el extranjero sólo favorece en promedio a 2 por ciento, lo que indica un mínimo uso productivo de ingresos provenientes de la migración.

Bibliografía

Bangasser, P. (2000). *The ILO and the Informal Sector: An Institutional History. Employment Paper*, The International Labour Organization.

Bazán, L. y M. Estrada (1998). «Recién llegados a la informalidad: la experiencia de los petroleros desempleados», *Sociológica*, año 13, núm. 37, mayo-agosto, Universidad Autónoma Metropolitana, México, pp. 125-141.

Benítes, M. y F. Cortés (1990). «La heterogeneidad de los pequeños comerciantes: un estudio sobre movilidad ocupacional», en F. Cortés y Cuéllar (coords.), *Crisis y reproducción social. Los comerciantes del sector informal*, México, FLACSO y Miguel Ángel Porrúa.

Carrillo, S. (2005). *Globalización en Guadalajara. Economía formal y trabajo informal*, México, Universidad de Guadalajara/UCLA Program on Mexico/Profmex/Casa Juan Pablos.

Castells, M. y A. Portes (1989). «World Underneath: The Origins, Dynamics, and Effects of the Informal Economy», en M. Castells, A. Portes y L. Benton (eds.), *The Informal Economy: Studies in Advanced and Less Developed Countries*, The Johns Hopkins University Press.

Cortes, F. (1998). «Procesos socioeconómicos en la desigualdad en la distribución del ingreso. El papel del sector informal», *Sociológica*, año 13, núm. 37, mayo-agosto, Universidad Autónoma Metropolitana, México, pp. 41-75.

Estrada, M. (1996). *Después del despido. Desocupación y familia obrera*, México, CIESAS, Ediciones de la Casa Chata.

Feige, E.L. (1979). «How Big is the Irregular Economy?», *Challenge*, nov.-dic.

García, B. (2005). *La carencia de empleos satisfactorios: una discusión sobre indicadores*, México, El Colegio de México.

Gutmann, P.M. (1977). «The Subterranean Economy», *Financial Analysts Journal*, noviembre-diciembre.

Manning, R. y J.T. Smith (2007). *Promoting Pro-poor Growth: Policy Guidance for Donors*, París, OECD.

— — (2004). *OECD Employment Outlook Informal*, París, OECD.

Mathias, G. y P. Salama (1986). *El Estado subdesarrollado. De las metrópolis al tercer mundo*, México, Era.

Organización Internacional del Trabajo (OIT) (2005). *Economía informal en las Américas: situación actual, prioridades de políticas y buenas prácticas*, Lima, OIT.

— (2006). *Cambios en el mundo del trabajo. Memoria del director general*, CIT, 95. Reunión 2006. Ginebra: OIT, 2006. En: http://www.ilo.org/public/spanish.htm.

— y Centro Interamericano para el Desarrollo del Conocimiento en la Formación Profesional (2007). *Formación y economía informal*. En: http://www.ilo.org/public/spanish/region/ampro/cinterfor/temas/informal/sobre.htm

Oliveira, O. de y B. Roberts (1993). «La informalidad urbana en años de expansión, crisis y reestructuración económica», *Estudios Sociológicos*, núm. 31, enero-abril, México, pp. 33-58.

Portes, A y L. Benton (1984). «Industrial Development and Labor Absortion: A Reinterpretation», *Population and Development Review*, vol. 10, núm. 4, dic.

Portes, A. (1995). *En torno a la informalidad. Ensayos sobre teoría y medición de la economía no regulada*, México, FLACSO/Miguel Ángel Porrúa.

Pries, L. (1992). «El mercado de trabajo y el sector informal. Hacia una sociología del empleo: trabajo asalariado y por cuenta propia en la ciudad de Puebla», en *Ajuste estructural, mercados laborales y TLC*, Fundación Friedrich Ebert y el Colegio de la Frontera Norte.

Rendón, T. y C. Salas (1996). «Ajuste estructural y empleo: el caso de México», *Revista Latinoamericana de Estudios del Trabajo*, núm. 2, México, pp. 77-103.

Roubaud, F. (1995). *La economía informal en México. De la esfera doméstica a la dinámica macroeconómica*, México, ORSTOM / INEGI / Fondo de Cultura Eonómica.

Siesto, V. (1987). «Macroeconomic Statistics and the Submerged Economy», *Review of Economic Conditions in Italy*, núm. 1, Banco di Roma.

Soto, H. de (1986). *El otro sendero*, Bogotá, Oveja Negra.

Souza, P.R. (1991). «Salario y mano de obra excedente», en V.E. Tokman (comp.), *El sector informal en América Latina. Dos décadas de análisis,* México, Conaculta.

Souza, P.R. y V.E. Tokman (1991). «El sector informal urbano: aspectos conceptuales», en V.E. Tokman (comp.), *El sector informal en América Latina. Dos décadas de análisis*, México, Conaculta.

Tanzi, V. (1983). *The Underground Economy in the United States and Abroad*, Estados Unidos, Lexington Books.

Thomas, J.J. (1992). *Informal Economic Activity*, Ann Harbor, University of Michigan Press (Hemel Hempstead: Harvester Wheatsheaf).

— (2001). «What is the Informal Economy, anyway?» *SAIS Review 21*, núm. 1, winter-spring.

Tokman, V.E. (1987). «El imperativo de actuar: el sector informal hoy», *Nueva Sociedad*, núm 90, Caracas, jul.-ago.

— (1991). «Las relaciones entre los sectores formal e informal. Una exploración sobre su naturaleza», en V. Tokman (comp.), *El sector informal en América Latina. Dos décadas de análisis*, México, Conaculta.

— (1992). *Beyond Regulation. The Informal Economy in Latin America*, Boulder, Lynne Rienner Publishers.

Williams, M. (2003). «Las características del comercio en vía pública en el Distrito Federal 1990-2000 y la problemática de su medición», *Cuadernos de Cenvi. Comercio en Investigación*. Serie: Economía urbana, México, Centro de la Vivienda y Estudios Urbanos, A.C.

¿QUIÉNES SON LOS QUE SE VAN?
LA SELECTIVIDAD DE LA EMIGRACIÓN MEXICANA[1]

Salvador Berumen Sandoval[2] *y Julio Santiago Hernández*[3]

Introducción

Partiendo de una revisión bibliográfica sobre migración internacional desde México, el presente trabajo se cuestiona sobre uno de los hallazgos más debatidos en la literatura que analiza cómo los inmigrantes en Estados Unidos no constituyen una muestra aleatoria de la población de su país de origen. Es decir, nos preguntamos si existe autoselección entre los migrantes; si emigran al otro lado de la frontera sólo los mejores y más brillantes en su país de origen. Basados en esta discusión de conceptos y hallazgos nos proponemos, desde la perspectiva del lugar de origen,[4] explorar el fenómeno de la migración en México, su selectividad y las características del mercado de trabajo, contrastastando las condiciones laborales de los migrantes y los no-migrantes internacionales, contribuyendo de esta manera al análisis de los factores socioeconómicos que impulsan a la emigración en México.

Los datos que se mostrarán provienen fundamentalmente de la Encuesta Nacional de Empleo y Ocupación (ENOE). La encuesta tiene potencial para este tipo de análisis porque permite medir algunos indicadores convencionales sobre el desequilibrio laboral, además de profundizar en la naturaleza de

---

[1] Este trabajo fue preparado para el seminario internacional: Autoempleo, Programas Sociales y Migración a Estados Unidos. Propuestas para Políticas Públicas. Puerto Vallarta, Jalisco, 3 de diciembre 2007.
[2] Director de investigación del Centro de Estudios Migratorios del Instituto Nacional de Migración (INM); correo electrónico: sberumen@inami.gob.mx; sberumen@cucea.udg.mx.
[3] Estudiante del programa de Doctorado en Ciencias Sociales con especialidad en Sociología. CES–El Colegio de México; correo electrónico: jsantiago@colmex.mx
[4] No está por demás aclarar que al observar el fenómeno migratorio desde esta perspectiva quedan fuera las consideraciones de los lugares de destino que tienen que ver con las situaciones de demanda laboral y sin duda inciden fuertemente sobre los flujos.

la ocupación en México, su estructura, sus distintos niveles de calidad, así como los diversos mercados de trabajo a los que se vincula. De igual forma, permite analizar aspectos como el impacto de las remesas en la economía de las familias y la magnitud de la migración interna e internacional y su vinculación con los mercados de trabajo.[5]

El documento está organizado en tres secciones. En la primera se revisan las principales posturas teóricas sobre la problemática que nos ocupa. En la segunda se realiza un ejercicio estadístico exploratorio a partir de los datos proporcionados por la ENOE de los últimos años. En la tercera se presentan algunas reflexiones finales.

Consideraciones teóricas

Varios son los estudios que han señalado que los inmigrantes en los Estados Unidos no constituyen una muestra aleatoria de la población de su país de origen. Por ejemplo, Dinerman (1978: 498), a partir de su trabajo de campo en Michoacán, encuentra que: «Los que carecen de tierras, aquellos sin recursos para contribuir y mantener una amplia red social que los una a otros hogares, aquellos que no tiene influencia en los asuntos de la comunidad y que, por lo mismo, carecen de aliados económicos, no patrocinan a emigrantes a Estados Unidos».

En ese mismo sentido Arizpe (1983, 1985), en sus investigaciones para el Estado de México y Michoacán, señala que los migrantes internacionales de origen rural son campesinos no pobres, minifundistas capaces de generar una dinámica familiar de migración consecutiva iniciada por el padre y seguida principalmente por los hijos mayores. Así pues, para Arizpe la migración de campesinos a los Estados Unidos es selectiva, es decir, que migraban al otro lado de la frontera solamente aquellos que poseen tierras o recursos para construir y mantener una amplia red social, dado que únicamente ellos tienen la capacidad económica y los contactos necesarios para garantizarse un mínimo de éxito en este tipo de migración. De hecho, concluye la autora que «comparando con el flujo general de emigrantes rurales, la migración a los Estados Unidos contiene una proporción menor de

---

[5] La ENOE es un instrumento continuo de captación e información estadística de la fuerza de trabajo en México, con datos tipo panel (cinco trimestres), representatividad trimestral, cobertura nacional, 32 ciudades autorrepresentadas y representatividad por entidad federativa y tamaño de localidad.

migrantes pobres y sin tierra, de mujeres, de ancianos y de jóvenes de ambos sexos de hogares rurales de ingresos medios y altos» (Arizpe, 1983: 32).

Trabajos posteriores confirmaron y enriquecieron esta conjetura. Entre ellos destaca el realizado por López (1986) para un pueblo de Michoacán. Entre sus principales resultados encuentra que los ejidatarios que tenían más viajes en promedio a los Estados Unidos eran los que disponían de parcelas medianas (entre 4 y 6 hectáreas); siguiéndolos los de 7 a 10 hectáreas y, por último, los de 1 a 3 hectáreas de riego. Plantea que existe un límite arriba del cual dejan de viajar, y lo fija, para el caso de Gómez Farías, en 10 hectáreas de riego. También señala que emigraban más los poseedores de tierras de riego y sus hijos, en relación con los que disponían de tierras de temporal. El autor supone que esto se debía a que en estas últimas no se podía contratar mano de obra asalariada y se necesitaba la mano de obra familiar para el trabajo en la parcela, o bien a la falta de recursos para financiar el viaje. Al respecto, agrega que la migración hacia Estados Unidos requería de una inversión alta (entre 300 y 350 dólares). No obstante, hace referencia a que existe otro elemento que favorece la migración, independientemente de la posición económica: las redes sociales. Por último, plantea que los ricos viajan poco porque tienen posibilidad de rentar o comprar parcelas e invertir en la agricultura comercial en lugar de invertir en la migración. En este sentido, para López la migración hacia Estados Unidos se sustenta generalmente de la clase media.

En las investigaciones de Massey *et al.* (1987, 1991) para dos comunidades rurales de occidente encuentran que los migrantes internacionales eran todos hombres, jóvenes, solteros y sin compromiso. En una de las comunidades –Altamira– observaron que para emigrar se necesitaba una importante suma de dinero para el viaje, por lo que recurrían a los prestamistas locales. Éstos no facilitaban dinero a personas sin propiedades, por lo que muy pocos peones sin tierra salieron, más bien eran terratenientes. Los campesinos más pobres emigraban preferentemente dentro de México. En la otra localidad –Chamitlán–, sin embargo, destacan que los primeros migrantes eran mayoritariamente del estrato social más bajo. Las mejores condiciones de acceso a la tierra en este ejido permitieron retener a la población con mayores recursos; los migrantes internacionales tenían mayor nivel educativo. Ahora bien, es necesario enfatizar que emigraban los de mayor nivel educativo dentro de un universo con una escasa escolaridad (el promedio de años de escolaridad al inicio era de poco más de 2.2 años en el período 1910-1939 y de 2.6 años en 1940-1964). Es decir, eran aquellos que sabían leer y escribir. Para 1980, hay un nuevo perfil de migrante, puesto que los migrantes de mayor nivel educativo se concentraban en la migración interna. En general, los más educados se dirigían a los núcleos urbanos del país, los de menor educación no eran migrantes y los migrantes internacionales estaban situados en un estrato educativo intermedio.

De manera similar, los trabajos de Arroyo *et al.* (2001) encuentran que la selectividad varía según las diferentes áreas. En Ocotlán, por ejemplo, que es un área industrial, quienes tienen menor nivel de estudio no pueden participar en dichos trabajos y optan por trabajar en Estados Unidos. Por otro lado, en Colotlán se sigue el patrón tan conocido de que los migrantes tiene mayor nivel de estudio que los no migrantes.

En resumen, la mayoría de este conjunto de trabajos coincide en que quienes emigraban a Estados Unidos eran sobre todo campesinos con nivel económico y educativo bajo, pero más alto que el de sus compatriotas no emigrantes. No obstante, esto no significó que rechazaran la idea de que los migrantes internacionales se encontraran en la peor situación en su país de origen; por el contrario, aceptaron que los migrantes estaban en condiciones de retraso, pero que aquellos que lograban migrar no eran los que provenían de los estratos más bajos.

Posteriormente, otros trabajos, pero en el ámbito urbano, se han debatido entre dos posturas encontradas. La primera sustenta que los mexicanos emigrantes a Estados Unidos de las zonas urbanas son personas educadas de clase media que se vieron afectadas por las crisis económicas de las últimas décadas. La segunda sostiene que los mexicanos que emigran a Estados Unidos de las zonas urbanas pertenecen al sector más desfavorecido de la sociedad. Entre los trabajos que sostienen la primera postura está el de Escobar y Roberts (1991), quienes argumentan en su investigación sobre el impacto de las recesiones económicas en las clases medias urbanas, que los trabajadores «mejor calificados» tienden a irse a Estados Unidos porque sus recursos, aunque son insuficientes para soportar las fluctuaciones económicas, les bastan para buscar la satisfacción de sus necesidades en otro país.

En contraste, entre los trabajos que sostiene la segunda postura destaca la investigación de Verduzco (1992), quien realiza un extenso análisis sobre la ciudad de Zamora, Michoacán, donde asegura que los migrantes de origen urbano provienen del sector más desfavorecido de la sociedad, a diferencia de la migración rural, la cual es selectiva de los niveles medios del campesinado. Verduzco encuentra que 80 por ciento de los migrantes fue por primera vez al país vecino en su edad más productiva, entre 15 y 29 años de edad. Además encuentra una marcada diferencia entre la escolaridad de los migrantes y la de los no migrantes. Mientras que entre los primeros, 40 por ciento tienen muy baja escolaridad (cero años de estudio o un máximo de tres), entre los segundos sólo 26 por ciento presentan bajos niveles escolares. Asimismo, señala que entre los migrantes, 28 por ciento tienen escolaridad de siete años o más, mientrás que los no migrantes son el 47 por ciento. En cuanto al promedio de años de estudio, agrega que la variación es también muy notable, ya que mientras los no migrantes alcanzan 6.9 por ciento, los migrantes apenas llegan a 4.6 por ciento. Por último, al hacer la diferencia entre migrantes recurrentes y no recurrentes encuentra que los primeros se distinguen aún más por sus bajos niveles de escolaridad.

Sin embargo, en un estudio posterior Verduzco (2001) argumenta que los mexicanos de las zonas urbanas que emigran a Estados Unidos no proceden de las regiones más pobres. Según él, el proceso de migración se ha estructurado históricamente a partir de una selectividad geográfica que aparentemente no tiene que ver con la inestabilidad económica o las condiciones severas de pobreza que han existido en el país. En general, para el autor, la mayoría de los migrantes son hombres solteros jóvenes con empleo en México, principalmente en la agricultura, con escolaridad promedio baja, aunque ligeramente más alta que la prevaleciente en las comunidades de origen.

La investigación en torno a la selectividad de la migración internacional desde México no está agotada, aún hay espacio para hipótesis como la siguiente: la mayor parte del flujo migratorio actual a Estados Unidos está compuesto por personas con nivel de escolaridad bajo e intermedio, de forma que, a nivel nacional, los migrantes poseen menores niveles de escolaridad que los no migrantes. Si lo anterior es cierto, ello significaría que en ese país existe una demanda de mano de obra con características muy específicas, y si a esto le sumamos la crisis estructural del campo mexicano, podemos explicar, al menos parcialmente, el perfil eminentemente rural de la migración de México a Estados Unidos. Si bien es probable que a nivel agregado los migrantes son seleccionados negativamente, también lo es que a nivel local o cuando se considera el tamaño de la localidad, la selectividad puede cambiar de signo. De ahí la importancia de la dimensión regional y rural-urbana en este tipo de estudios.

Por otra parte, algunas investigaciones realizadas en Estados Unidos que han retomado este eje de investigación encuentran evidencia a favor y en contra de la selectividad de la emigración mexicana.[6] Por ejemplo, en el trabajo de Borjas (1987) se asegura que los inmigrantes mexicanos en Esta-

---

[6] Para el lector interesado en revisar algunos trabajos previos, véanse Roy (1951), Sjaastad (1962) y Willis y Rosen (1979), entre otros.

dos Unidos están seleccionados negativamente. En contraste, el trabajo de Chiquiar y Hanson (2002) sostiene que los inmigrantes mexicanos en Estados Unidos son seleccionados positivamente. Por último, Borjas et al. (1992), aunque ahora con un estudio a nivel regional en Estados Unidos, señalan que los individuos se «autoseleccionan» para vivir en la mejor región de acuerdo con sus habilidades.

Borjas (1987), en su análisis empírico de las ganancias de los inmigrantes de 41 países diferentes en Estados Unidos y utilizando los censos de 1970 y 1980, encuentra que existe una selección negativa de los emigrantes de países de alta dispersión salarial a países de baja dispersión salarial, esto significa que los individuos que se localizan en la parte más baja de la distribución salarial y cuentan con menor nivel de calificación son los que emigran a países como Estados Unidos, que tiene menor dispersión salarial. Además, asegura que esta inmigración perjudica su mercado laboral y su economía debido a la entrada de individuos poco calificados. Enfatiza este aspecto de los inmigrantes mexicanos en Estados Unidos, pues asegura que son individuos que antes de migrar se situaban en la parte baja de la distribución salarial de México, y que su nivel educativo es igualmente bajo. Añade que al llegar los inmigrantes a Estados Unidos se mantienen en la parte más baja de la distribución salarial de dicho país.

Para verificar lo anterior Borjas contrasta a los inmigrantes de países europeos occidentales con los provenientes de los países menos desarrollados. Entre sus principales resultados resalta que los primeros se han insertado bastante bien en los Estados Unidos, y sus cohortes han mostrado un aumento general en las ganancias (en relación con sus habilidades) durante el período de posguerra. En contraste, los segundos no lograron insertarse adecuadamente en el mercado de trabajo estadounidense y sus cohortes mostraron una disminución general en las ganancias (en relación con sus habilidades) durante el período de posguerra. Por ejemplo en 1970 el inmigrante francés típico ganó aproximadamente 8 por ciento menos en comparación con una persona nativa, y presentaba un crecimiento de las ganancias de aproximadamente 0.2 por ciento durante ese primer año después de la inmigración. Para 1980, el inmigrante francés de la cohorte más reciente ganó aproximadamente 10 por ciento más que los nativos, y tenía un crecimiento en las ganancias menor a 0.5 por ciento después de emigrar. En contraste, los inmigrantes de países menos desarrollados como México en 1970 ganaron cerca de 33 por ciento menos que los nativos, con un incremento en las ganancias de alrededor del 2 por ciento durante el primer año después de la migración. Para 1980 la brecha salarial fue mucho más marcada; el inmigrante mexicano típico de la cohorte más reciente ganó alrededor de 40 por ciento menos que el nativo; respecto al crecimiento de las ganancias durante el primer año después de emigrar, éstas se mantuvieron constantes.

En respuesta al trabajo de Borjas sobre la selección negativa,[7] Chiquiar y Hanson (2002), utilizando información censal de 1990, encuentran resultados inconsistentes con la selección negativa de los inmigrantes mexicanos en Estados Unidos. En el caso de los hombres encuentran una selección intermedia, es decir, personas jóvenes con un nivel de escolaridad moderadamente alto,[8] mientras para las mujeres la selección es positiva. El estudio también hace estimaciones sobre la ubicación en función de las características de los trabajadores migrantes dentro de la distribución salarial en México, y encuentra que una proporción importante de éstos se encontrarían en las partes intermedia y alta de la distribución.

Entre sus principales resultados, Chiquiar y Hanson señalan que en 1990 los inmigrantes recientes eran jóvenes con 29 años de edad, muy por debajo de los otros migrantes y nativos en Estados Unidos con 40 y 37 años de edad, respectivamente. Incluso son más jóvenes que el promedio de los residentes en México, que tienen alrededor de 33 años de edad. Respecto al grupo de educación de mexicanos, los autores señalan que el más representado en Estados Unidos era el de 12-15 años de escolaridad, correspondiente a la preparatoria y al nivel inmediato siguiente, el cual cae en los segmentos medios y superiores de la distribución salarial en México. No obstante, aunque en general aceptan que los inmigrantes mexicanos poseen menor escolaridad que los nativos, en promedio tienen más que los residentes de México. En el caso del grupo de educación de 11 años o menos de escolaridad, encuentran que los inmigrantes mexicanos alcanzan 72.3 por ciento en comparación con sólo 19.0 por ciento de los nativos en Estados Unidos.

Respecto a los salarios, estos autores encuentran que existen circunstancias adversas para los inmigrantes mexicanos respecto a otros inmigrantes y a los nativos, que además son más marcadas entre los jóvenes y los inmigrantes con menor escolaridad. En términos generales, los resultados de Chiquiar y Hanson coinciden con los de Borjas en el sentido de que la inserción de los mexicanos en el mercado laboral estadounidense tiene lugar en condiciones menos favorables. La diferencia entre ambos enfoques radica

---

[7] La hipótesis de selección negativa sostiene que en los países pobres los individuos con los mayores incentivos para emigrar a los países ricos son aquellos con niveles de calificación relativamente bajos.

[8] Aunque inferior al promedio de Estados Unidos.

en el matiz y en la explicación de las causas respecto al lugar de origen; mientras que Borjas afirma que hay selectividad negativa, Chiquiar y Hanson argumentan que la selectividad es positiva, o por lo menos intermedia. Cabe hacer notar que estos autores coinciden con la mayoría de los estudios realizados por investigadores mexicanos mencionados en los párrafos anteriores.

Por último, siguiendo con esta discusión encontramos el trabajo de Borjas et al. (1992), referido exclusivamente a la migración interna en Estados Unidos pero cuyas conclusiones son relevantes para el tipo de análisis que aquí se propone. En esta investigación sugieren que existe un proceso de «autoselección» según el cual los flujos migratorios no son aleatorios, de tal suerte que los individuos se autoseleccionan para emigrar a la región donde pueden obtener el mejor salario dadas sus características, es decir, en regiones con mayor desviación salarial emigran individuos de menor calificación laboral a regiones de menor desviación salarial en relación con su lugar de origen, puesto que será más probable, dadas sus condiciones, que encuentren un empleo.

En contraste, los individuos que provienen de regiones con desviación salarial menor buscan emigrar a regiones con mayor desviación porque son calificados y pueden obtener salarios altos en regiones donde se vuelve más difícil obtenerlo. En este sentido, los trabajadores sin habilidades tratarán de emigrar a regiones con menos desigualdad en el ingreso o dispersión salarial, porque esto minimizará la desventaja económica que significa carecer de capital humano; por el contrario, los trabajadores con habilidades serán atraídos por regiones con altos salarios, ya que pueden disfrutar de pagos mayores por sus habilidades superiores. En esencia, en esta propuesta, Borjas et al. sostienen que los individuos se autoseleccionan para vivir en la mejor región de acuerdo con sus habilidades. Añaden que al existir costos por emigrar de su lugar de residencia se vuelve más selectiva esta migración en el sentido de que sólo aquellos que absorban los costos podrán hacerlo.

Respecto a lo hasta aquí señalado debemos hacer al menos dos aclaraciones de utilidad para ésta y futuras investigaciones: primera, que se trata de un tema que requiere mayor investigación, ya que el conocimiento acumulado en México es más bien de carácter general y con pocas variaciones metodológicas ya que la información disponible tiene limitaciones para este tipo de estudios. Segunda, que es de particular interés saber más de las condiciones de selectividad en periodos más recientes, así como profundizar en el análisis de las causas y factores que impulsan la emigración de mexicanos a Estados Unidos, desde la perspectiva del lugar de origen. En ese sentido, en la siguiente sección se presentará un ejercicio exploratorio a partir de los datos proporcionados por la ENOE de julio de 2006 a diciembre de 2007.

FUERZA DE TRABAJO MIGRANTE *VERSUS* NO MIGRANTE. EVIDENCIA EMPÍRICA DESDE LA ENOE

De acuerdo con la información disponible de la ENOE y con el fin de cumplir con el propósito de este trabajo, centramos el análisis en el lugar de origen de la fuerza de trabajo del migrante mexicano en contraste con la de los trabajadores no migrantes de los últimos años. En tal sentido, analizamos la composición sociodemográfica de la fuerza de trabajo en términos de edad, sexo, nivel académico, estado conyugal, parentesco, condición laboral, oficio que desempeña, sector económico en el que labora y nivel de ingresos.

Es importante mencionar que las características sociodemográficas y laborales se refieren al último trimestre previo a la emigración. Una vez identificado un migrante internacional en un hogar específico y en un trimestre determinado, se procede a localizarlo en el trimestre anterior, se recuperan sus características y se contrastan con las de los no migrantes internacionales. Dado que el interés del estudio es caracterizar la migración mexicana de tipo laboral, el universo de estudio se restringe a los individuos de 14 años y más que declaran haber nacido en México y no retornaron del extranjero durante el trimestre anterior al de la entrevista. La exclusión de la migración de retorno durante el trimestre anterior al de la entrevista garantiza que la información analizada se refiera a personas que estuvieron por lo menos durante tres meses en el hogar de referencia.

Volumen y localidad de residencia

Los datos de la ENOE permiten estimar que en el periodo de julio de 2006 a diciembre 2007 emigraron a Estados Unidos un total de 840 mil mexicanos de 14 años o más, lo que equivale a un promedio de 140 mil personas por trimestre. Si consideramos que el número de mexicanos en este rango de edad era de 75 millones de personas, podemos estimar que cada trimestre emigraron 19 personas en promedio por cada diez mil habitantes (véase el cuadro 1). Al comparar estas cifras con las del periodo de enero de 2005 a junio de 2006 se puede constatar que en el segundo semestre de 2006 inició una disminución de la emigración mexicana, que se ha profundizado a consecuencia de la crisis económica y financiera global. Es importante mencionar que, paralelamente a la emigración internacional, se presenta el retorno de un importante contingente de migrantes, en especial en el último trimestre de cada año; de esta manera, el saldo neto de la migración mexicana continúa siendo negativo y se puede estimar en alrededor de 200 mil personas en 2008, cifra que representa alrededor de la mitad de la estimada para el año 2000. Por razones de espacio, el resto del documento se olvida de estos aspectos para enfocarse en el análisis del perfil de los migrantes internacionales de 14 años o más y su contraste con la población no migrante del mismo rango de edad.

El análisis por tamaño de localidad de residencia permite observar que cuatro de cada diez migrantes internacionales proceden de localidades menores de 2 500 habitantes, aunque en ellas reside sólo el 21 por ciento de la población nacional. En términos de volumen, se puede aseverar que el origen de la oferta de trabajo migratoria es en su mayoría no rural; sin embargo, cuando se mide la intensidad de la migración se constata el peso de ésta en las localidades rurales. De esta manera, la tasa promedio de migración trimestral registró los siguientes valores: 11 migrantes por cada diez mil personas en las localidades de 100 mil y más habitantes, 20 para las que se ubican

Cuadro 1. Población de 14 años y más por condición de migración internacional y tamaño de localidad de residencia, promedio trimestral, tercer trimestre 2006-cuarto trimestre 2007

	Total	Tamaño de la localidad		
		Más de de 100 000 habitantes	de 2 500 a 99 999 habitantes	Menores de 2 500 habitantes
Población de 14 años y más (promedio trimestral)	75 280 961	38 809 199	20 435 859	16 035 903
Migrantes internacionales	140 021	41 655	41 401	56 965
No migrantes internacionales	75 140 939	38 767 544	20 394 458	15 978 938
Total	100	51.6	27.1	21.3
Migrantes internacionales	100	29.7	29.6	40.7
No migrantes internacionales	100	51.6	27.1	21.3
Tasa promedio de emigración trimestral (migrantes por cada 10 000 habitantes)	18.6	10.7	20.3	35.5

Nota: Los absolutos son un promedio ponderado de los seis trimestres. En el caso de los migrantes, el tamaño acumulado de la muestra fue de 2 995 personas entrevistadas, de las cuales 1 149 corresponden a localidades de 100 000 habitantes y más, 882 a localidades de entre 2 500 y 99 999 y 964 a localidades de menos de 2 500.
Fuente: Elaboración propia con base en INEGI, Encuesta Nacional de Ocupación y Empleo (ENOE).

en el rango de 2 500 a 99 999 y 36 para las localidades rurales (cuadro 1). Claro que la intensidad de la emigración es mayor en el ámbito rural, como seguramente lo son también sus impactos, ya sean positivos o negativos.

Perfil sociodemográfico

Con el propósito de establecer un perfil específico y diferenciado para los migrantes internacionales y determinar si éstos se distribuyen homogéneamente en el conjunto de la población nacional o pertenecen a segmentos específicos, en el cuadro 2 se presentan algunas variables sociodemográficas de manera comparativa entre migrantes internacionales y no migrantes. A continuación se destacan los aspectos que se consideran más relevantes.

Entre los migrantes internacionales predomina ampliamente el sexo masculino (80 por ciento son hombres); en contraparte, en la población no migrante predomina ligeramente el sexo femenino (53 por ciento son mujeres). Este resultado es congruente con el patrón tradicional de la migración mexicana a Estados Unidos, el cual, entre otros factores, se caracteriza por la vecindad geográfica y la gran movilidad entre ambos países, que tiende a favorecer el componente masculino, es decir, existe selectividad por sexo.

Existe sobrerrepresentación de los migrantes internacionales en el rango de 14 a 29 años de edad, ya que el 58 por ciento de ellos se encuentran en este grupo, en comparación con el 39 por ciento de los no migrantes; existe equilibrio entre ambos grupos de población en el rango de 30 a 39 años de edad; por el contrario, en el grupo de 40 años y más los migrantes internacionales están subrepresentados. Esto también es congruente con lo encontrado en la literatura especializada sobre el tema, que da cuenta de una migración selectiva respecto a la edad, compuesta por jóvenes en plenitud de su vida laboral. El promedio de edad es de 30 años para el primer grupo y de 38 para el segundo.

Respecto al nivel de escolaridad, observamos que la mayoría de los migrantes cuenta con estudios de primaria y secundaria completa; es decir, la migración está seleccionada de la parte media de la distribución. Llama la atención que alrededor del 18 por ciento de los migrantes tenga primaria incompleta, en contraste con 22 por ciento de los no migrantes. Sin embargo, 17 por ciento de los migrantes tiene instrucción media superior y superior, en comparación con 21 por ciento de los no migrantes. Lo anterior significa que la oferta de fuerza de trabajo migrante la constituyen en mayor proporción los hombres y mujeres jóvenes con un nivel educativo de primaria y secundaria. No obstante, existe una parte importante de ellos que tiene un nivel educativo medio superior y superior de alrededor de 17 por ciento.

En lo que se refiere a la situación conyugal, destacan tres aspectos: *a)* la mitad de los migrantes internacionales vivían en pareja (casados o unidos), aunque la proporción es menor que entre los no migrantes (57 por ciento); *b)* entre los migrantes internacionales es mayor el porcentaje de los solteros respecto a los que no emigraron, y *c)* entre los no migrantes es mayor el porcentaje de separados, viudos o divorciados. Algunas de estas diferencias pueden explicarse por la estructura etaria y el perfil eminentemente rural que prevalece entre los migrantes; sin embargo, se considera necesario abundar sobre estos aspectos.

Cuadro 2. Población de 14 años y más según algunas variables sociodemográficas y condición de migración internacional, tercer trimestre 2006-cuarto trimestre 2007

Variables sociodemográficas	Migrantes internacionales	No migrantes internacionales
Población de 14 años y más (promedio trimestral)	140 021	75 140 939
Sexo	100	100
Hombres	80.1	46.7
Mujeres	19.9	53.3
Grupo de edad	100	100
De 14 a 19 años	21.7	17.2
De 20 a 29 años	36.2	21.9
De 30 a 39 años	21.2	20.0
De 40 a 49 años	11.7	16.6
De 50 a 59 años	5.2	11.3
De 60 años y más	4.1	13.1
Edad promedio	30.2	37.7
Escolaridad	100	100
Primaria incompleta	18.0	22.2
Primaria completa	31.2	25.7
Secundaria completa	33.8	30.8
Medio superior y superior	17.1	21.2
Años promedio de escolaridad	8.1	9.4
Estado conyugal	100	100
Soltero	46.6	34.0
Casado	38.3	45.7
Unión libre	11.7	11.2
Viudo	0.9	4.9
Separado	2.1	3.0
Divorciado	0.5	1.2
Parentesco	100	100
Jefe	35.7	34.8
Cónyuge	5.5	25.1
Hijo (hijastro)	48.5	30.7
Otro parentesco	9.7	8.8
No pariente / no especificado	0.6	0.7

Fuente: Elaboración propia con base en INEGI, Encuesta Nacional de Ocupación y Empleo (ENOE).

Por último, respecto al parentesco, los migrantes tienden a ser predominantemente hijos en una proporción superior al 48 por ciento y en menor medida se trata de jefes de hogar o sus esposas con 41 por ciento. Por el contrario, entre la población no migrante, casi un 31 por ciento corresponde a hijos del jefe de hogar y cerca de 60 por ciento son jefes de hogar o sus esposas. En otras palabras, entre los hijos se da una alta propensión a emigrar a Estados Unidos. Algo similar, aunque en menor proporción, sucede entre los migrantes que son jefes de hogar, y lo contrario ocurre con las cónyuges jefes de hogar, es decir, tienen una menor propensión a emigrar, ya que, como es sabido, la esposa se queda al cuidado de los hijos mientras el esposo emigra para trabajar al otro lado de la frontera y enviar remesas (véase el cuadro 2).

Indicadores sociodemográficos seleccionados por tamaño de localidad

La dimensión de análisis por tamaño de localidad muestra que la migración rural se diferencia claramente de la que se origina en localidades de urbanización media y en zonas urbanas mayores, y se ajusta mejor al patrón histórico tradicional de la migración mexicana. Si bien la población migrante tiene rostro masculino, el porcentaje de hombres aumenta en la medida en que la localidad de origen es más rural; por ejemplo, mientras que en las zonas urbanas los varones representan el 70 por ciento del total del flujo, en las zonas rurales su participación alcanza el 85 por ciento; en el mismo sentido, la proporción de casados o unidos aumenta de 41 a 55 por ciento, y la proporción de jefes de hogar lo hace de 30 a 40 por ciento, respectivamente. Otra característica de la migración internacional es su concentración en edades plenamente productivas; en las localidades urbanas los migrantes de 14 a 30 años de edad son el 76 por ciento, mientras que en las rurales alcanza el 81 por ciento (véase el cuadro 3).

En términos de escolaridad, la proporción de migrantes con educación media superior y superior se reduce considerablemente conforme disminuye el tamaño de localidad de residencia, pues alcanza porcentajes de 33, 17 y 5 por ciento para las localidades urbanas, de urbanización media y las rurales, respectivamente. Una tendencia similar se observa al analizar la escolaridad promedio. Por otra parte, si se comparan los niveles de escolaridad por tamaño de localidad y condición migratoria se observan tres grandes constantes: *a)* para todos los tamaños de localidad el porcentaje de primaria incompleta es mayor entre los no migrantes, es decir, en ninguno de los casos los migrantes proceden de la parte más baja de la distribución; *b)* en

Cuadro 3. Migrantes internacionales de 14 años y más según algunos
indicadores sociodemográficos, por tamaño de localidad de residencia,
tercer trimestre 2006-cuarto trimestre 2007 (porcentajes)

	Tamaño de la localidad		
Indicadores sociodemográficos	Más de de 100 000 habitantes	De 2 500 a 99 999 habitantes	Menores de 2 500 habitantes
Hombres	70.0	83.0	85.4
Casados o unidos	40.9	51.9	55.1
Jefes de hogar	29.9	35.0	40.4
De 14 a 30 años de edad	75.6	79.5	81.2
Con educación media superior y superior	33.0	17.3	5.3

Fuente: Elaboración propia con base en INEGI, Encuesta Nacional de Ocupación y Empleo (ENOE).

las localidades de urbanización media, y especialmente en las rurales, el porcentaje de migrantes con primaria y secundaria supera ampliamente al de los no migrantes, es claro que en esas localidades los migrantes proceden de la parte media de la distribución; *c)* en las localidades urbanas la proporción de individuos con educación de nivel medio superior y superior es ligeramente mayor entre los migrantes respecto a la de los no migrantes (33 y 29 por ciento, respectivamente). En resumen, si midiéramos la selectividad únicamente en términos de escolaridad, podríamos concluir que en las localidades de urbanización media y en las rurales los migrantes proceden claramente de la parte media de la distribución; por su parte, en las localidades urbanas no se observa un patrón claro, aunque prevalecen los migrantes en la parte alta de la distribución, tal vez por la creciente migración de profesionistas, especialmente desde los ámbitos urbanos (véase el cuadro 4).

Condición de actividad económica

Una característica de las personas que se desplazan de un lugar a otro para trabajar o cambiar su residencia es el alto porcentaje de participación en la economía. En promedio, la población migrante que desarrolla alguna actividad supera proporcionalmente a la población económicamente activa no migrante (77 y 59 por ciento, respectivamente).

Por otra parte, en concordancia con lo encontrado por diversos estudios, los migrantes registran mayores tasas de ocupación que sus contrapartes no migrantes (71 y 57 por ciento, respectivamente). Lo anterior es un claro indicio del perfil eminentemente laboral de los migrantes, en su mayoría varones en edades plenamente productivas, lo que no les permite darse el lujo de estar desocupados. Llama la atención que la población desocupada (tasa de desocupación abierta) entre los migrantes duplica la tasa que prevalece entre los no migrantes (5.5 y 2.2 por ciento, respectivamente); suponemos que es así porque los migrantes no están dispuestos a aceptar condiciones laborales precarias (véase el cuadro 5).

De acuerdo con lo anterior, es factible suponer que la mayoría emprende su aventura migratoria a Estados Unidos con el fin de encontrar mejores condiciones laborales, y el resto con el objetivo de buscar una oportunidad de trabajo que se les ha negado en su lugar de origen. Las conclusiones anteriores son relevantes porque la mayoría de los estudios de la migración internacional, desde la perspectiva del lugar de origen, habían destacado las altas tasas de participación económica de los migrantes; sin embargo, la evidencia empírica disponible no había permitido constatar que, además de las mayores tasas de participación económica, entre los migrantes son mayores las tasas de desocupación abierta. Lo anterior sin duda se debe matizar por sector de actividad económica, tipo de oficio, tamaño de localidad de residencia, etcétera. Creemos que la ENOE ofrece un importante cúmulo de información que puede contribuir a entender las motivaciones laborales de la migración internacional, pues en este instrumento existe información laboral de migrantes y no migrantes, e incluso de los migrantes de retorno.

Cuadro 4. Población de 14 años y más según nivel de escolaridad por tamaño de residencia y condición de migración internacional, tercer trimestre 2006-cuarto trimestre 2007

	Tamaño de la localidad					
	Más de de 100 000 habitantes		De 2 500 a 99 999 habitantes		Menores de 2 500 habitantes	
Nivel de escolaridad	M*	No-M**	M	No-M	M	No-M
Total	100	100	100	100	100	100
Primaria incompleta	8.4	12.7	14.7	24.3	27.4	42.8
Primaria completa	23.8	23.6	29.9	26.8	37.4	29.6
Secundaria completa	34.7	34.6	38.1	30.8	29.9	21.3
Medio superior y superior	33.0	29.0	17.3	18.1	5.3	6.2
No especificado	0.0	0.1	0.0	0.0	0.0	0.1
Años promedio de escolaridad	9.8	10.5	8.6	8.9	6.7	6.8

* Migrante.
** No migrante.
Fuente: Elaboración propia con base en INEGI, Encuesta Nacional de Ocupación y Empleo (ENOE).

En cuanto al sector de actividad, la mayor parte de la oferta de trabajo migrante declaran ser trabajadores del campo. Este tipo de trabajador alcanza una participación cercana al 35 por ciento del total de la oferta migrante. En segundo lugar destaca el trabajador en servicios, con una participación del 19 por ciento de dicho total, seguido muy de cerca por los trabajadores de la construcción, con 18 por ciento; entre los no migrantes predominan los empleados en los servicios (véase cuadro 5). Suponemos que ello se debe a la transición en la estructura productiva de la economía mexicana, que en los últimos diez años ha mostrado una tendencia a la terciarización, dados los porcentajes cada vez mayores de trabajadores que absorbe el sector comercial y de servicios, lo cual se ve reflejado también en el tipo de ocupación de los migrantes (Garza, 2008). No obstante, es importante destacar que las ocupaciones declaradas por los migrantes permiten observar una mayor diversificación de mercados laborales, lo cual se explica por el alto porcentaje de migrantes rurales dentro del colectivo de migrantes.

En general, la población migrante ocupada según su posición en el trabajo se distribuye de manera similar que en el caso de los no migrantes. El cuadro 5 muestra que los que trabajan como subordinados y remunerados son los de mayor presencia, aunque entre la población migrante quienes desarrollan estas actividades son más de 60 por ciento, mientras que para los no migrantes esta población alcanza 65 por ciento. En suma, ser subordinado es la situación más frecuente para la población migrante. No obstante, los ocupados que trabajan por cuenta propia constituyen el segundo grupo en importancia con alrededor de 21 por ciento, le siguen los que trabajan en el predio familiar sin recibir pago alguno con más de 13 por ciento, en comparación con el 7 por ciento entre los no migrantes.

En cuanto al tipo de ocupación, los trabajadores agropecuarios se mantienen en primer lugar con 36 por ciento. Los trabajadores industriales, artesanos y ayudantes se encuentran en segundo lugar con 33 por ciento, seguidos por los trabajadores en servicios, que registran el porcentaje más alto comparado con el resto de los universos. Lo anterior es consistente con lo encontrado en el análisis por sector de actividad y posición en la ocupación.

Por último tenemos el nivel de ingresos que percibe la oferta migrante en su lugar de origen. La mayor parte de ésta percibía de uno a tres salarios mínimos. Es importante destacar la proporción que tiene el segmento de oferta migrante que declaró no recibir ningún ingreso, cercana a 18 por ciento (véase cuadro 5). En contraparte, entre los no migrantes la proporción de quienes ganan más de tres salarios mínimos es notoriamente mayor que entre los migrantes. En términos de ingresos, los migrantes son seleccionados de la población que no recibe ingresos o bien de los que reciben entre uno y tres salarios mínimos.

De todo lo anterior se desprende que la oferta de fuerza de trabajo migrante se encuentra en condiciones de subempleo, cuando no en desempleo y con nulos o bajos niveles de remuneración. Además, en su lugar de

Cuadro 5. Población de 14 años y más según estatus de ocupación y condición migratoria internacional, tercer trimestre 2006-cuarto trimestre 2007

Estatus de ocupación	Migrantes internacionales	No migrantes internacionales
Población de 14 años y más (promedio trimestral)	140 021	75 140 939
Condición de ocupación	**100**	**100**
Población económicamente activa	76.9	58.9
Población ocupada	71.4	56.8
Población desocupada	5.5	2.2
Población no económicamente activa	23.1	41.1
Disponibles	5.9	6.6
No disponibles	17.1	34.4
Población ocupada (promedio trimestral)	100 021	42 646 922
Sector de actividad	100	100
Agropecuario	35.1	13.7
Construcción	18.3	8.2
Industria manufacturera	11.7	16.7
Comercio	11.0	19.8
Servicios	19.3	40.0
Otros	0.4	0.9
No especificado	4.3	0.7
Posición en la ocupación	100	100
Trabajadores subordinados y remunerados	61.4	65.5
Empleadores	4.0	4.9
Trabajadores por cuenta propia	21.1	22.5
Trabajadores sin pago	13.5	7.0
Tipo de ocupación	100	100
Profesionistas, técnicos y directivos*	7.9	22.9
Trabajadores industriales, artesanos y ayudantes	33.2	26.3
Comerciantes	9.9	18.1
Trabajadores en servicios**	13.3	19.3
Trabajadores agropecuarios	35.7	13.4
Nivel de ingresos	100	100
No recibe ingresos	17.6	9.0
Hasta un salario mínimo	10.8	12.8
Más de uno hasta dos salarios mínimos	21.8	20.5
Más de hasta tres salarios mínimos	22.8	21.7
Más de tres hasta cinco salarios mínimos	13.4	18.3
Más de cinco salarios mínimos	5.5	11.8
No especificado	8.0	6.0

* Está integrado por profesionistas, técnicos, trabajadores del arte, trabajadores de la educación, funcionarios, directivos y oficinistas.
** Está integrado por operadores de transporte, trabajadores en servicios personales y trabajadores en protección y vigilancia.
Fuente: Elaboración propia con base en INEGI, Encuesta Nacional de Ocupación y Empleo (ENOE).

origen desempeña principalmente actividades propias del campo y en menor medida de servicios y construcción.

Por último, en el cuadro 6 se observa que existen diferencias notorias entre los migrantes y los no migrantes en cuanto a sus tasas de participación económica, desempleo, condiciones de ocupación, acceso a salud y nivel de ingresos. Estas diferencias son más significativas cuando se analizan los resultados por tamaño de localidad de residencia. Es claro que los migrantes tienen mayores tasas de participación económica, lo cual hasta cierto punto no debe sorprender por tratarse de una población mayoritariamente masculina y en edad activa. No obstante, resulta ilustrativo que entre los migrantes la tasa de participación económica tiende a incrementarse a medida que se reduce el tamaño de localidad, de manera que los migrantes originarios de las áreas más urbanizadas presentan una tasa de 70 por ciento, frente a 82 por ciento de las localidades no urbanas; entre la población no migrante la situación se invierte, es decir, la tasa de participación económica baja cuando se reduce el tamaño de localidad (de 61 a 54 por ciento, respectivamente, para los tamaños de localidad mencionados). Este resultado nos permite constatar que los migrantes participan más en la fuerza laboral que sus contrapartes no migrantes y que las diferencias son significativamente mayores en las localidades rurales. De esta manera, la selectividad medida en términos de participación económica resulta positiva, especialmente en las localidades rurales, donde la diferencia es de 27 puntos porcentuales entre ambos grupos.

Cuadro 6. Población de 14 años y más según algunos indicadores laborales por tamaño de la localidad de residencia y condición de migración internacional, tercer trimestre 2006-cuarto trimestre 2007

	Más de de 100 000 habitantes M*	Más de de 100 000 habitantes No-M**	De 2 500 a 99 999 habitantes M	De 2 500 a 99 999 habitantes No-M	Menores de 2 500 habitantes M	Menores de 2 500 habitantes No-M
Tasa de participación económica	70.2	60.8	77.9	59.1	81.2	54.2
Tasa de desocupación	11.1	4.5	9.2	3.3	3.3	2.0
Tasa de condiciones críticas de ocupación	5.5	7.3	14.0	13.6	16.0	19.1
Porcentaje de ocupados sin acceso a la salud	60.2	50.6	81.3	70.1	92.4	85.7
Ingreso mensual promedio (pesos)	2 183	2 512	1 804	1794	1 324	974

Fuente: Elaboración propia con base en INEGI, Encuesta Nacional de Ocupación y Empleo (ENOE).

Otra cuestión interesante y sobre la cual la literatura arroja resultados contradictorios es la relación entre la tasa de desocupación y la migración internacional. Según nuestros hallazgos, presentados en el cuadro 6, la desocupación entre los migrantes supera en más de dos veces la tasa que prevalece entre los no migrantes (11.1 y 4.5 por ciento, respectivamente, en el caso de las localidades más urbanizadas). Puede observarse, además, que entre menor tamaño tenga la localidad menor es su tasa de desocupación, este resultado se presenta para ambos grupos y es consistente con los hallazgos de los estudios sobre el mercado laboral.

La precariedad económica que prevalece en las áreas rurales no permite el «lujo del desempleo» y obliga a las personas a emplearse bajo condiciones críticas ante la no existencia de mejores alternativas. La tasa de condiciones críticas de ocupación (TCCO) se incrementa a medida que se reduce el tamaño de la localidad y es ligeramente superior en el caso de los no migrantes;[9] este resultado es importante porque fortalece, en términos cuantitativos, los hallazgos cualitativos encontrados por diversos estudios de caso en el sentido que emigran los trabajadores más audaces. La ENOE permite formular la hipótesis de que algunos de los futuros migrantes están desempleados porque no están dispuestos a aceptar empleos de baja remuneración y prestaciones nulas o insignificantes, esto explica por qué los migrantes tienen mayores tasas tanto de participación económica como de desempleo, pero menores tasas de condiciones críticas de ocupación.[10]

En síntesis, en términos laborales, los migrantes son un grupo seleccionado positivamente ya que participan mayoritariamente en la fuerza laboral pero muchos de ellos están desempleados porque no encuentran un empleo acorde a sus requerimientos y deciden emigrar para satisfacer sus aspiraciones laborales.

Un indicador de la formalidad del empleo y el arraigo laboral es el porcentaje de población con acceso a salud como parte de sus prestaciones laborales. En el cuadro 6 podemos observar que, independientemente del

---

[9] La tasa de condiciones críticas de ocupación (TCCO) es la proporción de la población ocupada que trabaja menos de 35 horas a la semana por razones de mercado, más de 35 horas semanales con ingresos mensuales inferiores al salario mínimo o más de 48 horas semanales ganando menos de dos salarios mínimos.

[10] La tasa de desocupación abierta y otros indicadores similares son más adecuados para el ámbito urbano y para aquellas regiones más estrechamente vinculadas al proceso de modernización. Indicadores como TCOO resultan relevantes para aquellas zonas menos urbanizadas y de menor penetración salarial. En términos de migración, permiten identificar la insatisfacción de los migrantes con las condiciones laborales prevalecientes que motivan la decisión de emigrar.

tamaño de localidad, los emigrantes presentan mayor carencia de prestaciones de salud, es decir, menor arraigo laboral y consecuentemente menor incentivo para permanecer en su lugar de origen. La carencia de prestaciones de salud aumenta claramente cuando se reduce el tamaño de localidad; de esta manera, en las localidades más urbanizadas la proporción sin prestaciones de salud es de 60 por ciento entre los migrantes y de 51 por ciento entre los no migrantes; en el caso de las localidades rurales los porcentajes son de 92 y 86 por ciento, respectivamente.

Finalmente, en el análisis de los ingresos promedio no sorprende que, en general, los ingresos se reducen cuando el tamaño de la localidad de residencia es menor. En términos del fenómeno migratorio, muestra que en las localidades más urbanizadas los migrantes ganan un poco menos que los no emigrantes; en las localidades de urbanización media ocurre lo contrario, los migrantes tienen ingresos ligeramente superiores que los de sus contrapartes, tendencia que se profundiza en las localidades rurales, donde los migrantes superan en 36 por ciento a los no migrantes en términos de ingresos: 1 324 pesos mensuales para los primeros frente a 974 pesos para los segundos. Si midiéramos la selectividad sólo en términos de ingresos, ésta sería ligeramente negativa en las localidades más urbanizadas, ligeramente positiva en las de urbanización media y claramente positiva en las rurales.

A manera de conclusión

En el caso de México, para analizar el sentido de la selectividad de la migración internacional desde la perspectiva del lugar de origen es indispensable diferenciar los resultados por el tamaño de la localidad de residencia de los migrantes y de sus contrapartes no migrantes. Nuestro análisis, con base en la ENOE, nos permite concluir que en el caso de las localidades rurales la selectividad es claramente positiva, ya sea que la midamos en términos de nivel educativo o de participación económica y desempeño laboral; en el caso de las localidades de urbanización media, la selectividad continúa siendo positiva, aunque en menor medida; en las localidades altamente urbanizadas los resultados son encontrados, con una ligera tendencia a la selectividad positiva. Finalmente, si tomáramos la población como un todo (sin diferenciar por tamaño de localidad) la selectividad sería ligeramente negativa; esto es así porque, en general, los niveles educativos y laborales de los pobladores rurales son inferiores a los de los pobladores de áreas más urbanizadas y, dado que las áreas rurales tienen más peso en términos de migración, los resultados pueden presentar cierto sesgo, de ahí la importancia del análisis por tamaño de localidad.

Es importante mencionar que estos resultados son una primera aproximación a la explotación del potencial de la ENOE; en futuras investigaciones será necesario, dado el fuerte componente laboral de la migración mexicana a Estados Unidos y la cercanía geográfica, considerar en el análisis los lugares de origen y de destino; también será relevante estudiar con mayor profundidad el género y utilizar técnicas estadísticas más elaboradas. Creemos que un primer aporte de este trabajo ha sido mostrar el potencial de esta encuesta para analizar la migración laboral desde la perspectiva del lugar de origen. Otros asuntos pendientes son el análisis de la migración de retorno, la construcción de trayectorias laborales y migratorias de los hogares, ya que en este estudio nos hemos basado únicamente en el individuo y hemos explotado de manera insuficiente el potencial de una base longitudinal como la ENOE.

BIBLIOGRAFÍA

Arizpe, L. (1985). *Campesinado y migración*, México, Secretaría de Educación Pública.
— (1983). «El éxodo rural en México y su relación con la migración a Estados Unidos», *Estudios Sociológicos,* vol. 1, núm. 1, pp. 9-33.
Arroyo, J., A. de León y B. Valenzuela (2001). *Migración rural hacia Estados Unidos: un estudio regional en Jalisco,* México, Consejo Nacional para la Cultura y las Artes.
Borjas, G.J. (1987). «Self-Selection and the Earnings of Immigrants», *The American Economic Review,* vol. 77, núm. 4, pp. 531-553.
—, S.G. Bronars y S.J. Trejo (1992). «Self-Selection and Internal Migration in the United States», NBER Working Paper 4002, Massachusetts, National Bureau of Economic Research.
Chiquiar, D. y G.H. Hanson (2002). «International Migration, Self-Selection, and the Distribution of Wages: Evidence from Mexico and the United States», Working Paper 9242, Massachusetts, National Bureau of Economic Research.
Dinerman, I.R. (1978). «Patterns of Adaptation among Households of U.S.-Bound Migrants from Michoacan, Mexico», *International Migration*

Review, Special Issue: Illegal Mexican Immigrants to the United States, vol. 12, núm. 4, pp. 485-501.

Escobar, A. y B. Roberts (1991). «Urban Stratification, the Middle Classes, and Economic Change in Mexico», en M. González de la Rocha y A. Escobar (eds.), *Social Responses to Mexico's Economic Crisis of the 1980s*, San Diego, Calif., Center for U.S.-Mexican Studies, University of California.

Garza, G. (2008). *Macroeconomía del sector servicios en la ciudad de México, 1960-2003*, México, El Colegio de México.

López, G. (1986). *La casa dividida: un estudio de caso sobre la migración a Estados Unidos en un pueblo michoacano*, Zamora, Mich., El Colegio de Michoacán.

Massey, D.S., R. Alarcón, J. Durán y H. Gónzález (1991). *Los ausentes. El proceso social de la migración internacional en el occidente de México*, México, Alianza Editorial.

Massey, D.S., R. Alarcón, J. Durand y H. González, (1987). *Return to Aztlan: The Social Process of International Migration from Western Mexico*, University of California Press, Berkeley y Los Angeles.

Roy, A.D. (1951). «Some Thoughts on the Distribution of Earnings», *Oxford Economic Papers, New Series*, vol. 3, núm. 2, pp. 135-146.

Sjaastad, L.A. (1962). «The Costs and Returns of Human Migration», *The Journal of Political Economy*, vol. 70, núm. 5, Part 2: Investment in Human Beings, pp. 80-93.

Verduzco, G. (2001). *La migración mexicana a Estados Unidos: Estructuración de una selectividad histórica*, México, Conapo.

— (1992). *Una ciudad agrícola: Zamora*, México, El Colegio de México.

Willis, R.J. y S. Rosen (1979). «Education and Self-Selection», *The Journal of Political Economy*, vol. 87, núm. 5, Part 2: Education and Income Distribution, pp. S7-S36.

MIGRACIÓN A ESTADOS UNIDOS Y CREACIÓN DE MICRONEGOCIOS EN DOCE CIUDADES PEQUEÑAS DE LA REGIÓN CENTRO-OCCIDENTE DE MÉXICO

Jean Papail y Fermina Robles Sotelo[1]

Introducción

La expansión sin precedentes de la migración mexicana a Estados Unidos durante los diez últimos años se tradujo en un crecimiento impresionante de las remesas provenientes del país vecino (de 4 200 millones de dólares en 1996 a cerca de 24 000 millones en 2007).[2] Como han documentado numerosas encuestas sobre el tema, la mayor parte de las remesas enviadas por los migrantes internacionales se utiliza para solventar los gastos corrientes o excepcionales de las familias de los migrantes, la salud, la educación, la compra de terrenos y casas o su mejoramiento. Sin embargo, una parte no desdeñable –siempre difícil de medir con precisión– de estas remesas es invertida en la creación de micronegocios. Una característica de la evolución del empleo a nivel nacional durante las últimas décadas es la transformación progresiva, en el transcurso de la vida activa de todas las generaciones, de gran parte de los asalariados en trabajadores independientes o empleadores. Otra característica importante de esta evolución es la participación creciente de las mujeres en las actividades económicas remuneradas, particularmente en el trabajo no asalariado.

---

[1] Jean Papail es investigador del Institut de Recherche pour le Développment (IRD) de Francia. Fermina Robles es profesora-investigadora del Departamento de Estudios Regionales-Ineser del Centro Universitario de Ciencias Económico Administrativas-Universidad de Guadalajara.

[2] Sin embargo, es muy probable que las cifras de los últimos años estén muy sobreestimadas, ya que parecen agregar a las remesas familiares envíos que corresponden a pagos de bienes y servicios o actividades ilícitas.

Nos proponemos aquí, a partir de una encuesta sobre el autoempleo y los micronegocios[3] aplicada a una muestra de 6 825 hogares en los cuales había al menos un dueño de micronegocio (patrón o trabajador por cuenta propia), repartidos en doce ciudades pequeñas de la región tradicional de las migraciones internacionales (Jalisco, Michoacán, Guanajuato, Zacatecas, Aguascalientes, Nayarit, Colima), analizar el impacto de la migración y las remesas sobre el empleo no asalariado. El cuestionario utilizado contiene módulos sobre las principales características socioeconómicas de los miembros de estos hogares, de los migrantes internacionales actuales, de los ex migrantes (migrantes internacionales de retorno) y de los negocios creados en estos hogares. Presentaremos los principales resultados de la encuesta, ubicándolos en el marco más general de la evolución de las características del empleo en el país.

LAS CIUDADES EN QUE SE APLICÓ LA ENCUESTA: RASGOS GENERALES EN LOS ÚLTIMOS CENSOS DE POBLACIÓN

Las características de la población de las doce ciudades (véanse mapas 1 y 2) en las cuales se levantó la encuesta aparecen en los cuadros 1 y 2. El conjunto de estas ciudades –cuyas poblaciones van de los 14 000 a los 40 000 habitantes– suma una población de 293 000 habitantes en el conteo de población de 2005, es decir, la mitad de la población de sus respectivos municipios, que sumaba 595 000 habitantes ese mismo año.

Los hogares encuestados representan casi el 10 por ciento de todos los hogares de las ciudades y alrededor del 32 por ciento de aquellos que tienen uno o más no asalariados (patrones o trabajadores por cuenta propia) entre sus miembros. La proporción de migrantes internacionales de retorno del periodo 2000-2005, según el conteo de población 2005 del INEGI, presenta una fuerte variación entre las ciudades: de 0.30 por ciento en Armería a 1.38 por ciento en Jalostotitlán. El indicador sobre la proporción de hogares que reciben remesas, según datos del censo de 2000, muestra igualmente una fuerte dispersión, del 8.0 por ciento en Rincón de Romos al 23.0 por

---

[3] Encuesta realizada por el Departamento de Estudios Regionales-Ineser del Centro Universitario de Ciencias Económico Administrativas-Universidad de Guadalajara y el Institut de Recherche pour le Developpment (IRD), sobre el autoempleo y la migración a Estados Unidos del Centro-Occidente de México 2006 (DER-Ineser/IRD, 2006).

ciento en La Barca. No parece haber mucha correlación *a priori* entre estos diversos indicadores de la migración internacional en las ciudades. Por ejemplo, Jalostotitlán tenía en 2000 una proporción de hogares con migrantes de retorno en el quinquenio anterior (6 por ciento) claramente más elevada que La Barca (4.5) o San Felipe (0.9), pero una proporción de hogares que perciben remesas del exterior inferior (14.1 contra 23.2 y 15.8 por ciento en estas dos últimas ciudades, respectivamente).

Cuadro 1. Características generales de las ciudades encuestadas

Ciudades	Población de la ciudad en 2005[1]	Hogares en la ciudad en 2005[1]	Tamaño promedio de los hogares[1]	Hogares encuestados	Población encuestada
Jalostotitlán (Jal.)	21 656	4 905	4.42	632	3 054
La Barca (Jal.)	33 653	7 795	4.32	1 176	4 931
San Miguel el Alto (Jal.)	21 080	4 847	4.35	900	4 104
Salvatierra (Gto.)	36 306	8 907	4.07	432	1 763
San Felipe (Gto.)	24 621	5 400	4.56	845	3 884
Maravatío (Mich.)	32 146	7 085	4.54	386	1 796
Puruándiro (Mich.)	29 144	6 754	4.32	410	1 736
Rincón de Romos (Ags.)	25 815	5 633	4.58	520	2 564
Armería (Co.l)	14 091	3 703	3.81	320	1 319
Ixtlán del Río (Nay.)	21 915	5 633	3.89	410	1 705
Jalpa (Zac.)	14 016	3 519	3.98	389	1 625
Ojocaliente (Zac.)	18 940	4 323	4.38	436	1 968
Total	293 383	69 224	4.24	6 825	30 449

[1] Según el Conteo de Población y Vivienda 2005.
Fuente: Conteo de Población y Vivienda 2005 y Encuesta DER-Ineser/IRD 2006).

Mapa 1. Región Centro-Occidente de México

Cuadro 2. Indicadores socioeconómicos de las ciudades
y sus municipios, 2005

Ciudades	Tasa de crecimiento anual 2000-2005	Porcentaje de ex migrantes[1]	Porcentaje de hogares que reciben remesas[2]	Grado de marginación[3]	Porcentaje de población ocupada[4]
Jalostotitlán	+0.2	1.38	14.1	bajo	36.2
La Barca	+0.3	0.35	23.2	bajo	30.8
San Miguel el Alto	-0.5	0.73	11.8	bajo	37.4
Salvatierra	-0.5	0.35	14.9	bajo	24.1
San Felipe	+0.1	0.44	15.8	alto	21.0
Maravatío	+0.2	0.83	10.6	alto	28.1
Puruándiro	-2.1	0.77	20.3	medio	25.2
Rincón de Romos	+1.8	0.43	8.0	bajo	28.8
Armería	-2.7	0.30	17.5	bajo	32.4
Ixtlán del Río	+0.3	1.14	13.5	muy bajo	33.2
Jalpa	-0.5	1.05	19.1	bajo	25.0
Ojocaliente	-0.4	0.73	12.6	medio	20.7
Total		0.68	15.6		

[1] Porcentaje de población de 5 años y más de las ciudades en 2005 que residían en Estados Unidos en 2000, conteo de 2005 (INEGI).
[2] Con base en el censo de 2000 (municipios).
[3] Índice de desarrollo humano por municipio (Conapo, 2000).
[4] Conteo de población, municipio, 2005 (INEGI).

Mapa 2. Ciudades encuestadas en la región Centro-Occidente

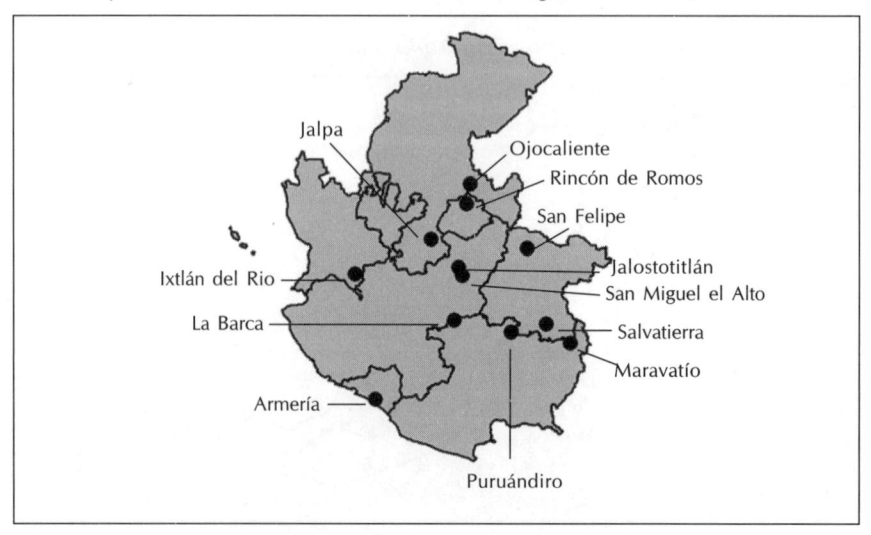

Es probable que cada ciudad se caracterice por una combinación propia de tipos de migración internacional (estacional, circular, de larga duración o definitiva), que puede también estar modificándose desde hace una década para adaptarse a los cambios del entorno político-institucional. Esta heterogeneidad aparece igualmente en la esfera del trabajo, donde la participación femenina en las actividades en el año 2000, por ejemplo, varía del 15 por ciento en Ojocaliente hasta al 36 por ciento en San Miguel el Alto; o en la proporción de no asalariados masculinos (patrones y trabajadores por cuenta propia) en la población ocupada en esta misma fecha, que oscila entre el 15 por ciento en Rincón de Romos y el 34 por ciento en Maravatío.

Características de los hogares y de la población encuestada
El cuadro 3 resume las principales características de los hogares y de la población encuestada, por sexo, entre presentes, ex migrantes internacionales y migrantes y ausentes actuales. El número promedio de personas presentes por hogar (4.45) varía de 4.07 en Salvatierra a 4.94 en Rincón de Romos. Esta amplitud refleja las diferencias de fecundidad y de migración entre las diferentes microrregiones. El número promedio de hijos nacidos vivos de las mujeres de 45 a 54 años en el censo del año 2000 varía de 5.37 en Ixtlán del Río a 7.92 en San Felipe, para un promedio de 6.32 en el conjunto de las doce ciudades.

La población ocupada representa el 45 por ciento de los presentes, y los no asalariados con remuneración (patrones y trabajadores por cuenta propia) un poco más de la mitad de los ocupados (53.4 por ciento), de manera que en promedio hay casi dos personas activas por hogar (1.9). El número de migrantes internacionales que han regresado, casi exclusivamente de Estados Unidos, representa una subpoblación de 1 999 individuos (0.29 por hogar en promedio), mientras que la subpoblación de migrantes y ausentes actuales en Estados Unidos se ubica en 3 191 individuos, o sea 0.47 personas por hogar en promedio.

La migración en los hogares encuestados
El número promedio de personas que habían salido (migrantes y ausentes) de los hogares encuestados en el momento de la encuesta es de 1.25 por hogar. La distribución de sus lugares de residencia actual comprueba la preponderancia de Estados Unidos en la dirección de estos movimientos (cuadro 4).

El 37.9 por ciento de los individuos que salieron de estos hogares (47.2 por ciento de la población masculina y 27.6 de la femenina) se encontraban en el país vecino en el momento de la encuesta. Las mujeres representan un tercio (33.4 por ciento) de los movimientos con destino a Estados Unidos. Para los hombres, Estados Unidos representa el 75 por ciento de los destinos, mientras que en la población femenina el país vecino representa un poco más de la mitad (54 por ciento) de los mismos.

La distribución por edades de los emigrantes y ausentes en el país vecino (gráfica 1) nos muestra la importancia de la migración internacional en los grupos de edades jóvenes (20-34 años). Entre los hombres de 20 a 34 años, del 20 al 25 por ciento de la población de los hogares encuestados se encuentra en Estados Unidos, lo que indica la magnitud de este fenómeno.

Sin embargo, se observa –como en los migrantes de retorno– un atraso de la edad promedio al primer desplazamiento de 20.7 años en el periodo 1985-1989 a 24.9 años en el periodo 2000-2006 en los hombres, y de 22 años a 25 años en los mismos periodos en las mujeres (cuadro 5). Parece ser un efecto del endurecimiento de la política migratoria de Estados Unidos desde

Cuadro 3. Características principales de los hogares y de la población encuestada, 2006

	Hombres	Mujeres	Total
Jefes de hogar	5 736	1 089	6 825
Presentes encuestados	14 470	15 979	30 449
Ex migrantes internacionales	1 737	267	2 004
Emigrantes y ausentes actuales en Estados Unidos	2 125	1 066	3 191
Población ocupada	8 008	5 686	13 694
Patrones	1 450	498	1 948
Trabajadores por cuenta propia	3 020	2 351	5 371
Asalariados	2 636	1 682	4 318
Otros (trabajadores familiares esencialmente)	902	1 155	2 057
Promedio de presentes/hogar			4.45
Promedio de personas ocupadas/hogar			1.96
Promedio de personas remuneradas/hogar			1.81
Promedio de ausentes y migrantes/hogar			1.25
Promedio de personas en EUA/hogar			0.47

Fuente: Encuesta DER-Ineser/IRD 2006.

Cuadro 4. Lugares de residencia de los emigrantes y ausentes de los hogares encuestados en el momento de la encuesta (porcentajes)

	Misma ciudad	Mismo estado	Otro estado	Estados Unidos	Total
Hombres	37.2	8.1	7.5	47.2	100 (4 503)
Mujeres	48.6	12.4	11.2	27.6	100 (3 864)

Fuente: Encuesta DER-Ineser/IRD 2006.

mediados de la década de los noventa, que al encarecer considerablemente el traslado de los indocumentados (servicios de los «coyotes», esencialmente) alarga el periodo de ahorro necesario para cubrir estos gastos.

La distribución por rama de actividad de la población masculina que residía en Estados Unidos en el momento de la encuesta muestra la importancia creciente del sector de la construcción en el empleo de los migrantes (cuadro 6), y la débil participación de ellos en las actividades agrícolas a medidas que se alarga su estancia en el país vecino. La industria manufacturera, que emplea una buena parte (24 por ciento) de los migrantes más antiguos (emigrados antes de 1995), no captó más del 14 por ciento de los que migraron a partir del año 2000. La rama de la construcción se ha vuelto el primer empleador de la mano de obra masculina migrante de estas ciudades, con un tercio (34.5 por ciento) del empleo total. La rama de

Gráfica 1. Porcentaje de migrantes y ausentes actuales en Estados Unidos en la población (presentes y conjunto de los migrantes y ausentes) por grupo de edad y sexo

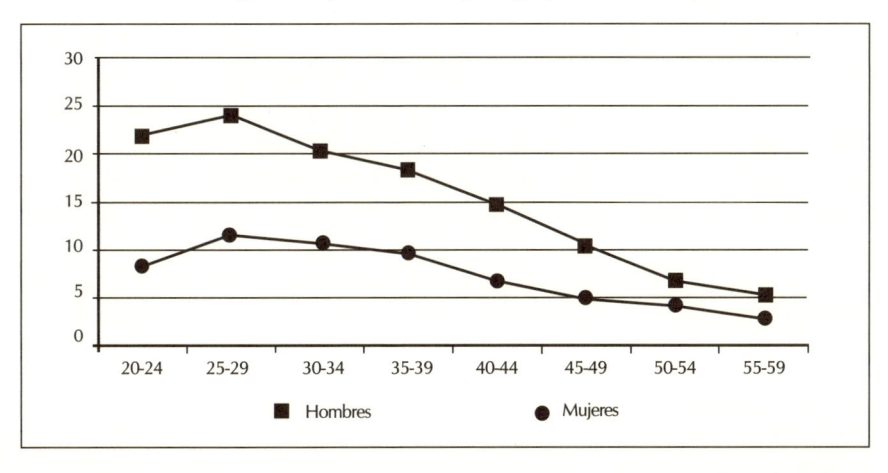

Cuadro 5. Edad promedio cuando el primer desplazamiento a Estados Unidos, según periodo de salida y sexo

Periodo de salida	Hombres	Mujeres
1985-1994	20.7 (351)	22.0 (199)
1995-1999	22.0 (357)	24.3 (170)
2000-2006	24.9 (896)	25.0 (422)
Total	23.0 (1 705)	23.7 (831)

Fuente: Encuesta DER-INESER/IRD 2006.

los servicios sigue siendo un empleador importante de los migrantes, con un cuarto del empleo total.

En la población migrante femenina sigue predominando el empleo en los servicios, que concentra alrededor de la mitad de esta mano de obra. La industria manufacturera, con alrededor del 20 por ciento del empleo, sigue siendo una rama importante en las actividades de las mujeres. La casi totalidad de los migrantes y ausentes en Estados Unidos (93.1 por ciento de los hombres y 90 por ciento de las mujeres) tienen empleo asalariado en el país vecino. El 1.3 por ciento de los hombres tienen la posición de patrones (1.1 por ciento entre las mujeres) y el 5.0 por ciento son trabajadores por cuenta propia (6.3 en la población femenina). La duración de la estancia en el país vecino favorece el proceso de desasalarización. Así, el 11.6 por ciento de los migrantes activos (hombres y mujeres) que se desplazaron a Estados Unidos antes de 1985 son patrones (2.9 por ciento) o trabajadores por cuenta propia (8.7). Esta proporción se ubica en 4.4 por ciento entre los migrantes que se desplazaron durante el periodo 2000-2006 (0.6 por ciento de patrones y 3.8 de trabajadores por cuenta propia). Los migrantes masculinos no asalariados se concentran en los servicios (32.5 por ciento), la construcción (30.7) y el comercio (16.7). En la población femenina esta concentración es más importante en los servicios (55.9 por ciento) y el comercio (26.5), como ocurre entre las ex migrantes activas en sus lugares de origen.

La distribución de las personas de referencia en los hogares en los cuales viven los migrantes en Estados Unidos indica una fuerte presencia

Cuadro 6. Distribución de las ramas de actividades de los emigrantes y ausentes en Estados Unidos en el momento de la encuesta por año de salida y sexo

	Agricultura	Industria	Construcción	Comercio	Servicios	Otros	Total
Hombres							
1980-1994	8.3	24.2	27.4	8.8	25.4	5.9	100
1995-1999	7.2	12.9	35.2	10.4	30.5	3.8	100
2000-2006	10.5	13.9	38.9	6.7	25.6	4.4	100
Total	9.1	17.3	34.5	8.2	26.5	4.5	100
							(1 564)
Mujeres							
1980-1994	6.2	23.0	0.9	15.0	49.6	5.3	100
1995-1999	4.3	22.9	2.9	14.3	50.0	5.7	100
2000-2006	5.2	19.7	5.8	14.5	45.1	9.8	100
Total	5.1	21.3	4.3	14.9	47.3	7.2	100
							(376)

Fuente: Encuesta DER-Ineser/IRD 2006.

de cónyuges en el territorio estadounidense. Muy importante, como se podía pensar, en la población de migrantes femeninas (74.9 por ciento de ellas cohabitan con su cónyuge), esta situación concierne también a los migrantes masculinos, quienes en el 44.2 por ciento de los casos cohabitan con su cónyuge. Casi dos tercios (64.1 por ciento) de los hombres casados o unidos cohabitan con su cónyuge, mientras que en la población femenina esta proporción sube al 86.7 por ciento. Aun entre los flujos migratorios más recientes, la proporción de hombres casados o unidos que cohabitan con su cónyuge es muy importante.

La fuerte presencia de cónyuges en Estados Unidos tiene un impacto sobre la propensión a enviar remesas a los lugares de origen de los migrantes. El 42 por ciento de los hombres mandan regularmente dinero a sus lugares de origen, mientras que las mujeres, con tasas de participación económica más débiles, lo hacen en el 30 por ciento de los casos. Es en los casos de cohabitación con hermanos, otros parientes o amigos que la propensión a mandar dinero es la más elevada entre los migrantes masculinos, que rebasan el 50 por ciento, mientras que la cohabitación con el cónyuge reduce esta propensión al 33 por ciento. Esta configuración es parecida en la población femenina. La presencia del cónyuge en el hogar estadounidense debilita la propensión a mandar dinero. La duración de la estancia en el país vecino, asociada con la modificación del tipo de cohabitación con el transcurso del tiempo, expresa esta tendencia. Si casi la mitad (48.2 por ciento) de los migrantes masculinos que llegaron a Estados Unidos en el periodo 2000-2006 mandaban dinero, no más del 20 por ciento de los que se desplazaron antes de 1980 lo seguían haciendo. La tendencia es idéntica en la población femenina.

El monto mensual de las remesas enviadas por los migrantes es igualmente función del tiempo de residencia, que modifica el sistema de cohabitación y las prioridades en el uso de los ingresos generados por el trabajo migratorio (cuadro 7). Los migrantes masculinos que residen en el país vecino desde hace más de 11 años y mandan remesas, envían en promedio 182 dólares mensuales (117 dólares entre las migrantes femeninas), mientras que los migrantes salidos durante el periodo 2000-2006 mandan un promedio de 286 dólares (235 dólares entre las migrantes).

La cohabitación de los migrantes masculinos con sus cónyuges reduce considerablemente el monto de sus remesas al lugar de origen (182 dólares mensuales) respecto al conjunto de las otras situaciones de cohabitación (303 dólares mensuales). Curiosamente, en la población migrante femenina el tipo de cohabitación no hace variar mucho el monto de las remesas.

Cuadro 7. Monto promedio de las remesas mensuales
enviadas por los migrantes en 2006 según la persona de referencia en
el hogar estadounidense (dólares)

	Cónyuge	Padre/hijo/ otro pariente	Hermano	Total cohabitación con no conyuge	Total
Hombres	182	334	283	303	278 (473)
Mujeres	233	268	207	236	233 (128)

Fuente: Encuesta DER-Ineser/IRD 2006.

Las perspectivas de regreso a México se debilitan con el aumento de la duración de la estancia en el país vecino. La mayoría (58.4 por ciento) de los migrantes que salieron antes de 1980 no piensa regresar a vivir en México. En la población masculina que emigró en el periodo 2000-2006, la proporción de los que piensan regresar algún día alcanza apenas el 52.9 por ciento. Muchos (29.2 por ciento) todavía están indecisos. Esta propensión a privilegiar el no regreso es mucho más frecuente entre las mujeres, lo que se traduce en su débil participación en la población de ex migrantes internacionales en México. El hecho de vivir con familiares en el país vecino, que es la situación más frecuente entre las migrantes, reduce la probabilidad del regreso a su lugar de origen. Esta perspectiva tiene también repercusiones en el monto de las remesas. Así, los migrantes y ausentes masculinos que piensan regresar a vivir en México mandan un promedio de 299 dólares mensuales, mientras que los que no piensan hacerlo mandan 197 dólares. Una parte importante de los que piensan regresar a vivir en México tiene un proyecto de trabajo bien definido (40.2 por ciento de los hombres y 28.8 de las mujeres). En la mitad de los casos (49 por ciento entre los hombres y 47.1 de las mujeres) se trata de poner un negocio. El monto de remesas que envía este último grupo de migrantes en la población masculina es el más alto de todos los grupos (322 dólares mensuales).

Los migrantes de regreso en la encuesta

De la población presente encuestada de 15 años y más, el 9.5 por ciento de la población (el 17.6 por ciento de los hombres y el 2.3 de las mujeres) trabajó alguna vez en Estados Unidos más de seis meses. En varios trabajos sobre la migración internacional se encuentra esta característica: si la participación de las mujeres en los flujos migratorios a Estados Unidos se vuelve cada vez más importante con el transcurso del tiempo (pasó del 25 al 35 por ciento durante los últimos años), tienen una propensión mucho menor que los hombres a regresar a sus lugares de origen en México.

La edad promedio a la primera emigración a Estados Unidos aumentó de manera importante desde los primeros años ochenta, como lo vimos entre los migrantes actuales. En la población masculina pasó de 21.4 años en el periodo 1980-1984, a 22.4 en 1990-1994 y a 27.5 en 2000-2006. Parece que en los años más recientes se produjo un atraso importante en la edad del primer desplazamiento, debido probablemente al fuerte incremento de los costos de traslado para los migrantes indocumentados, que prolonga el tiempo de ahorro para cubrir estos gastos. Un poco más de la mitad (52 por ciento) de los migrantes internacionales que tuvieron una experiencia de trabajo en el país vecino regresaron a sus lugares de origen a partir del año 2000. Los regresos de los años anteriores a 1995 representan apenas un tercio de todos los retornos y equivalen, en volumen, a los del quinquenio 2000-2004.

Paralelamente al aumento de la edad de la primera emigración internacional, la edad al último regreso de Estados Unidos en la población masculina subió de 29-30 años en los años ochenta a 35 años en el periodo 2000-2006. El tiempo total promedio pasado en Estados Unidos, relativamente constante durante las décadas de los ochenta y noventa, aumentó en los primeros años de este siglo. Se ubicaba en 4.8 años en el periodo 2000-2004 y en 5.5 años en 2005 y 2006. Es probable que los migrantes indocumentados prolonguen su estancia para reducir los riesgos y costos de cruzar la frontera en idas y vueltas, como lo hacían en décadas anteriores. Si distribuimos los tiempos de estancia según la posición en el trabajo en el lugar de origen, se nota que los ex migrantes masculinos no asalariados (patrones y trabajadores por cuenta propia) pasaron casi un año más en Estados Unidos que los ex migrantes que eran asalariados (4.9 y 4 años respectivamente). La forma de hospedaje tiene un impacto –como lo vimos con los migrantes actuales– sobre la propensión de los migrantes a enviar remesas. En el último periodo de estancia en Estados Unidos, el 77.1 por ciento de los hombres y el 50.5 de las mujeres mandaban regularmente dinero a sus lugares de origen en México. Pero el hecho de convivir con el cónyuge reducía considerablemente esta propensión, tanto en el caso de los hombres (47.0 por ciento) como en de las mujeres (39.6), mientras que en el conjunto de las otras formas de cohabitación esta propensión alcanzaba el 78.9 por ciento entre los ex migrantes y el 54.4 entre las ex migrantes. Los envíos de dinero de los primeros tenían

Cuadro 8. Monto promedio mensual de las remesas enviadas por los migrantes masculinos según el periodo de última estancia en Estados Unidos (dólares)

1985-1994	1995-1999	2000-2004	2005-2006	Total 1985-2006
345.8	446.9	447.4	462.1	434.7 (776)

Fuente: Encuesta DER-Ineser/IRD 2006.

esencialmente a las cónyuges (68.3 por ciento) y a los padres (29.1) como destinatarios en México. En el caso de ellas, estos envíos llegaban sobre todo a los padres (78.7 por ciento), hermanos (8.2), hijos (6.6) y cónyuges (6.6).

La evolución del monto promedio de las remesas mensuales por periodos de estancia en Estados Unidos, enviadas por los migrantes masculinos,[4] aparece en el cuadro 8. De 346 dólares en el periodo 1985-1994, este monto promedio aumentó a 462 en los años 2005-2006. Parece sensiblemente más elevado que los montos promedio que se estiman generalmente para los años noventa, pero tratándose de migrantes que regresaron a vivir en sus lugares de origen, se puede pensar que una buena parte de ellos articulaba su trabajo migratorio a un proyecto profesional posterior, que necesitaba ahorros importantes producidos por ingresos en dólares. Si comparamos el monto promedio de las remesas del periodo 2000-2006 (453 dólares) con la estimación del ingreso promedio mensual de los migrantes masculinos en Estados Unidos en 2003 (estimado por el Conapo con base en la Current Population Survey de marzo del 2003), de 1 791 dólares, se puede estimar que el monto promedio de las remesas enviadas por los hombres representa el 23 por ciento de su ingreso, lo que parece plausible. El factor que parece tener gran influencia sobre los montos es el estatus laboral que poseía el ex migrante en el momento de la encuesta (cuadro 9): los ex migrantes que se volvieron no asalariados (patrones y trabajadores por cuenta propia) mandaban bastante más dinero (479 dólares mensuales) que los ex migrantes que eran asalariados en el momento de la encuesta (403 dólares), aunque una proporción de estos últimos pudo invertir en negocios para sus esposas.

El impacto de la migración en las actividades es mucho más visible en la distribución de las posiciones en el trabajo (cuadro 10 y gráfica 2). Las proporciones de patrones y trabajadores por cuenta propia son claramente más elevadas entre los ex migrantes que entre los no migrantes, tanto en la

---

[4] Nos interesan únicamente las remesas enviadas por hombres porque el número de mujeres que envían remesas es demasiado pequeño en la muestra.

Cuadro 9. Monto promedio mensual de las remesas enviadas por los ex migrantes masculinos según su posición en el trabajo en el momento de la encuesta

Patrones	Trabajadores por cuenta propia	Asalariados
531.3 (87)	459.2 (237)	403.3 (125)

Fuente: Encuesta DER-Ineser/IRD 2006.

Cuadro 10. Patrones y trabajadores por cuenta propia entre los ocupados según situación migratoria, grupo de edad y sexo (porcentajes)

Grupos de edad	Hombres no migrantes	Hombres ex migrantes	Mujeres no migrantes	Mujeres ex migrantes
20-24 años	21.6	31.7	22.3	*
25-29 años	41.3	49.4	41.3	*
30-34 años	53.8	74.1	52.0	*
35-39 años	60.2	75.8	56.6	*
40-44 años	69.4	74.9	64.1	*
45-49 años	64.7	76.5	68.1	*
50-54 años	73.3	77.1	73.2	*
55-59 años	74.5	75.3	72.1	*
60-64 años	77.6	78.7	80.9	*
65-69 años	83.5	84.8	69.4	*
70 y más años	88.2	88.0	85.4	*
Total	59.3	71.2	55.3	64.6
20-39 años	45.6	63.6	42.2	57.6
40 y más años	71.0	77.7	70.9	73.6
Total estandarizado[1]	59.3	68.1	55.3	64.6

[1] Se adoptó para los ex migrantes la misma estructura por edades que para los no migrantes.
* Números de casos débiles.
Fuente: Encuesta DER-Ineser/IRD 2006.

población masculina como en la femenina, y particularmente en los grupos de edad de 30-34 y 35-39 años, que corresponden, como se ha visto, a las edades de regreso de los migrantes de Estados Unidos.

De la población activa masculina de 20 años y más que nunca emigró a Estados Unidos, el 59.3 por ciento son no asalariados (patrones o trabajadores por cuenta propia).[5] Esta proporción aumenta al 71.2 por ciento entre los ex migrantes internacionales. En la población femenina de los mismos grupos de edad, estas proporciones son, respectivamente, 55.3 y 64.6 por ciento. Si se elimina el efecto de la estructura de edades, el diferencial se

---

[5] Recordamos que la Encuesta DER-INESER/IRD 2006 está compuesta de unidades familiares en las cuales hay por lo menos un no asalariado o un ex no asalariado.

Gráfica 2. Patrones y trabajadores por cuenta
propia entre los activos masculinos de cada grupo de edad
según la condición migratoria

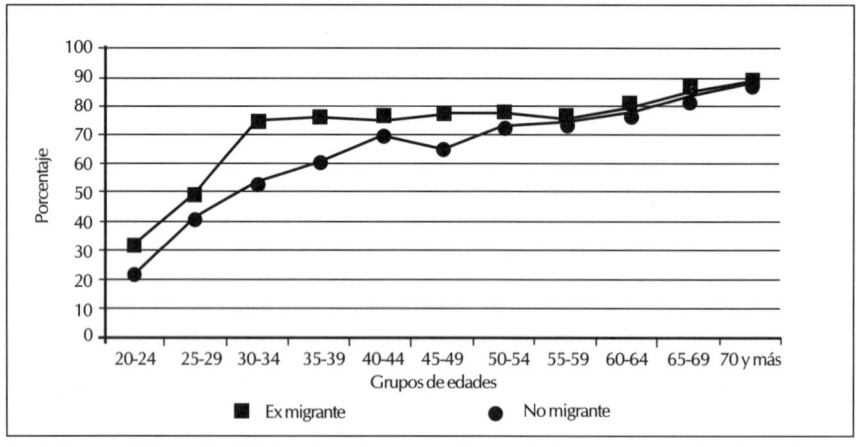

Fuente: Encuesta DER-Ineser/IRD 2006.

reduce levemente entre las poblaciones de no migrantes y ex migrantes (la proporción disminuye del 71.2 al 68.1 por ciento entre los ex migrantes internacionales masculinos). Entre los 20 y 40 años el diferencial en estas proporciones de no asalariados alcanza casi 20 por ciento (45.6 contra 63.6) entre no migrantes y ex migrantes en la población masculina, y 15 puntos en la femenina. Parece que en estos grupos de edad, con el regreso de la mayoría de los migrantes internacionales, se opera la diferencia de capacidad de inversión en las poblaciones de ex migrantes y no migrantes.

La disponibilidad de ahorros en cantidad suficiente, producidos por los sueldos mucho más elevados existentes en Estados Unidos,[6] permite a los ex migrantes crear sus negocios más rápidamente que los no migrantes. Sin embargo, a partir de los 55-59 años los no migrantes compensan su atraso con niveles de no asalariados equivalentes a los de ex migrantes. En general, los no asalariados se concentran en las edades superiores de la pirámide hasta representar más del 70 por ciento de los activos mayores de 50 años, tanto en la población masculina y como en la femenina.

Una forma más explícita de visualizar la muy fuerte sobrerrepresentación de los ex migrantes internacionales en la población de no asalariados

---

[6] El sueldo promedio percibido en Estados Unidos en los años 2005-2006 representaba entre cuatro y cinco veces el sueldo promedio en las ciudades encuestadas.

consiste en comparar la proporción de ex migrantes en la población de no asalariados en cada grupo de edad, con la proporción correspondiente estimada de los ex migrantes en la población total. A partir de los resultados del conteo de población de 2005 en las doce ciudades, de los migrantes que regresaron durante el periodo 2000-2005, de la proporción de éstos en la población total de ex migrantes de la encuesta y de las estructuras etárias de la

Gráfica 3. Ex migrantes internacionales en la población masculina de patrones y trabajadores por cuenta propia en cada grupo de edad respecto a la población total

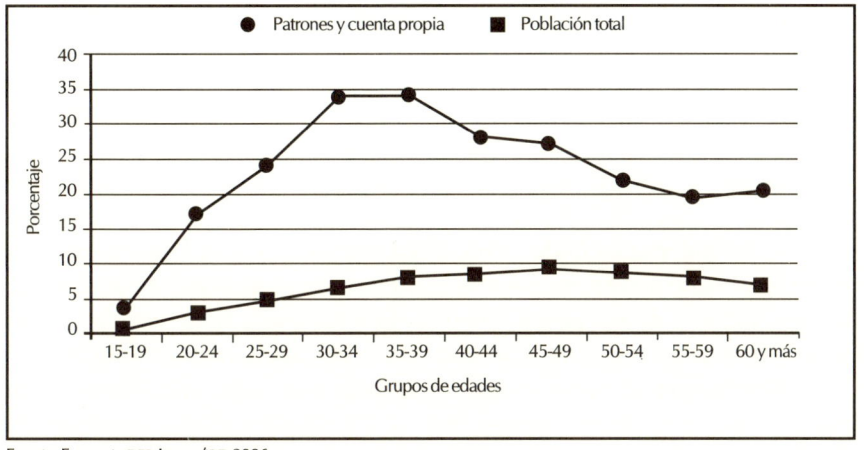

Fuente: Encuesta DER-Ineser/IRD 2006.

Cuadro 11. Ex migrantes internacionales varones patrones y trabajadores por cuenta propia, por grupo de edad (porcentajes)

Grupos de edad	A	B
15-19	3.4	0.5
20-24	16.9	2.9
25-29	23.9	4.5
30-34	34.0	6.3
35-39	33.9	8.0
40-44	28.2	8.4
45-49	27.0	9.2
50-54	21.7	8.7
55-59	19.5	7.8
60 y más	20.3	6.9
Total	25.4	5.6

A: Porcentaje respecto a la población de ex migrantes internacionales.
B: Porcentaje respecto a la población total.
Fuente: Encuesta DER-Ineser/IRD 2006. Estimación propia con base en el censo de 2000 y el conteo del 2005 (INEGI).

población urbana (localidades de 20 000 a 49 000 habitantes) del censo 2000, se puede estimar la proporción de ex migrantes internacionales de 15 años y más por grupos de edades en la población total de estas ciudades. Los resultados aparecen en el cuadro 11 y la gráfica 3. Como se puede constatar, la sobrerrepresentación de los ex migrantes es muy importante en la población de no asalariados de todas las edades, y sobre todo en las edades de 30 a 39 años, cuando representan poco más de un tercio de los no asalariados, mientras que su peso relativo en la población total de las ciudades se ubica entre el 5 y el 10 por ciento.

El 25.4 por ciento de los no asalariados masculinos encuestados en las doce ciudades son ex migrantes internacionales, mientras que la población total de ex migrantes internacionales en la población masculina total de 15 años y más de estas ciudades, apenas alcanza el 5.6 por ciento según nuestra estimación. Esto confirma la existencia de una relación muy fuerte entre la migración internacional y el empleo no asalariado.

La participación de las mujeres en las actividades económicas aumentó de manera paulatina durante las últimas décadas. A nivel nacional, en 1970, el 16 por ciento de la población femenina de doce años y más era económicamente activa. En 2006 esta proporción alcanzó en las mujeres de 14 años y más el 40 por ciento. Representaba en esta última fecha poco más de un tercio (37.2 por ciento) de los activos. Son esencialmente mujeres de 25 a 64 años que, al incrementar su participación económica (las tasas de participación aumentaron, entre 1991 y 2004, del 38.2 al 49.5 por ciento en el grupo de 25 a 54 años y del 24.4 al 32 en el grupo de 55-64 años), impulsan la participación creciente de las mujeres en la economía.

El peso relativo de la población asalariada creció durante los años noventa, esencialmente en detrimento de los trabajadores familiares sin remuneración. Sin embargo, desde finales de la última década, la estructura del empleo parece estabilizada, con 65 por ciento de asalariados, alrededor de 28 de patrones y trabajadores por cuenta propia y cerca de 7 de trabajadores no remunerados. Las mujeres siguen incrementando su participación en el trabajo no remunerado; representaban el 40 por ciento de esta subpoblación (hombres y mujeres) en 1991 y el 55 en 2006, pero aumentaron un poco más rápidamente su presencia entre los trabajadores por cuenta propia de los dos sexos del 24 al 35.7 por ciento entre estas dos fechas.

Un hecho importante que aparece cuando pasamos del examen (análisis transversal) de la distribución de las posiciones en el empleo en los censos de población o en las series de encuestas sobre el empleo al análisis del empleo en el transcurso de la vida activa de las generaciones (análisis longitudinal), gracias a los censos, es la casi invariabilidad de la evolución de esta proporción (de empleadores y trabajadores por cuenta propia) en todas las generaciones en los diferentes grupos de edad, como se puede observar en la gráfica 4. En todas las generaciones, en efecto, la proporción de patrones y trabajadores por cuenta propia se ubica alrededor del 25 por ciento en el grupo de edad 25-29 años, y aumenta constantemente con el envejecimiento de las generaciones hasta representar alrededor del 50 por ciento cuando alcanzan las edades de 60-64 años. Este deslizamiento parece prolongarse después, pero la desagregación de diferentes edades en los censos sucesivos no permite seguir este proceso más allá de los 65 años. Este proceso de desasalarización en todas las generaciones es idéntico en la población femenina. Nos interesa aquí este grupo de activos –los no asalariados–, particularmente la población de trabajadores por cuenta propia, que representa entre el 80 y 90 por ciento de los no asalariados con ingresos, usando diversas fuentes de datos provenientes del Instituto Nacional de Estadísti-

Gráfica 4. Evolución de la proporción de patrones y trabajadores por cuenta propia en la población ocupada masculina en diferentes generaciones a nivel nacional

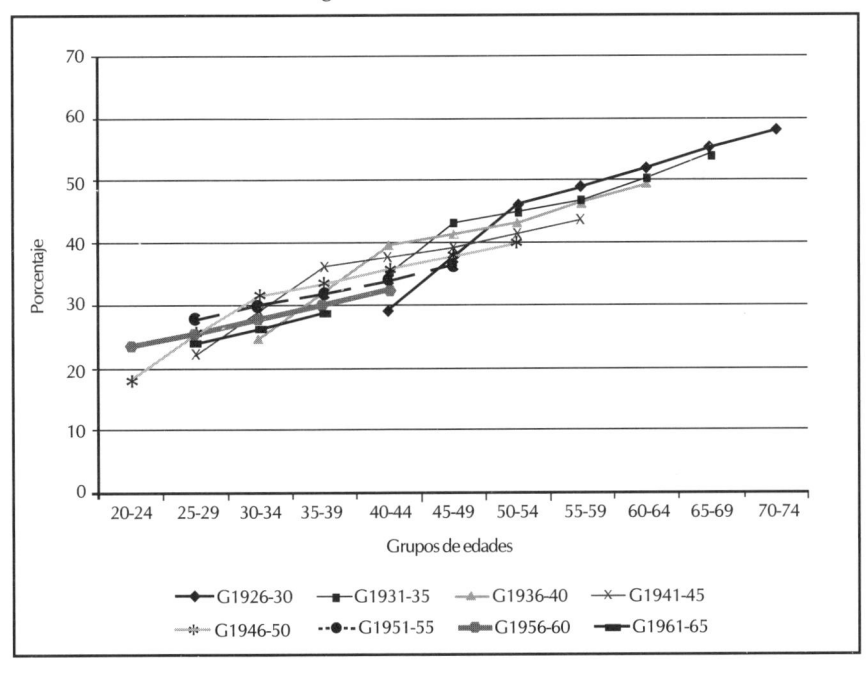

Fuente: Encuesta DER-Ineser/IRD 2006.

ca, Geografía e Informática (INEGI), que a través de los numerosos censos de población y encuestas en hogares y establecimientos proporciona una información muy valiosa para analizar la evolución del empleo en México. Completaremos esta presentación con datos de nuestra encuesta, que permiten hacer un análisis más detallado sobre el tema del trabajo y de la migración en los hogares.

Una fuente de información interesante es la Encuesta Nacional de Micronegocios (ENAMIN) que levanta el INEGI desde 1992 con base en la Encuesta Nacional de Empleo Urbano (ENEU). Las ENAMIN de 1992 y 2002 permiten seguir durante una década la evolución de las características de este tipo de establecimientos. Durante este periodo se observa que la población ocupada en micronegocios tuvo un incremento importante en el peso relativo de los trabajadores por cuenta propia, particularmente las mujeres (que pasan del 43.8 al 60 por ciento del empleo femenino del sector) y una fuerte reducción del peso relativo de los trabajadores familiares sin remuneración. Más allá de un posible mejoramiento de la definición y de la captación de estas dos categorías, siempre difíciles de definir con precisión, es muy probable que asistamos a una fuerte inserción de las mujeres en actividades remuneradas a través de los micronegocios. Es lo que aparece también en las series de la Encuesta Nacional de Empleo (ENE) y la Encuesta Nacional de Ocupación y Empleo (ENOE): la proporción de mujeres en el conjunto de los trabajadores por cuenta propia aumenta del 30.4 por ciento en 2000 al 35.8 en 2006.

La evolución del empleo expresa generalmente un proceso de precarización de la población activa, por falta de crecimiento sostenido del empleo de tipo clásico, con protección social, de manera que gran parte de las generaciones que entran en la vida activa no tiene otra opción que el mercado de trabajo informal, con sus desventajas, o la emigración a Estados Unidos. Esta evolución se refleja también en el funcionamiento de los hogares. Se puede constatar muy nítidamente, en los hogares donde hay un miembro de la pareja que asume la jefatura del grupo familiar, el fuerte incremento del trabajo femenino en la producción de los recursos monetarios para el hogar. En el transcurso de seis años, de 1992 a 1998, la proporción de hogares en los cuales únicamente el jefe trabajaba se redujo del 68.6 al 57.9 por ciento, mientras que la proporción de hogares donde los dos miembros de la pareja del hogar lo hacían aumentó del 23.4 al 34.6 por ciento. Es muy probable que la tendencia, impulsada en particular por la crisis económica de 1995, al aumento de la participación femenina en la producción de los recursos del hogar se haya mantenido en los años posteriores, inscribiéndose en el incremento general de las actividades femeninas, como se puede constatar en el comportamiento de la tasa neta de participación económica de las mujeres de doce años y más, que en México pasó del 31.8 por ciento en 1992 al 39.7 por ciento en 1998. En 1995, según el primer conteo de población realizado por el INEGI, el 31.2 por ciento de las cónyuges estaban activas. En esta misma fecha, los jefes de hogar constituyen más de la mitad (52.1 por ciento) de los perceptores de ingreso en los hogares, pero en 2004, su participación disminuyó al 46.4 por ciento, con el incremento de la participación de las cónyuges y los hijos en la percepción de ingresos.

De los 6 825 hogares encuestados, el 84 por ciento están dirigidos por hombres y el 16 por ciento por mujeres. En el grupo de hogares encabezados por el hombre, el 93.3 por ciento tiene a su cónyuge presente al momento de la encuesta. Los hogares encabezados por una pareja, según el modelo clásico (jefe de hogar masculino con cónyuge), representan el 77.2 por ciento de los encuestados. Más adelante analizaremos brevemente este subconjunto. La situación más frecuente –de hecho la mitad de las situaciones: 49.5 por ciento– en las parejas que encabezan el hogar es aquella en la cual solamente el hombre trabaja. La situación que corresponde a la actividad de los dos miembros de la pareja representa, sin embargo, el 42.8 por ciento de los casos. La distribución de las posiciones en el trabajo de las parejas en las cuales trabajan los dos miembros aparece en el cuadro 12. La situación más frecuente (31.1 por ciento) está representada por el hombre asalariado y la cónyuge patrona o trabajadora por cuenta propia. Las parejas en las cuales los dos cónyuges son patrones o trabajadores por cuenta propia representan el 28.6 por ciento. Las situaciones más frecuentes después de estos dos casos son representadas por la combinación hombre patrón o trabajador por cuenta propia/mujer trabajador familiar con 20.1 por ciento y la combinación hombre patrón o trabajador por cuenta propia/mujer asalariada (10.8 por ciento). En el caso de la combinación asalariado/asalariado (4.6 por ciento de los casos), el negocio captado en el hogar pertenece a un ascendiente o descendiente presente en este hogar.

En general, en las combinaciones en las cuales el hombre es dueño del micronegocio se observa una presencia mayor de ex migrantes internacionales: entre 27 y 30 por ciento de estas combinaciones corresponden a parejas en las cuales por lo menos uno (generalmente el hombre) trabajó algún tiempo en Estados Unidos. En las dos combinaciones posibles –asalariado/patrón o trabajador por cuenta propia–, alternativamente entre hombres y mujeres, aquella en la que el hombre es asalariado es tres veces más fre-

Cuadro 12. Distribución de las posiciones en el trabajo
en las parejas en las cuales ambos miembros trabajan

Posición del hombre	Posición de la mujer	Porcentaje de las situaciones	Porcentaje de parejas con uno o dos ex migrantes internacionales
Asalariado	Patrón o cuenta propia	31.1	20.5
Patrón o cuenta propia	Patrón o cuenta propia	28.6	20.6
Patrón o cuenta propia	Trabajador familiar	20.1	27.9
Patrón o cuenta propia	Asalariado	10.8	29.4
Asalariado	Asalariado	4.6	2.0
Otras situaciones*	Otras situaciones*	4.8	
		100 (2 253)	

[1] Casos sin información completa sobre la posición de uno o de los dos cónyuges.
Fuente: Encuesta DER-Ineser/IRD 2006.

cuente que la inversa, en estos casos, el diferencial en la proporción de parejas con experiencia migratoria en Estados Unidos no es muy amplio (20.5 y 29.4 por ciento, respectivamente), lo que sugiere que una parte no despreciable de las inversiones que pueden hacer los migrantes en creación de micronegocios son en provecho de las cónyuges.

A los 6 825 hogares encuestados correspondían 7 319 micronegocios, o sea poco menos de 1.1 por hogar en promedio.[7] La distribución por sexo y posición en el trabajo aparece en el cuadro 13. Como se puede observar, el 43.8 por ciento de los trabajadores por cuenta propia detectados en esta encuesta son mujeres. Parece que el incremento del peso relativo de las mujeres en el empleo por cuenta propia observado en las ENAMIN 1992 y 2002 (del 30.6 al 33.8 por ciento), ENE y ENOE se intensificó. En nuestra encuesta la fuerte presencia de migrantes internacionales incrementa aún más esta proporción.

Entre las mujeres patronas o trabajadoras por cuenta propia 26.4 por ciento son jefas de hogar, es decir, la mayoría sin pareja (viudas, divorciadas, solteras) o con pareja que reside en Estados Unidos. El resto se distribuye entre cónyuges (55.2 por ciento), hijas (14.5), madres (0.6) y otras parientes (3.2). En la población masculina correspondiente, la gran mayoría son jefes de hogar (87.6 por ciento) o hijos (8.9). Se observa que buena parte (26.2 por ciento) de las parejas en las cuales el hombre o la mujer son no asalariados, por lo menos uno de los dos fue ex migrante internacional. Esta

---

[7] Definidos como patrones y trabajadores por cuenta propia. Dentro de este mismo libro, este concepto corresponde al de autoempleados.

Cuadro 13. Distribución de los dueños de negocios
por sexo y posición en el trabajo y en las parejas de los hogares.
Porcentaje de parejas con ex migrantes según el sexo del patrón
o trabajador por cuenta propia

	Patrones	Trabajadores por cuenta propia	Total	Parejas: patrones y trabajadores por cuenta propia	Parejas con uno o dos ex migrantes internacionales
Hombres	1 450	3 020 (56.2)	4 470	3 598	28.2
Mujeres	498	2 351 (43.8)	2 849	1 551	21.5
Total	1 948	5 371 (100)	7 319	5 149	26.2

Fuente: Encuesta DER-Ineser/IRD 2006.

proporción aumenta al 34.4 por ciento en las parejas con jefe masculino en el grupo de edades de 30-34 años. Para el grupo de parejas con jefe masculino de 25 a 39 años y uno o dos no asalariados en la pareja, en casi un tercio de los casos (32.1 por ciento), por lo menos uno de ellos había residido en Estados Unidos. Esto muestra la muy fuerte relación que existe entre el universo de los micronegocios y la migración internacional.

Los ingresos mensuales de la población masculina son superiores entre los trabajadores por cuenta propia (5 891 pesos) que en los asalariados (5 130 pesos), como se ha podido constatar también en varias encuestas sobre el trabajo en el sector informal o no estructurado. Por el contrario, en la población femenina, las asalariadas tienen ingresos mensuales superiores (4 766 pesos) a las trabajadoras por cuenta propia (3 812 pesos). Es muy probable que el diferencial del nivel de calificación (asimilado aquí al nivel de escolaridad) entre las mujeres de los dos grupos –más elevado que en la población masculina– represente un factor importante para explicar esta diferencia. Los asalariados generalmente poseen mayor escolaridad que los trabajadores por cuenta propia, independientemente de la edad; pero si el diferencial es relativamente débil en la población masculina, con un promedio de uno y un máximo de 1.7 años entre los 25 y 65 años, es mucho más importante en la población femenina, con un promedio de tres años y un máximo mayor de cuatro en el grupo de edad de 40-49 años, en favor de las asalariadas.

En términos de ingresos, el cuadro 14 refleja la percepción que tienen los trabajadores por cuenta propia sobre los ingresos que podrían esperar si trabajaran como asalariados. La mayoría de los hombres y las mujeres que trabajan por cuenta propia estiman que no serían mayores sus ingresos. La

Cuadro 14. Trabajadores por cuenta propia que piensan que no tendrían mejores ingresos trabajando como asalariados según el grupo de edades y el sexo (porcentajes)

Sexo	Menores de 40 años	40-69 años	70 años y más	Total
Hombres	74.1	74.5	74.8	74.5
Mujeres	65.2	63.2	64.9	64.2

Fuente: Encuesta realizada por el Departamento de Estudios Regionales-INESER-Centro Universitario de Ciencias Económico Administrativas, Universidad de Guadalajara y el Institut de Recherche pour le Développement (IRD) sobre el autoempleo y las migración a Estados Unidos en ciudades del Centro Occidente de México, 2006. (Encuesta DER-INESER/IRD 2006)

Cuadro 15. Estimación del número de hijos de 40 años por padre de 70 años en dos generaciones de padres

	Generaciones de padres nacidos en los treinta	Generaciones de padres nacidos en los sesenta
Paridad (hijos nacidos vivos) a los 50 años	6.5	3.8
Padres sobrevivientes a los 70 años (S-70)	0.43	0.63
Hijos sobrevivientes a los 40 años (S-40)	0.82	0.92
Razón de dependencia hijos (S-40)/padres (S-70)	5.33/0.86 = 6.25	3.50/1.26 = 2.78

Fuente: Encuesta DER-Ineser/IRD 2006.

edad no parece influir sobre esta percepción, independientemente del sexo. Sin embargo, las mujeres son menos propensas a emitir esta opinión, lo que refleja de cierta manera los diferenciales de ingresos observados según la posición en el trabajo de esta subpoblación. Recordemos que, en términos generales, los ingresos de las asalariadas son muy superiores a los de las trabajadoras por cuenta propia, y es probable que la distribución de las asalariadas entre los sectores formal e informal influya mucho en el resultado de esta percepción.

Los recursos en la vejez

Al inicio de la presente década, un estudio del Centro Latinoamericano y Caribeño de Demografía (Guzmán, 2002) sobre los sistemas de pensiones en América Latina concluye que «Los sistemas previsionales de la región no permiten a la fuerza laboral acumular recursos para una vejez digna sin depender de un trabajo adicional o de ayuda familiar». En otro estudio, Uthoff (2005) pone el acento sobre el hecho que «la cobertura de los sistemas de pensiones es muy baja en América Latina porque un porcentaje significativo de su mercado de trabajo está compuesto por sectores de subsistencia (empleos precarios, niveles bajos de ingresos y alta incidencia de pobreza). Los sistemas contributivos excluyen a gran parte de los trabajadores y sus familiares de las prestaciones contra los riesgos de invalidez, vejez y muerte».

Según la Encuesta Nacional de Empleo y Seguridad Social de 2004 (INEGI), levantada a partir de una submuestra de la Encuesta Nacional de Empleo, más de la mitad (55.3 por ciento) de la población ocupada que cotiza al IMSS percibe remuneraciones inferiores a tres salarios mínimos, y el 22.8 por ciento inferiores a dos salarios mínimos. Con hipótesis sobre las tasas reales de interés de los fondos individuales para el retiro del 3.5 por ciento[8] (muy por encima de lo observado para el periodo 1997 y 2004), un periodo de aportación de 30 años, y una cónyuge con una diferencia de edad de menos de tres años, Valencia (2005) estima que los asalariados que perciben menos de tres salarios mínimos –es decir la mayoría de los asalariados– recibirían pensiones inferiores a un salario mínimo, o sea con ingresos 15 por ciento por debajo de la línea de pobreza en 2003, según la Cepal. El mismo autor, con hipótesis parecidas (el sueldo final equivalente al inicial en términos reales, un retiro a los 65 años con 32 años de cotización) estima la tasa de reemplazo del salario (pensión) en 0.32 para un sueldo de tres salarios mínimos; 0.35 para uno de dos salarios mínimos y hasta inferior a dos salarios mínimos para un sueldo de siete salarios mínimos. Estas perspectivas del sistema de pensiones, muy desalentadoras, se deben según este autor al elevado costo de la administración de las cuentas individuales, al muy bajo nivel de las cuotas (aportaciones de los trabajadores) y, en general, a la inestabilidad del empleo (baja densidad de cotización a lo largo de la vida activa), lo que impide acumular fondos suficientes. A una conclusión similar llegan Nava y Ham (2006) cuando escriben que «se prevé que del total de los trabajadores asegurados al IMSS, 67 por ciento llegará a su edad de retiro con ahorros insuficientes». En efecto, «el lapso de cotización de los trabajadores es muy corto. El tiempo promedio de un pensionado en el seguro de Invalidez, Vejez, Cesantía y Muerte es de 18 años, en tanto que la antigüedad promedio de cotización al sistema es de sólo 20 años». Según

---

[8] Según un estudio de Valencia (2005), el rendimiento neto de estas cotizaciones se ubica en 1.8 por ciento (entre el 0.5 por ciento y el 2.5 por ciento en la mayoría de los casos) entre 1997 y 2004.

estos autores, para que un trabajador pueda obtener una pensión decorosa para su retiro debe realizar aportaciones al fondo de pensiones al menos durante 40 años. Sin embargo, la densidad de cotización (años de cotización / años de trabajo) es muy baja en la mayoría de los casos por la expansión del sector no estructurado, en el cual la proporción de quienes cotizan en el sistema de ahorro para el retiro es muy débil. Esto se refleja en el hecho de que, según la Encuesta Nacional sobre Salud y Envejecimiento de 2001, «sólo el 21.3 por ciento de las personas mayores que trabajaron alguna vez tiene pensión e incluso muchos de los que la tienen siguen trabajando como consecuencia de los bajos ingresos» (Montes de Oca y Hebrero, 2006). De los 2 997 181 pensionados (laborales y no laborales) captados en la Encuesta Nacional de Empleo y Seguridad Social de 2004, el 71.5 por ciento dependen del IMSS y el 18.1 por ciento del ISSSTE. La gran mayoría de estos pensionados (69.4 por ciento) corresponden a pensiones laborales (89.3 por ciento en la población masculina y 42.8 en la femenina). De los pensionados del IMSS (2 111 558 personas), el 87.3 por ciento recibe menos de dos salarios mínimos, lo que obliga a una parte no despreciable de ellos (el 25.5 por ciento) a tener una ocupación remunerada. Las ocupaciones de los pensionados laborales todavía activos se concentran en actividades no asalariadas (67.5 por ciento de los hombres y 56.4 de las mujeres, en 2004), es decir, en actividades por cuenta propia, sin duda porque sus capacidades han disminuido por la edad, que reducen sus oportunidades en el mercado de trabajo.

Por otro lado, la disminución de la fecundidad a partir de la década de los setenta y la baja continua de la mortalidad durante las últimas décadas hacen aumentar progresivamente el número de padres sobrevivientes en la edad teórica de fin de actividad laboral (alrededor de los 65 años) y la duración de esta «dependencia», y disminuye el número de hijos sobrevivientes en edad productiva. Este doble efecto, según nuestras estimaciones hará más que duplicar la carga intergeneracional familiar en treinta años (cuadro 15).

En efecto, si las parejas de las generaciones nacidas en los treinta podían apoyarse, a la edad de 70 años, en un poco más de seis hijos para financiar su periodo de inactividad después de una vida de trabajo, las generaciones nacidas en los sesenta, a la misma edad de 70 años, sólo podrán apoyarse en menos de tres hijos. Esto nos da una idea de la magnitud del problema, que la puesta en marcha de los sistemas de pensiones debió resolver progresivamente a medida que crecía.

Conclusiones

Las perspectivas permiten entender mejor la atracción ejercida por el trabajo independiente, que posibilita conservar una actividad y recibir ingresos en edades avanzadas, cuando se reducen las oportunidades de trabajo asalariado, las posibilidades de apoyo familiar y aparecen las insuficiencias de los sistemas de pensiones. En este sentido, la acumulación de ahorros a lo largo de la vida activa, facilitada frecuentemente por el trabajo migratorio en Estados Unidos, permite una transformación de asalariado en trabajador por cuenta propia y responder así a un probable deterioro futuro de las condiciones de vida en edad avanzada. Las combinaciones de posiciones en el trabajo en las parejas de activos indican la inserción continua de las cónyuges en las actividades, especialmente en la modalidad de trabajadoras por cuenta propia, que concierne tanto a la población migrante como a la no migrante. La focalización de la atención en la repartición de las remesas entre sus diferentes usos —estimaciones siempre muy imprecisas— no permite percibir claramente la magnitud de las transformaciones del empleo que impulsan las remesas, al favorecer en alguna medida la reconversión de los asalariados en trabajadores independientes entre los migrantes internacionales. El análisis de la evolución de la posición en el trabajo de las diferentes cohortes durante su vida activa permite, por el contrario, una mejor aprehensión de este fenómeno que concierne al conjunto de la sociedad mexicana. La migración internacional intensifica este fenómeno en la medida que las remesas se incorporan a la economía local, y de manera directa cuando se invierten en actividades productivas. Esta transformación responde a las limitaciones producidas por la evolución del entorno económico (desarrollo del sector informal y débil densidad de cotización al sistema de pensiones), del sistema institucional de atención a los ancianos (niveles muy débiles de los ingresos para pensiones) y del cambio demográfico. Por otro lado, si se mantiene esta tendencia al atraso en la edad a la migración, la propensión a la emigración de cónyuges que conlleva el alargamiento de las estancias o la migración definitiva al país vecino, se puede pensar razonablemente que la frecuencia y el importe de las remesas que fluyen hacia los lugares de origen en México serían poco a poco afectados.

Bibliografía

Comisión Económica para América Latina y el Caribe (Cepal) (2005). *Problemas de empleo*, Santiago de Chile, Cepal (serie Macroeconomía del Desarrollo, 40).
— (2006). *Estudio económico de América latina y el Caribe, 2005-2006*, Santiago de Chile, Cepal.
Chackiel, J. (2000). Envejecimiento de la población latinoamericana. ¿Hacia una relación de dependencia favorable?, Santiago de Chile, Cepal-Celade (serie Población y Desarrollo, 4).
Consejo Nacional de Población (Conapo) (2005). *México antes de los desafíos de desarrollo del milenio. Informe de avance 2005*, México, Conapo.
— (2005). *Situación demográfica de México, 2005*, México, Conapo.
Guzmán, J.M. (2002). *Envejecimiento y desarrollo en América Latina y el Caribe*, Cepal-Celade, Santiago de Chile, Cepal.
Montes de Oca, V. y M. Hebrero (2006). «Eventos cruciales y ciclos familiares avanzados: el efecto del envejecimiento en los hogares en México», *Papeles de Población*, Universidad Autónoma del Estado de México, núm. 50, octubre-diciembre.
Nava, I. y R. Ham (2006). «Dividendos demográficos y el sistema de pensiones de retiro», *Papeles de población*, Universidad Autónoma de Estado de México, núm. 50, oct-dic.
Uthoff, A. (2005). «Brechas del Estado de bienestar y reformas a los sistemas de pensiones en América Latina», *Revista de la Cepal*, núm. 99.
Valencia, A. (2005). *Perspectivas de las pensiones ante el envejecimiento, en México antes de los desafíos de desarrollo del milenio*, México, Conapo.
Zúñiga Herrera, E., P. Leite Nieves y L. Acevedo Prieto (2005). *Migración México-Estados Unidos. Panorama regional y estatal*, México, Conapo.

MIGRACIÓN MÉXICO-ESTADOS UNIDOS DESDE PEQUEÑAS CIUDADES DEL OCCIDENTE DE MÉXICO, AUTOEMPLEO Y DESARROLLO REGIONAL[1]

Jesús Arroyo Alejandre[2] y María Isabel Corvera Valenzuela

Introducción

La migración de mexicanos a Estados Unidos se origina lo mismo en comunidades rurales que en ciudades pequeñas, medias y zonas metropolitanas, y aunque se ha extendido a casi todas las regiones del país, la región Centro-Occidente de México (formado por los estados de Aguascalientes, Colima, Guanajuato, Jalisco, Michoacán, Nayarit y Zacatecas) sigue siendo el principal origen de migrantes a dicho país;[3] procedentes de cientos de asentamientos humanos heterogéneos en cuanto a las características de su base económica: inserción en la estructura de funcionalidad socioeconómica regional, nivel de desarrollo socioeconómico comparativo (Nidesec) de sus poblaciones y dotación de infraestructura, entre otras. Sin embargo, la mayoría tiene en común su estrecha relación con Estados Unidos a través de la migración, que para algunas de ellas empezó hace casi un siglo. Por ello se puede afirmar que se han consolidado factores como las redes familiares y de amistad, la circularidad de la migración, el intercambio económico y sociocultural y el sistema de envío, recepción y uso de remesas.

---

[1] Resultados del proyecto de investigación «El proceso de autoempleo y creación de empresas en áreas urbanas en la región centro occidente de México» (número de registro 48205), financiado por el Consejo Nacional de Ciencia y Tecnología, el Institut de Recherche pour le Développement de Francia y la Universidad de Guadalajara.

[2] Ambos autores son profesores-investigadores adscritos al Departamento de Estudios Regionales-INESER del Centro Universitario de Ciencias Económico Administrativas de la Universidad de Guadalajara y agradecen ampliamente la colaboración de Alma Francisca Martínez Orozco, Patricia López Velasco y David Rodríguez Álvarez en el análisis de la información de la encuesta, así como a Teresa Arce Mojica por su participación en el procesamiento de datos de la misma.

[3] Véase Conapo (2004) para una descripción de la magnitud, las características generales y los orígenes de esta migración.

El fenómeno migratorio generalmente se atribuye a la falta de oportunidades de empleo o de obtener mejores ingresos en la mayoría de los asentamientos humanos, así como a las diferencias salariales entre ambos países en casi todos los mercados de trabajo, aun cuando los migrantes se empleen en aquellos donde los norteamericanos no desean trabajar por los salarios que se pagan y que se consideran inferiores en la escala de preferencias de ocupación.

En el lado mexicano, el desarrollo económico local y regional no ha sido ni es suficiente para proveer los empleos que demanda la creciente población en edad de trabajar, mucho menos aquellos que les permitan la movilidad social a los trabajadores. El desarrollo económico se ha concentrado en estratos reducidos de población que reside en todo tipo de asentamientos humanos, pero sobre todo en las ciudades grandes y las zonas metropolitanas. Aunque en las ciudades de estas dos categorías también existe desigualdad y pobreza, se dan de manera más marcada en poblaciones rurales y semirrurales, mientras que muchas ciudades medias y pequeñas tienen en «promedio» mayores ingresos y oportunidades de ascenso social.[4]

Dependiendo de factores como su dotación de infraestructura productiva y social, capital social, desarrollo institucional, características de la base económica y zona de influencia socioeconómica, así como de su inserción en la estructura socioeconómica funcional de su región, ciudades y comunidades rurales ofrecen empleos permanentes aceptablemente remunerados, así como oportunidades de autoempleo para quienes no los tengan creando micro, pequeñas y medianas empresas, muchas con posibilidades de crecer, desarrollarse y tener éxito. Por otro lado, si los factores mencionados no son favorables, las ciudades pequeñas y otras comunidades ofrecen pocos empleos, muchas veces inestables y con remuneración comparativamente baja; sin embargo, ofrecen a sus habitantes oportunidades de emprender actividades para autoemplearse, e incluso contratar uno o más empleados. Por supuesto que en las ciudades se presentan ambos esquemas de empleo –el empleo formal y la creación de pequeños negocios--, pero puede predominar uno de ellos según el comportamiento de dichos factores. En muchas localidades de México, y por supuesto de la región Centro-Occidente, predomina el segundo, por lo que parte de su población emigra a ciudades grandes y medianas que ofrecen oportunidades dentro del primer esquema, así como a Estados Unidos.

---

[4] Para un amplio análisis del desarrollo regional en México, véase OECD (2004).

El propósito de este estudio es establecer la relación entre la migración a ese país y el autoempleo (definido como el conjunto de patrones y trabajadores por cuenta propia que en su mayoría trabajan micronegocios) en ciudades pequeñas del Centro-Occidente de México, algunas características de su base económica, las remesas y el emprendurismo. Para ello utilizamos información recabada mediante una encuesta de hogares aplicada en doce ciudades de 14 000 a 34 000 habitantes: La Barca, Jalostotitlán y San Miguel el Alto, en Jalisco; San Felipe y Salvatierra, en Guanajuato; Puruándiro y Maravatío, en Michoacán; Ixtlán del Río, en Nayarit; Jalpa y Ojocaliente, en Zacatecas; Rincón de Romos, en Aguascalientes, y Armería, en Colima. Los temas principales de dicha encuesta fueron: autoempleo, micronegocios, migración y remesas. Además, usamos información de los censos económicos y de población para caracterizar, en términos generales, la base económica de tales ciudades.

En el presente trabajo contrastamos los siguientes supuestos, con información de dichas encuestas y de fuentes secundarias: *a)* el desempleo, los bajos salarios en actividades económicas precarias, la migración a Estados Unidos y las remesas son factores determinantes del autoempleo; *b)* la mayor parte de los autoempleos no son de carácter schumpeteriano,[5] sino que se pueden considerar como actividades de refugio y supervivencia en el sector informal de la economía urbana. A nivel macro, también se contrasta con los casos de dichas ciudades el siguiente supuesto: las remesas provenientes de la migración a Estados Unidos forman parte de los flujos de ingresos que sustentan la base económica de pequeñas ciudades de origen de esta migración y de muchas localidades que integran su zona de influencia socioeconómica. Así, esta base económica, que además se relaciona con la inserción de la ciudad en el funcionamiento socioeconómico regional, determina las oportunidades de autoempleo, que puede ser tanto de refugio y supervivencia como emprendedor o schumpeteriano.

Migración a Estados Unidos y desarrollo regional

La emigración de mexicanos a Estados Unidos es un tema muy estudiado y polémico. Esta opción ha sido por décadas válvula de escape de muchas

---

[5] Definimos aquí el autoempleo schumpeteriano como aquel en que los autoempleados innovan en la producción o comercialización de un producto o servicio, lo cual les permite tener empleados y hacer crecer el negocio.

personas de cientos de centros de población que no cuentan con fuentes estables de empleo, inversión y desarrollo socioeconómico.

En México existen al menos tres tipos de localidades: aquellas que tienen actividades económicas que les permiten obtener excedentes para la inversión productiva, y por lo tanto tener crecimiento, que generalmente son ciudades grandes y zonas metropolitanas; las que cuentan con recursos naturales y humanos pero carecen de medios tecnológicos para desempeñar actividades económicas que generen excedentes para ser reinvertidos y lograr el crecimiento, que es el caso de muchas ciudades medias y pequeñas; y por último, las que sólo cuentan con recursos naturales y escaso capital humano y financiero, por lo que tienen baja productividad, empleo insuficiente y baja calidad de vida. Las condiciones de este tercer tipo de localidades generalmente propicia la emigración de una parte de sus habitantes a otra localidad con mayor desarrollo o a Estados Unidos.

Por lo general, las regiones que no se especializan en algún sector productivo ni cuentan con recursos propios dependen de la exportación de mano de obra y de la captación de recursos económicos provenientes del exterior, remesas que pueden utilizarse para potenciar la actividad económica de la región y de esta manera impulsar la creación de empleos, lograr el aumento de salarios y disminuir la emigración de sus pobladores. Esto ocurre cuando se invierten productivamente y tienen efectos multiplicadores en la economía local o regional. De lo contrario se propicia la dependencia de las remesas, y si se crean negocios con éstas, apenas se obtienen recursos suficientes para cubrir las necesidades básicas de la familia.

Gran parte de las localidades de la región Centro-Occidente del país se encuentran en el segundo caso, es decir, tienen tradición migratoria y sus jóvenes buscan incorporarse al mercado de trabajo estadounidense. Se puede afirmar que están en desventaja con respecto a aquellas que han desarrollado una base de crecimiento económico autosostenido. Aunque son receptoras de remesas, por razones de carácter endógeno y exógeno, no han podido desarrollar su potencial económico ni integrase socioeconómicamente a sus regiones.

En las localidades pobres, con gran desigualdad y pocas oportunidades de empleo aceptablemente remunerado, por lo general se generan flujos migratorios que tienen como resultado una considerable disminución de su población económicamente activa, por lo que no pueden aumentar sus actividades económicas. Al disminuir su PEA joven se complica el desarrollo de su base de crecimiento económico autosostenido.

Para los propósitos de este trabajo, definimos a la región como el conjunto de asentamientos de población localizados en un territorio y que tienen interrelaciones socioeconómicas de diferente intensidad, las cuales dependen de su tamaño e importancia. Así, en las regiones existen asentamientos humanos de distintas categorías: desde «nodales» o de primer orden –por lo general ciudades–, de segundo, tercero y órdenes menores, hasta comunidades rurales con poca población localizadas en las zonas de influencia socioeconómica de otros asentamientos. De esta manera, en lo referente al análisis regional, en este trabajo utilizamos indistintamente los términos de asentamientos de población, localidad y ciudad.

Por otro lado, la salida de habitantes de localidades con tradición migratoria no se puede reducir en el corto o mediano plazo; pero los asentamientos con frecuencia tienen actividades en las que se pueden especializar, por lo que pueden ser capaces de exportar productos y servicios a otras regiones y localidades, con lo cual dejarían de importarlos. Si además cuentan con excedentes, desarrollan una base económica de crecimiento autosostenido.

Mendoza y Díaz (2006) consideran que el desarrollo de las regiones depende del incremento de sus exportaciones y que las economías se desarrollan si crecen sus flujos monetarios, de manera que dispongan de excedentes para la inversión directamente productiva. Al respecto, Polèse señala que:

> La región como entidad abierta se encuentra en situación de competencia con otras regiones, no sólo desde el punto de vista de los intercambios comerciales, sino también en cuanto a la atracción y la retención de los factores de producción que forman su base económica; esto es lo que llamamos en ocasiones factores intangibles de producción. Las fábricas, las ideas y la población se desplazan en el espacio (1998: 171).

Las poblaciones que conforman las regiones pueden tener actividades de exportación y competir a escala nacional e internacional, lo cual depende de los productos y servicios en que se especialicen. También pueden competir por la atracción de empresas para que se establezcan en ellas. De ahí que sean importantes los recursos con que cuenta la región, como población económicamente activa, infraestructura física y social y capacidad de innovación.

Si bien es cierto que las regiones especializadas compiten entre sí, también tratan de establecer nexos de cooperación que les permitan aumentar el comercio y tener alternativas más eficientes para la producción de bienes y servicios. Es decir, una vez identificadas sus ventajas, se busca la integración económica de localidades y regiones para incrementar la productividad y competir en otra escala territorial, con otros países y a nivel global.

Arroyo, De León y Valenzuela (1991) argumentan que el incremento de las exportaciones como base del crecimiento económico de las regiones, y por lo tanto de México, puede ser fundamental para disminuir la migración y propiciar el desarrollo de las regiones. Consideran que una línea de investigación interesante es el problema de que las políticas macroeconómicas no consideran sus impactos ni sus relaciones con la estructura territorial de los asentamientos de población, lo que afecta los patrones regionales de desarrollo socioeconómico; éstos, a su vez, inciden en los patrones de interacción entre localidades, de los cuales la migración es uno de los más importantes.

Las grandes ciudades y las zonas metropolitanas especializadas en los sectores secundario y terciario también viven el fenómeno de la pérdida de población. De ellas emigra sobre todo mano de obra calificada, pues generalmente la oferta de empleo para estas personas es menor que la demanda; esto y los bajos salarios que se pagan hacen que algunas de ellas decidan emigrar a ciudades con mayor oferta de empleo y proyección laboral o a Estados Unidos.

Migración, empleo, autoempleo y emprendurismo

De lo anterior, como de muchos otros fenómenos sociales, se puede inferir que la mencionada interrelación tiene tres dimensiones: *a)* la individual, es decir, la de tomar la decisión de emigrar, emplearse o autoemplearse en el lugar de origen o el de destino; *b)* la macro, que corresponde a los factores de la estructura y la base económica, y *c)* la institucional, que determina las oportunidades de empleo, autoempleo y emprendurismo en el lugar de origen o el de destino. Estas dimensiones se separan sólo con propósitos de estudio, pero es necesario conjuntarlas si se quiere explicar el papel que desempeñan en el desarrollo económico local y regional, por lo tanto podemos decir que existe una cuarta dimensión: la territorial, en la que se estudian entre otros aspectos los factores de localización industrial (los que atraen, retienen o estimulan las inversiones productivas) en las localidades que integran las regiones, así como los flujos de bienes y servicios que, junto con tales factores, determinan el dinamismo de la base económica de cada asentamiento.

Los flujos de población entre localidades son parte esencial de dichos factores porque significan el movimiento de mano de obra que se integra a los mercados laborales y porque generan autoempleo. Así, los flujos de población, inversiones, productos, servicios y financieros interactúan con las bases económicas de los diferentes asentamientos humanos, que pueden ser dinámicos, estar estancados o hasta en retroceso. Es evidente que su estructura económica –definida como el capital directamente productivo invertido en industrias–, la cantidad y calidad de la inversión en infraestructura física y social y el capital social[6] –cuyo componente principal son las instituciones– determinan si dicha estructura y base económicas son de crecimiento autosostenido, estancamiento o retroceso, y con ello las oportunidades de empleo y autoempleo.

Una manifestación del grado de dinamismo de la base económica, señala Richardson (1975), es el excedente de las exportaciones sobre las importaciones respecto de otras regiones del mismo o de otro país o que permiten reponer capital, aumentarlo o incluso exportarlo. También influyen en dicho dinamismo factores endógenos como la capacidad de innovación, la infraestructura, el capital social, etcétera. Así, el «autoempleo emprendurista» es parte esencial de dicho dinamismo, y por lo tanto de la estructura y base económicas de las poblaciones.

Un aspecto crucial en el análisis del autoempleo es la distinción entre autoempleo emprendedor schumpeteriano y autoempleo de refugio o de sobrevivencia. Audretsch *et al.* (2002) estudiaron las relaciones entre el desempleo y la actividad de emprendimiento en el contexto de los países desarrollados de la Organización para la Cooperación y Desarrollo Económicos (OCDE). Consideran que la mayoría de los estudios al respecto encuentran una relación contradictoria: un aumento en el desempleo induce a un aumento en la actividad emprendedora (efecto refugio). Por otro lado, un alto nivel de esta actividad reduce el desempleo (efecto schumpeteriano, si parte de los autoempleados que innovan en la producción o comercialización de un producto o servicio que les permita tener empleados y hacer crecer el negocio). Estos autores usan un modelo econométrico de dos ecuaciones, donde los cambios en el desempleo y el aumento de propietarios de negocios se relacionan con cambios subsecuentes en estas dos variables. Contrastan el modelo con datos panel de 23 países miembros de la OCDE para el periodo

---

[6] Las características más importantes del capital social son la confianza en las instituciones y la colaboración entre individuos y grupos sociales de un asentamiento de población.

1974-1978. Sus resultados les permiten afirmar que existen dos distintas relaciones entre desempleo y emprendurismo: los efectos schumpeterianos y los efectos de refugio. Con su revisión de literatura demuestran que el empleo en las grandes empresas se transfiere a otras pequeñas y medianas durante su reestructuración y cuando llevan a cabo innovaciones económicas;[7] por otro lado, el crecimiento económico está asociado negativamente con el tamaño y la antigüedad de las firmas, es decir, el crecimiento se produce principalmente en las pequeñas y medianas empresas que pueden surgir debido al desempleo y la creación de una actividad de refugio; en una etapa subsecuente, se desarrollan en un proceso de emprendurismo innovador y ofrecen mayores oportunidades de empleo.

Como es normal, existe relación directa entre inmigración y oportunidades de empleo en un asentamiento poblacional, e indirecta con la emigración, es decir, a mayores oportunidades de trabajo, mayor llegada de personas y menor salida de ellas. Por lo tanto, en general, los flujos migratorios se convierten en una especie de *clearing house*[8] de los mercados laborales de las localidades que integran regiones subnacionales y de países. Ayudan al equilibrio de tales mercados consiguiendo salarios casi siempre más bajos que los existentes en ausencia de la migración. Si consideramos que ésta es positivamente selectiva, que las personas involucradas en ella son las más jóvenes, con mayor escolaridad y más capacitados, los asentamientos que la reciben se benefician porque refuerzan su economía a través de los mercados de trabajo, lo cual reproduce las oportunidades de empleo.

Por su parte, las comunidades de origen de la migración experimentan el proceso contrario: al salir parte de su población por falta de oportunidades de empleo y bajos salarios, sus actividades económicas se ven perjudicadas. Lógicamente, es de esperar que los salarios generales tiendan a subir, lo cual no es el caso porque la salida de los mejores recursos humanos deprime la economía, a menos que la refuerce un factor externo, como la inversión o innovación productiva. Lo que se observa en la mayoría de los casos es que los asentamientos de origen tienden a estancarse en lo econó-

---

[7] En apoyo a este argumento se puede mencionar el trabajo de Wilson (1992) sobre la industria electrónica de Guadalajara. Encontró que las grandes empresas trasnacionales incentivaron la creación de pequeñas y medianas empresas locales que les proveían algunos insumos, con lo cual se reducían sus costos, lo que la autora llamó efecto *spin-off*, que se puede traducir como efecto centrífugo de difusión empresarial.

[8] En el sentido de que permite el ajuste de mercados de trabajo: al salir algunos de sus lugares de origen se incorporan a los de destino; de esta manera se pueden emplear en ambos, lo que influye en tal ajuste.

mico, y en menor medida al retroceso, mientras que los receptores experimentan un proceso acumulativo de crecimiento que si se dan las condiciones puede difundirse dentro de sus regiones en poblaciones de su zona de influencia socioeconómica *(hinterland)*, si son centros nodales.

Vistos de esta manera, los movimientos de población son fundamentales para el desarrollo regional. Si consideramos que los migrantes y sus familias cambian de residencia con el propósito de mejorar su nivel de vida consiguiendo mejores empleos y más altos ingresos reales, el proceso migratorio es en realidad un proceso de desarrollo socioeconómico para la población que lo lleva a cabo. Empero, muchos inmigrantes no encuentran empleo o se emplean en actividades de muy baja productividad y tienen ingresos más bajos que el promedio de la población que vive en el lugar de destino. Si la población de origen no experimenta los efectos benéficos del desarrollo regional del centro nodal, presenta estancamiento, retroceso y desempleo.

El autoempleo surge en ambos tipos de asentamientos: en los centros nodales, receptores de migrantes, como alternativa a los mercados laborales o para conseguir más altos ingresos individuales y familiares; y en los de origen, como medio de sobrevivencia o autoempleo de refugio por no haber en ellos oportunidades de empleo. Ambos tipos de autoempleo pueden formar parte de la economía subterránea, pero el primero tiene mayor probabilidad de incorporarse a la economía formal. En ambos tipos de autoempleo debe distinguirse el llamado emprendurismo schumpeteriano. De esta manera surge el empresariado de tipo schumpeteriano en una economía de mercado. Es muy probable que este autoempleo emprendurista se desarrolle más bien en los lugares de destino, y que en los lugares de origen se desarrolle el de refugio o sobrevivencia.

Para Clark y Drinkwater (2000) existen factores que propician que los migrantes internacionales incursionen en el empleo por cuenta propia. Por un lado están los obstáculos que encuentran al querer ingresar al mercado laboral debido a la discriminación, lo que los orilla a pensar en autoemplearse; pero existen otros factores, como redes sociales, lazos familiares, cultura, religión e idioma, que los motivan a iniciar un negocio propio en los lugares de destino.

En cuanto a las diferencias en los niveles de autoempleo en comunidades migrantes, Evans (1989) aplicó modelos de regresión multinivel en Australia para analizar las características grupales de migrantes, particularmente el tamaño de la comunidad como nicho de mercado y la cantidad de inmigrantes que hablan el idioma del país de destino, a las que considera como una ventaja para autoemplearse ya que conocen las preferencias y gustos de la comunidad étnica. Encontró que a menor número de inmigrantes del grupo que hablen el idioma del país de destino, mayor es la probabilidad de que emprendan un negocio orientado a aquellos migrantes de la comunidad cuyos conocimientos del idioma sean vagos o nulos; además, mientras más grande sea el tamaño del grupo étnico su mercado potencial es más grande, lo cual propicia el autoempleo.

Tubergen (2005) menciona que para un migrante la decisión de autoemplearse depende de varios factores, a los que engloba en tres grupos: los del país de origen, los del país de destino y los de la comunidad donde se radica. Con datos de empleo de inmigrantes en 17 países occidentales, aplicó modelos de regresión multinivel y encontró que: *a)* en los países y en grupos de migrantes estudiados la tasa de autoempleo del país de origen del inmigrante no es relevante en la decisión de autoemplearse en el de destino; *b)* el autoempleo es mayor entre los grupos de inmigrantes no cristianos en países cristianos; *c)* cuando existe una tasa alta de autoempleo o de desempleo entre los originarios del país, los migrantes tienen mayor oportunidad de autoemplearse; *d)* las comunidades de migrantes con distintos y más altos niveles de educación tienen tasas más altas de autoempleo; *e)* los migrantes que piensan establecerse en el país de destino por un largo periodo de tiempo tienen mayor probabilidad de emprender un negocio por cuenta propia.

Con un enfoque individual, Borjas (1986) encuentra que el autoempleo es un importante factor de integración de inmigrantes en Estados Unidos y representa buena parte de la fuerza de trabajo (alrededor del 15 por ciento); a mayor tiempo de residencia, mayor probabilidad de autoempleo. Migrantes de cohortes más recientes tienen más altas tasas de autoempleo que las más antiguas; es más probable que se autoempleen inmigrantes calificados que sus similares nacidos en Estados Unidos. Además considera que los inmigrantes mexicanos y de origen mexicano tienen menor probabilidad de autoemplearse que los cubanos y, por supuesto, que los nativos blancos. Toma en cuenta diferencias por cohortes de inmigración y geográficas. Bernhardt (1994), con el mismo enfoque y la misma metodología que Borjas (1986), encuentra que los ingresos relativos potenciales hacen que se opte por el autoempleo en lugar del trabajo asalariado; esta es la variable dominante y no la pertenencia a un grupo étnico de inmigrantes o el tiempo de residencia en Canadá.

En Estados Unidos son importantes las diferencias regionales. Farlie y Meyer (1996), usando datos de empleo de los censos de población de 1990, hallaron que las tasas de autoempleo varían considerablemente entre las comunidades inmigrantes; los procedentes de Europa tienen tasas de autoempleo cercanas a las de los nativos de Estados Unidos o más altas, y las de los inmigrantes hispanos generalmente están por debajo de la media. Las tasas de autoempleo más altas entre los hombres corresponden a las comunidades israelita, coreana y rusa, con 28.6, 27.9 y 24.9 por ciento, respectivamente; y las más bajas corresponden a las comunidades de inmigrantes de raza negra, laosianos (3.2 por ciento) y portorriqueños (3.6 por ciento). Los de origen mexicano tienen una tasa del 6.8 por ciento y están entre los grupos de inmigrantes con bajas tasas de autoempleo.

Los migrantes mexicanos tienen mayores probabilidades de autoemplearse en ciudades como Los Ángeles y Chicago, sobre todo en el llamado sector étnico, ofreciendo productos y servicios que los inmigrantes acostumbraban consumir en sus lugares de origen proveídos por autoempleados mexicanos o de este origen nacidos en Estados Unidos. Raijman (2001), con base en un estudio de caso de La Villita (comunidad de inmigrantes mexicanos en Chicago) sobre emprendurismo étnico, encuentra autoempleados en el sector informal y comprueba la hipótesis de que los grupos de inmigrantes, particularmente los mexicanos, reproducen en las sociedades receptoras formas económicas que son comunes en sus lugares de origen e incluyen actividades del sector informal. Además, los trabajadores pueden ser reclutados en ese sector de autoempleo a través de amigos, parientes y vecinos de la comunidad étnica.[9]

Maloney (1999), usando datos de la Encuesta Nacional de Empleo Urbano y la Encuesta Nacional de Micronegocios (1992, 1994, 1996 y 1998) y aplicando el modelo *probit* para analizar los determinantes de la probabilidad de autoempleo, encuentra que en México tanto los trabajadores bien pagados como los mal pagados tienen una alta probabilidad de incorporarse al autoempleo. Fajnzylber *et al.* (2006) encuentran que el país se ubica más o menos en la media de los países desarrollados y en vías de desarrollo en cuanto a la proporción de la fuerza de trabajo autoempleada y el valor agregado por trabajador en ese sector (véase la gráfica 1, tomada de estos autores). Señalan que es importante la relación inversa entre proporción de autoempleo y productividad de autoempleados. La gráfica 1 muestra claramente que a menor grado de desarrollo es mayor la proporción de autoempleados con baja productividad. Otro de sus hallazgos es la relación negativa entre el nivel educativo y la probabilidad de incorporarse al autoempleo,

---

[9] La autora cita a Aponte (1997), Castells y Portes (1989), Hondagneu-Sotelo (1997) y a Staudt (1999) respecto a esta hipótesis.

aunque el efecto es cuantitativamente pequeño. También estiman que los graduados de universidades encuentran atractiva la entrada en este sector. Sugieren que el proceso de emprendurismo en México es similar al de otros países, incluido Estados Unidos, pero considerando la baja productividad en el sector formal, particularmente de los trabajadores no calificados, es bajo el costo de oportunidad para muchos trabajadores con habilidad empresarial muy pobre para entrar al autoempleo y desarrollar una empresa de tipo schumpeteriano. Cabe señalar que en México el autoempleo es estimulado por las posibilidades de la informalidad, los bajos salarios del sector formal y otros aspectos no relacionados con el ingreso esperado. Hamilton (2000) señala que existen otras satisfacciones de ser autoempleado aparte del ingreso, como es el hecho de ser su propio patrón. Más aún, Marcouiller *et al.* (1997), quienes estudian las diferencias salariales entre los sectores informal y formal en México, El Salvador y Perú, demuestran que en México son mayores que en los otros dos países.

Gráfica 1. Autoempleo y productividad industrial

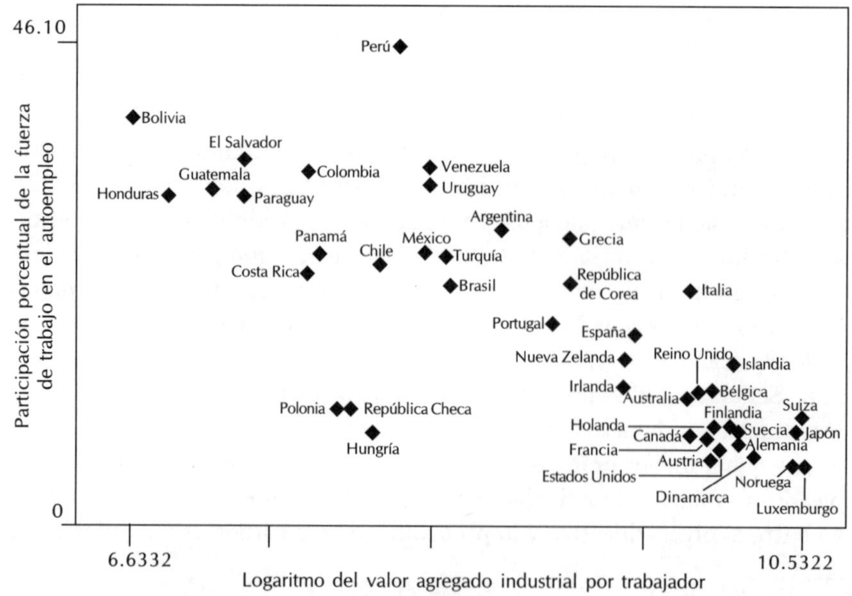

Fuente: Fajnzylber *et al.* (2006), quienes utilizaron encuestas de hogares a mediados de los años noventa y datos del Banco Mundial.

Autoempleo y migración a Estados Unidos en localidades de origen

En el contexto de ciudades pequeñas del occidente de México (Ameca, Tepatitlán, Acámbaro, Silao, Jerez y Tlaltenango), cuya población oscila entre 14 136 y 74 703 habitantes, Papail y Arroyo (2004) encontraron que alrededor del 20 por ciento de los migrantes de retorno que eran asalariados antes de emigrar se autoemplearon en esas ciudades.

Por su parte Meza *et al.* (2005), en su estudio de cuatro localidades urbanas[10] en el que utilizaron un enfoque individual y aplicaron el modelo *probit* para estudiar los determinantes del autoempleo, encontraron que éste favorece la retención de población en localidades urbanas pequeñas, sobre todo cuando existen apoyos de microcréditos; que la probabilidad de emigrar a Estados Unidos disminuye la posesión de negocios o tierras en México de emigrantes potenciales y afirman que no se sostiene la hipótesis de que el autoempleo reduce la migración a ese país y ésta, a su vez, aumenta el autoempleo gracias al desarrollo de capital humano que se logra con ella y las remesas; que emigran más empleados que personas que se encuentran fuera del mercado laboral (autoempleados) y que tener un empleo de buena calidad desalienta la emigración; que el hecho de tener familiares en Estados Unidos y Canadá no es una variable importante para el establecimiento de un micronegocio en las ciudades de origen. Señalan que este hallazgo es consistente con el de otros investigadores respecto al muy bajo porcentaje de remesas que se utilizan en la inversión productiva. Finalmente, estos autores dicen que hacen falta estudios más desagregados y a mayor profundidad para entender mejor qué tipo de autoempleo puede retener a los potenciales emigrantes a Estados Unidos.

Descripción de la encuesta

Las doce pequeñas ciudades encuestadas fueron seleccionadas por su porcentaje de habitantes considerados como autoempleados y patrones, así como por su alta intensidad migratoria a Estados Unidos.[11] En el cuadro 1 aparecen los datos que identifican la tendencia al autoempleo en ellas.

---

[10] Altamira, Tamaulipas, con 41 713 habitantes, baja intensidad migratoria a Estados Unidos y baja actividad microempresarial; Playas de Rosarito, Baja California, con 49 178 habitantes, baja intensidad migratoria y alta actividad microempresarial; Comonfort, Guanajuato, con 21 187 habitantes, alta migración y alta actividad microempresarial, y Apaseo el Grande, Guanajuato, con 59 691 habitantes, alta migración y baja actividad microempresarial.

[11] Se utilizó el índice de intensidad migratoria estimado por el Conapo con datos de la muestra de hogares del 10 por ciento del censo de 2000.

Cuadro 1. Variables sociodemográficas de las ciudades seleccionadas, 2005 (porcentajes)

Estado	Ciudad encuestada	Población total del municipio	Población de la ciudad	Población ocupada	Patrones	Autoempleados	Cuenta propia más patrones
Jalisco	La Barca	59 990	56.1	54.9	4.1	25.4	29.5
	Jalostotitlán	28 462	76.1	47.6	4.4	23.2	27.7
	San Miguel el Alto	26 971	78.2	47.9	5.6	21.3	26.9
Guanajuato	San Felipe	95 896	25.7	81.7	1.5	28.3	29.8
	Salvatierra	92 411	39.3	61.4	3.0	23.5	26.5
Michoacán	Puruándiro	64 590	45.1	55.8	3.0	33.0	35.9
	Maravatío	70 170	45.8	61.2	1.5	31.5	33.0
Nayarit	Ixtlán del Río	25 713	85.2	38.9	3.6	23.3	26.8
Zacatecas	Jalpa	22 909	61.2	40.8	3.4	20.1	23.4
	Ojocaliente	37 545	50.4	41.0	3.0	19.1	22.1
Aguascalientes	Rincón de Romos	45 471	56.8	50.8	1.6	14.4	16.0
Colima	Armería	24 939	56.5	57.3	4.6	19.2	23.8

Fuente: II Conteo de Población y Vivienda 2005, INEGI y CONAPO.

Las encuestas se llevaron a cabo en 12 ciudades pequeñas de siete estados de la región Centro-Occidente de México:[112] Aguascalientes, Colima, Guanajuato, Jalisco, Nayarit, Michoacán y Zacatecas, en hogares donde residía al menos un autoempleado. Los criterios de selección de las ciudades fueron: intensidad migratoria, número de empleados por cuenta propia, tamaño de la población y características de su base económica relacionadas con la estructura de empleo de su población económicamente activa.

En el país existen 297 ciudades de entre 15 000 y 100 000 habitantes muy similares a las que aquí se estudian, en las que residían 9.9 millones de habitantes en 2000, es decir, alrededor del 10 por ciento de la población total en ese año (Conapo, 2004). Algunas de ellas presentan dinamismo económico y poblacional, cuya intensidad depende de su inserción en su contexto socioeconómico y territorial; sin embargo, en su mayoría son ciudades poco dinámicas que contribuyen con población y parte de su excedente económico al crecimiento de ciudades intermedias a nivel nacional —que de acuerdo con Graizbord y Ruiz (1999) son las más dinámicas—, así como a las grandes ciudades. Por supuesto, muchas de ellas son origen de migrantes a Estados Unidos.

Contexto general de las ciudades estudiadas

En el cuadro 2 se observa que el número de hogares encuestados en las primeras cuatro ciudades es mayor que en las demás. Esto se debe a que en las cabeceras municipales de La Barca, Jalostotitlán, San Miguel el Alto y San Felipe se hizo una encuesta completa, es decir, en cada hogar con un autoempleado o ex autoempleado, lo que llevó mucho tiempo. En las restantes se optó por aplicar la encuesta a una muestra representativa, lo que permitió tener un mejor control sobre la obtención de datos. La encuesta se aplicó en 6 724 hogares, en los que se contabilizó un total de 7 812 autoempleados o ex autoempleados.

---

[112] La encuesta DER-INESER/IRD 2006 consta de dos secciones. La primera recoge los datos generales de las personas: 1) presentes en el hogar; 2) ausentes y emigrantes. La segunda recoge datos específicos sobre los dueños de negocios: 1) preguntas para quienes habían sido patrones o trabajadores por cuenta propia; 2) sobre la actividad anterior a la creación del negocio; 3) sobre la creación del negocio actual u otro en el pasado; 4) sobre el funcionamiento del negocio; 5) sobre las perspectivas del negocio actual; 6) sobre el abandono del negocio, y 7) sobre conocimientos de programas gubernamentales para fomentar la creación de negocios por cuenta propia.

Cuadro 2. Características generales de los hogares encuestados

Ciudad encuestada	Número de hogares encuestados	Población en los hogares	Promedio de habitantes por hogar	Autoempleados	Promedio de autoempleados por hogar
La Barca	1 135	6 083	5.36	1 460	1.29
Jalostotitlán	630	3 899	6.19	731	1.16
San Miguel el Alto	878	5 299	6.04	1 036	1.18
San Felipe	816	4 594	5.63	931	1.14
Salvatierra	430	2 284	5.31	482	1.12
Puruándiro	378	2 223	5.88	422	1.12
Maravatío	385	2 200	5.71	444	1.15
Ixtlán del Río	410	2 258	5.51	456	1.11
Jalpa	389	2 187	5.62	433	1.11
Ojocaliente	434	2 483	5.72	479	1.10
Rincón de Romos	521	3 125	6.00	581	1.12
Armería	318	1 678	5.28	357	1.12
Total	6 724	38 313	5.69	7 812	1.14

Notas: Las cifras corresponden al número de hogares encuestados y la población de los mismos difieren de los que se presentan en el trabajo de Papail y Robles, en este mismo volumen, porque se utilizaron diferentes criterios de agrupación de datos.
Fuente: Encuesta DER-INESER/IRD 2006.

En el cuadro 2 podemos ver que, si se considera la población total encuestada por localidad y se calcula la parte proporcional de autoempleados y ex autoempleados, las localidades con mayor concentración de autoempleados son La Barca, Maravatío, Salvatierra y Armería, las cuales se encuentran por encima de la media, que es del 18.48 por ciento. Armería es la ciudad con menor número de cuestionarios aplicados, y proporcionalmente está por encima de la media (total de autoempleados del cuadro 3). Las ciudades con menor proporción de autoempleados en los hogares encuestados son Rincón de Romos, Jalostotitlán e Ixtlán del Río, lo que quizá tiene que ver con la funcionalidad socioeconómica de sus respectivas regiones. Las dos primeras tienen algún nivel de industrialización manufacturera y agroindustrial, actividades que se complementan con un comercio de poco alcance regional, mientras que a Ixtlán del Río se le puede considerar un centro nodal de su microrregión.

Por otro lado, la proporción de ex autoempleados es relativamente baja en todas las ciudades; la menor es la de Maravatío, y en el caso contrario se encuentran Ixtlán del Río, Armería y San Felipe. La participación total de ellos es de apenas el 1.91 por ciento. De lo que se podría deducir que en los

Cuadro 3. Autoempleados y ex autoempleados en los hogares encuestados (porcentajes)

Ciudad encuestada	Autoempleados	Ex autoempleados	Número de casos
La Barca	22.52	1.48	6 083
Jalostotitlán	16.65	2.10	3 899
San Miguel el Alto	18.29	1.26	5 299
San Felipe	17.70	2.57	4 594
Salvatierra	19.35	1.75	2 284
Puruándiro	17.63	1.35	2 223
Maravatío	19.41	0.77	2 200
Ixtlán del Río	16.87	3.32	2 258
Jalpa	17.19	2.61	2 187
Ojocaliente	17.56	1.73	2 483
Rincón de Romos	16.48	2.11	3 125
Armería	18.59	2.68	1 678
Total	18.48	1.91	38 313
Número de casos	7 082	730	

Fuente: Encuesta DER-INESER/IRD 2006.

hogares encuestados el autoempleo puede ser un medio para la manutención de mediano o largo plazo.

Respecto a su situación laboral previa, en el cuadro 4 se observa que de los autoempleados y ex autoempleados de las ciudades encuestadas, en números redondos, el 58 por ciento trabajaba, el 28 por ciento eran desempleados, el 12 por ciento estudiaba y una pequeña proporción estuvo enferma o incapacitada o bien tenía alguna otra ocupación.

Aun cuando se cree que el desempleo es la principal situación laboral antes de trabajar como autoempleados, las proporciones del cuadro 4 muestran que la mayoría de las personas tenía empleo antes de trabajar en forma independiente. Si bien es cierto que el desempleo es un factor significativo para autoemplearse, el hecho de que las personas tuviesen un trabajo previo hace pensar que éste no era suficientemente bien remunerado o que no estaban en condiciones de seguir trabajando como asalariadas. En el caso de los que estudiaban antes, una razón para decidirse a trabajar de esta manera es la falta de oportunidades de incorporarse al mercado laboral, como lo mencionaron algunos encuestados.

Los resultados anteriores apoyan el supuesto de que los determinantes para autoemplearse son las malas condiciones de empleo que persisten en las ciudades encuestadas, el desempleo y las pocas o nulas perspectivas de los egresados del sistema educativo. Es importante resaltar que no encon-

Cuadro 4. Situación laboral anterior de la población
autoempleada y ex autoempleada (porcentajes)

Ciudad encuestada	Estudiante	Enfermo o incapacitado	Desempleado	Trabajaba	Otro	No sabe	Número de casos
La Barca	17.10	0.76	39.03	43.10	0	0	1 450
Jalostotitlán	16.51	0.83	17.88	64.65	0	0.14	727
San Miguel el Alto	12.68	1.17	22.24	60.88	3.02	0	1 025
San Felipe	9.83	1.30	34.34	52.81	1.62	0.11	926
Salvatierra	10.37	0.21	27.39	60.79	1.24	0	482
Puruándiro	10.90	0.47	27.49	60.90	0	0.24	422
Maravatío	10.36	0.23	25.90	63.51	0	0	444
Ixtlán del Río	9.43	0.22	23.03	63.16	4.17	0	456
Jalpa	10.39	0.00	23.09	63.74	2.54	0.23	433
Ojocaliente	9.81	0.21	23.59	65.55	0.84	0	479
Rincón de Romos	10.67	0	24.61	62.82	1.89	0	581
Armería	10.08	0.28	23.81	63.87	1.96	0	357
Total	12.39	0.62	27.64	57.97	1.34	0.05	7 782
Número de casos	964	48	2 151	4 511	104	4	

Casos perdidos: 30.
Fuente: Encuesta DER-INESER/URD 2006.

tramos evidencias de que la migración intervenga de manera importante en el autoempleo, ya que sólo el 0.99 por ciento (77 casos) de los autoempleados decidieron crear su negocio porque contaban con dinero proveniente de Estados Unidos.

En el cuadro 5 se encuentran las proporciones de autoempleados que utilizaron dinero proveniente de algún familiar o amigo que no reside en la localidad encuestada, incluidas las personas que viven en otro municipio, estado o país, sin importar si el dinero fue prestado o regalado. De los 461 autoempleados que recibieron dinero procedente de fuera de su ciudad, a poco más del 78 por ciento se lo facilitó algún familiar, en su mayoría hermanos, y en segundo término otros familiares.

En el cuadro 6 podemos observar que poco más del 68 por ciento de la gente que recibió recursos de fuera de las ciudades los recibió de Estados Unidos. Esto significa que de los 7 812 autoempleados de la encuesta el 4 por ciento recibió remesas de dicho país para financiar su negocio.

De los anteriores hallazgos podemos deducir que son escasas las evidencias de que exista una relación importante de la migración y las remesas con el autoempleo en las ciudades encuestadas. Esto debe ser tomado en cuenta por quienes toman decisiones de política pública y es relevante para quienes estudiamos estos fenómenos.

Cuadro 5. Financiamiento para el autoempleo proveniente de
amigos o familiares residentes fuera de las ciudades (porcentajes)

Ciudad encuestada	Sí	No	No sabe	Número de casos
La Barca	3.77	96.23	0	434
Jalostotitlán	10.74	89.26	0	726
San Miguel el Alto	5.39	94.61	0	1021
San Felipe	8.33	91.67	0	912
Salvatierra	5.39	94.40	0.21	482
Puruándiro	9.48	90.52	0	422
Maravatío	8.11	91.67	0.23	444
Ixtlán del Río	3.73	96.05	0.22	456
Jalpa	5.54	94.23	0.23	433
Ojocaliente	2.92	96.87	0.21	479
Rincón de Romos	2.75	96.73	0.52	581
Armería	7.00	93.00	0	357
Total	5.95	93.95	0.10	7 747
Número de casos	461	7 278	8	

Casos perdidos: 65.
Fuente: Encuesta DER-INESER/RD 2006.

Cuadro 6. Origen de los recursos provenientes de fuera de las
ciudades para la apertura de empresas (porcentajes)

Ciudad encuestada	Estados Unidos	Otro	No sabe	Número de casos
La Barca	70.37	25.93	3.70	54
Jalostotitlán	60.00	37.33	2.67	75
San Miguel el Alto	55.56	42.59	1.85	54
San Felipe	68.92	31.08	0.00	74
Salvatierra	69.23	30.77	0.00	26
Puruándiro	75.00	17.50	7.50	40
Maravatío	86.11	11.11	2.78	36
Ixtlán del Río	94.12	0.00	5.88	17
Jalpa	75.00	25.00	0.00	24
Ojocaliente	78.57	21.43	0.00	14
Rincón de Romos	50.00	50.00	0.00	16
Armería	60.00	32.00	8.00	25
Total	68.35	29.01	2.64	455
Número de casos	311	132	12	

Casos perdidos: 16.
Fuente: Encuesta DER-INESER/RD 2006.

Cuadro 7. Distribución de ramas de actividades de autoempleados o ex autoempleados (porcentajes)

Ciudad encuestada	Agropecuario	Industria	Construcción	Comercio	Servicios	Otros	No sabe	Número de casos
La Barca	3.24	1.31	3.65	68.87	22.18	0.69	0.07	1 452
Jalostotitlán	20.22	7.43	5.50	45.39	20.08	1.38	0	727
San Miguel el Alto	15.10	10.84	6.20	48.50	18.20	1.06	0.10	1 033
San Felipe	2.27	4.00	4.43	73.19	14.49	0.97	0.65	925
Salvatierra	6.02	6.85	3.53	60.17	20.33	2.90	0.21	482
Puruándiro	9.72	6.87	7.35	49.76	24.41	1.90	0	422
Maravatío	3.15	9.23	4.28	59.91	17.57	5.63	0.23	444
Ixtlán del Río	13.16	5.70	8.99	43.42	24.78	3.95	0	456
Jalpa	9.47	6.24	6.70	48.73	25.17	3.70	0	433
Ojocaliente	6.89	6.68	3.76	49.69	28.39	4.59	0	479
Rincón de Romos	8.95	6.71	4.99	55.25	18.76	5.34	0	581
Armería	17.37	7.00	5.32	41.18	19.33	9.80	0	357
Total	9.02	6.08	5.15	56.33	20.60	2.68	0.13	7 791
Número de casos	703	474	401	4 389	1 605	209	10	

Casos perdidos: 21.
Fuente: Encuesta DER-INESER/IRD 2006.

El emprendurismo en las ciudades estudiadas

En esta sección retomamos algunos resultados de la encuesta DER-INESER/IRD 2006 para analizar el tipo de emprendurismo prevaleciente en las ciudades encuestadas. En el cuadro 7 se observa la marcada preferencia de los autoempleados por la rama comercial sobre las demás actividades. Como dijeron algunos de ellos, para empezar a vender un producto no es necesario hacer una fuerte inversión de dinero; incluso se pueden vender artículos propios en desuso, y para desempeñar esta actividad no se requiere una amplia experiencia. El otro sector que concentra a gran parte de los autoempleados es el de los servicios, en algunas actividades que también se pueden iniciar sin mucho dinero; sin embargo, a diferencia del comercio, en este sector sí es importante la experiencia laboral; deben tenerla, por ejemplo, los fontaneros, cargadores y jardineros. Aunque en algunas ciudades subsisten las actividades agropecuarias, no es una rama muy atractiva para los trabajadores independientes; al aplicar la encuesta se constató que muchas personas dedicadas a ellas lo hacen más por tradición familiar que por gusto, sobre todo los agricultores. Finalmente, las actividades que concentran menos autoempleados son la construcción y la industria; la primera es poco atractiva porque requiere mucho esfuerzo físico, y la industria manufacturera o agroindustrial demanda una alta inversión inicial y requiere una especialización que puede llevar años de aprendizaje, por lo que no se recurre a ella con mucha frecuencia.

En el cuadro 8 se observa que el lugar más común para trabajar como autoempleado es el hogar mismo, principalmente porque de esta manera no se paga la renta de un local y el dinero que se pudiera destinar a ello puede usarse para acondicionar un espacio en casa para el negocio. La mayor parte de los negocios establecidos en el domicilio del autoempleado pertenecen al sector comercio y gran parte de ellos son atendidos por mujeres; para las que viven en pareja el negocio en el hogar es ventajoso porque al mismo tiempo que lo atienden cuidan a la familia, como se constató durante la aplicación de la encuesta. El diseño de ésta no permitió saber si aquellos que trabajan en un local aparte son propietarios del mismo; sin embargo, al aplicarla se supo que buena parte de los autoempleados trabajaban en un local propio, del resto algunos pagaban renta o lo tenían prestado.

En el cuadro 9 se observa que poco más de la mitad de los autoempleados están registrados ante la Secretaría de Hacienda y Crédito Público. Durante el trabajo de campo se tuvo el inconveniente de que al principio muchos de los encuestados no querían responder esta pregunta por desconfianza y temor a algún tipo de represalia o multa, por lo que estos datos

Cuadro 8. Lugar de trabajo del autoempleado o ex autoempleado (porcentajes)

Ciudad encuestada	En su hogar	Domicilio del cliente	Local	En la calle	Recorridos ambulantes	Otro	No sabe	Número de casos
La Barca	48.21	13.12	25.34	4.74	5.91	2.68	0	1 456
Jalostotitlán	32.42	9.22	47.04	4.40	1.79	14.99	0.14	727
San Miguel el Alto	39.46	10.30	33.92	3.50	2.24	10.59	0	1 029
San Felipe	63.48	9.02	18.15	3.26	4.46	1.63	0	920
Salvatierra	45.44	8.09	27.18	5.19	5.81	8.30	0	402
Puruándiro	37.20	12.80	29.62	1.66	6.87	11.85	0	422
Maravatío	42.79	6.53	21.40	7.66	15.99	5.63	0	444
Ixtlán del Río	35.31	10.96	24.56	5.48	8.99	14.69	0	456
Jalpa	39.49	9.93	27.71	3.70	9.93	9.24	0	433
Ojocaliente	43.84	9.19	25.68	6.89	6.68	7.72	0	479
Rincón de Romos	45.61	9.47	24.44	3.27	6.88	10.33	0	581
Ameríra	37.54	12.04	27.17	5.60	5.04	12.61	0	357
Total	43.18	10.33	27.90	4.44	5.97	8.17	0.01	7 786
Número de casos	3 362	804	2 172	346	465	636	1	

Casos perdidos: 26.
Fuente: Encuesta DER-INESER/IRD 2006.

Cuadro 9. Negocios de autoempleados y ex autoempleados
registrados ante la Secretaría de Hacienda (porcentaje)

Ciudad encuestada	Sí	No	No sabe	Número de casos
La Barca	46.05	53.95	0.00	455
Jalostotitlán	63.54	36.33	0.14	724
San Miguel el Alto	59.48	40.52	0.00	1 029
San Felipe	50.87	49.13	0.00	924
Salvatierra	56.22	42.95	0.83	482
Puruándiro	42.42	57.11	0.47	422
Maravatío	37.16	60.81	2.03	444
Ixtlán del Río	51.32	48.46	0.22	456
Jalpa	55.66	43.88	0.46	433
Ojocaliente	55.95	43.42	0.63	479
Rincón de Romos	49.74	49.40	0.86	581
Armería	50.70	48.18	1.12	357
Total	51.89	47.71	0.40	7 786
Número de casos	4 040	3 715	31	

Casos perdidos: 26.
Fuente: Encuesta DER-INESER/IRD 2006.

Cuadro 10. Empleos generados por autoempleados, familiares y no
familiares, asalariados (A) y no asalariados (NO-A) (porcentajes)

Ciudad encuestada	Familiares A	NO-A	No familiares A	NO-A	Número de casos
La Barca	31.80	25.04	39.63	3.53	651
Jalostotitlán	60.49	0.41	38.48	0.62	486
San Miguel el Alto	49.83	11.60	37.20	1.37	586
San Felipe	16.64	58.15	23.53	1.68	595
Salvatierra	65.35	2.63	31.14	0.88	228
Puruándiro	39.49	26.81	32.61	1.09	276
Maravatío	73.09	0.90	23.77	2.24	223
Ixtlán del Río	57.66	4.03	37.10	1.21	248
Jalpa	56.43	2.07	41.49	0	241
Ojocaliente	68.75	1.10	28.68	1.47	272
Rincón de Romos	67.08	4.62	24.62	3.69	325
Armería	58.37	5.58	33.05	3.00	233
Total	48.88	16.20	33.09	1.83	4 364
Número de casos	2 133	707	1 444	80	

Casos perdidos: 13.
Fuente: Encuesta DER-INESER/IRD 2006.

deben tomarse con reserva. Los resultados indican que el tipo de emprendurismo tiene un alto grado de informalidad.

Podemos ver en el cuadro 10 que los autoempleados del conjunto de ciudades encuestadas generan en total 4 364 empleos, 35 por ciento de los cuales son para «no familiares», casi la totalidad de ellos por un sueldo. El 65 por ciento restante son empleos para familiares, de los que poco más de una tercera parte no perciben un sueldo como tal. En promedio, cada autoempleado genera 0.5 empleos. También estas cifras hacen pensar en la informalidad empresarial.

En el cuadro 11 se observa que sólo el 20 por ciento de los empleados de estas empresas cuenta con servicios médicos, como los del Instituto Mexicano del Seguro Social (IMSS). Esto es importante porque refleja que además de que se generan pocos empleos, éstos se crean en medio de la informalidad y sin prestaciones para los trabajadores.

Al analizar los resultados de esta sección nos damos cuenta de que la mayoría de los autoempleados trabajan en actividades comerciales; muy pocos están registrados ante las autoridades y el poco empleo que generan se encuentra en condiciones de inestabilidad laboral y sin prestaciones. Consideramos, pues, que el autoempleo detectado en estas ciudades de la región Centro-Occidente es de sobrevivencia o de refugio, no innovador ni de tipo schumpeteriano. Con base en lo encontrado, pensamos que la ma-

Cuadro 11. Autoempleados con trabajadores incorporados al IMSS (porcentajes)

Ciudad encuestada	Sí	No	No sabe	Número de casos
La Barca	19.59	80.41	0.00	245
Jalostotitlán	34.44	65.56	0.00	180
San Miguel el Alto	23.61	76.39	0.00	216
San Felipe	11.94	88.06	0.00	134
Salvatierra	19.72	80.28	0.00	71
Puruándiro	13.98	83.87	2.15	93
Maravatío	10.53	89.47	0.00	57
Ixtlán del Río	20.65	79.35	0.00	92
Jalpa	24.00	74.00	2.00	100
Ojocaliente	20.25	79.75	0.00	79
Rincón de Romos	17.50	82.50	0.00	80
Armería	15.66	79.52	4.82	83
Total	20.70	78.74	0.56	1 430
Número de casos	296	1 126	8	

Casos perdidos: 27.
Fuente: Encuesta DER-INESER/IRD 2006.

yoría de los ex empleados trabajaban en empresas informales y contaban con pocas o nulas prestaciones y poca estabilidad laboral, por lo que decidieron hacerlo por cuenta propia; sin embargo, no han logrado salir del mercado informal donde se encontraban y continúan en el círculo vicioso de este tipo de autoempleo.

Calidad del autoempleo y autoempleo sobresaliente

Para esta sección elaboramos un índice de calidad de autoempleo utilizando el método estadístico de componentes principales, con 7 065 casos de autoempleados del conjunto de ciudades, considerando las siguientes variables: *a)* inversión total al abrir el negocio; *b)* número de familiares que laboran en él; *c)* sueldo promedio por cada familiar; *d)* empleados no familiares asalariados en el negocio; *e)* empleados no familiares no asalariados; *f)* años de antigüedad de la empresa, y *g)* ingresos mensuales del negocio.

Con dicho método se estimaron tres componentes o factores. El primero está compuesto por las variables salarios no familiares e ingresos, y concentra la mayor parte de la varianza común de todas las variables; en el segundo se resumen las variaciones comunes en las variables referentes a familiares que laboran en los negocios y sus sueldos; el tercero resume tales variaciones en las variables trabajo no asalariado y monto de inversión al abrir el negocio. Para calcular el índice utilizamos el primer componente, que explica el 22 por ciento de la varianza común de todas las variables y creemos que puede identificarse de alguna manera con el autoempleo de tipo schumpeteriano, esto es, moderno, con posibilidades de innovación y crecimiento.

Los resultados se agruparon en cinco categorías para identificar los tipos de autoempleo:[13] muy bajo, bajo, medio, alto y muy alto. Si los autoempleados presentan un índice muy bajo significa que no se indentifican con características de autoempleo de tipo schumpeteriano, mientras que aquellos con índice muy alto son los que más se identifican con las características de autoempleo moderno e innovador. De la igual manera se pueden interpretar las características restantes.

---

[13] En antigüedad, los casos en que se respondió «no sé» fueron sustituyeron por el valor de 1; en ingresos, por el valor de 1 500 pesos (muy cerca de un salario mínimo).

En el cuadro 12 se observa que el 60 por ciento de los casos pertenecen a las tres primeras categorías, resultado que concuerda con el análisis de la sección anterior.

Entre los principales hallazgos sobresale que el 40.78 por ciento de los autoempleados de Jalostotitlán pertenecen a la categoría muy alto nivel de autoempleo exitoso. Le siguen La Barca y San Miguel el Alto con 27.15 y 25 por ciento, respectivamente, con diferencias considerables entre una localidad y otra. En el caso opuesto está San Felipe, donde el 42.56 por ciento de los autoempleados tienen muy bajo nivel de calidad del autoempleo, seguido por Rincón de Romos y Ojocaliente con 26.41 y 25.81 por ciento, respectivamente.

Si comparamos con mayor detalle a Jalostotitlán, que presenta el mayor porcentaje de autoempleo con índice de calidad muy alto, con San Felipe, que se encuentra en el caso contrario, creemos que la diferencia se debe a la distinta funcionalidad socioeconómica de sus respectivas regiones y a la base económica de cada ciudad, que tienen un impacto importante en la determinación del índice de calidad de su autoempleo. El primero es un municipio con muy alto nivel de migración a Estados Unidos y las remesas que recibe representan una parte considerable de su base económica. Se localiza en Los Altos de Jalisco y tiene una fuerte integración socioeconómica con otros asentamientos de una región de la que Tepatitlán es el

Cuadro 12. Distribución de los autoempleados de acuerdo con el índice de calidad del autoempleo (porcentajes)

Ciudad encuestada	Muy bajo	Bajo	Medio	Alto	Muy alto	Número de casos
La Barca	14.67	14.45	23.36	20.36	27.15	1 370
Jalostotitlán	9.30	5.27	12.40	32.25	40.78	645
Puruándiro	20.15	20.15	22.70	20.66	16.33	392
Ojocaliente	25.81	19.82	22.35	18.89	13.13	434
San Miguel el Alto	14.06	15.42	23.54	21.98	25.00	960
San Felipe	42.56	16.11	15.13	14.76	11.44	813
Salvatierra	25.34	25.79	18.55	17.87	12.44	442
Jalpa	20.74	25.80	19.15	17.55	16.76	376
Rincón de Romos	26.41	26.41	20.00	16.12	11.07	515
Armería	22.19	23.79	20.58	17.04	16.40	311
Maravatío	22.77	29.58	20.66	17.84	9.15	426
Ixtlán del Río	22.37	24.21	20.00	17.37	16.05	380
Total	21.38	18.62	20.10	19.88	20.03	7 064
Número de casos	1 510	1 315	1 420	1 404	1 415	

Fuente: Encuesta DER-INESER/IRD 2006.

centro nodal. Cuenta con cierto desarrollo agroindustrial y acceso a una de las principales vías carreteras del país. San Felipe también presenta un alto nivel de migración a Estados Unidos pero en una región de alta marginación, en el límite entre los estados de San Luis Potosí y Guanajuato (véase mapa 1). Si bien las remesas forman parte de su base económica, no ha desarrollado una industria propia que le permita tener excedentes económicos. Su integración socioeconómica territorial es aceptable pero compite con centros de distribución comercial y de servicios como la ciudad de León, Guanajuato, y otras del mismo estado, como veremos más adelante. Así, en los autoempleos de los sectores servicios y comercio en San Felipe predominan los de sobrevivencia.

También elaboramos un índice de especialización económica que identifica la concentración de la actividad en cuatro sectores con datos de 2003 (Censos Económicos 2004). De acuerdo con este índice, las actividades económicas de San Felipe se concentraban en el comercio, pues resultó muy especializado en este sector, en tanto que Jalostotitlán está muy especializado en industria (manufacturera y agroindustrial) y construcción. Estos dos casos son ejemplos de que la migración y las remesas potencian distintas actividades y, al gastarse en la economía local, sostienen en alguna medida su base económica.

De los 7 082[114] autoempleados que detectamos durante la investigación en estas ciudades, seleccionamos aquellos que consideramos autoempleo sobresaliente de acuerdo con tres criterios: *a)* ingresos promedio iguales o mayores a 10 000 pesos mensuales; *b)* tres o más empleados contratados al momento de la encuesta en el negocio del autoempleado, y *c)* contar con diez o más años de antigüedad como autoempleados. Con estas características encontramos 201 casos, que corresponden al 2.85 por ciento del total de los autoempleados (cuadro 13).

En San Miguel el Alto se encuentra el 6.67 por ciento del autoempleo sobresaliente del conjunto de ciudades, en tanto que Salvatierra tiene la menor proporción de ellos, con el 0.68 por ciento. Sólo Puruándiro, La Barca, Jalostotitlán y San Miguel el Alto están por encima de la media del conjunto de ciudades (cuadro 14).

Aquí argumentamos que las diferencias entre las ciudades en cuanto a su autoempleo sobresaliente se deben a las particularidades de su integración regional y a las características de sus respectivas bases económicas.

---

[114] Incluye solamente autoempleados captados en la encuesta, y se desecharon algunos casos incompletos en cuanto a información comparable. El total de autoempleados y ex autoempleados es de 7 812.

Cuadro 13. Distribución de los autoempleados sobresalientes por rangos de ingresos* (casos)

Ciudad encuestada	40 000 y más	De 30 000 a 39 999	De 20 000 a 29 999	De 10 000 a 19 999	Total
La Barca	16	5	7	21	49
Jalostotitlán	4	0	9	13	26
San Miguel el Alto	6	3	13	43	65
San Felipe	1	2	2	7	12
Salvatierra	0	0	1	2	3
Puruándiro	3	1	2	6	12
Maravatío	1	0	0	3	4
Ixtlán del Río	0	0	0	5	5
Jalpa	0	2	3	2	7
Ojocaliente	1	1	1	5	8
Rincón de Romos	2	1	2	1	6
Armería	0	0	0	4	4
Total	34	15	40	112	201

* Pesos de 2006.
Fuente: Encuesta DER-INESER/IRD 2006.

Cuadro 14. Autoempleados sobresalientes por rangos de ingresos* y autoempleados no sobresalientes (porcentajes)

Ciudad encuestada	40 000 y más	De 30 000 a 39 999	De 20 000 a 29 999	De 10 000 a 19 999	Autoempleados no sobresalientes	Total de autoempleados
La Barca	1.17	0.36	0.51	1.53	96.43	100
Jalostotitlán	0.62	0	1.39	2.01	95.98	100
San Miguel el Alto	0.63	0.31	1.35	4.48	93.23	100
San Felipe	0.12	0.25	0.25	0.86	98.52	100
Salvatierra	0	0	0.23	0.45	99.32	100
Puruándiro	0.77	0.26	0.51	1.53	96.93	100
Maravatío	0.23	0	0	0.70	99.07	100
Ixtlán del Río	0	0	0	1.32	98.68	100
Jalpa	0	0.53	0.80	0.53	98.14	100
Ojocaliente	0.23	0.23	0.23	1.15	98.16	100
Rincón de Romos	0.39	0.19	0.39	0.19	98.84	100
Armería	0	0	0	1.29	98.71	100
Total	0.48	0.21	0.57	1.59	97.15	100

* Pesos de 2006.
Fuente: Encuesta DER-INESER/IRD 2006.

Entre La Barca, Jalostotitlán y San Miguel el Alto concentran poco más del 76 por ciento de los autoempleados sobresalientes, con ingresos mayores de 40 000 pesos mensuales. En la primera ciudad poco más del 52 por ciento de los autoempleados sobresalientes cuenta con un ingreso mayor de 30 000 pesos al mes. La situación geográfica de estas tres ciudades y su perfil productivo, entre otros factores, inciden en el desempeño de la actividad de autoempleo en la región, lo que se refleja en los ingresos de los autoempleados (cuadro 15).

En el cuadro 16 se observa que en Salvatierra, Ixtlán del Río, Jalpa, Rincón de Romos y Armería no existen autoempleadas sobresalientes, tal vez debido al tipo de actividad que desempeñan las mujeres en esas ciudades: la mayoría las realizan en el hogar para estar al cuidado de sus familias (son pequeños negocios de sobrevivencia o para complementar los ingresos).

En la mayoría de las ciudades es ligeramente mayor la proporción de hombres autoempleados sobresalientes que la de mujeres; sin embargo, en San Miguel el Alto sucede lo contrario. Esto podría deberse a que en esta ciudad sobresale la actividad industrial en la confección de prendas de vestir, que concentra la mano de obra femenina.

Cuadro 15. Autoempleados sobresalientes por ciudad y rangos de ingresos* respecto al total (porcentajes)

Ciudad encuestada	40 000 y más	De 30 000 a 39 999	De 20 000 a 29 999	De 10 000 a 19 999	Total
La Barca	47.06	33.33	17.50	18.75	24.38
Jalostotitlán	11.76	0	22.50	11.61	12.94
San Miguel el Alto	17.65	20.00	32.50	38.39	32.34
San Felipe	2.94	13.33	5.00	6.25	5.97
Salvatierra	0.00	0	2.50	1.79	1.49
Puruándiro	8.82	6.67	5.00	5.36	5.97
Maravatío	2.94	0	0	2.68	1.99
Ixtlán del Río	0	0	0	4.46	2.49
Jalpa	0	13.33	7.50	1.79	3.48
Ojocaliente	2.94	6.67	2.50	4.46	3.98
Rincón de Romos	5.88	6.67	5.00	0.89	2.99
Armería	0	0	0	3.57	1.99
Total	100	100	100	100	100
Número de casos	34	15	40	112	201

* Pesos de 2006.
Fuente: Encuesta DER-INESER/IRD 2006.

Cuadro 16. Sexo de los autoempleados sobresalientes por rangos de ingresos* (porcentajes)

Ciudad encuestada	40000 y más Hombre	40000 y más Mujer	De 30000 a 39999 Hombre	De 30000 a 39999 Mujer	De 20000 a 29999 Hombre	De 20000 a 29999 Mujer	De 10000 a 19999 Hombre	De 10000 a 19999 Mujer	Total Hombre	Total Mujer
La Barca	33.33	30.00	10.26	10.00	15.38	10.00	41.03	50.00	100	100
Jalostotitlán	17.39	0	0	0	30.43	66.67	52.17	33.33	100	100
San Miguel el Alto	7.55	16.67	3.77	8.33	16.98	33.33	71.70	41.67	100	100
San Felipe	11.11	0	11.11	33.33	22.22	0	55.56	66.67	100	100
Salvatierra	0	NA	0	NA	33.33	NA	66.67	NA	100	NA
Puruándiro	30.00	0	10.00	0	0	100.00	60.00	0	100	100
Maravatío	33.33	0	0	0	0	0	66.67	100.00	100	100
Ixtlán del Río	0	NA	0	NA	0	NA	100.00	NA	100	NA
Jalpa	0	0	28.57	0	42.86	0	28.57	100.00	100	100
Ojocaliente	16.67	0	16.67	0	16.67	0	50.00	100.00	100	100
Rincón de Romos	33.33	NA	16.67	NA	33.33	NA	16.67	NA	100	NA
Armería	0	NA	0	NA	0	NA	100.00	NA	100	NA
Total	17.26	15.15	7.14	9.09	18.45	27.27	57.14	48.48	100	100

* Pesos de 2006.
Fuente: Encuesta DER-INESER/IRD 2006.

Como se observa en el cuadro 17, en promedio, los autoempleados sobresalientes más jóvenes se encuentran en Jalostotitlán y los de mayor edad en Salvatierra. La media de los más jóvenes (29 años) por subgrupo se encuentra en las mujeres de Jalostotitlán, que obtienen en sus negocios entre 10 000 y 19 999 pesos mensuales. Los de mayor edad son los hombres de San Miguel el Alto que ganan en sus negocios más de 40 000 pesos y los de Salvatierra con entre 10 000 y 19 999 pesos al mes.

Respecto a la escolaridad, en el cuadro 18 se ve que el 55.88 por ciento de los autoempleados sobresalientes con ingresos de más de 40 000 pesos mensuales cursaron educación media superior o superior. Alrededor del 53 por ciento de ellos radican en Jalostotitlán y San Miguel el Alto. En general, podemos observar que los autoempleados sobresalientes son personas de edad madura con mayor escolaridad que la del resto de los autoempleados.

El 65 por ciento de los autoempleados sobresalientes utilizó ahorros propios para empezar el negocio, en tanto que alrededor del 20 por ciento lo inició con un préstamo, por lo general de un familiar cercano. Las remesas tienen poca importancia en este aspecto, pues sólo seis negocios fueron financiados con ellas (cuadro 19).

Como se observa en el cuadro 20, el 36.32 por ciento de los autoempleados sobresalientes desempeñan actividades comerciales, y el 13.70 por ciento de ellos tienen ingresos por más de 40 000 pesos mensuales. El 19.40 por

Cuadro 17. Edad promedio de los autoempleados sobresalientes por rango de ingresos* (años)

Ciudad encuestada	40 000 y más	De 30 000 a 39 999	De 20 000 a 29 999	De 10 000 a 19 999	Total
La Barca	49	50	47	48	48
Jalostotitlán	46	NA	40	41	41
San Miguel el Alto	55	37	43	47	47
San Felipe	46	43	40	48	46
Salvatierra	NA	NA	48	58	54
Puruándiro	54	43	41	44	46
Maravatío	53	NA	NA	47	48
Ixtlán del Río	NA	NA	NA	43	43
Jalpa	NA	47	49	37	45
Ojocaliente	46	50	36	43	43
Rincón de Romos	47	34	51	43	45
Armería	NA	NA	NA	49	49
Total	50	44	44	46	46

* Pesos de 2006.
NA: no aplica porque no hay autoempleados sobresalientes.
Fuente: Encuesta DER-INESER/IRD 2006.

ciento trabajan en el sector servicios, de los que el 23 por ciento obtiene más de 40 000 pesos al mes. El 18.40 por ciento de los autoempleados sobresalientes tienen actividades en la industria manufacturera, y sólo el 13.51 por ciento de éstos gana más de 40 000 pesos mensuales. El sector agropecuario sigue teniendo una importancia relativa, con el 15.42 por ciento de los autoempleados sobresalientes, de los cuales el 20.59 por ciento obtiene ingresos mayores de 40 000 pesos al mes.

Cuadro 18. Escolaridad de los autoempleados sobresalientes por rangos de ingresos* (porcentajes)

Escolaridad	40 000 y más	De 30 000 a 39 999	De 20 000 a 29 999	De 10 000 a 19 999	Total
Sin escolaridad	2.94	0	0	3.57	2.49
Primaria incompleta	5.88	6.67	2.50	11.61	8.46
Primaria terminada	23.53	20.00	25.00	22.32	22.89
Secundaria y estudios técnicos	11.76	40.00	17.50	22.32	20.90
Educación media superior y superior	55.88	33.33	55.00	39.29	44.78
No sabe	0	0	0	0.89	0.50
Total	100	100	100	100	100

* Pesos de 2006.
Fuente: Encuesta DER-INESER/IRD 2006.

Cuadro 19. Autoempleados sobresalientes según el origen de los recursos financieros para crear el autoempleo (casos)

Ciudad encuestada	Ahorros propios	Préstamo	Apoyo financiero gubernamental	Remesas	Otros	Total
La Barca	36	7	1	1	4	49
Jalostotitlán	17	8	1	0	0	26
San Miguel el Alto	42	14	0	2	7	65
San Felipe	8	3	0	1	0	12
Salvatierra	2	1	0	0	0	3
Puruándiro	8	2	0	1	1	12
Maravatío	3	1	0	0	0	4
Ixtlán del río	3	1	0	0	1	5
Jalpa	4	1	0	0	2	7
Ojocaliente	5	2	1	0	0	8
Rincón de Romos	3	1	1	0	1	6
Armería	1	1	0	0	2	4
Total	132	42	5	6	16	201

Fuente: Encuesta DER-INESER/IRD 2006.

El 87.60 por ciento de los autoempleados sobresalientes se encuentran registrados ante las autoridades tributarias, lo cual significa que seguramente sus negocios pertenecen al sector formal de la economía. La mayoría de ellos corresponden a las ciudades de San Miguel el Alto, La Barca y Jalostotitlán (cuadro 21).

Sólo 26 de los 201 autoempleados sobresalientes trabajaron alguna vez en Estados Unidos. En este aspecto sobresalen Jalostotitlán, San Miguel el Alto y San Felipe, con cinco personas cada ciudad (cuadro 22).

Si comparamos el conjunto de autoempleados sobresalientes con el total de los autoempleados relacionados con la migración a Estados Unidos, observamos que las personas con experiencia migratoria que se encuentran entre los autoempleados sobresalientes se concentran en las ciudades de San Felipe, Ixtlán del Río, Puruándiro y Rincón de Romos. En general,

Cuadro 20. Autoempleados sobresalientes por sector económico y rango de ingresos* (porcentajes)

Sector	40 000 y más	De 30 000 a 39 999	De 20 000 a 29 999	De 10 000 a 19 999	Total
Agropecuario	20.59	6.67	10.00	16.96	15.42
Industria	14.71	6.67	35.00	15.18	18.41
Construcción	5.88	0	5.00	8.04	6.47
Comercio	29.41	60.00	25.00	39.29	36.32
Servicios	26.47	13.33	22.50	16.96	19.40
Otros	2.94	13.33	2.50	2.68	3.48
No sabe	0	0	0	0.89	0.50
Total	100	100	100	100	100

* Pesos de 2006.
Fuente: Encuesta DER-INESER/IRD 2006.

Cuadro 21. Autoempleados exitosos sobresalientes registrados ante las autoridades tributarias, por rango de ingresos* (porcentajes)

Alta en Hacienda	40 000 y más	De 30 000 a 39 999	De 20 000 a 29 999	De 10 000 a 19 999	Total
Sí	85.30	100.00	92.50	84.80	87.60
No	14.70	0	7.50	14.30	11.90
No sabe	0	0	0	0.90	0.50
Total	100	100	100	100	100

* Pesos de 2006.
Fuente: Encuesta DER-INESER/IRD 2006.

podemos decir que no es significativa la diferencia entre estos dos conjuntos de personas. Esta información contradice la opinión de que los autoempleados sobresalientes tienen experiencia migratoria a Estados Unidos en este tipo de ciudades.

Cuadro 22. Autoempleados sobresalientes que alguna vez trabajaron en Estados Unidos, por rangos de ingresos* (casos)

Ciudad encuestada	40 000 y más	De 30 000 a 39 999	De 20 000 a 29 999	De 10 000 a 19 999	Total
La Barca	0	0	0	1	1
Jalostotitlán	1	0	1	3	5
San Miguel el Alto	0	0	1	4	5
San Felipe	0	0	0	5	5
Salvatierra	0	0	0	0	0
Puruándiro	0	0	0	1	1
Maravatío	0	0	0	1	1
Ixtlán del Río	0	0	0	2	2
Jalpa	0	1	0	1	2
Ojocaliente	0	0	1	1	2
Rincón de Romos	0	1	0	1	2
Armería	0	0	0	0	0
Total	1	2	3	20	26

*Pesos de 2006.
Fuente: Encuesta DER-INESER/IRD 2006.

Autoempleo, migración y desarrollo regional

La información que aquí se presenta particulariza algunas de las características de las ciudades en relación con su base económica y su integración en la funcionalidad socioeconómica de la región Centro-Occidente de México. Tratamos de relacionarlas con el autoempleo y la migración interna y a Estados Unidos buscando patrones de comportamiento de tal relación. Para empezar debemos considerar un patrón general de ellas: el insuficiente empleo formal adecuadamente remunerado, debido sobre todo a que tienen mercados laborales inestables. Esta situación es resultado de diversos factores: bajo crecimiento económico; política laboral de los sucesivos gobiernos; aspectos institucionales, entre los que sobresale la ley del trabajo; exceso de oferta de trabajadores en la mayoría de los mercados laborales de las ciudades pequeñas, en particular los relacionados con actividades que emplean mano de obra semicalificada o no calificada. Suponemos que sus respectivas bases económicas, que determinan su crecimiento, tienen un dinamismo acorde a su integración en la economía regional.

La Barca. Está situada en el oriente del estado de Jalisco. La ciudad cabecera municipal tenía 33 653 habitantes en 2005 y el municipio 59 990. Este último presentó de 2000 a 2005 un crecimiento poblacional de 4.63 por ciento, y el Conapo le atribuye un índice de muy alto intensidad migratoria a Estados Unidos (cuadro 23).[15] El 23 por ciento de los hogares del municipio recibían remesas en 2000. Su nivel educativo no es muy alto, pues en 2005 el 33 por ciento de su población no había concluido la instrucción primaria. Según los Censos Económicos 2004, alrededor del 45 por ciento de la población ocupada se encontraba en el sector comercio y el 35 por ciento en los servicios. Por otro lado, el 45 por ciento de la población ocupada ganaba hasta dos salarios mínimos,[16] el segundo nivel salarial más bajo del conjunto de ciudades estudiadas y ligeramente por debajo de la media nacional, que era del 45.30 por ciento. Su nivel de marginación, según el Conapo, es bajo en comparación con todos los municipios del país. Aunque en la ciudad se percibe una gran actividad comercial y de servicios, que experimenta cierto crecimiento, gran parte de ella se da en micronegocios de autoempleo. Empero, por su localización, experimenta una gran competencia regional en estas actividades de ciudades como Zamora, Ocotlán y la virtual conurbación Sahuayo-Jiquilpan, que por su propia dinámica tienen una influencia regional en el comercio y los servicios tanto o más amplia que la de La Barca. Lo

---

[15] La intensidad migratoria a Estados Unidos es un índice elaborado por el CONAPO utilizando datos de la muestra del 10 por ciento de los hogares del censo de 2000, en que se aplicó un cuestionario con diversos temas, entre ellos la migración a Estados Unidos. Se utilizaron variables de esta migración para estimar, por medio del método estadístico de los componentes principales, un índice de intensidad migratoria a este país. El método, por supuesto, estima el índice a través de las características (es decir, las variables) comparativas de todos los municipios de México. Así, su valor debe interpretarse como comparativo con los demás municipios del país. De esta manera, el Conapo clasifica a los municipios como de muy alta, alta, media, baja y muy baja intensidad migratoria a Estados Unidos.

[16] El salario mínimo equivale a 50.96 pesos diarios en 2008, esto es, a 4.07 dólares estadounidenses al tipo de cambio de 12.50 pesos por dólar, aproximadamente el promedio de ese año. El salario mínimo es la cantidad menor que debe recibir en efectivo el trabajador por los servicios prestados en una jornada de trabajo, debiendo ser suficiente para satisfacer las necesidades normales de un jefe de familia en el orden material, social y cultural, y para proveer la educación obligatoria a los hijos (Comisión Nacional de Salarios Mínimos). En la actualidad (2009) un salario mínimo no es suficiente para la alimentación de una familia de tres miembros. Para sobrevivir se requieren cuando menos dos salarios mínimos diarios.

anterior limita su crecimiento en estos sectores. Además, tiene una especialización media en la industria manufacturera y la construcción, pero no se identifica una base económica de crecimiento autosostenido dinámica como ocurre en Ocotlán por su industria del mueble o en Jalostotitlán por las industrias del calzado y el vestido. Sin embargo, entre las estudiadas, La Barca es la ciudad con el más alto porcentaje de autoempleados con muy alto índice de éxito.

Salvatierra. Se localiza en el sur del estado de Guanajuato. Su población es de 36 306 habitantes y de 92 411 la del municipio del que es cabecera; el Conapo lo considera de marginación baja. En su actividad económica predominan el comercio y los servicios, y tienen poca importancia la industria y la construcción. Al visitar la ciudad se puede observar una cantidad considerable de empresas dedicadas al comercio, pero también, como la mayoría de ciudades de su tipo, tiene una periferia agropecuaria. Su cercanía con la carretera federal México-Guadalajara favorece su actividad económica comercial y turística. En el año 2000, poco más del 23 por ciento de la población se consideraba autoempleada y en 2005 casi el 50 por ciento de la ocupada obtenía hasta dos salarios mínimos, más que la media nacional. El Conapo clasifica a este municipio como de alto índice de intensidad migratoria a Estados Unidos y el 15 por ciento de sus hogares recibían remesas. Salvatierra, como La Barca, tiene una zona de influencia inmediata agropecuaria en la que viven dos tercios de la población municipal; seguramente gran parte de ésta es atendida por el comercio y los servicios de la ciudad, que se encuentra en un eje de desarrollo socioeconómico comparativo alto y muy alto (véase el mapa). A diferencia de lo que ocurre en La Barca, el autoempleo tiene un nivel de éxito bajo, tal vez debido a la poca especialización de su base económica y al autoempleo en pequeños comercios. Podemos especular que en estas dos ciudades la presencia del gran comercio de cadenas nacionales ha limitado en alguna medida el éxito de los micronegocios.

Jalostotitlán.[17] Se localiza en el noreste del estado de Jalisco. En 2005 la ciudad cabecera municipal tenía 21 656 habitantes y el municipio contaba

---

[17] Para mayores datos geográficos, sociodemográficos y económicos consúltese el Instituto Nacional de Geografía (INEGI), el Conapo y la página Web del gobierno municipal de Jalostotitlán: http://www.jalostotitlan.gob.mx/site/index.php?option= com_content&task=view&id=17&Itemid=31.

con 28 462. De 1995 a 2005 tuvo un crecimiento poblacional del 8.23 por ciento; aunque en el mismo lapso disminuyó la población en edad de trabajar y aumentó la infantil y la de la tercera edad. Esto se debe muy probablemente a que es una localidad de alta migración, sobre todo a Estados Unidos; de hecho, el Conapo la clasifica como de muy alta intensidad migratoria a ese país (cuadro 23),[18] por lo que en 2000 alrededor del 15.80 por ciento de los hogares recibían remesas. Gracias a esta tradición migratoria recibe montos considerables de ellas, que influyen en su base económica, de la que son un componente importante. Por otro lado, existen negocios en los que se venden productos traídos de Estados Unidos por migrantes o sus familias. También por efecto de las remesas, es importante la actividad de la construcción. Otro componente de la base económica de Jalostotitlán es la fabricación de prendas de vestir, así como de bolsas, zapatos y curtiduría, actividades que se realizan en pequeños talleres que recientemente han experimentado fuerte competencia de los productos importados. El autoempleo en actividades de los sectores servicios y comercio forma parte de dicha base económica. Sin embargo, la ciudad está muy especializada en industria manufacturera y construcción, y medianamente especializada en servicios.

De acuerdo con el Conapo, el nivel de marginación de Jalostotitlán era bajo en 2005.[18] El 58.99 por ciento de su población ocupada recibe hasta dos salarios mínimos de ingresos diarios, por encima de la media nacional.

Jalostotitlán tiene una ubicación que la conecta con las principales ciudades de la región Centro-Occidente –León, Guadalajara, Aguascalientes y Zacatecas–, así como buena comunicación con ciudades de su rango en la región de los Altos de Jalisco. Se encuentra en un entorno con no mucha competencia de otras ciudades de su rango en los servicios y su producción industrial. Al hacer una comparación de los indicadores y un análisis de su integración socioeconómica regional, podemos decir que existe un porcentaje importante de autoempleados, muchos de ellos exitosos, que incursionan en actividades manufactureras, aparte de comercio y servicios formales. Se inserta en una red de ciudades similares y recibe la influencia socioeconómica de ciudades industriales como León y Aguascalientes, así como de Guadalajara. Es posible que se encuentre en transición en el desarrollo de su base económica de crecimiento autosostenido, pues cuenta en su municipio con

---

[18] El índice de marginalidad fue estimado por el CONAPO de manera similar al índice de intensidad migratoria a Estados Unidos, pero en este caso utilizó variables relacionadas con la pobreza, características de precariedad de la vivienda, servicios públicos y baja escolaridad. Clasificó este índice en muy alto, alto, medio, bajo y muy bajo.

Cuadro 23. Autoempleo, intensidad migratoria, grado de marginación y especialización de las ciudades

Ciudad encuestada	Indicadores					Especialización sectorial, 2004, respecto Centro-Occidente[1]			
	Población ocupada[2]	Porcentaje de autoempleados[3]	Índice del nivel de éxito del autoempleado[4]	Grado de intensidad migratoria 2000[5]	Grado de marginación 2005[6]	Agropecuario	Comercio	Industria y construcción	Servicios
La Barca	18 461	22.52	Muy alto	Muy alto	Bajo	Poca	Poca	Media	Mucha
Jalostotitlán	10 299	16.65	Muy alto	Muy alto	Bajo	Nada	Nada	Mucha	Media
San Miguel el Alto	10 087	18.29	Muy alto	Alto	Bajo	Nada	Nada	Mucha	Nada
San Felipe	20 112	17.70	Muy bajo	Alto	Alto	Poca	Mucha	Poca	Media
Salvatierra	22 274	19.35	Bajo	Alto	Bajo	Nada	Media	Media	Media
Puruándiro	16 275	17.63	Medio	Muy alto	Medio	Poca	Media	Poca	Media
Maravatío	19 683	19.41	Bajo	Medio	Medio	Nada	Media	Poca	Media
Ixtlán del Río	8 534	16.87	Bajo	Muy alto	Muy bajo	Nada	Media	Poca	Mucha
Jalpa	5 716	17.19	Bajo	Alto	Bajo	Poca	Mucha	Poca	Media
Ojocaliente	7 761	17.56	Muy bajo	Muy alto	Bajo	Nada	Poca	Media	Poca
Rincón de Romos	13 116	16.48	Bajo	Alto	Bajo	Poca	Poca	Mucha	Poca
Armería	8 071	18.59	Bajo	Alto	Bajo	Poca	Nada	Media	Mucha

[1] Estimado por $I_{ec} = (L_{ic}/L_{tc})/(L_{ir}/L_{tr})$. Donde L_{ic} es el empleo en el sector i de la ciudad; L_{tc} es el empleo total de la ciudad; L_{ir} es el empleo del sector i en la región Centro-Occidente; L_{tr} es el empleo total de la región Centro-Occidente. $I_{ec} > 1$ en el sector i, indica que la ciudad tiene cierta especialización respecto a la región en su conjunto. Con base en este índice se clasificó la ciudad en nada, poca, medio y muy especializada en cada uno de los cuatro sectores.
[2] Según el censo de 2000.
[3] Encuesta DER-INESER/IRD 2006.
[4] Estimado utilizando el método de componentes principales para las variables inversión total al momento de abrir empresa, número de familiares laborando, sueldo promedio por familiar laborando, empleados no familiares asalariados, empleados no familiares no asalariados, número de años de antigüedad de la empresa, ingresos mensuales de la empresa, con 7 065 casos de autoempleados en las 12 ciudades.
[5] Conapo.
[6] Conapo.

un santuario cristero (Santa Ana de Guadalupe) que recibe numerosas peregrinaciones religiosas, por lo cual sería de esperar el fortalecimiento de su sector servicios.

San Miguel el Alto. De acuerdo con el cuadro 23, esta ciudad es muy similar a Jalostotitlán en lo que se refiere a su funcionalidad socioeconómica. De hecho se encuentran separadas por sólo 18 kilómetros. También se especializa en la construcción y la industria manufacturera, sobre todo en la confección de prendas de vestir, actividades en que se sustenta de manera importante su base económica. El 18.29 por ciento de la población es autoempleada y presenta un índice muy alto de éxito. Se localiza en el norte del estado de Jalisco. Esta ciudad tenía 21 080 habitantes en 2005 y el municipio de que es cabecera, 26 971. Más de la mitad de su población es menor de 25 años de edad. Es una ciudad con tradición migratoria, en particular a Estados Unidos, por lo que el Conapo la clasifica como de alta intensidad de migración. En 2000, el 16.24 por ciento de los hogares tenían migrantes en ese país y el 28.32 por ciento de su población ocupada era autoempleada. Gracias a la migración, las remesas y el autoempleo, las condiciones socioeconómicas de la población son comparativamente aceptables, por lo que el índice de marginación estimado por el Conapo es bajo. La población ocupada que gana hasta dos salarios mínimos es el 46 por ciento, proporción apenas por encima de la media nacional, que es del 45.30 por ciento. En 2005 el 36 por ciento de su población no contaba con instrucción primaria concluida y poco más del 10 por ciento era analfabeto. Podríamos decir que San Miguel el Alto, como Jalostotitlán, tiene una base económica prometedora gracias a su vocación industrial, pero la competencia externa, principalmente de los países asiáticos, la ha estado frenando.

Rincón de Romos.[19] Como en los casos de Jalostotitlán y San Miguel el Alto, se especializa en la industria manufacturera y la construcción; se localiza en el eje de municipios de alto y muy alto nivel de desarrollo socioeconómico comparativo (véase mapa 1). Se encuentra dentro de la zona de influencia socioeconómica inmediata de la capital de Aguascalientes. Su región de influencia inmediata es agropecuaria y presenta una productividad comparativamente alta. En 2005 su población era de 25 815 habitantes y el

---

[19] Los datos geográficos, sociodemográficos y económicos fueron tomados del INEGI, el Conapo y la página Web del gobierno municipal de Rincón de Romos: http://www.rinconderomos.gob.mx/.

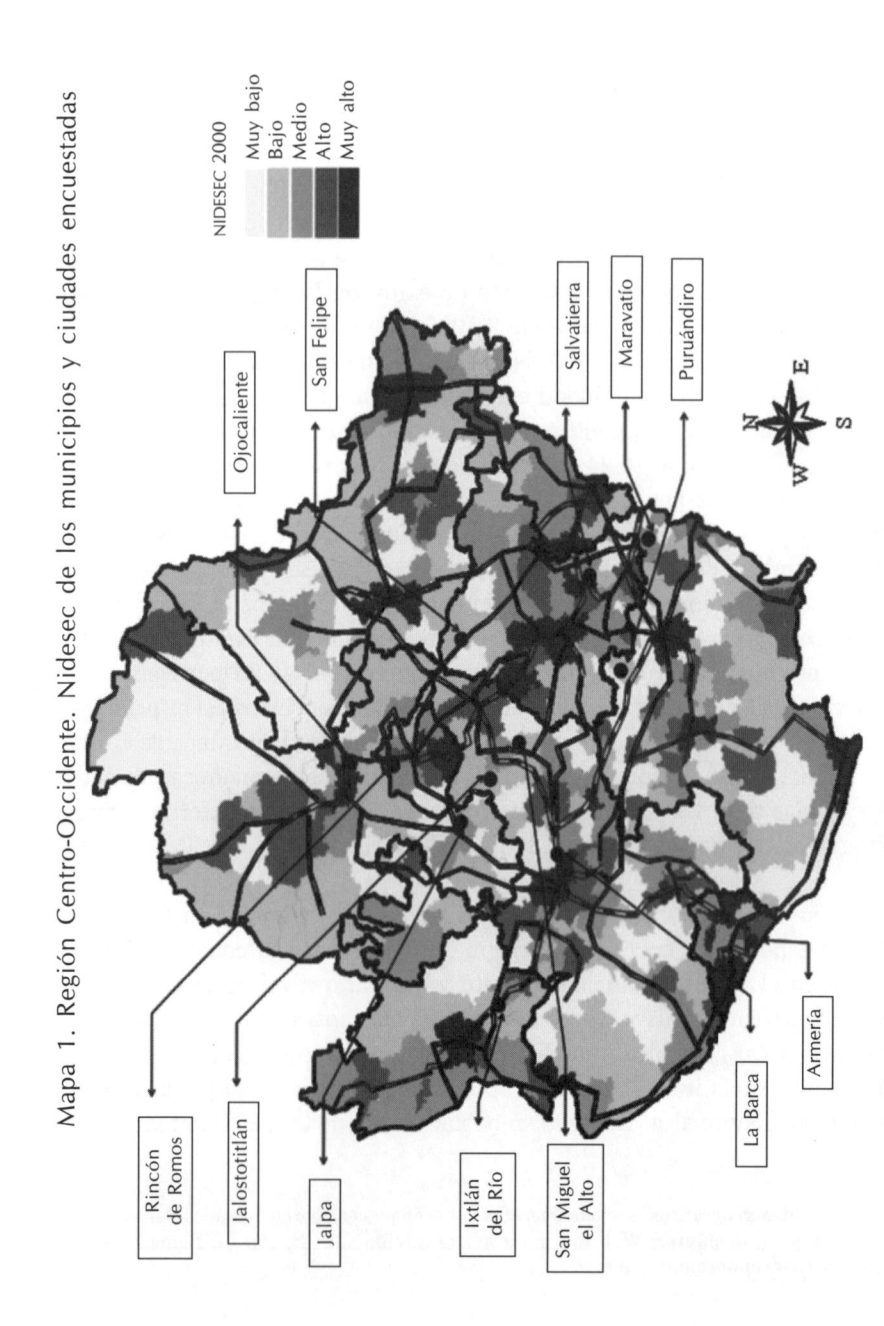

Mapa 1. Región Centro-Occidente. Nidesec de los municipios y ciudades encuestadas

Los NIDESEC se calcularon con el método de componentes principales, es decir, 12 variables socioeconómicas del *XII Censo de Población y Vivienda 2000*.
Fuente: Elaboración propia.

municipio tenía 45 471, a partir de 1995 éste ha tenido una tasa de crecimiento promedio anual de 4.09 por ciento. Su intensidad migratoria a Estados Unidos es alta; sin embargo, es el municipio de entre el grupo estudiado con menor proporción de hogares que recibían remesas. Su índice de marginación es bajo. La población ocupada que gana menos de dos salarios mínimos es una de las menores del conjunto de ciudades estudiadas (51.2 por ciento). Es la que cuenta con los mejores indicadores de cobertura de servicios públicos y la que tiene el menor porcentaje de población sin instrucción primaria. Rincón de Romos es el municipio con la menor concentración de autoempleados, y su índice de éxito es bajo probablemente porque se concentran en sectores del pequeño comercio y los servicios. La ciudad cabecera municipal se especializa en la industria manufacturera y la construcción, así como en los servicios.

Se puede afirmar que estas tres últimas ciudades presentan un patrón de desarrollo económico similar de acuerdo con sus índices, y por presentar un dinamismo parecido en sus respectivas bases económicas, sustentadas principalmente en la industria manufacturera y la construcción. Sin embargo, Jalostotitlán y San Miguel el Alto tienen un autoempleo en general exitoso motivado por el comercio y la manufactura, mientras que en Rincón de Romos el comercio está menos desarrollado.

Jalpa.[20] Esta ciudad se localiza en el sur del estado de Zacatecas. En 2005 su población era de 14 016 habitantes y su municipio tenía 22 909, de 1995 a 2005 tuvo un decrecimiento poblacional promedio anual de 0.81 por ciento. Según el Conapo, Jalpa tiene un índice de intensidad migratoria alto y un grado de marginación bajo. El empleo se concentra en los sectores comercio —especialmente al menudeo— y servicios. El 61.25 por ciento de su población ocupada recibía hasta dos salarios mínimos, muy por arriba de la media nacional. Se localiza a un costado de la carretera Guadalajara-Saltillo, lo cual estimula el comercio y los servicios. Se especializa en el comercio y en menor medida en los servicios (véase el cuadro 23); se encuentra en una microrregión de municipios con medio, bajo y muy bajo Nidesec, por lo que se puede suponer que tiene influencia comercial en una región amplia con relativamente poca competencia de poblaciones similares.

---

[20] Para mayor información geográfica, sociodemográfica y económica consúltense el INEGI, el Conapo y la página Web del gobierno de Zacatecas: http://www.zacatecas.gob.mx/.

Ixtlán del Río. Como Jalpa, se encuentra en una región de escaso desarrollo socioeconómico comparativo. Además, su zona de influencia inmediata es de baja densidad poblacional. De igual manera, el transporte carretero incentiva el comercio y los servicios, actividades en la que se especializa, principalmente en la rama restaurantera. Se localiza en el suroeste del estado de Nayarit. Tenía en 2005 una población de 21 915 personas, y su municipio contaba con 25 713. Tuvo un decremento poblacional promedio anual del 0.32 por ciento. Casi el 50 por ciento de su población es menor de 25 años. Tiene un índice de intensidad migratoria clasificado por el Conapo como medio, y el 13.4 por ciento de sus hogares recibían remesas en 2000. El índice de marginación de su población es muy bajo, es el único municipio del grupo de estudio con tal categoría; de acuerdo con este indicador, la población de Ixtlán del Río tendría las mejores condiciones socioeconómicas del conjunto de ciudades estudiadas. En cuanto a su intensidad migratoria, se ubica en el nivel medio, con apenas el 13.4 por ciento de sus hogares como receptores de remesas en 2000. De los estudiados, es el municipio con la menor proporción de analfabetos y de población residente en comunidades rurales. Esta ciudad se encuentra a un costado de la autopista Guadalajara-Tepic y es atravesada por la carretera libre entre las mismas ciudades, lo que propicia el desarrollo de las actividades comerciales y de servicios. El 58.44 de su población ocupada recibía hasta dos salarios mínimos, porcentaje mayor que la media nacional.

La población de Jalpa apenas sí ha crecido en los últimos diez años, mientras que la de Ixtlán del Río ha sufrido decremento. Ambas tienen un bajo índice de éxito de su autoempleo, el cual seguramente se concentra en muy pequeños comercios y establecimientos de prestación de servicios. En ninguno de los dos casos parece favorable su integración económica regional para desarrollar una base económica con más dinamismo que les permita tener un crecimiento poblacional. La migración a Estados Unidos es importante en ambas. Se encuentran relativamente alejadas de ciudades grandes, por lo que no influyen mucho en sentido positivo o negativo en sus economías. En términos generales, podemos decir que el comercio que mantienen con sus áreas de influencia y los servicios que ofrecen, el paso de personas por estas dos localidades y las remesas son los principales determinantes de su base económica.

San Felipe. Centraliza funciones de una región formada por municipios con bajo y muy bajo Nidesec. Aunque se encuentra bien comunicada, no la tocan las principales vías nacionales, lo que afecta negativamente su integración económica regional. Siendo una ciudad especializada en el comercio (cuadro 23), enfrenta una gran competencia en esta actividad de las ciudades de León, Dolores Hidalgo y la capital del estado de Guanajuato. Se localiza en el norte de dicha entidad (véase el mapa de la página 134). Su población en 2005 era de 24 621 habitantes, y la de su municipio de 95 896, con una tasa de crecimiento casi nula, lo que se explica por su alto índice de intensidad migratoria a Estados Unidos. Presenta el segundo mayor porcentaje (63.64) de población ocupada que gana hasta dos salarios mínimos, muy por encima de la media nacional. También cuenta con el mayor porcentaje de población analfabeta del conjunto de ciudades estudiadas y es el segundo en instrucción primaria incompleta (17.09 y 41.91 por ciento respectivamente). El Conapo clasifica al municipio como de alta marginación y con un índice alto de intensidad migratoria a Estados Unidos, por lo que el 15.80 por ciento de su población recibía remesas. El porcentaje de autoempleados es similar al del conjunto de las ciudades, pero con muy bajo índice de éxito.[21]

Maravatío. Es un caso similar al anterior: forma parte de una región cuyos municipios presentan medio, bajo y muy bajo Nidesec. A pesar de su localización cerca de la autopista Guadalajara-México, no la beneficia el tránsito de personas. El porcentaje de autoempleados está por arriba del correspondiente al conjunto de ciudades y su índice de éxito es bajo. Esta ciudad se encuentra medio especializada en comercio y servicios. Se localiza en el noreste del estado de Michoacán. Su población en 2005 era de 32 146 habitantes, y la de su municipio de 70 170. El Conapo la clasifica como de intensidad migratoria media, y también es medio su nivel de marginación. En cuanto a migración, es la única con esta clasificación del conjunto de ciudades estudiadas. Su economía gira en torno al comercio y la confección de prendas de vestir, principalmente. El 68.37 por ciento de la población ocupada ganaba hasta dos salarios mínimos en 2005, muy por encima de la media nacional, lo cual hace de este municipio el de mayor porcentaje al respecto del conjunto de ciudades.

Puruándiro. Su funcionalidad socioeconómica regional es similar a la de Maravatío, pues también la rodean municipios con medio, bajo y muy bajo Nidesec. Su especialización en el comercio y los servicios es media. Se en-

---

[21] Para mayor información geográfica, sociodemográfica y económica, consúltense el INEGI, el Conapo y la página Web del gobierno municipal de San Felipe: http://sanfelipe.guanajuato.gob.mx/sanfelipe/marcos.html.

cuentra en el norte del estado de Michoacán. Su población era de 29 144 en 2005 y la de su municipio de 64 590 personas. El Conapo lo clasifica con un índice de intensidad migratoria muy alto. Es cabecera del segundo municipio de los estudiados con mayor recepción de remesas en 2000, el 20.31 por ciento de los hogares las recibían. Según el Conapo presenta un grado de marginación medio. En cuanto a su economía, el empleo se concentra en el comercio, la venta al detalle y los servicios. El 63.90 por ciento de la población ocupada tiene hasta dos salarios mínimos de ingresos, por encima de la media nacional. Al igual que Maravatío y otras ciudades de Michoacán, tiene algún potencial turístico por su arquitectura tradicional mexicana.

Ojocaliente. Ciudad zacatecana con características de integración regional similares a las que presentan las dos anteriores. Se encuentra en una región de bajo y muy bajo Nidesec y en la zona de influencia socioeconómica de la zona metropolitana de Zacatecas-Guadalupe. Su porcentaje de autoempleados es parecido al del conjunto de ciudades, pero el nivel de éxito de éstos es muy bajo. Se localiza en el centro del estado de Zacatecas. Su población en 2005 era de 18 940 habitantes, y el municipio de su nombre tenía 37 545. Presenta especialización media en manufactura y construcción, sobre todo en la rama agroindustrial. Su comercio y los servicios que ofrece están restringidos a una zona de influencia muy limitada por la competencia en estos sectores de la capital zacatecana. De 1995 a 2005 su población creció a una tasa promedio anual de 0.75 por ciento. El Conapo clasifica al municipio de Ojocaliente como de muy alto grado de intensidad migratoria a Estados Unidos, y el 12 por ciento de sus hogares recibían remesas en 2000. Su índice de marginación es clasificado como muy alto. Su empleo se concentra en el comercio al por menor y los servicios, seguido por la actividad agroindustrial y artesanal. El 64.41 por ciento de la población ocupada de esta ciudad recibía hasta dos salarios mínimos. Otra de sus actividades importantes es la cosecha y venta de tuna, de la cual una pequeña parte se exporta a Estados Unidos. Como Ixtlán del Río y Jalpa, se ubica sobre una importante carretera (México-Ciudad Juárez) de tráfico abundante, lo que propicia las actividades de los sectores comercio y servicios. Sin embargo, a diferencia de dichas ciudades, Ojocaliente cuenta con actividad manufacturera y su base económica pudiera tener potencial de desarrollo con base en la pequeña agroindustria de exportación.

Armería. Esta ciudad forma parte de una red regional de ciudades cuya funcionalidad socioeconómica inhibe su crecimiento, sobre todo comercial y de servicios. Nos referimos a Manzanillo, Tecomán y Colima. Sin embargo, se especializa principalmente en los servicios y posee especialización media en la actividad manufacturera agroindustrial, favorecida en gran medida por el tránsito de personas hacia la ciudad portuaria y turística de Manzanillo y la llamada Costa Alegre de Jalisco. Su porcentaje de autoempleo se encuentra en el promedio, pero con bajo índice de éxito. Tiene 14 091 habitantes, y su municipio cuenta con 24 939. Este último tiene una población en decrecimiento, pues en 1995 contaba con alrededor de 28 000 personas. El Conapo la clasifica con un índice de intensidad migratoria a Estados Unidos alto. De acuerdo con el cuadro 23, el 18.59 por ciento de su población ocupada era autoempleada, con un índice de éxito bajo, empero con índice de marginación bajo. La base económica de esta ciudad se sustenta en los servicios y el comercio, relacionados con la agroindustria y el tránsito de personas a las áreas costeras de Colima y el sur de Jalisco. Un buen número de sus familias depende de la producción de coco y limón. Del total de su población ocupada en 2005, el 67.58 por ciento recibía hasta dos salarios mínimos de ingresos diarios, por encima de la media nacional.

Existen importantes similitudes en las últimas cuatro ciudades analizadas, lo cual es interesante. Se encuentran en regiones funcionalmente integradas pero no reciben el beneficio de tal integración. Por el contrario, están en desventaja en sus regiones, principalmente en el comercio y los servicios, que es su principal base económica y cuyo dinamismo está limitado por el de los mercados regionales, con los que compiten dentro de sus pequeñas zonas de influencia territorial. Su economía se mantiene en un umbral de mercado que no les permite el crecimiento autosostenido, por lo que la migración y las remesas son parte de dicha base en mayor o menor medida. El autoempleo es un complemento importante de su economía, pero se da en micronegocios con pocas perspectivas de crecimiento, prácticamente de sobrevivencia. Armería, Ojocaliente y Maravatío cuentan con una industria manufacturera aún incipiente pero que les abre la perspectiva de llegar a contar con una base económica de crecimiento autosostenido.

A MANERA DE CONCLUSIÓN

En el análisis de la encuesta DER-INESER/IRD encontramos que un porcentaje alto del autoempleo en las ciudades encuestadas puede ser considerado como de sobrevivencia. Sólo unos cuantos autoempleados sobresalen por los buenos ingresos de sus negocios formales y porque tienen posibilidades de crecer e innovarse. En estas ciudades las escasas oportunidades de empleo y el atractivo de convertirse en su propio patrón son las principales razones de su elevado porcentaje de autoempleados; sin embargo, sobreviven en gran medida por la informalidad en que se desarrollan la mano de obra familiar y la de los propios autoempleados. Normalmente la decisión de autoemplearse obedece a una estrategia familiar para complementar los ingresos o como solución al desempleo de este tipo de ciudades, y en muy pocos casos a una estrategia de emprendurismo para el desarrollo individual y familiar. En este último caso encontramos personas de edad madura con nivel educativo alto, que financiaron sus autoempleos con sus propios recursos económicos, y muy pocos de ellos emigraron alguna vez a Estados Unidos. En general, la experiencia migratoria incide muy poco en la creación de negocios, y las remesas no necesariamente son fuente de inversión para el autoempleo como suele creerse. Sin embargo, en el conjunto de ex migrantes encontramos una mayor proporción de autoempleados, muchos de ellos exitosos en comparación con el conjunto de autoempleados sin experiencia migratoria. Además, en la medida en que las remesas se integran en la economía local se estimula el autoempleo en general. Por otro lado, la participación de las mujeres en el autoempleo es de suma importancia, y gran parte del mismo se localiza en el propio hogar. Es poco apoyado por instituciones públicas, y el conocimiento del potencial que puede existir para el emprendurismo de tipo schumpeteriano es escaso. Nuestro estudio captó que la informalidad permite el desarrollo del autoempleo, pero las instituciones no estimulan la capacidad de las personas para crear negocios; más bien la inhibe. Al parecer, en las ciudades estudiadas es más fácil emprender alguna actividad económica informal porque es menor la vigilancia de las autoridades para hacer cumplir la normatividad.

Las remesas favorecen en gran medida la actividad económica general de estas ciudades por medio del consumo. En otro estudio (Arroyo y Corvera, 2006) encontramos que las remesas tienen su mayor impacto en las ciudades nodales de regiones rodeadas de asentamientos menores con los que intercambian flujos comerciales, industriales y de servicios y cuya base económica les permite obtener excedentes de este intercambio. En el conjunto de ciudades estudiadas es el caso en cierta medida, en primer lugar, de las grandes ciudades de la región Centro-Occidente –Guadalajara, León, Aguascalientes, Guanajuato, Colima, Morelia–, y en segundo término de ciudades dinámicas como Uruapan, Zamora, Tepatitlán, Lagos de Moreno, etcétera. En tercer lugar se encontraría nuestro conjunto de ciudades, entre las cuales destacan las más grandes y enfocadas sobre todo en el comercio y los servicios, o aquellas con mayor actividad en la industria manufacturera agroindustrial y el comercio, como La Barca y Salvatierra en el primer caso, y Jalostotitlán, San Miguel el Alto y Rincón de Romos en el segundo. Seguirían, en términos de la dinámica de su base económica de crecimiento autosostenido, Salvatierra, Ojocaliente y Armería, por su incipiente industria manufacturera agroindustrial. El resto de las ciudades estudiadas se localizan en regiones pobres con funcionalidad socioeconómica regional poco favorable para su crecimiento, por lo que sólo ofrecen a sus respectivas microrregiones comercio y algunos servicios, actividades que se sostienen en buena medida gracias a la migración a Estados Unidos y las remesas. En los casos de ciudades como Ixtlán del Río, Jalpa y Armería, su localización sobre importantes vías carreteras nacionales parece ser un factor determinante en su orientación comercial y de servicios.

No debemos desconocer que en la mayoría de las zonas de influencia socioeconómica inmediata de estas ciudades la agricultura es la fuente principal de las demandas de productos y servicios que ofrecen. Su desarrollo futuro puede depender en alguna medida de la sustitución de cultivos tradicionales por otros de alto valor en los mercados globales; son los casos probables de La Barca, Armería, Salvatierra y Rincón de Romos. Siendo localidades de una alta interacción con Estados Unidos, sus habitantes autoempleados, con apoyos institucionales, podrían incursionar en los mercados de productos «étnicos» en aquel país, ya sea como productores locales o como distribuidores.

Si bien los principales impactos de las remesas se presentan en aquellas ciudades donde se producen muchos de los bienes y servicios que se consumen con ellas, una parte importante impacta a las ciudades nodales. Incluso algunas de las aquí estudiadas, como La Barca, San Miguel el Alto, Ojocaliente, Ixtlán del Río y Jalostotitlán, retienen parte de estos impactos.

La Barca, Salvatierra, Jalostotitlán y San Miguel el Alto, en nuestro análisis, están en vías de consolidar una base económica de crecimiento autosostenido gracias a la combinación de sus actividades comerciales, de servicios y manufactureras, así como por su mayor número de autoempleados exitosos. Si bien este proceso es lento, también es poco entendido por quienes toman decisiones de política pública. Por una parte, los estudios muestran que las condiciones institucionales no favorecen el emprendurimo, por la otra, existen programas gubernamentales de fomento empresarial con poca difusión y por lo tanto poco conocidos. Tal vez esto se debe a la desorientación que provoca la creencia infundada de que la migración y las remesas son una palanca del desarrollo empresarial de estas ciudades.

Finalmente, podemos señalar que es incipiente el conocimiento de la relación existente entre el desarrollo regional, la base económica de este tipo de ciudades, la migración a Estados Unidos y las remesas. Esto de alguna manera incide en la puesta en marcha de políticas públicas inadecuadas, que aun cuando son bien intencionadas, no consideran el entramado territorial y económico de las diversas microrregiones y sus centros nodales.[22]

BIBLIOGRAFÍA

Anguiano Téllez, M.E. (1998). «Migración a la frontera norte de México y su relación con el mercado de trabajo regional», *Papeles de Población*, Universidad Autónoma del Estado de México, núm. 17, pp. 63-79.

Aponte, R. (1997). «Informal Work in the US: Case Studies and a Working Typology», *International Journal of Sociology and Social Policy*, núm. 17, pp. 18-36.

Arias, P. (1997). «Crisis metropolitana, especialización económica y nuevas relaciones espaciales en México», *Espiral*, Universidad de Guadalajara, vol. IV, núm. 10, pp. 143-166.

Arroyo Alejandre, J., A. de León Arias y M.B. Valenzuela Varela (1991). *Migración rural hacia Estados Unidos. Un estudio regional en Jalisco*, México, Consejo Nacional para la Cultura y las Artes.

— e I. Corvera Valenzuela (2006). «Principales impactos económicos en México de la migración a Estados Unidos», en E. Zúñiga Herrera, J. Arroyo Alejandre, A. Escobar Latapí y G. Verduzco Igartúa (coords.), *Migración México-Estados Unidos. Implicaciones para ambos países*, México, Consejo Nacional de Población/Universidad de Guadalajara/Centro de Investigaciones y Estudios Superiores en Antropología Social/Casa Juan Pablos/El Colegio de México.

— y D. Rodríguez Álvarez (2008). «Migración México-Estados Unidos, remesas y desarrollo regional», *Papeles de Población*, Universidad Autónoma del Estado de México, núm. 58.

Audretsch, D.B., M.A. Carree y A.R. Thurik (2002). «Does Entrepreneurship Reduce Unemployment?», Tinbergen Institute Discussion Paper, TI2001-074/3.

---

[22] Para una mayor discusión al respecto véanse Arroyo y Corvera (2006) y Arroyo y Rodríguez (2008).

Bernhardt, I. (1994). «Comparative Advantage in Self-Employment and Paid Work», *The Canadian Journal of Economics/Revue Canadienne d'Economique*, vol. 27, núm. 2, pp. 273-289.

Borjas, G.J. (1986). «The Self-Employment Experience of Immigrants», *The Journal of Human Resources*, vol. 21, núm. 4, pp. 485-506.

Bosch, M. y W.F. Maloney (2006). «Gross Worker Flows in the Presence of Informal Labor Markets. The Mexican Experience 1987-2002», Working Paper, World Bank, Washington, D.C.

Capel, H. (1969). «El modelo de la base económica urbana», *Revista de Geografía*, Universidad de Barcelona, vol. III, num.1-2, pp. 5-39.

Castells, M. y A. Portes (1989). «World Underneath: The Origins, Dynamics, and Effects of the Informal Economy», en A. Portes, M. Castells y L.A. Benton (eds.), *Informal Economy: Studies in Advanced and Less Developed Countries*, Baltimore, Johns Hopkins University Press, pp. 11-37.

Clark, K. y S. Drinkwater (2000). «Pushed out or Pulled in? Self-Employment among Ethnic Minorities in England and Wales», *Labour Economics*, vol. 7, núm. 5, pp. 603-628.

Consejo Nacional de Población (Conapo) (2005). *Migración México-Estados Unidos. Panorama regional y estatal*, México, Conapo.

— (2004). *La nueva era de las migraciones. Características de la migración internacional en México*, México, Conapo.

Corona, R. (2000). «Características del flujo laboral. Patrones de continuidad y cambio», en R. Tuirán (coord.), *Migración México-Estados Unidos. Continuidad y cambio*, México, Conapo.

Delgado Wise, R., H. Márquez Covarrubias y M. Longoria (2006). «Dimensiones críticas de la problemática de la migración y el desarrollo en México», *Theomai*, núm. 14, segundo periodo.

Escobar Latapí, A. y E. Janssen (2006). «Migración, diáspora y desarrollo. El caso de México», en E. Zúñiga Herrera, J. Arroyo Alejandre, A. Escobar Latapí y G. Verduzco Igartúa (coords.), *Migración México-Estados Unidos. Implicaciones para ambos países*, México, Consejo Nacional de Población/Universidad de Guadalajara/Centro de Investigaciones y Estudios Superiores en Antropología Social/Casa Juan Pablos/El Colegio de México.

Evans, M.D. (1989). «Immigrant Entrepreneurship: Effects of Ethnic Market Size and Isolated Labor Pool», *American Sociological Review*, vol. 54, núm. 6, pp. 950-962.

Fajnzylber, P., W. Maloney y G. Montes Rojas (2006). «Microenterprise

Dynamics in Developing Countries: How Similar are they to those in the Industrialized World? Evidence from Mexico», *The World Bank Economic Review*, vol. 20, núm. 3, pp. 389-419.

Farlie, R. y B. Meyer (1996). «Ethnic and Racial Self-Employment Differences and Possible Explanations», *The Journal of Human Resources*, vol. 31, núm. 4, pp. 757-793.

Ferreira, H. (2005). *Construir las regiones. Por una aproximación regional a la formulación y gestión de políticas públicas en México*, México, Integración Editorial.

Graizbord, B. y C. Ruiz Chiapetto (1999). «Reestructuración regional-sectorial en México. 1980-1993. Una evaluación», *Comercio Exterior*, vol. 4, pp. 221-230.

Hamilton, B.H. (2000). «Does Entrepreneurship Pay? An Empirical Analysis of the Returns to Self-Employment», *Journal of Political Economy*, vol. 108, núm. 3, pp. 604-631.

Hondagneu-Sotelo, P. (1997). «Affluent Players in the Informal Economy: Employers of Paid Domestic Workers», *International Journal of Sociology and Social Policy*, núm. 17, pp. 130-158.

Maloney, W. (1999). «Does Informality Imply Segmentation in Urban Labor Markets? Evidence from Sectoral Transitions in Mexico», *World Bank Economic Review*, Oxford University Press, vol. 13, núm. 2, pp. 275-302.

Marcouiller, D., V. Ruiz de Castilla y Ñ. Woodruff (1997). «Formal Measures of the Informal–Sector Wage Gap in Mexico, El Salvador, and Peru», *Economic Development and Cultural Change*, vol. 45, núm. 2, pp. 367-392.

Mendoza, J.E. y A. Díaz Bautista (2006). *Economía regional moderna. Teoría y práctica*, México, El Colegio de la Frontera Norte/Universidad de Guadalajara/Plaza y Valdés.

Meza González, L. (2006). «Transformaciones económicas en México y migración a Estados Unidos», en E. Zúñiga Herrera, J. Arroyo Alejandre, A. Escobar Latapí y G. Verduzco Igartúa (coords.), *Migración México-Estados Unidos. Implicaciones para ambos países*, México, Consejo Nacional de Población/Universidad de Guadalajara/Centro de Investigaciones y Estudios Superiores en Antropología Social/Casa Juan Pablos/El Colegio de México.

—, C. Pederzini y S. Martínez Pellegrini (2005). «El autoempleo como mecanismo de arraigo de la población en México. El caso de cuatro localidades», *Estudios Demográficos y Urbanos*, vol. 21, núm. 3, pp. 547-623.

Organization for Economic Co-Operation and Development (OECD) (2003). *OECD Territorial Reviews Mexico City,* Paris, OECD.
Papail, J. y J. Arroyo Alejandre (2004). *Los dólares de la migración,* Guadalajara, Universidad de Guadalajara/Institut de Recherche pour le Développement (IRD)/PROFMEX/Casa Juan Pablos.
Pellegrino, A. y J.J. Calvo (2001). *¿Drenaje o éxodo? Reflexiones sobre la migración calificada,* Montevideo, Universidad de la República.
Piña Peña, J., E.B. Salvatierra, G. Martínez Velasco y R.E. Zúñiga López (2000). «Determinantes socioeconómicos de la migración laboral. El caso de los indígenas mames de la Sierra Madre de Chiapas, México», *Papeles de Población,* Universidad Autónoma del Estado de México, núm. 23, pp. 153-179.
Polèse, M. (1998). *Economía urbana y regional. Introducción a la relación entre territorio y desarrollo,* Cartago, Costa Rica, Editorial LUR.
Presidencia de la República Mexicana (2007). *Plan Nacional de Desarrollo 2007-2012,* Sistema Internet de la Presidencia: http://pnd.calderon.presidencia.gob.mx/.
— (2007). *Primer Informe de Ejecución del Plan Nacional de Desarrollo,* Sistema Internet de la Presidencia: http://pnd.calderon.presidencia.gob.mx/index.php?page=primer-informe-de-ejecucion.
Raijman, R. (2001). «Mexican Immigrants and Informal Self-Employment in Chicago», *Human Organization,* vol. 60, núm. I, pp. 47-55.
Richardson, H. (1975). *Input-Output and Regional Economics,* Nueva York, Wiley.
Ros, J. (2006). *Patrones de especialización comercial y desempeño del mercado de trabajo en América Latina,* Santiago de Chile, Comisión Económica para América Latina y el Caribe.
Silva Lira, I. (2005). «Desarrollo económico local y competitividad territorial en América Latina», *Revista de la Cepal,* núm. 85, pp. 81-100.
Sirkin, G. (1959). «The Theory of the Regional Economic Base», *The Review of Economics and Statistics,* vol. 41, núm. 4, pp. 426-429.
Staudt, K. (1999). «Seeds for Self-Sufficiency? Policy Contradictions at the US-Mexico Border in Gender and Migration», en G.A. Kelson y D.L. DeLaet (eds.), *Gender and Immigration,* Londres, Macmillan, pp. 21-37.
Tubergen, F. van (2005). «Self-Employment of Immigrants: A Cross-National Study of 17 Western Societies», *Social Forces,* vol. 84, núm. 2, University of North Carolina Press.
Unger, K. (2006). «El desarrollo de las regiones y la migración mexicana. Origen, evolución y política pública», en E. Zúñiga Herrera, J. Arroyo

Alejandre, A. Escobar Latapí y G. Verduzco Igartúa (coords.), *Migración México-Estados Unidos. Implicaciones para ambos países,* México, Consejo Nacional de Población/Universidad de Guadalajara/Centro de Investigaciones y Estudios Superiores en Antropología Social/Casa Juan Pablos/El Colegio de México.

Verduzco, G. (2000). «La migración mexicana a Estados Unidos. Estructuración de una selectividad histórica», en R. Tuirán (coord.), *Migración México-Estados Unidos. Continuidad y cambio,* México, Conapo.

Wilson, P.A. (1992). *Exports and Local Development: Mexico's New Maquiladoras,* Austin, University of Texas Press.

Woodruff, C. y R. Zenteno (2001). «Remittances and Microenterprises in Mexico», Santa Cruz, Center for International Economics (SCCIE), University of California, Santa Cruz, disponible en http://sccie.ucsc.edu/documents/ working_papers/2001/Remittances_Mexico.pdf.

DIVERSIFICACIÓN LABORAL Y AUTOEMPLEO ENTRE LOS TRABAJADORES MIGRATORIOS GUATEMALTECOS EN CHIAPAS, MÉXICO

Jéssica N. Nájera Aguirre[1]

DINÁMICA TRANSFRONTERIZA Y MERCADOS LABORALES

El objetivo de esta primera parte es sintetizar las diferentes posturas teórico-metodológicas acerca de los empleos informales y los precarios, centrándose en el cambio que han experimentado las estructuras ocupacionales entre los sectores primario, secundario y terciario, así como en los procesos de terciarización, flexibilización y feminización laboral que los acompañan.

La globalización de las economías del mundo y de la región latinoamericana ha traído consigo una transnacionalización de la fuerza laboral y de un conjunto de prácticas socioeconómicas que han rebasado los espacios del Estado nación. En este sentido la migración no sólo constituye uno de los principales signos de la transnacionalización del empleo, sino que se convierte en una de las nuevas y principales fuentes de acumulación de ingresos.

La frontera entre México y Guatemala ha pasado por dos grandes momentos que marcaron los procesos migratorios: los desplazamientos forzosos durante los conflictos armados y la transnacionalización laboral en la formación de mercados de trabajo regionales. La primera etapa, marcada por los conflictos políticos y sociales, estuvo identificada por eventos de refugio y personas desplazadas, lejos de ser una migración económica. Sin embargo, debido al sombrío escenario económico regional, estos inmigrantes se fueron convirtiendo en migrantes laborales, lo cual contribuye de manera natural al establecimiento de redes migratorias que posteriormente serían la base

---

[1] Maestra en demografía por el Centro de Estudios Demográficos, Urbanos y Ambientales de El Colegio de México y ex subdirectora del Centro de Estudios Migratorios del Instituto Nacional de Migración; actualmente es jefa del Proyecto de Indicadores Sociodemográficos del Instituto Nacional para la Evaluación de la Educación. Correo electrónico: jnajera@colmex.mx y jnajera@inee.edu.mx

de la integración de los trabajadores guatemaltecos en México. Desde mediados de la década de los noventa, como producto del impacto económico y social de la transformación del sector agropecuario de Guatemala, muchos pequeños propietarios agrícolas se convirtieron en jornaleros o trabajadores migrantes. Estos campesinos se incorporaron como fuerza de trabajo asalariada o semiasalariada a los mercados de trabajo emergentes en México, como lo fue el Soconusco en Chiapas. Es así que entre estos dos países, igual que en otras fronteras entre países vecinos, se comenzaron a identificar nuevos mercados laborales regionales que hasta hoy persisten; inicialmente fundamentados en el sector agrícola, de naturaleza temporal, con movilidad estacional y en condiciones irregulares (Morales, 2003).

La máxima transnacionalización laboral entre este tipo de países se observa claramente en las zonas fronterizas, donde se establecen nuevas formas de interdependencia territorial caracterizadas básicamente por estructuras socioeconómicas desiguales. Dichas zonas se pueden identificar por dos espacios diferenciados: uno que se especializa en la producción directa del valor, es decir, donde se desarrollan las actividades relacionadas con el empleo (en nuestro caso México), y otro que asegura la reproducción de la fuerza de trabajo (Guatemala). Por esto último, a decir de Morales y Castro (2006: 44), las zonas de expulsión y atracción son parte de una misma unidad en el proceso de producción a escala global.

La difícil situación económica y los daños causados por eventos climáticos como las sequías, los huracanes y las inundaciones han provocado que el espacio fronterizo y la migración entre Guatemala y México cobren mayor importancia y sean pieza clave del encadenamiento de las economías locales, nacionales y regionales. Las zonas de mayor migración transfronteriza están representadas por las localidades de la frontera y por las ciudades de mayor urbanización y concentración poblacional. La migración de estas zonas funciona como un mecanismo de ajuste de los mercados de trabajo, entre oferta y demanda de trabajadores y empleos. Por eso la mayoría de estas ciudades se caracterizan por sus mercados de trabajo más diversos. Según Dickens (2003: 24), el espacio transfronterizo estaría formado por un conjunto de características entre las que destacan la interconexión de actividades económicas y la diversificación económica y del mercado laboral local.

El área metropolitana del estado de Chiapas ha experimentado transformaciones socioeconómicas importantes durante las últimas dos décadas, debidas en parte al impacto de la emigración de chiapanecos y centroamericanos (guatemaltecos, hondureños y salvadoreños) tanto a Estados Unidos, como a México y su inserción laboral, sobre todo de los guatemaltecos, en sectores diferentes al agrícola. La zona urbana constituida por ciudades fronterizas como Tecún Umán en San Marcos, Guatemala, o Tapachula, Chiapas, se caracteriza por la concentración de actividades como el consumo de bienes y servicios, y por la convivencia social y cultural entre habitantes locales y población transfronteriza.

En general, el mercado laboral chiapaneco para los trabajadores guatemaltecos transfronterizos tiende a concentrarse en el sector agrícola. Sin embargo, en los últimos años las actividades no agrícolas han mostrado una importancia relativa ante el abandono del campo, el desarrollo económico local y la globalización. Las actividades comerciales y de servicios han constituido el nicho más importante para la absorción de trabajadores transfronterizos. Esta dinámica migratoria no sólo ha producido transformaciones económicas, también ha alterado la actividad socioproductiva, las dinámicas familiares y la vida social y cultural en general, tanto en las comunidades guatemaltecas de origen como en las mexicanas de destino. En el presente trabajo se analizan especialmente los cambios sociolaborales y las dinámicas familiares.

Mercados laborales diversos y autoempleo

A nivel internacional se ha destacado que la continua reorganización de las relaciones entre capital y trabajo ha traído consigo un proceso global de desregulación y flexibilización de los mercados de trabajo. Además de estas transformaciones, los países latinoamericanos han tenido que enfrentar continuas y severas crisis económicas. Esta situación ha requerido tanto de políticas de ajuste y estabilización como de medidas más drásticas, como la privatización y liberalización de las economías y la desregulación de los mercados laborales y de los sistemas de seguridad social (Tokman, 1991).

Estos procesos socioeconómicos se han manifestado en cambios en la estructura sectorial y ocupacional de la fuerza de trabajo: el uso de mano de obra femenina, la subcontratación, el empleo parcial o temporal, el empleo sin protección social y cambios en los niveles y modalidades de remuneración del trabajo. En el caso de los mercados laborales urbanos de México, de acuerdo con De Oliveira y García (1998), se aprecia la creciente terciarización de la fuerza de trabajo, la proliferación de actividades no asalariadas y el incremento de la participación económica femenina en comparación con el incremento del trabajo masculino. El mercado laboral, anteriormente dividido en dos grandes grupos, asalariados y no asalariados, se ha transformado en un mercado heterogéneo, desigual y diversificado.

En las últimas décadas, el trabajo asalariado ha dejado de provenir del empleo industrial para concentrarse en trabajos del sector terciario tales como el comercio y los servicios, donde la mayoría no cuenta con seguro social; se ha destacado el papel del autoempleo y de los trabajadores por cuenta propia como parte de las estrategias asumidas por los hogares cuyos miembros viven en condiciones de pobreza y vulnerabilidad. Hace unas décadas se pensaba que el problema de la heterogeneidad laboral era transitorio y que el vaivén del desarrollo capitalista llevaría a homogeneizar la fuerza de trabajo en torno a relaciones de trabajo asalariado. Hoy se sabe que la heterogeneidad se ha afianzado y que las consecuencias para los trabajadores no son nada alentadoras (García, 2005). Para abordar el tema de la heterogeneidad laboral es necesario iniciar por el reconocimiento de que existen diferentes sectores económicos, formas de producción y prestación de servicios. Así, existe un sector formal de la economía, entendido como el trabajo asalariado, y un sector informal caracterizado por la heterogeneidad del trabajo que lo compone. Tokman (1995 y 2004) identifica algunas características importantes de este tipo de empleos: se hace uso de la mano de obra familiar; se vive en condiciones laborales precarias, donde el fin es la generación de ingresos y no la maximización de ganancias; existe un capital escaso y tecnología simple; y las jornadas y condiciones de trabajo dependen del trabajador y de su grupo familiar.

Otras perspectivas teóricas destacan el papel de la subcontratación de trabajadores informales como una representación de los denominados «asalariados ocultos», es decir, es un grupo de trabajadores que sostiene algún sector de actividad sin gozar de las prestaciones de ley de los trabajadores formales o asalariados («la modernización con explotación»). En general, como señalan García y De Oliveira (2003: 82), la heterogeneidad laboral puede ser entendida como la coexistencia de trabajadores asalariados (públicos y privados) y no asalariados (trabajadores en grandes y pequeños establecimientos industriales, comerciales y de servicios). Desde la visión de la salarización de la mano de obra se ha mostrado que en México, a partir de los años ochenta, la presencia de los asalariados ha disminuido de manera acentuada en la fuerza de trabajo, en contraposición con los no asalariados, quienes han ganado presencia.

La heterogeneidad del sector no asalariado se puede reconocer a partir del tipo de trabajos que lo componen: patrones, trabajadores por cuenta propia en actividades profesionales y no profesionales y trabajadores no remunerados; abarca desde un vendedor ambulante hasta un trabajador por cuenta propia que presta servicios profesionales. Pese a la inclusión de profesionistas por cuenta propia (que representan una minoría), este sector sigue siendo un indicador de marginalidad, pobreza e informalidad (García, 1988).

En general, el sector informal ha sido definido de acuerdo con el énfasis que se ponga respecto a sus diferentes actores: las empresas, los trabajadores y la regulación del Estado en materia laboral (Rendón y Salas, 1990; De Oliveira y Roberts, 1993). Por ejemplo, de acuerdo con el Programa Regional de Empleo para América Latina y el Caribe (1983), entre los trabajadores informales están incluidos aquellos que no son asalariados (trabajadores por cuenta propia no profesionales), trabajadores del servicio doméstico remunerados y trabajadores familiares no remunerados. Según otros autores (Portes y Benton, 1984; Klein y Tokman, 1988), además de los trabajadores no asalariados, el sector informal debe incluir a los asalariados en las microempresas o en los servicios remunerados de baja productividad.

Lo que se puede inferir de las diferentes formas de entender la informalidad, el autoempleo o el empleo no asalariado es que ante la expansión de la oferta laboral y la restricción de la demanda, la escasez de empleos se manifiesta en la creación de «empleos alternativos». Sin embargo, estos empleos no siempre tienen las peores condiciones de trabajo en comparación con las de los trabajadores asalariados, como lo demuestran Pacheco (1995) y Roberts (1993) a partir de los mayores ingresos generados por algunos trabajadores por cuenta propia; o de una visión de la flexibilidad laboral donde el trabajo femenino con el empleo informal o el autoempleo le permite a la mujer laborar en el tiempo y lugar que decida. Por ello la diferencia salarial no debe ser el único enfoque con el cual se analicen las diferencias entre los empleos asalariados y los no asalariados y las ventajas o desventajas laborales para los trabajadores.

Si el empleo no sólo depende de la oferta y demanda de los mercados laborales, sino también de la forma en que los trabajadores organizan sus estrategias en la generación de ingresos dentro de sus hogares, cabe hacerse la pregunta ¿cuáles son las estrategias de sobrevivencia[2] empleadas por los hogares ante la necesidad de generar ingresos? Diversos estudios han señalado que la migración, permanente o temporal, es una de las principales estrategias de sobrevivencia de las familias, en la cual la principal razón es económica –búsqueda de un trabajo o empleo mejor remunerado–, como es el caso de los trabajadores guatemaltecos transfronterizos en México. Sin

---

[2] Este concepto, surgido en los años setenta, fue utilizado para describir la forma cómo los individuos y las familias, dentro de su pobreza y marginalidad, afrontaban los cambios que ocasiona el «desarrollo» (Doucet, 1986).

embargo, las industrias urbanas de los países de destino no pueden absorber a todos los migrantes y la mayoría se quedan subempleados, por lo que la obtención de un empleo depende en gran medida del propio trabajador, lo que lo lleva a integrarse principalmente al sector informal como lustrador de zapatos, vendedor de fruta, golosinas y cigarros, entre otros.

Otra de las estrategias de sobrevivencia de los sectores menos privilegiados, que va a la par de la migración, es la diversificación de sus fuentes de ingresos, es decir, transitar hacia el uso de la fuerza de trabajo extra en el hogar como son las mujeres, los niños y los ancianos. De acuerdo con García y De Oliveira (1994), una oferta potencial de mano de obra está constituida principalmente por mujeres de mayor edad, casadas y con hijos, y frecuentemente con bajos niveles de escolaridad; ellas pueden ser consideradas, desde el paradigma social de la tradicional familia nuclear, como las segundas proveedoras de un hogar, junto con los hijos mayores de edad.[3]

Es así que en contextos de reducción de oportunidades de empleo y de contracción salarial, como es el caso de la frontera sur de México y del suroeste de Guatemala, el trabajo no asalariado –principalmente en el comercio y los servicios– ha permitido que amplios sectores de la población (especialmente los de menores ingresos) tengan acceso a niveles de ingresos relativamente más elevados que los provenientes del trabajo asalariado.

Esta diversidad de tipos de empleo lleva también a contemplar la noción de empleo precario, que es más amplia que la del sector informal, pues además del trabajador por cuenta propia, las actividades informales y el trabajo a domicilio, este concepto se refiere a trabajadores asalariados ocasionales, temporales, de tiempo parcial, mal remunerado y sin prestaciones laborales (Marshall, 1987). Uno de los principales indicadores para la medición del mayor o menor grado de precariedad laboral es la existencia de prestaciones laborales y el nivel de ingreso de los trabajadores. Sin embargo, esto sólo es posible para la población asalariada, porque la mayoría de los trabajadores por cuenta propia se caracterizan por tener un reducido o nulo acceso a alguna prestación.

Para sistematizar este conjunto de denominadores comunes de los mercados laborales de América Latina y México, García (2006) señala algunos ejes analíticos que llaman la atención: *a)* la cada vez más insuficiente ab-

---

[3] A nivel empresarial también se presentan tácticas y estrategias de reorganización comercial ante situaciones de crisis económicas; por ejemplo, las grandes empresas suelen recurrir a la subcontratación de pequeños talleres familiares o al trabajo a domicilio (Beneria y Roldan, 1987; Arias, 1988, entre otros) y a la contratación de empleados para el comercio ambulante de servicios establecidos.

sorción laboral, es decir, aumentos significativos en los niveles de desempleo; *b)* la importancia del trabajo no asalariado ligado a la subsistencia o la pobreza, ya que el autoempleo está cada vez más ligado a esta condición o a la exclusión (Pérez y Mora, 2004), o como un mero refugio de mano de obra (Pacheco, 2004); *c)* la frecuente inestabilidad laboral, que se evidencia tanto en las entradas como en las salidas del mercado de trabajo (transitando entre la condición de empleado y la de desempleado, o de asalariado a no asalariado); *d)* el constante incremento de la inseguridad laboral, traducido en el incremento de trabajadores temporales, con contratos transitorios o sin contratos; *e)* el declive de la cobertura de la protección social, y *f)* las pérdidas en el ámbito de los derechos laborales, elementos centrales en la diferencia entre los sectores formal e informal.

En diversos estudios se afirma que el principal problema en materia laboral que enfrenta la población económicamente activa de México o de Guatemala no es la falta de empleo, sino las condiciones de éste, es decir, la oferta de trabajo está compuesta generalmente por empleos mal remunerados, en condiciones laborales poco estables y sin prestaciones sociales, lo que hace más difícil la estabilidad laboral y, por consiguiente, la generación de ingresos; elementos que llevan a la población a insertarse en empleos informales, precarios o de baja calificación en zonas alejadas de la localidad de residencia (como ocurre con los desplazamientos de guatemaltecos a México), o a recurrir a los micronegocios familiares, que permiten la subsistencia del hogar en el propio lugar de residencia o en algún lugar cercano a él.

Finalmente, la manera en que las familias afrontan las necesidades económicas no tiene que ver sólo con el tipo de estrategias de empleo que elijan para subsistir, sino también con las políticas económicas que los países y gobiernos locales pongan en marcha. En el caso de las zonas fronterizas incluso dependerá de las relaciones económicas y legales bilaterales –en términos migratorios– que se tengan instrumentadas.

La región transfronteriza entre México y Guatemala[4]

Los estados de la frontera sur de México son Chiapas, Tabasco, Campeche y Quintana Roo, los cuales limitan geográficamente con Guatemala y Belice a lo largo de 1 149 kilómetros. La línea fronteriza entre México y Guatemala

---

[4] Para una revisión más amplia de este tema véase Nájera (2008).

tiene una extensión de 956 kilómetros y está trazada sobre una geografía muy diversa compuesta por selva, ríos y montañas, y presenta dinámicas socioeconómicas distintas según la zona fronteriza de la que se trate.[5] En términos migratorios, Chiapas es el estado de mayor importancia del sureste de México, no sólo por la longitud de su frontera con Guatemala –654 km–, sino también por la dinámica migratoria que comparte con el vecino país. La zona fronteriza entre estos dos países se caracteriza por el cruce de un gran número de visitantes locales y de trabajadores temporales guatemaltecos por los ocho puntos formales de internación a México,[6] de los cuales las localidades de Ciudad Hidalgo y Talismán, de esta entidad, que colindan con Tecún Umán y El Carmen, en Guatemala, concentran aproximadamente 50 por ciento del flujo migratorio entre México y Guatemala, debido a la alta concentración de importantes vías de comunicación, su numerosa población y el desarrollo económico de la zona (véase mapa 1).

La actividad comercial y la vida familiar transfronteriza han contribuido a la consolidación de la relación entre estos dos países a pesar de la separación formal que impone una línea divisoria administrativa. La reducida extensión territorial de la mayoría de las localidades y municipios fronterizos guatemaltecos contribuye a que esta «zona fronteriza» vaya más allá del espacio que ocupan los municipios limítrofes entre estos países.

Los diversos flujos migratorios entre Guatemala y México se pueden distinguir con base en cuatro elementos fundamentales (Dardón, 2002; Palma, 2003): *a)* direccionalidad: sur-norte y norte-sur; *b)* motivo de cruce: laboral, comercial, familiar o turístico, entre otros; *c)* condición migratoria de cruce: documentada o indocumentada, y *d)* destino: México o Estados Unidos.

Los visitantes locales son población residente en las zonas fronterizas guatemaltecas que se desplaza por razones familiares o comerciales hacia México de manera cotidiana, especialmente hacia los centros urbanos más próximos, como la ciudad de Tapachula, o pequeñas poblaciones fronterizas como Ciudad Hidalgo, Talismán y Tuxtla Chico. Estos desplazamientos no

---

[5] El flujo migratorio entre Belice y México está compuesto básicamente por visitantes locales documentados, mientras que los flujos que transitan entre Guatemala y México son más diversos: documentados, indocumentados, visitantes locales, transmigrantes, migración indocumentada de tránsito y trabajadores temporales transfronterizos, entre otros.

[6] Ciudad Hidalgo-Tecún Umán, Suchiate II, Talismán-El Carmen, Unión Juárez-Toquián Grande, Mazapa de Madero-Sibinal, Ciudad Cuauhtémoc-La Mesilla, Carmen Xhan-Gracias a Dios, Frontera Corozal-Bethel. Estos puntos fronterizos sólo se refieren a los localizados entre Chiapas y Guatemala.

Mapa 1. Geografía y densidades poblacionales en la frontera Guatemala-México

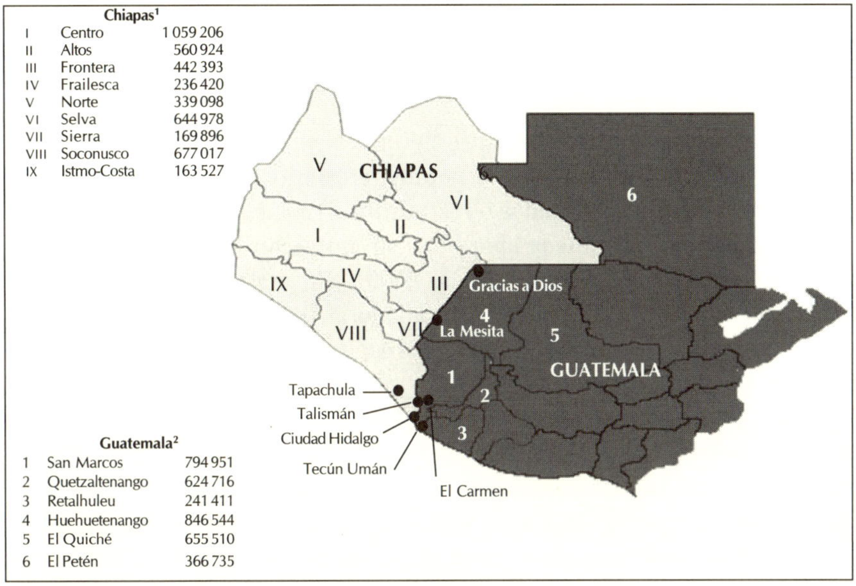
Chiapas[1]
I Centro 1 059 206
II Altos 560 924
III Frontera 442 393
IV Frailesca 236 420
V Norte 339 098
VI Selva 644 978
VII Sierra 169 896
VIII Soconusco 677 017
IX Istmo-Costa 163 527
Guatemala[2]
1 San Marcos 794 951
2 Quetzaltenango 624 716
3 Retalhuleu 241 411
4 Huehuetenango 846 544
5 El Quiché 655 510
6 El Petén 366 735
CHIAPAS
GUATEMALA
Gracias a Dios
La Mesita
Tapachula
Talismán
Ciudad Hidalgo
Tecún Umán
El Carmen

[1] Datos obtenidos del II Conteo de Población y Vivienda 2005, INEGI.
[2] Datos obtenidos de XI Censo Nacional de Población y VI de Habitación 2002, Guatemala, INE.

son flujos migratorios en sentido estricto, ya que se asemejan más bien a un movimiento transfronterizo circular. A estos visitantes locales se suman aquellos migrantes guatemaltecos que arriban a la tradicional zona del Soconusco u otros municipios de Chiapas para emplearse básicamente como trabajadores agrícolas temporales.

Según diferentes estudiosos de la migración en la frontera sur de México (Castillo, Rojas, Dardón, Cruz, Palma), las actividades laborales de los chiapanecos y guatemaltecos se han diversificado con el paso del tiempo. Aunque estos últimos siguen presentes en actividades tradicionales como la agricultura, han incursionado en nuevos sectores como los servicios, el comercio y la industria de la construcción. Es constante la presencia de aquel trabajador con estancias de menos de 24 horas en México, lo que lo convierte en trabajador transfronterizo, entendiendo como tal al «trabajador migrante que tiene su residencia habitual en el estado vecino a donde regresa cada día o a hasta por una temporada de una semana» (art. 2 (2) a, Convención internacional sobre la protección de los derechos de todos los trabajadores migratorios y de sus familiares; ONU, 1990).

También se ha incrementado la incorporación de las mujeres a estos flujos migratorios transfronterizos, especialmente en las localidades urbanas chiapanecas, desempeñándose como trabajadoras domésticas. La ciudad de Tapachula, donde se encuentra un gran porcentaje de las familias chiapanecas de ingresos medios y altos, es el principal destino de estas trabajadoras.

Finalmente, el sector terciario de la economía ha mostrado cambios importantes, particularmente un notable crecimiento del comercio, tanto en lugares establecidos (tiendas o restaurantes) como fuera de ellos (vendedores ambulantes). Se puede identificar un número importante de adultos y menores migrantes (Cruz y Rojas, 2000). Sin embargo, hasta 2003 no había una cuantificación de estos trabajadores temporales, ni se podía saber la proporción que éstos guardaban respecto a los oficios y profesiones que desempeñan en México.

Respecto al tipo de documentos migratorios que utilizan estos trabajadores temporales transfronterizos y visitantes locales para cruzar a México, son básicamente tres: el Pase Local, la Forma Migratoria de Visitante Local (FMVL) y la Forma Migratoria de Visitante Agrícola (FMVA).[7] El Pase Local y la FMVL son documentos que permiten la internación a México (sólo en el estado de Chiapas) por un lapso de 72 horas como máximo, por razones de visita o compras. Es importante señalar que ninguno de estos dos documentos autoriza a los guatemaltecos a trabajar en México. De acuerdo con las estadísticas del Instituto Nacional de Migración (INM), en 2005 se registraron aproximadamente un millón de cruces utilizando alguno de estos dos documentos.

Sólo aquellos guatemaltecos que se dirigen a Chiapas a trabajar en el sector agrícola pueden obtener la FMVA, documento que otorga el INM en forma de credencial y que autoriza la estancia y actividad laboral agrícola en territorio chiapaneco hasta por un año, con múltiples entradas.[8] Es preciso puntualizar que estos trabajadores son los únicos que cuentan con una forma migratoria que les permite laborar en Chiapas. Por su parte, el cruce a México de trabajadores guatemaltecos sin ningún documento migratorio es también común, pero no recurrente. Las más de las veces el cruce indocu-

---

[7] Aunque también se utilizan, pero en mucho menor medida, la Forma Migratoria 3 (FM3), la Forma Migratoria 2 (FM2) y la Forma Migratoria de Turista (FMT), cualquiera de éstas con o sin permiso para laborar en México.

[8] Documento que se regula de acuerdo con la circular CRE-247-97 del 2 de octubre de 1997.

mentado depende, entre otras razones, de la situación geográfica de la localidad en la que reside el trabajador respecto al punto de internación o cruce con presencia migratoria mexicana y guatemalteca. Es decir, aquellos que se encuentran lejos del punto de cruce formal generalmente optan por cruzar el río en balsas adaptadas con cámaras de llanta y tablas de madera, evitando el desplazamiento hasta los puentes con presencia de autoridades migratorias. Es así que la presencia de trabajadores guatemaltecos transfronterizos es uno de los principales flujos migratorios de Guatemala en los que México tiene un papel importante porque le concierne su desarrollo socioeconómico, tanto estatal como nacional.

Por su parte, Guatemala es un país constituido por 22 departamentos, que se dividen en municipios, aldeas y caseríos; cuya población en 2007 era de 13.2 millones de habitantes (Fondo de Población de las Naciones Unidas, 2007) y la mayoría (52 por ciento) se concentra en localidades rurales. Según datos del año 2002, el 52.8 por ciento de los hogares guatemaltecos vivían en condiciones de pobreza, es decir, el 60.2 por ciento de la población total; sin embargo, de la población que habita en localidades rurales, el porcentaje que vive en condición de pobreza llega al 68 por ciento (Cepal, 2007).

La zona fronteriza de Guatemala con México está compuesta por cuatro departamentos (San Marcos, Huehuetenango, Quiché y Petén) y 22 municipios.[9] San Marcos es el departamento de mayor importancia para la zona fronteriza con México debido a diversos factores: cantidad de población que alberga, extensión territorial, número de municipios fronterizos con Chiapas, las actividades económicas que comparte con México y la gran afluencia de migrantes tanto nacionales como centroamericanos que cruzan por este lugar para dirigirse a México y posteriormente a Estados Unidos. Este departamento, situado en la región Sur Occidental, está integrado por seis municipios fronterizos con México: Ocós, Ayutla, Malacatán, Tajumulco, Sibinal y Tacaná; colindantes con los municipios chiapanecos de Suchiate, Frontera Hidalgo, Metapa, Tuxtla Chico, Cacahoatán, Unión Juárez, Tapachula, Motozintla y Mazapa de Madero.

Una parte de la fuerza de trabajo guatemalteca se dedica al trabajo agrícola; sin embargo, la mayoría se desempeña en actividades no agrícolas, derivadas del comercio, donde predomina la venta de alimentos básicos y

---

[9] San Marcos: Ocós, Ayutla, Malacatán, Tajumulco, Sibinal, Tacaná; Huhuetenango: Tectitán, Cuilco, La Libertad, La Democracia, Santa Ana Huista, Jacaltenango, Nentón, San Mateo Ixtatán y Barrillas; El Quiché: Ixán; y El Petén: Sayaxché, La Libertad.

pequeñas tiendas de ropa, medicamentos, licores, etc. Dadas estas condiciones, la migración interna e internacional es una salida frente a la situación de pobreza y vulnerabilidad, razón por la cual el desempleo en términos nacionales se oculta.[10] Se calcula que poco más de la mitad de los hogares guatemaltecos tiene un pariente trabajando en el exterior, principalmente en Estados Unidos (OIM, 2003). Por otra parte, la cercanía ha hecho que los trabajadores guatemaltecos sea el grupo más grande de extranjeros que trabaja de manera temporal en México.

La migración transfronteriza de guatemaltecos a México tradicionalmente ha sido entre los residentes de los departamentos fronterizos con este país, por lo que el cruce de guatemaltecos a Chiapas se inició y ha perpetuado principalmente por las localidades de Tecún Umán y El Carmen, ubicadas en el municipio de Ayutla (departamento de San Marcos), para arribar a las localidades de Ciudad Hidalgo y Talismán, en Chiapas, consolidándose así como la zona de más cruces y vida económica, laboral y social entre ambos países.

Resumiendo, la vida transfronteriza entre Guatemala y México se entiende por las fuertes relaciones de empleo y migración que han establecido a lo largo del tiempo. Entender la relación sociocultural y económica en esta frontera depende en gran medida de la relación asimétrica entre pobreza, empleo y migración que hay entre ellos, que a pesar de ser estructural y políticamente diferentes, ambas son zonas de pobreza y marginación en sus respectivos países.

La Encuesta sobre Migración en la Frontera Guatemala-México y los trabajadores guatemaltecos fronterizos, 2004-2007

Después de décadas de estudios sociológicos, económicos y demográficos independientes sobre los mercados laborales y los flujos migratorios que transitan a lo largo de la frontera sur de México, El Colegio de la Frontera Norte (Colef), el Instituto Nacional de Migración (INM), el Consejo Nacional de Población (Conapo), la Secretaría del Trabajo y Previsión Social (STPS) y la Secretaría de Relaciones Exteriores (SRE), consideraron necesario llevar a cabo de manera permanente una encuesta que midiera y caracterizara los

---

[10] En 2002 la tasa de desempleo abierto en Guatemala era del 6 por ciento, según datos de la Cepal en el *Panorama social de América Latina 2007*, Anexo estadístico.

flujos migratorios laborales que cruzan entre México y Guatemala, denominada Encuesta sobre Migración en la Frontera Guatemala-México (EMIF Guamex).[11] Dicho proyecto se inició en 2004 y se ha mantenido hasta nuestros días con el objetivo de proporcionar información sociodemográfica, económica y migratoria de los flujos que transitan por esta frontera.

Para abarcar los desplazamientos migratorios en la frontera Guatemala-México, la EMIF Guamex definió cuatro poblaciones objetivo:[12] migrantes de Guatemala a México o Estados Unidos, migrantes de México o Estados Unidos a Guatemala, migrantes devueltos por las autoridades migratorias mexicanas y migrantes devueltos por las autoridades estadounidenses. La EMIF Guamex se aplica en puntos estratégicos de concentración de salida y entrada de guatemaltecos a México de cuatro localidades fronterizas guatemaltecas: Tecún Umán y El Carmen, en el departamento de San Marcos, La Mesilla y Gracias a Dios, en el departamento de Huehuetenango, y el aeropuerto de Ciudad Guatemala en la capital del país.[13]

Debido a que el interés de esta investigación es la emigración de trabajadores guatemaltecos a México se podía hacer uso de dos flujos estudiados por la encuesta: migrantes procedentes de Guatemala a México-Estados Unidos y migrantes procedentes de México-Estados Unidos a Guatemala, ambos vía terrestre. Sin embargo, debido a que el flujo de procedentes de Guatemala a México apenas se dirige a este país, equivaldría a estudiar una expectativa laboral futura, aunque inmediata, que puede ser coartada por cualquier evento inesperado, se decidió utilizar el flujo de migrantes procedentes de México a Guatemala, es decir, aquéllos que regresan después de haber tenido alguna experiencia laboral en ese país.[14]

---

[11] Proyecto similar al desarrollado por estas mismas instituciones en la frontera norte de México hace ya más de una década (EMIF NORTE).
[12] En 2004 la EMIF GUAMEX había definido dos poblaciones objetivo más, pero después de un año de aplicación de la misma fueron eliminadas debido a que resultaron ser flujos en los que no se utilizaba a México como país de destino o de tránsito. Estos dos flujos fueron: procedentes de Guatemala a México o Estados Unidos vía aérea y procedentes de México o Estados Unidos a Guatemala vía aérea.
[13] En el caso del aeropuerto sólo son entrevistados los migrantes guatemaltecos devueltos por las autoridades migratorias estadounidenses. Es importante señalar que al iniciar la EMIF GUAMEX en 2004, las localidades fronterizas de aplicación de la encuesta sólo eran Tecún Umán y El Carmen, posteriormente se integró La Mesilla, y a partir de 2007, Gracias a Dios.
[14] Sin embargo, al revisar ambas bases de datos se encontró que las características sociodemográficas y laborales de estos trabajadores eran muy similares, con diferencias entre flujos menores del 1 por ciento.

La definición de la población objetivo captada por la EMIF Guamex para este flujo migratorio se refiere a los individuos de 15 años o más, no nacidos en Estados Unidos o México, procedente de México o Estados Unidos, y cuyo desplazamiento tuvo por motivo trabajar o buscar trabajo en México o Estados Unidos o haber permanecido más de un mes en cualquiera de estos países (COLEF et al., 2007a). Para el presente trabajo, la población se acotó a la siguiente definición: «Población constituida por individuos de 15 años o más, nacida en Guatemala, que tuvieron como destino México y que desempeñaron alguna actividad laboral en dicho país».

Retomando la definición de trabajador fronterizo señalada más arriba, donde dicho trabajador entra y sale en el mismo día del país de destino y regresa a su país de origen, además de hacer uso del estudio preliminar realizado a esta población objetivo (Nájera, 2008), se determinó que la población de trabajadores guatemaltecos transfronterizos se diferenciará por el tiempo que permanecieron trabajando en México: *a)* entrada y salida en el mismo día, grupo denominado «hasta 24 horas» y *b)* con permanencia mayor de un día y menor de un año, denominados «más de 1 día».

Por otro lado, para la caracterización sociodemográfica y laboral de los trabajadores temporales guatemaltecos en México se decidió utilizar los datos del año más reciente, 2007. Para contextuar este año es importante anotar algunas características de este flujo migratorio (véase gráfica 1).

1. De 2004 a 2006 las ciudades donde se aplicaba la encuesta eran Tecún Umán y El Carmen, del departamento de San Marcos; a partir de enero de 2007 se amplía a La Mesilla y en agosto del mismo año se integra Gracias a Dios, ambas del departamento de Huehuetenango.
2. La tasa de crecimiento media anual del flujo migratorio de la población guatemalteca que trabajó en México de 2004 a 2005 fue de menos 30 por ciento, es decir, el flujo migratorio de trabajadores guatemaltecos disminuyó de manera importante respecto al año anterior. Esta disminución se debe a que en octubre de 2005 la zona localizada entre Chiapas (México) y San Marcos (Guatemala) fue devastada por el paso del huracán *Stan*. Dicho fenómeno meteorológico destruyó la zona de mayor cruce y lugares de trabajo de guatemaltecos en Chiapas, así como las vías de comunicación entre éstas dos zonas fronterizas, por lo que el cruce de los trabajadores disminuyó drásticamente. Debido a que la recuperación de infraestructura y movilidad laboral se restableció de manera paulatina durante finales de ese año y principios de 2006, la tasa de crecimiento en 2005 y 2006, a pesar de haberse recuperado, también disminuyó en 13 por ciento.

Gráfica 1. Trabajadores guatemaltecos transfronterizos en México, por tiempo que permanecieron laborando y sexo, 2004-2007

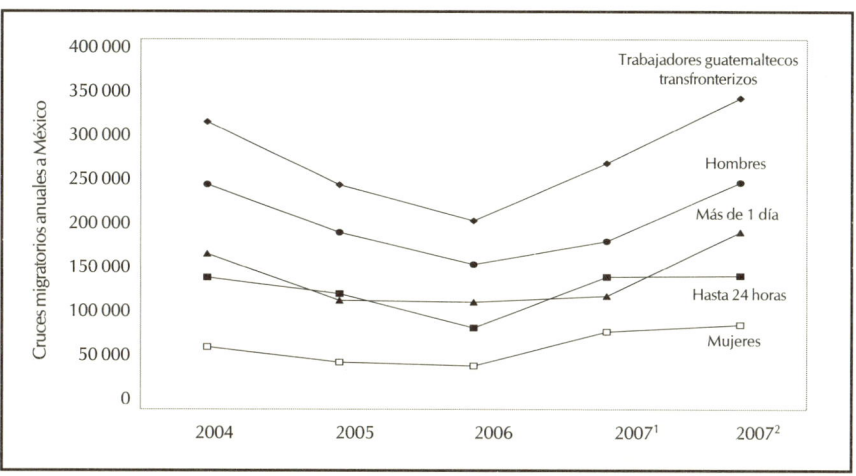

[1] Valores referidos sólo a los registrados en las ciudades de Tecún Umán y El Carmen (Guatemala), para compararlos con los levantamientos previos.
[2] Incluye las dos nuevas ciudades de aplicación de la encuesta: La Mesilla y Gracias a Dios (Guatemala).
Fuente: Elaboración propia con base en la EMIF Guamex. Flujo procedente de México a Guatemala vía terrestre, 2007.

3. En 2007, y sólo en dos de las localidades de aplicación de la EMIF Guamex, Tecún Umán y El Carmen, se observó que el flujo migratorio laboral transfronterizo disminuyó 27 por ciento respecto a 2004. Sin embargo, el flujo de trabajadores que suelen trabajar diariamente en Chiapas se mantuvo prácticamente constante (con una tasa de crecimiento media anual del 0.4 por ciento). Cabe destacar que el flujo de trabajadoras guatemaltecas aumentó su participación en 22 por ciento, mientras que el flujo de varones disminuyó en 29 por ciento.
4. La más amplia aplicación de la EMIF Guamex en 2007, al incluir La Mesilla y Gracias a Dios, del departamento de Huehuetenango, contribuyó al aumento registrado de trabajadores guatemaltecos temporales, ya que en La Mesilla se captó 23 por ciento más de trabajadores y en Gracias a Dios 1 por ciento más, respecto al total de los trabajadores transfronterizos.

A continuación se presenta el análisis sociodemográfico y laboral de estos trabajadores guatemaltecos de acuerdo con el tiempo que permanecieron laborando en México (hasta 24 horas y más de un día), y en algunos casos se hace la diferenciación por sexo.

Diversificación laboral y autoempleo entre los trabajadores guatemaltecos transfronterizos en Chiapas, 2007

Con base en los datos de EMIF Guamex 2007, a continuación se presenta un análisis de las características sociodemográficas, laborales y migratorias de estos trabajadores transfronterizos, de acuerdo con el tiempo que permanecieron laborando en México.[15] El primer hecho que se debe destacar es que la participación laboral de extranjeros en el mercado laboral de la frontera sur de México está compuesta básicamente por guatemaltecos.[16] Durante el año 2007, de acuerdo con la EMIF Guamex, se registraron 336 582 cruces de guatemaltecos a México por una razón laboral. La mayoría de los guatemaltecos laboraron en Chiapas y sólo una pequeña proporción (2 por ciento) trabajó en otras entidades federativas de México, como Tabasco, Oaxaca o Quintana Roo. Por esta razón, durante el presente análisis al referirme a los trabajadores guatemaltecos en México, estoy hablando en realidad de trabajadores transfronterizos en Chiapas.

Es importante destacar que, con base en una revisión de los datos proporcionados por la EMIF Guamex desde 2004 hasta la fecha, se ha encontrado que para estudiar a los trabajadores guatemaltecos transfronterizos en México es útil dividirlos en relación con el tiempo que permanecen laborando en este país. Es así que el flujo de trabajadores guatemaltecos en Chiapas está compuesto por dos grandes grupos: aquellos que permanecen horas, es decir, que no pernoctan en México, a los que llamaremos «hasta 24 horas», y aquellos que permanecieron entre dos días y un año, que se identifican como «más de un día». Dicha diferenciación obedece a las características diametralmente distintas que presentaron a partir del tipo de trabajo desempeñado en México.

El 43 por ciento de los trabajadores guatemaltecos laboraron en Chiapas menos de un día, mientras que el resto (57 por ciento) permaneció más de un día; es decir, al año se registraron 144 282 cruces de trabajadores de «hasta 24 horas», mientras que hubo 191 875 cruces de aquellos que laboraron «más de un día». De acuerdo con un cálculo hecho por Corona y

---

[15] Los datos presentados se refieren al año 2007, por ser los más recientes; sin embargo, el lector podrá comparar las estadísticas aquí presentadas con los datos oficiales de la publicación de resultados de esta encuesta para los años 2004 y 2005 (COLEF et al., 2006 y 2007).

[16] De acuerdo con los datos de la EMIF GUAMEX de 2004 a 2007, se han encontrado casos de trabajadores de origen hondureño y salvadoreño, sin embargo éstos declararon residir en Guatemala.

Reyes (2007) con base en los datos de la EMIF Guamex 2005, cuyo número de cruces migratorios fue de 242 662 (124 985 que laboraron hasta 24 horas y 117 677 que laboraron más de un día), en número de personas, estos cruces significarían alrededor de 973 trabajadores de un día y 11 320 trabajadores de más de un día; de lo que podríamos deducir que el número de guatemaltecos que laboraron en la frontera sur de México fue de alrededor de 12 293 ese año, suma que sería similar a la esperada en 2007. En promedio, las proporciones de trabajadores se han mantenido desde 2004 hasta el 2007 (46 por ciento permanece en México entre dos y 24 horas y 54 por ciento tiene estancias laborales de más de un día) (véase gráfica 1). Dicha diferencia, basada en la temporalidad, está directamente relacionada con el oficio o profesión que desempeñan, la distancia entre la localidad guatemalteca de residencia y el lugar de trabajo en Chiapas, así como con el tipo de parentesco que mantiene el trabajador en su hogar.

Es importante destacar que el 99 por ciento de los guatemaltecos que declararon laborar entre un par de horas y menos de un día en México también señalaron que acostumbran cruzar diario a laborar, por lo que estamos hablando de trabajadores fronterizos diarios, que en sentido estricto no serían migrantes (de acuerdo con lo señalado en el segundo apartado). Estos datos dan muestra de la dinámica laboral transfronteriza entre México y Guatemala, así como de la cercanía tanto económica como sociocultural que la acompaña.

Perfil sociodemográfico de los trabajadores guatemaltecos en México

La primera característica demográfica que resalta de los trabajadores guatemaltecos es que los subgrupos de «hasta 24 horas» y «más de un día» tienen estructuras poblacionales distintas (véase la gráfica 2). En el primer caso, la distribución de hombres y mujeres es casi similar, con aglomeraciones entre las edades de 23 a 29 y de 35 a 40 años. Esta estructura contrasta con la de aquellos trabajadores que permanecieron más de un día laborando en Chiapas, los cuales muestran una pirámide poblacional con mucho mayor presencia de varones que de mujeres. Este segundo grupo de trabajadores tiene la mayor proporción de su población entre los 18 y 30 años, y a partir de esa edad comienza a disminuir de manera gradual hasta los 78 años, como puede observarse en la gráfica 2. Sin embargo, en términos generales, los trabajadores guatemaltecos transfronterizos siguen concentrándose en la población de 20 a 39 años (66 por ciento) y presentan una edad promedio de 32.

Gráfica 2. Estructura de edades de los trabajadores guatemaltecos en México según tiempo que permanecieron laborando, 2007

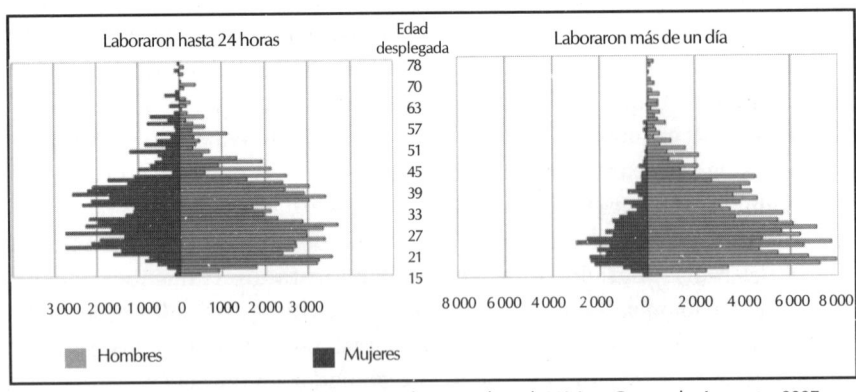

Fuente: Elaboración propia con base en la EMIF Guamex. Flujo procedente de México a Guatemala vía terrestre, 2007.

Es importante mencionar que aun cuando los registros de la EMIF Guamex respecto a la edad de los trabajadores transfronterizos inicia a los 15 años, entre ellos hay una presencia significativa de niños y niñas menores de edad. Estos pequeños trabajadores contribuyen a los ingresos del hogar desempeñándose principalmente como vendedores ambulantes (boleros, vendedores de dulces, cigarros, entre otros). Dicha población vulnerable no es captada por esta encuesta, pero existen estudios independientes al respecto.

Referente a la participación por sexo en este flujo de trabajadores, se observa que casi una tercera parte (27 por ciento) son mujeres. Sin embargo, entre el grupo de los que van y vienen a diario a trabajar, las mujeres representan casi el 40 por ciento, cifra mayor que la reportada en 2004 y 2005 (15 por ciento en promedio), por lo que se puede advertir un claro incremento de la participación laboral femenina guatemalteca en Chiapas. Este incremento podría deberse en parte a que muchas de estas mujeres que iniciaron su trayectoria laboral a México como acompañantes de sus padres o parejas al trabajo agrícola (Cruz y Rojas, 2000), ahora se encuentran establecidas en trabajos no agrícolas, es decir, paulatinamente han encontrado en este país una fuente de ingresos diversa y estable. En el caso de los varones, naturalmente, las proporciones se invierten, pero destaca que el 64 por ciento de los trabajadores guatemaltecos trabajó más de un día en México (véase cuadro 1).

Una de las principales variables para el análisis de las trabajadoras guatemaltecas en Chiapas es el estado civil y la relación de parentesco que guardan respecto al jefe de hogar. Sin embargo, la mayoría de los trabajadores, hombres y mujeres, son casados (62 por ciento), con algunas diferencias como en el caso de los que permanecieron hasta 24 horas, cuyo porcentaje se incrementa en 7 puntos. Esta estructura es compatible con el tipo de parentesco que mantienen en sus hogares, ya que la mayoría son jefes de hogar (51 por ciento) e hijos (35 por ciento).

También se puede anotar que los trabajadores, hombres y mujeres, que son solteros e hijos permanecen más tiempo fuera de su hogar, mientras que aquellos que son esposos y jefes de hogar suelen permanecer menos tiempo, con excepción de los jefes de hogar que laboran en el sector agrícola, razón por la cual tienen tiempos de estancia más largos. Las diferencias por sexo y tiempo que permanecen en México son de destacarse (véase cuadro 3): el 66 por ciento de las mujeres que trabajaron hasta 24 horas en México son esposas y el 24 por ciento son hijas, mientras que entre las que laboraron más de un día, las cifras se invierten, el 65 por ciento son hijas y el 23 por ciento esposas. En contraste, los trabajadores varones tienen estructuras similares, en ambos grupos por tiempo de estancia la mayoría son jefes de hogar (70 y 64 por ciento).

Origen y tránsito hacia México de los trabajadores guatemaltecos
Respecto al lugar de origen de los trabajadores transfronterizos, la mayoría declaró vivir en algún departamento guatemalteco fronterizo con México: San Marcos (63 por ciento) y Huehuetenango (21 por ciento); el resto viven en Quetzaltenango, Retalhuleu y Suchitepéquez. Los que residen en el departamento de San Marcos provienen principalmente de los municipios de Malacatán, Catarina, San Pablo, Pajapita, Tacaná, Nuevo Progreso y San Marcos (que suman el 87 por ciento), mientras que el 94 por ciento de los trabajadores que residen en Huehuetenango provienen de los municipios de La Libertad, La Democracia, Colotenango, Cuilco y Nentón (véase mapa 2).

En general, se observa que hay una mayor dispersión respecto a los municipios de residencia de los trabajadores que estuvieron laborando mayor tiempo en México que los que permanecieron sólo unas horas, ya que los trabajadores de más de un día provienen de 92 municipios de Guatemala, mientras que los trabajadores diarios de tan sólo 26.

Una característica que es interesante resaltar, debido a la tradicional relación bilateral en términos laborales entre México y Guatemala, es la experiencia laboral de estos trabajadores en su país de origen. De la EMIF

Cuadro 1. Características sociodemográficas y del lugar de residencia de los trabajadores guatemaltecos transfronterizos en Chiapas según tiempo que permanecieron laborando en México, 2007

Total desplazamientos migratorios laborales	TIEMPO QUE PERMANECIÓ LABORANDO EN MÉXICO		
	Total 336 582 100.0	Hasta 24 hrs. 144 281 100.0	Más de un día 191 874 100.0
Características sociodemográficas			
Sexo			
Masculino	72.8	61.7	81.2
Femenino	27.2	38.3	18.5
Grupos de edad			
15 a 19 años	11.9	8.0	14.6
20 a 29 años	38.5	33.9	42.0
30 a 39 años	27.5	30.3	25.5
40 a 49 años	15.2	18.4	12.8
50 a 59 años	4.8	6.7	3.4
60 años o más	2.1	2.7	1.6
Edad promedio	32	34	30
Nivel de instrucción			
Ninguno	22.2	21.3	22.9
1 a 5 años	41.6	38.9	43.7
6 años	26.6	29.4	24.4
7 a 9 años	8.4	8.8	7.9
10 años o más	1.3	1.6	1.1
Promedio de años de estudio	3.9	3.7	3.8
Relación de parentesco en el hogar			
Jefe del hogar	51.4	47.2	54.6
Esposo(a)	13.4	25.4	4.4
Hijo(a)	35.0	27.0	40.9
Otro	0.2	0.3	0.1
Estado civil			
Soltero	34.8	27.0	40.6
Casado	37.4	46.7	30.4
Unido	24.1	22.4	25.5
Separado o divorciado	2.2	1.8	2.4
Viudo	1.5	2.1	1.0
Características del lugar de residencia (Guatemala)			
Departamento			
San Marcos	63.2	91.1	42.5
Huehuetenango	21.4	0.8	36.7
Quetzaltenango	7.4	7.4	7.4
Retalhuleu	4.0	0.0	7.0
Suchitepéquez	2.5	0.3	4.1
Tipo de localidad			
Urbana	47.0	44.7	48.6
No urbana	53.0	55.1	51.4
Condición laboral			
Nunca ha trabajado	33.4	44.4	25.3
Trabajaba durante los 30 días anteriores	0.5	0.0	0.8
No trabajaba durante los 30 días anteriores	66.0	55.4	73.9
Porque tenía trabajo en México	56.6	55.4	57.6
Porque pagaban poco	8.8	0.0	15.4

Fuente: Elaboración propia con base en la EMIF Guamex 2007.

Guamex se rescata que el 33 por ciento nunca habían trabajo en su país de origen, mientras que el 67 por ciento tenía alguna experiencia laboral. Sin embargo, sólo el 0.5 por ciento había trabajado en Guatemala durante los 30 días anteriores al cruce a México, y el 66 por ciento no lo había hecho debido a que ya tenía trabajo en México (57 por ciento) o a que les pagaban muy poco (9 por ciento) (véase cuadro 1). Esta cercanía transfronteriza ha promovido que los guatemaltecos no inicien su vida laboral en Guatemala sino en México. Sin duda esto es un reflejo, por un lado, de la falta de empleos o de que éstos no son mejor remunerados en su país de origen y, por otro, de la continuidad en las relaciones socioculturales de la región que han propiciado la demanda y oferta de trabajo transfronterizo por generaciones.

Como parte del trayecto de los guatemaltecos a su lugar de trabajo en Chiapas, es preciso señalar que poco más de la mitad cruza por la localidad de El Carmen, el 35 por ciento por Tecún Umán (ambas localidades del departamento de San Marcos) y el 19 por ciento por La Mesilla (departamento de Huehuetenango). Sin embargo, es importante resaltar que la mayoría de los trabajadores que permanecieron hasta 24 horas cruzaron por El Carmen (75 por ciento), mientras que por La Mesilla el cruce fue casi nulo.

Mapa 2. Municipios de origen de los trabajadoras guatemaltecos transfronterizos y lugares de trabajo en México, 2007

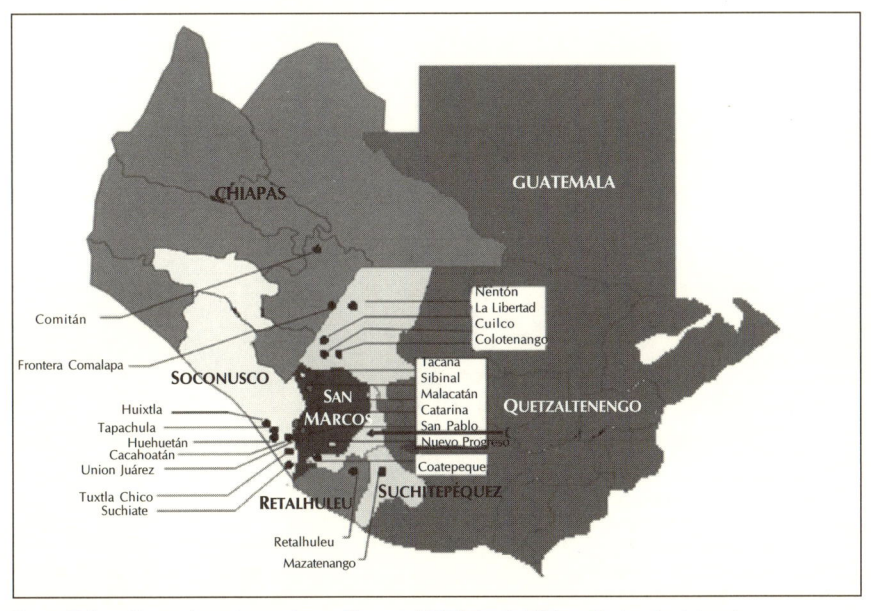

Fuente: Elaboración propia con base en la EMIF Guamex 2007, flujos de México a Guatemala vía terrestre.

Cuadro 2. Características del cruce a México y del trabajo de los trabajadores guatemaltecos transfronterizos en Chiapas, según tiempo que permanecieron laborando en México, 2007

	Tiempo que permaneció laborando en México		
	Total	Hasta 24 hrs.	Más de un día
Total desplazamientos migratorios laborales	336 582	144 281	191 874
	100.0	100.0	100.0
Características del cruce a México			
Ciudad guatemalteca de cruce a México			
El Carmen	54.3	75.1	38.7
Tecún Umán	24.9	24.1	25.4
La Mesilla	19.3	0.7	33.2
Otra	1.5	0.1	2.7
Tenencia de documento para cruzar a México			
Sin documento migratorio	18.5	22.1	15.5
Con documento migratorio	81.5	77.9	84.5
Pase local	69.6	71.7	68.2
Forma migratoria de visitante local	2.2	3.8	1.0
Forma migratoria de visitante agrícola	9.5	2.0	15.2
Otro	0.2	0.3	0.2
Características del trabajo desempeñado en México			
Lugar en el que laboró en México			
Chiapas	99.2	100.0	98.6
Finca, ejido o rancho	32.7	4.1	54.2
Ciudad o localidad	66.5	95.9	44.3
Tapachula	29.3	36.1	24.2
Cacahoatán	9.9	18.0	3.7
Ciudad Hidalgo	9.4	20.0	1.3
Tuxtla Chico	7.6	15.2	1.9
Huixtla	3.6	2.0	4.7
Otro municipio	6.8	4.6	8.5
Otra entidad federativa	0.3	0.0	0.6
No especificado	0.5	0.0	0.8
Tiempo que permaneció en México			
Hasta 24 horas	42.9	100.0	—
Más de un día	57.0	—	—
Más de una semana	11.1	—	19.5
Más de una semana hasta un mes	25.6	—	44.9
Más de un mes hasta un año	20.2	—	35.4
Más de un año	0.1	—	0.1
No especificado	0.1	—	—
Oficio o profesión desempeñada en México			
Profesionistas, técnicos y personal administrativo	0.7	1.1	0.4
Comerciantes	1.7	1.6	1.7
Vendedores ambulantes	19.6	39.4	4.8
Trabajadores en servicios diversos	5.1	8.7	2.4
Trabajadores en servicios domésticos	11.2	9.1	12.7
Trabajadores agropecuarios	36.8	8.9	57.8
Trabajadores industriales	3.8	4.5	3.3
Trabajadores en la construcción	18.5	23.5	14.5
No especificado	2.7	3.1	2.4

Cuadro 2. (continuación)

	Tiempo que permaneció laborando en México		
Total desplazamientos migratorios laborales	Total 336 582 100.0	Hasta 24 hrs. 144 281 100.0	Más de un día 191 874 100.0
Sector de actividad en el que trabajó en México			
Agropecuario	37.2	8.9	58.6
Manufactura	1.8	2.1	1.6
Construcción	18.6	23.5	14.8
Comercio	21.6	41.3	6.8
Servicios de transporte	2.5	5.5	0.3
Servicios domésticos	11.3	9.2	12.9
Servicios diversos	4.1	6.1	2.6
No especificado	2.8	3.4	2.4
Ingreso mensual por trabajo en México (en pesos mexicanos)			
Menos de 1 440	16.8	7.5	23.9
De 1 440 a 1 920	27.2	3.2	37.9
De 1 920 a 2 400	9.9	9.5	10.1
De 2 400 a 3 600	23.0	35.8	13.3
Más de 3 600	21.0	31.7	13.0
No especificado	2.1	2.4	1.8
Principal razón por la que regresó a Guatemala			
Vive en Guatemala	76.3	94.4	62.7
Visitar familiares o de paseo	14.8	0.4	25.7
Se acabó el trabajo	4.2	0.0	7.4
Otra razón	0.8	0.8	0.8
No especificado	3.9	4.5	3.4

Fuente: Elaboración propia con base en la EMIF GUAMEX 2007. Flujos de migrantes de México a Guatemala vía terrestre.

De aquellos que permanecieron más de un día, el cruce por El Carmen, Tecún Umán y La Mesilla fue casi en la misma proporción. Estos datos muestran que la mayor movilidad laboral diaria se da en la zona fronteriza El Carmen-Ciudad Hidalgo.

Una de las particularidades de la frontera entre México y Guatemala es que, en términos relativos, es de «libre tránsito». La mayoría de los trabajadores transfronterizos cruzan caminando por los puentes fronterizos existentes (Tecún Umán, El Carmen y La Mesilla, entre otros) usando las dos principales formas migratorias: el Pase Local y la Forma Migratoria de Visitante Local (FMVL) (72 por ciento) (véase el cuadro 2). Ambos documentos tienen la particularidad de permitir la entrada a México por un lapso de 72 horas y a pesar de tener la restricción territorial de sólo permitir la llegada hasta las ciudades de Tapachula y Comitán si entraron por La Mesilla, les permite la libre estancia en la zona fronteriza. Es oportuno recordar que estos documentos no permiten el desarrollo de ninguna actividad laboral, sólo el ingreso y la estancia con motivos de visita o de compras.

Una de las características que es importante destacar de este flujo de trabajadores diarios y no diarios es que casi la totalidad (91 por ciento) labora sin un documento que se los permita, aunque poco más del 80 por ciento entra de manera documentada. Como se señaló en el apartado anterior, el único documento emitido por las autoridades mexicanas que permite trabajar es la Forma Migratoria para Visitante Agrícola (FMVA). Por este hecho, se esperaría que todo aquel trabajador que desempeñe labores agrícolas debiera contar con este documento conforme a las leyes migratorias mexicanas, sin embargo no es así, ya que el 37 por ciento de los trabajadores guatemaltecos transfronterizos las desempeñaron y sólo el 9 por ciento contaba con la FMVA.

La facilidad para obtener alguno de estos documentos migratorios o la opción del cruce indocumentado –por medio de balsas construidas con cámaras de llanta y madera– hace innecesaria la contratación de ayuda para el cruce («polleros» o «coyotes»), todo lo contrario a lo que ocurre en la frontera norte de México en el cruce de indocumentados a Estados Unidos.

Heterogeneidad laboral de los trabajadores guatemaltecos en México
Una vez que los trabajadores guatemaltecos se encuentran en territorio mexicano, el 33 por ciento de los encuestados por la EMIF Guamex declaró haber trabajado en una finca, ejido o rancho, porque su actividad laboral tradicional en Chiapas es el trabajo agrícola, especialmente en la producción de café y frutas. En contraparte, el 67 por ciento señaló haber laborado en alguna ciudad o localidad chiapaneca. Igual que en los otros indicadores, aquí se pueden observar diferencias entre los grupos de población debidas al tiempo que permanecieron laborando en Chiapas: la mayoría de los trabajadores que permanecieron hasta 24 horas declaró trabajar en una ciudad o localidad (96 por ciento) (véase el cuadro 2), mientras que de aquellos que tuvieran estancias de más de un día el 54 por ciento declaró haber trabajado en una finca o ejido.

Los trabajadores agrícolas suelen permanecer en México mayor tiempo que el resto de los trabajadores debido a una necesidad propia del trabajo que desempeñan en fincas y ejidos. El periodo de mayor arribo de estos trabajadores es entre octubre y enero; y debido a que el pago es a destajo o por tarea, trabajan también mujeres y menores de edad. Independientemente del tiempo que hayan trabajado en Chiapas, Tapachula es la ciudad en la que trabajó la mayoría de los guatemaltecos transfronterizos (29 por ciento), aunque entre los que permanecieron hasta 24 horas la proporción se eleva al 36 por ciento. Otras ciudades chiapanecas donde laboran los guatemaltecos son Cacahoatán (10 por ciento), Ciudad Hidalgo (9 por ciento), Tuxtla Chico (8 por ciento) y Huixtla (4 por ciento); también hay presencia de ellos, aunque en menor proporción, en Frontera de Comalapa, Talismán, Comitán de Domínguez, Huehuetán, Mazatán, Cuauhtémoc, Unión Juárez y Tuxtla Gutiérrez, entre otros lugares (véase el mapa 2).

En cada ciudad los oficios o profesiones desempeñados por los guatemaltecos son diversos, como se aprecia en el cuadro 4; en las fincas, ejidos o ranchos laboran principalmente los trabajadores agrícolas, mientras que en las ciudades sólo una pequeña parte trabaja en este oficio, por ejemplo en los ranchos de Cacahoatán. Tapachula, Ciudad Hidalgo y Cacahoatán destacan como concentradoras de algunos oficios o profesiones. Por ejemplo, en Tapachula se encuentra el 26 por ciento de los profesionistas, técnicos y personal administrativo, así como el 62 por ciento de los comerciantes, el 49 de los vendedores ambulantes, el 49 de las trabajadoras domésticas, el 45 de los trabajadores industriales y el 45 de los obreros de la construcción.

Debido a la diversidad de oficios y profesiones desempeñados por los trabajadores guatemaltecos en México, se elaboró una tipología de ocho grupos y los oficios o profesiones mayormente reportados por ellos:

1. Profesionistas, técnicos y personal administrativo. Compuesto principalmente por técnicos en dibujo, profesores de primaria, cantantes y músicos, trabajadores en servicios administrativos y de contabilidad, recepcionistas y cajeros, y en servicios de correo y mensajería.
2. Comerciantes. Son aquellos que trabajan en establecimientos como empleados, demostradores y repartidores.
3. Vendedores ambulantes. Trabajadores que ofrecen sus servicios y vendedores ambulantes independientes.
4. Trabajadores en servicios diversos. Destacan los conductores y sus ayudantes en el transporte público, fonderos, cantineros y meseros, porteros y mozos de hotel, así como los que prestan servicios de protección y vigilancia.
5. Trabajadores en servicios domésticos. Es un grupo compuesto básicamente por mujeres que laboran como trabajadoras domésticas en viviendas particulares.
6. Trabajadores agropecuarios. Compuesto básicamente por trabajadores agrícolas, dejando un margen pequeño para aquellos que se dedican a la ganadería, silvicultura y acuacultura.
7. Trabajadores industriales. Son aquellos que elaboran alimentos y bebidas, los artesanos y trabajadores fabriles, trabajadores en la instalación y reparación de equipos electrónicos.

Cuadro 3. Algunas características sociodemográficas y laborales de los trabajadores guatemaltecos en Chiapas, según tiempo que laboraron y sexo, 2007

	Tiempo que permaneció laborando en México			
	Hasta 24 horas		Más de un día	
Total desplazamientos migratorios laborales	Hombres	Mujeres	Hombres	Mujeres
	89 051	55 230	155 827	36 047
	100.0	100.0	100.0	100.0
Características sociodemográficas				
Edad promedio	33	35	31	27
Relación de parentesco en el hogar				
Jefe del hogar	70.9	9.1	64.6	11.3
Esposo	0.0	66.4	0.1	23.1
Hijo	29.0	23.8	35.3	65.1
Otro	0.1	0.7	0.0	0.5
Estado civil				
Soltero	29.2	23.5	35.4	63.0
Casado	47.4	45.5	34.4	13.4
Unido	22.3	22.4	28.4	13.1
Separado o divorciado	0.7	3.6	1.0	8.5
Viudo	0.4	4.9	0.8	2.0
Características del trabajo desempeñado en México				
Ingreso mensual por trabajo en México				
(en pesos mexicanos)				
Menos de 1 440	5.2	11.1	20.8	37.5
De 1 440 a 1 920	12.7	13.9	38.0	37.2
De 1 920 a 2 400	7.8	12.3	10.2	9.6
De 2 400 a 3 600	35.3	36.5	14.7	7.3
Más de 3 600	36.5	24.1	14.7	5.8
No especificado	2.5	2.1	1.6	2.6
Lugar en el que laboró en México				
Chiapas	100.0	100.0	98.4	99.5
Finca, ejido o rancho	6.3	0.6	62.9	16.9
Ciudad o localidad	93.7	99.4	35.5	82.6
Tapachula	31.5	43.6	17.9	51.3
Cacahotán	15.3	22.4	3.7	3.8
Ciudad Hidalgo	28.1	6.9	1.2	1.8
Tuxtla Chico	13.0	18.7	1.7	3.0
Huixtla	1.0	3.7	4.3	6.4
Otro municipio	4.9	4.1	6.7	16.3
Otra entidad federativa	0.0	0.0	0.7	0.0
No especificado	0.0	0.0	0.9	0.5
Oficio o profesión desempeñado en México				
Profesionistas, técnicos y personal admvo.	1.6	0.3	0.4	0.0
Comerciantes	2.1	0.7	1.8	1.2
Vendedores ambulantes	19.9	71.0	4.1	7.8
Trabajadores en servicios diversos	13.1	1.6	2.4	2.4
Trabajadores en servicios domésticos	1.4	21.5	0.6	65.4
Trabajadores agropecuarios	14.3	0.3	67.6	15.2
Trabajadores industriales	6.4	1.4	3.3	3.5
Trabajadores en la construcción	38.1	0.1	17.7	0.9
No especificado	3.2	3.0	2.1	3.6

Fuente: Elaboración propia con base en la EMIF Guamex 2007. Flujo de migrantes de México a Guatemala vía terrestre.

Cuadro 4. Lugar de Chiapas donde trabajaron los guatemaltecos, según tipo de oficio o profesión desempeñado, 2007 (porcentajes)

	Profesionistas, técnicos y personal admvo	*Comerciantes*	*Vendedores ambulantes*	*Trabajadores en servicios*	*Trabajadores en servicios domésticos*	*Trabajadores agropecuarios*	*Trabajadores industriales*	*Trabajadores en la construcción*
Resto de la entidad	24.8	9.2	5.6	9.8	13.9	3.0	9.2	9.2
Huixtla	5.0	2.7	6.9	1.3	2.8	0.7	5.1	6.3
Tuxtla Chico	1.9	11.0	10.5	3.9	15.4	3.1	11.7	9.4
Ciudad Hidalgo	31.2	10.5	8.0	59.6	4.3	0.3	8.7	17.4
Cacahoatán	3.2	2.4	19.2	3.4	10.7	5.9	14.3	9.3
Tapachula	25.8	62.1	49.2	16.9	49.5	1.5	45.0	44.7
Finca/ejido/rancho	8.1	2.0	0.4	5.2	3.5	84.3	4.4	2.1

Fuente: Elaboración propia con base en la EMIF GUAMEX 2007. Flujos procedentes de México a Guatemala vía terrestre.

8. Trabajadores de la construcción. Compuesto por ayudantes y peones de la construcción, así como por los trabajadores en la instalación, acabados y mantenimiento en las construcciones.

En general, el primer aspecto a destacar es que el esquema tradicional de ocupaciones de los guatemaltecos en México ha cambiado. El trabajo agrícola en 2007 ya sólo representaba el 37 por ciento de los oficios desempeñados por los trabajadores transfronterizos y no el cien por ciento como en décadas anteriores. Los sectores en los que hoy día están insertos los guatemaltecos son el secundario y el terciario (20 y 40 por ciento, respectivamente). En el sector secundario destaca el trabajo en la construcción con 20 por ciento, mientras que en el terciario el comercio representa 21 por ciento y los servicios 18 (véase el cuadro 2). A pesar de que no se puede hablar de una terciarización clara en el mercado laboral chiapaneco para los guatemaltecos, lo interesante es resaltar el abandono del trabajo agrícola y la incursión gradual pero constante en el sector terciario.

Es así que los principales oficios o actividades desempeñadas por los guatemaltecos transfronterizos son: trabajadores agropecuarios (37 por ciento), vendedores ambulantes (19 por ciento), de la construcción (19 por ciento) y empleadas en el servicio doméstico (11 por ciento). Sin duda, el tiempo que permanecen en Chiapas está directamente relacionado con el oficio o la actividad que desempeñan. Por ejemplo, entre los trabajadores que no permanecen más de un día destacan los vendedores ambulantes (40 por ciento) y los trabajadores de la construcción (24 por ciento), mientras que entre los que permanecen más de un día destacan los agropecuarios (58 por ciento), los de la construcción (15 por ciento) y las empleadas domésticas (13 por ciento) (véase la gráfica 3).

Respecto a las diferencias por sexo en el desempeño de oficios y profesiones, se observa una clara segmentación de actividades; la mayoría de los varones se desempeñan como trabajadores agrícolas y de la construcción, mientras que las mujeres lo hacen como vendedoras ambulantes y empleadas domésticas. También conviene observar las diferencias que se presentan al momento de incorporar la variable tiempo que permanecieron en Chiapas; por ejemplo, entre los varones que permanecieron hasta 24 horas destacan los trabajadores de la construcción (38 por ciento), vendedores ambulantes (20 por ciento), agrícolas (14 por ciento) y en servicios diversos (13 por ciento). En contraste, la mayoría de los que permanecen más de un día se desempeñan como trabajadores agrícolas (68 por ciento) (véase cuadro 3).

Por lo que se refiere a las mujeres, entre las que permanecieron sólo horas en Chiapas, la mayoría se desempeñaron como vendedoras ambulantes (71 por ciento), mientras que el 65 por ciento de las que permanecieron más de un día se desempeñaron como trabajadoras domésticas. Esta diferencia se relaciona con el ciclo laboral-temporal de las empleadas domésticas, ya que suelen tener periodos laborales de una semana y descansar el día domingo o el fin de semana, días que aprovechan para regresar a Guatemala a visitar a sus familiares y llevar el ingreso recibido por su trabajo, especialmente en el caso de las hijas.

Es importante recordar que la mayoría de las guatemaltecas son esposas e hijas (90 por ciento) y casi la totalidad de las esposas (82 por ciento) permanecen en Chiapas un periodo menor de 24 horas desempeñándose como vendedoras ambulantes; por el contrario, la mayoría de las hijas que permanecen más de un día (65 por ciento) se desempeñan como trabajadoras domésticas.

Se observa que entre los trabajadores guatemaltecos impera un patrón de conducta socialmente conocido, en el que las esposas están al cuidado de los hijos y el hogar, pero además se desempeñan como trabajadoras domésticas percibiendo por ello un salario, es decir, reparten su tiempo entre las tres actividades; a la par, las hijas de hogar, al ser solteras y tener mayor flexibilidad de tiempo y espacio, suelen permanecer más tiempo fuera del hogar, como ocurre con los hijos varones.

Gráfica 3. Oficio o actividad desempeñada por los trabajadores guatemaltecos transfronterizos en Chiapas, de acuerdo con el tiempo que permanecieron laborando en México, 2007

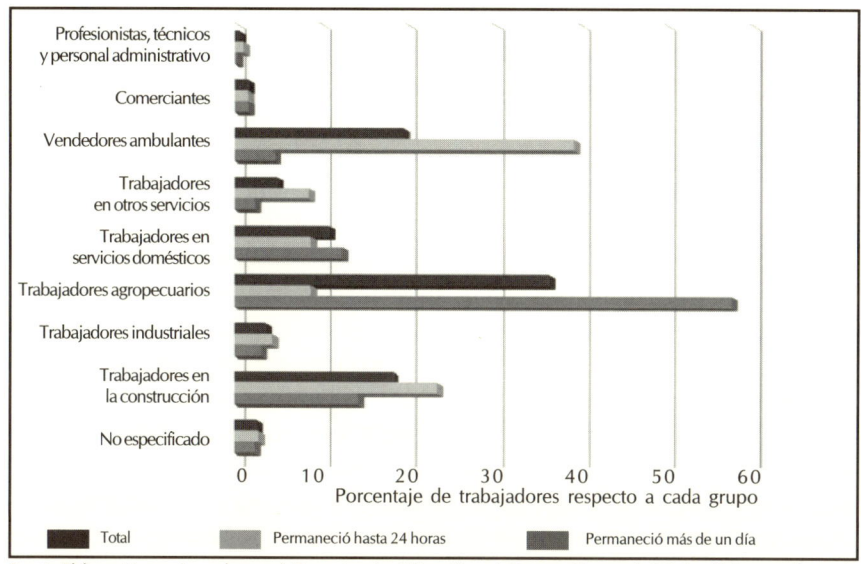

Fuente: Elaboración propia con base en la Encuesta sobre Migración en la Frontera Guatemala-México, Flujo procedentes de México a Guatemala, vía terrestre, 2007

También se puede señalar que los tiempos de estancia de los trabajadores guatemaltecos transfronterizos en Chiapas es de tres tipos básicamente: hasta 24 horas, desde una semana hasta un mes y desde un mes hasta un año, tiempo que sólo es válido en el caso de los trabajadores agrícolas. La cercanía entre los municipios guatemaltecos de origen y los municipios de trabajo en Chiapas permite que para diversos oficios los trabajadores puedan ir y venir el mismo día, aunque en algunos casos prefieren permanecer hasta un mes y generalmente ocupan una vivienda del empleador; por ejemplo, el dueño de la finca o la casa donde laboran las trabajadoras domésticas.

Como puede observarse, la mayoría de los empleos desempeñados por los trabajadores guatemaltecos transfronterizos son informales o precarios, pues casi la mitad son autoempleo y la mayor parte pertenecen al sector no asalariado. Ninguno de los encuestados firmó contrato de trabajo ni gozó de los beneficios laborales estipulados por la ley, como prestaciones o servicios de salud. Así, esta contratación informal, aunada a la carencia de documentos para desempeñarse como trabajadores en México, no les permite avanzar en su estabilidad contractual ni en el respeto a sus derechos laborales. Sin embargo, es importante comentar que la mayoría de ellos, a pesar de no ser asalariados, pueden ser considerados como tales porque son trabajadores «formales» en el sentido de los «asalariados ocultos» (argumento presentado en el primer apartado de este documento).

Por último, el ingreso promedio mensual de los trabajadores guatemaltecos en Chiapas es de 3 300 pesos mexicanos; sin embargo, hay montos de ingresos identificados como frecuentes: 1 200 (7 por ciento), 1 440 (9 por ciento), 2 400 (13 por ciento), 3 600 (7 por ciento) y 4 800 (6 por ciento). Para un mejor análisis, los ingresos reportados por los guatemaltecos se agruparon en quintiles y se observó lo siguiente: el 17 por ciento gana menos de 1 440; el 27 gana entre 1 440 y 1 920; el 23, entre 2 400 y 3 600, y el 21, gana más de 3 600 (véase el cuadro 2). En el subgrupo que permaneció laborando en Chiapas menos de un día, el ingreso promedio mensual es mayor que el de aquellos que permanecieron más de un día (4 900 y 2 095 pesos, respectivamente). Es decir, los ingresos de los trabajadores que permanecen hasta 24 horas se encuentran entre el cuarto y quinto quintiles de ingresos, mientras que aquellos que permanecen más tiempo, oscilan especialmente entre el primero y segundo quintiles. Estos datos están correlacionados con el tipo de oficio que desempeñaron los guatemaltecos, ya que entre los primeros se encuentran los trabajadores de la construcción y los que laboran en el comercio, mientras que en el segundo grupo están los trabajadores agrícolas y las empleadas domésticas.

De acuerdo con los datos reportados, los sectores económicos donde se perciben menores ingresos son la agricultura y los servicios (trabajo doméstico), y donde se reciben mayores ingresos son la construcción y el comercio. Estos datos parecerían coincidir con lo señalado por autores como Pacheco, quien señala que en algunos empleos del comercio los trabajadores suelen ganar más que los «asalariados» –entendido como los trabajadores más estables, en nuestro caso los trabajadores en servicios administrativos o empleados en negocios establecidos–; incluso en condiciones de precariedad laboral, falta de documentación y de prestaciones.

También se puede decir que los empleos que parecen ser más formales o «tipo asalariados» estarían dando mayor estabilidad laboral a los trabajadores guatemaltecos transfronterizos que aquellos en que la intermitente presencia día a día pudiera verse suspendida por cualquier razón, a pesar de generar los mayores ingresos. Es interesante traer a colación lo que algunos guatemaltecos señalan acerca de la preferencia por los trabajos agrícolas, donde comentan que en este tipo de empleos además del sueldo reciben alimentos para la familia: «...comemos carne una vez a la semana, y eso es bueno para los niños...»

Además del salario por el trabajo («tipo asalariado» o no), el 24 por ciento de los trabajadores declararon recibir algún otro beneficio, aunque éste se encuentre repartido mayormente entre aquellos que trabajaron más de un día (93 por ciento) y menos entre los que laboraron hasta 24 horas (7 por ciento). Los principales beneficios señalados por los trabajadores fueron: recibir alimentos (23 por ciento) y hospedaje (22 por ciento), beneficios que reciben sólo aquellos que se desempeñaron como trabajadores agrícolas o empleadas domésticas. Es interesante señalar que sólo el 5 por ciento de los trabajadores declaró recibir algún servicio de salud.

Al cabo del ir y venir de los trabajadores guatemaltecos a México, se ha ido estableciendo una relación laboral estable, donde Chiapas ofrece la posibilidad de obtener un «mejor empleo» y Guatemala provee la mano de obra necesaria, incluso desempeñando oficios en que los chiapanecos no participan, como es el trabajo doméstico. El 93 por ciento de los trabajadores guatemaltecos entrevistados señalaron que regresarán a México al mismo trabajo que desempeñaron en esta ocasión; sin embargo, ninguno manifestó interés por cambiar su residencia habitual de Guatemala. La población guatemalteca encuentra en tierras mexicanas una opción laboral, y en algunos casos es su única opción para obtener un empleo mejor remunerado, que logra contrarrestar la pobreza en sus hogares. Por ello la pertinencia de poner atención a sus necesidades no sólo laborales sino también socioculturales con pleno respeto a los derechos humanos; una manera importante de comenzar sería reconociéndolos como trabajadores formales.

Conclusiones y recomendaciones

La cuantificación y caracterización de la dinámica migratoria laboral de los guatemaltecos en la frontera sur de México seguirá siendo necesaria para conocer sus necesidades y problemas sociolaborales y establecer tendencias futuras y de impacto en el mercado laboral chiapaneco y nacional. La experiencia de cuatro años de aplicación de la EMIF Guamex ha mostrado que el aumento o disminución del flujo migratorio laboral ha estado influido tanto por eventos meteorológicos (como el huracán *Stan* en 2005) como por la mayor necesidad económica de los guatemaltecos, eventos correlacionados con el incremento de estos trabajadores en sectores como la construcción y el comercio (autoempleo como vendedores ambulantes). De manera similar, se ha observado que los oficios y profesiones, así como los lugares de origen y de trabajo de los trabajadores guatemaltecos han ido cambiando con el paso del tiempo.

La conclusión generalizada e inmediata es que el mercado laboral en el que se encuentran insertos estos trabajadores es diverso. Hoy día sólo el 37 por ciento de los trabajadores guatemaltecos desempeñan labores agrícolas, y se ha transitado hacia los oficios de vendedores ambulantes (20 por ciento), trabajadores de la construcción (19 por ciento) y trabajadoras domésticas (11 por ciento), con diferencias significativas según el tiempo que permanecen laborando en México.

En el trabajo desempeñado por las mujeres guatemaltecas es de resaltar la aparente feminización de la migración, entendida como la migración autónoma hacia oficios o profesiones en los que deseen desempeñarse; es decir, las mujeres abandonaron la categoría de «acompañantes» que tradicionalmente tenían respecto a sus padres o su cónyuge en el trabajo agrícola (de tipo familiar) para desempeñarse como vendedoras ambulantes o trabajadoras domésticas, empleos informales que les han permitido asumir al mismo tiempo el papel amas de casa y el de madres de familia.

La mayoría de los trabajadores guatemaltecos transfronterizos son no asalariados, trabajadores por cuenta propia no profesionales, trabajadoras del servicio doméstico y trabajadores familiares no remunerados, por lo que estamos hablando de diferentes formas del subempleo y de empleos precarios, cuyo fin último es la generación de ingresos y no el ahorro o la maximización de ganancias. Parece prudente rescatar el papel de los «asalariados ocultos», fenómeno que ocurre entre los comerciantes guatemaltecos transfronterizos que laboran en establecimientos fijos, sin que los protejan las leyes laborales.

Uno de los elementos que contribuyen a la vulnerabilidad de los trabajadores guatemaltecos transfronterizos en México es que en la mayoría de estos empleos, la jornada laboral depende del propio trabajador, lo que significa una mayor vulnerabilidad ante la transición de empleado a desempleado, o entre tener más o menos ingresos, haciendo más inestable el ingreso monetario de estas familias.

Como parte de la mejora ante sus condiciones de vulnerabilidad en términos laborales, es imprescindible iniciar un proceso de documentación migratoria de todos los trabajadores guatemaltecos, lo que significa un reconocimiento tácito de su trabajo y, por lo tanto, el respeto de sus derechos humanos y laborales. Para ello, la participación de las autoridades migratorias y laborales mexicanas es esencial en la creación de nuevas formas migratorias que reconozcan el trabajo de los guatemaltecos no sólo en las actividades agrícolas –con la FMVA–, sino también en sectores no agrícolas como la construcción y los servicios, donde actualmente se encuentra el 60 por ciento de los trabajadores de este origen.

Para concluir, es importante insistir en que el fenómeno de la migración y las relaciones transfronterizas entre Guatemala y México seguirá intensificándose y haciéndose más complejo. Para ello hay que conocer y eventualmente superar la actual condición de vulnerabilidad de los trabajadores guatemaltecos transfronterizos en Chiapas. No basta dar cuenta de los recursos con que se cuenta a nivel individual, tales como la experiencia laboral, el nivel educativo, la composición y los atributos del hogar o la participación en redes sociolaborales; también es necesario referirse a la estructura de oportunidades que ofrecen los mercados laborales de destino –tema que se queda aún en el tintero–, así como los múltiples factores sociales, económicos y culturales que han perpetuado la dinámica socioeconómica en esta zona fronteriza y que ha creado una interdependencia benéfica para el desarrollo socioeconómico de la zona Chiapas-sureste guatemalteco.

Bibliografía

Arias, P. (1988). «La pequeña empresa en el occidente rural», *Estudios Sociológicos*, vol. VI, núm. 17.
Beneria, L. y M. Roldan (1987). *The Crossroads of Class and Gender (Industrial Homework, Subcontracting and Household Dynamics in Mexico City)*, Chicago, The University of Chicago Press.
Comisión Económica para América Latina y el Caribe (CEPAL) (2007). *Panorama social de América Latina 2007*.
El Colegio de la Frontera Norte (Colef), Instituto Nacional de Migración (INM), Consejo Nacional de Población (Conapo), Secretaría del Trabajo y Previsión Social (STPS) y Secretaría de Relaciones Exteriores (SRE) (2006). *Encuesta sobre Migración en la Frontera Norte de México 2004*, México, Colef/INM/Conapo/STPS/SRE.
— (2007). *Encuesta sobre Migración en la Frontera Guatemala-México 2005*, México, Colef/INM/Conapo/STPS/SRE.
— (2007). *Encuesta sobre Migración en la Frontera Norte de México 2005*, México, Colef/INM/Conapo/STPS/SRE.
Corona, R. y M.Á. Reyes (2007). «Identificación, caracterización y cuantificación de los flujos laborales guatemaltecos en la frontera sur de Méxi-

co», en R. Corona y M.E. Anguiano (coords.), *Flujos migratorios en la frontera Guatemala-México,* Colef/INM.

Cruz, H.Á. y M.L. Rojas (2000). «Migración femenina internacional en la frontera sur de México», *Papeles de Población,* Universidad Autónoma del Estado de México, núm. 23, enero-marzo.

Dardón, J.J. (coord.) (2002). *La frontera de Guatemala con México: aporte para su caracterización,* Guatemala, Facultad Latinoamericana de Ciencias Sociales.

Dickens, P. (2003). *Globalization Shift, Reshaping the Global Economy Map in the 21st Century,* Londres, The Guilford Press.

Doucet, A. (1986). «Estrategias de sobrevivencia en la región andina», *El CIID Informa,* octubre.

Fondo de Población de las Naciones Unidas, *Estado de la Población Mundial 2007. Liberar el potencial del crecimiento urbano,* en www.unfpa.org/swp/2007/spanish/notes/indicators.html.

García, B. (1988). *Desarrollo económico y absorción de la fuerza de trabajo en México, 1950-1980,* México, El Colegio de México.

— (1989). «La importancia del trabajo no asalariado en la economía urbana», *Estudios Demográficos y Urbanos,* El Colegio de México, vol. 4, núm. 3 (12), septiembre-diciembre, pp. 439-463.

— (2005). Reseña de «Ciudad de México, heterogénea y desigual: un estudio sobre el mercado de trabajo», *Estudios Demográficos y Urbanos,* El Colegio de México, núm. 58, enero-abril, pp. 175-179.

— (2006). «La situación laboral precaria: marcos conceptuales y ejes analíticos pertinentes», *Trabajo,* Organización Internacional del Trabajo, año 2, núm. 3, julio-diciembre, tercera época, pp. 23-51.

— y O. de Oliveira (1994). *Trabajo y vida familiar en México,* México, El Colegio de México.

— — (2003), «El ejercicio de la paternidad en el México metropolitano», en M. Mariza y O. de Oliveira (coords.), *Imágenes de la familia en el cambio de siglo. Universo familiar y procesos demográficos,* México, Instituto de Investigaciones Sociales de la Universidad Nacional Autónoma de México.

— — (2006). «Trabajo e ingresos de los miembros de las familias en el México metropolitano», en E. de la Garza y C. Salas (coords.), *La situación del trabajo en México, 2003,* México, Universidad Autónoma Metropolitana, Instituto de Estudios del Trabajo, Centro Americano para la Solidaridad Sindical Internacional, AFL-CIO, Plaza y Valdés.

Klein, E. y V. Tokman (1988). «Sector informal: una forma de utilizar el trabajo como consecuencia de la manera de producir y no viceversa. A propósito del artículo de Portes y Benson», *Estudios Sociológicos*, El Colegio de México, vol. VI, núm. 16.

Marshall, A. (1987). *Non-Standard Employment Practices in Latin America*, Suiza, International Institute for Labour Studies.

Morales, A. (2003). «Situación de los trabajadores migrantes en América Central», *Estudios sobre Migraciones Internacionales*, Programa de Migraciones Internacionales, Oficina Internacional del Trabajo, núm. 53.

— y C. Castro (2006). Migración, empleo y pobreza, Costa Rica, FLACSO.

Nájera, J. (2008). «Trabajo extradoméstico de las migrantes guatemaltecas en Chiapas», en R. Corona y M.E. Anguiano (coords.), *Flujos migratorios en la frontera Guatemala-México,* México, Colef/INM.

Oliveira, O. y B. Roberts (1993). «La informalidad urbana en años de expansión, crisis y reestructuración económica», *Estudios Sociológicos*, El Colegio de México, vol. XI, núm. 31.

— y B. García (1998). «Crisis, reestructuración económica y transformación de los mercados de trabajo en México», *Papeles de Población*, Universidad Autónoma del Estado de México, núm. 15, enero-marzo, pp. 39-72.

Organización de las Naciones Unidas (1990). «Convención internacional sobre la protección de los derechos de todos los trabajadores migratorios y de sus familiares», http://www.unhchr.ch/spanish/html/menu3/b/m_mwctoc_sp.htm.

Organización Internacional para las Migraciones (2003). *Encuesta Nacional sobre Emigración Internacional de Guatemaltecos: Resultados definitivos*, Guatemala, OIM.

Pacheco, M.E. (1995). *Heterogeneidad laboral en la Ciudad de México a fines de los ochenta*, tesis doctoral, Centro de Estudios Demográficos y de Desarrollo Urbano, El Colegio de México.

— (2004). *Ciudad de México, heterogénea y desigual. Un estudio sobre el mercado de trabajo*, México, El Colegio de México.

Palma, S.I. (2003). *Caracterización de los movimientos de la población en la frontera Guatemala-México*, Guatemala, FLACSO.

Pérez, J.P. y M. Mora (2004). «De la oportunidad del empleo formal al riesgo de exclusión laboral. Desigualdades estructurales y dinámicas en los mercados latinoamericanos de trabajo», *Alteridades*, año 14, núm. 28, julio-diciembre, pp. 37-49.

Portes, A. y L. Benton (1984). (1984). "Industrial Development and Labor Absorption: A Reinterpretation", *Population and Development Review*, núm. 10, pp. 589-611.

Programa Regional del Empleo para América Latina y el Caribe (1983). *Empleo y salarios*, Santiago de Chile, Organización Internacional del Trabajo.

Rendón, T. y C. Salas (1990). «Sobre el llamado sector informal. Propuesta de redefinición y formas de medición de sus componentes», México, Facultad de Economía de la Universidad Autónoma de México (mimeografiado).

Roberts, B. (1993). «Enterprise and Labor Markets, the Border and the Metropolitan Areas», *Frontera Norte*, vol. 5, núm. 9, pp. 33-65.

Tokman, V. (1991). «Políticas de empleo para la adaptación productiva en América Latina», *Estudios del Trabajo*.

— (comp.) (1995). «Introducción: dos décadas de sector informal en América Latina», en V. Tokman, *El sector informal en América Latina. Dos décadas de análisis*, México, Consejo Nacional para la Cultura y las Artes, colección Claves de América Latina.

— (2004). *Una voz en el camino. Empleo y equidad en América Latina: 40 años de búsqueda*, México, Fondo de Cultura Económica.

III
TRANSFERENCIAS INTERNACIONALES DE REMESAS, EXPERIENCIAS Y CAPITAL SOCIAL

MIGRACIÓN, REMESAS Y DESARROLLO LOCAL. EL PAPEL DE LAS REMESAS EN LA FORMACIÓN DE NEGOCIOS EN ZAPOTLANEJO, JALISCO

Alejandro I. Canales y Bianca Carrizales[1]

INTRODUCCIÓN

En años recientes las remesas han alcanzado volúmenes que las sitúan como la segunda fuente de divisas para el país, sólo por debajo de las ganancias derivadas del petróleo; en el 2006, por ejemplo, rondaron los 24 000 millones de dólares, cifra que es más del doble que la registrada en 2001. Este volumen, así como su ritmo de crecimiento, colocan a México como el principal país perceptor de remesas, superando a países como la India, China, Francia y Filipinas. En este contexto, no resulta extraño que en diversos foros se discuta sobre el papel que podría tener este volumen de remesas en la promoción del desarrollo y el bienestar de la población que las percibe, contribuyendo a la reducción de la pobreza y las desigualdades sociales.

En efecto, desde la segunda mitad de la década de los noventa, diversos organismos internacionales de ayuda al desarrollo han puesto una creciente atención en los flujos de remesas, con énfasis en posibles impactos en el desarrollo de los países de origen de la emigración. Un buen ejemplo de estas expectativas lo constituye el plan de acción suscrito por el G8 en la cumbre de Sea Island en 2004: *Applying the Power of Entrepreneurship to the Eradication of Poverty*, en el cual se dedica un apartado específico a las remesas recalcando su efecto no sólo en el bienestar de las familias, sino fundamentalmente en el impulso al desarrollo económico de las comunidades de origen de la migración a través de la formación e impulso de micro,

---

[1] Alejandro I. Canales es profesor-investigador del Departamento de Estudios Regionales-Ineser, Centro Universitario de Ciencias Económico Administrativas-Universidad de Guadalajara. Bianca Carrizales es egresada de la licenciatura en Negocios Internacionales, Centro Universitario de Ciencias Económico Administrativas-Universidad de Guadalajara.

pequeña y mediana empresas que crearían los migrantes y financiadas por las remesas y los ahorros que ellos traerían a su regreso.

En este marco, y ante el gran volumen que han adquirido las remesas, se plantea que ellas, junto con otros capitales sociales (redes sociales y familiares, trabajo familiar y comunitario, organizaciones de migrantes, entre otros), son recursos con los que cuentan los migrantes y que, bien empleados, les permitirían superar sus condiciones de vulnerabilidad social y precariedad económica, aun cuando las condiciones del entorno estructural en el que viven no les sean nada favorables (Moser, 1998; Terry, 2006). De esta manera, entre las líneas estratégicas para el desarrollo, tanto de gobiernos nacionales como de organismos internacionales, figura en lugar destacado la necesidad de orientar las remesas hacia la creación de pequeñas y medianas empresas, así como hacia otro tipo de gastos que fomenten la formación de capital productivo y humano (Ratha, 2003).

Estas propuestas se sustentan en diversos estudios en los que se han documentado distintos ejemplos en los que las remesas han contribuido al financiamiento de inversiones productivas (especialmente en ámbitos rurales), promoviendo así el desarrollo local a través de industrias dinámicas e insertas en circuitos económicos regionales.[2] En el caso de México, esta tesis forma parte ya de los programas oficiales del gobierno, en los que el autoempleo y la formación de negocios familiares («changarros») financiados con remesas se ofrecen como alternativas al desempleo y la pobreza. Tal es el caso del Programa 3 x 1, en el que por cada dólar que aporta el migrante para un proyecto productivo, el gobierno, a través de diversas instancias locales, estatales y federales, aporta otros tres dólares. Este tipo de programas se han consolidado en la última década, especialmente en las regiones de mayor tradición migratoria en México, así como en Centroamérica y el Caribe (Torres, 2001; Cepal, 2000; Moctezuma, 2000).

No obstante el impulso que han alcanzado estos programas, diversos estudios ilustran que en el caso de México y otros países latinoamericanos las remesas continúan siendo fundamentalmente un flujo destinado al consumo familiar, esto es, que las llamadas «remesas productivas» siguen sien-

---

[2] Al respecto véanse los trabajos de Durand (1994), sobre la fabricación de calzado en San Francisco del Rincón, Guanajuato; Jones (1995), sobre la producción de melocotón en Jerez, Zacatecas, así como la aplicación de modelos econométricos que Durand, Parrado y Massey (1996) han usado para estimar el nivel de inversión de las remesas en ámbitos locales. En otros contextos geográficos, Russell (1992) presenta ejemplos similares para el caso de la agricultura intensiva en comunidades de alta emigración del Sahel, Turquía y Zambia.

do escasas, no sólo en relación con el volumen global de remesas, sino también con el volumen global de la inversión productiva privada y social incluso en ámbitos locales (CEPAL, 2006; Canales, 2006).

Asimismo, en esos mismos estudios se señala que los impactos de las remesas productivas se ven limitados por las condiciones de pobreza y marginación que caracterizan a las comunidades de origen, que dan cuenta de un ambiente macroeconómico local muy desfavorable a cualquier tipo de inversión productiva. En este sentido, las llamadas «remesas productivas» más bien parecen corresponder a estrategias de sobrevivencia familiar caracterizadas por los bajos montos de inversión y capitalización, los bajos niveles de generación de empleos asalariados, así como la carencia de capital social y económico necesario para acceder a los circuitos de crédito e inversión privada (Canales y Montiel, 2004).

Considerando lo anterior, en este trabajo nos interesa contribuir a este debate aportando información empírica y estimaciones estadísticas que permitan ponderar el impacto de las remesas, familiares y productivas, en la dinámica económica local en una comunidad con un alto grado de intensidad migratoria, pero también con un alto dinamismo económico. Esto último es relevante, pues nos interesa medir el papel e impacto de las remesas en un contexto macroeconómico favorable a la inversión productiva. Bien sabemos que el impacto económico de cualquier actividad se ve seriamente menguado si el ambiente macroeconómico local y regional es desfavorable. En este sentido, hemos optado por analizar el papel de las remesas en la dinámica económica y productiva del municipio de Zapotlanejo, localidad que en los últimos lustros ha recibido un fuerte impulso económico, sustentado en la inversión en centros de producción y distribución de la industria textil (Cota, 2004).

Para ello hemos levantado una encuesta en establecimientos económicos ubicados en la ciudad de Zapotlanejo, incluyendo en la muestra tanto establecimientos formados con remesas como sin el apoyo de ellas. A diferencia de estudios de caso realizados en otras comunidades del occidente de México, nuestra metodología está diseñada expresamente para medir el impacto y la contribución de las remesas productivas en la dinámica económica local, así como para estimar y determinar si existen diferencias significativas en perfil, estructura, tamaño y dinámica de los establecimientos formados con remesas respecto al resto de establecimientos económicos de la localidad.

En este sentido, queremos mostrar la validez y el alcance de al menos dos grandes hipótesis en relación con el papel de las remesas productivas en la dinámica económica en ámbitos locales y regionales.

1. La contribución de las remesas productivas a la dinámica económica local es relativamente marginal. Por un lado, representan una muy pequeña fracción del volumen global de las remesas que llegan a la localidad. Por otro lado, aunque el número de establecimientos financiados en parte o completamente con remesas pudiera ser importante, las remesas productivas no representan un gran volumen en relación con otras fuentes de financiamiento de la inversión local y regional.
2. Los negocios y proyectos productivos financiados en parte o completamente con remesas no son muy diferentes de los demás. En concreto, no habría razón lógica para pensar que en relación con otras fuentes de inversión, las remesas productivas pudieran tener un impacto diferente en términos de la generación de empleo, volúmenes de ventas y montos de inversión inicial, entre otros aspectos.

De comprobarse ambas hipótesis, el corolario es simple pero contundente. Las remesas productivas no tendrían un impacto significativo en la dinámica económica local o regional, y el escaso impacto que tienen no se diferencia del que tienen otras fuentes de inversión productiva. En otras palabras, las remesas productivas no tienen un aporte significativo, específico o único al desarrollo local. Por lo mismo, no habría razones lógicas ni empíricas para suponer que, a diferencia de otras fuentes de inversión local, las remesas productivas pudieran tener un papel insustituible e imprescindible para el desarrollo local.

IMPACTO ECONÓMICO DE LAS REMESAS EN ZAPOTLANEJO

Con base en los resultados de la Encuesta a Establecimientos Económicos,[3] y cálculos propios a partir de la muestra del 10 por ciento del XII Censo de Población y Vivienda 2000, hemos estimado que las remesas en Zapotlanejo representaron en 2002 un flujo anual de 60.7 millones de pesos. De éstos, el 95.3 por ciento constituyeron un ingreso de los hogares (remesas familia-

---

[3] La encuesta a establecimientos económicos fue aplicada en agosto de 2002 a una muestra de 419 establecimientos seleccionados con base en un muestreo aleatorio simple, a partir de un padrón levantado en marzo del mismo año. El cuestionario permite obtener información sobre el monto y origen de la inversión inicial, captación de remesas, costos de operación, ingresos por ventas, personal ocupado, situación migratoria del dueño y su familia, entre otros aspectos.

res), y sólo el 4.7 **por ciento** fueron destinados a financiar proyectos productivos, ya fuera a través de la formación de nuevos negocios en el municipio o de reinversión en establecimientos ya existentes.

Esto ilustra lo que ya se ha señalado en diversos textos, que las remesas se destinan fundamentalmente al financiamiento del consumo familiar, siendo marginal la cantidad que se destina a la inversión productiva. Lo relevante en este caso es que se trata de un municipio con un importante dinamismo económico, que en los últimos años ha sido capaz de atraer importantes proyectos de inversión privada, especialmente en el sector textil. De esta forma, tal parece que aun en contextos de alto dinamismo económico, la capacidad de orientar las remesas a proyectos productivos es más bien limitada y marginal.

No obstante, esto no significa que las remesas no contribuyan de manera significativa a la inversión productiva. Para ello es necesario estimar cuánto representan esos 2.85 millones de pesos anuales en la inversión agregada del municipio. Al respecto, como se observa en el esquema 1, las remesas contribuyen anualmente con el 10 por ciento del ingreso familiar y el 8 por ciento de la inversión productiva. Esto es, las remesas permiten financiar uno de cada 10 pesos del balance consumo-ingreso de los hogares, a la vez que suponen uno de cada 12.5 pesos del balance ahorro-inversión. En otras palabras, aun cuando lo que se destina a inversión productiva es una muy pequeña fracción del total de las remesas, ésta representa una inyección de recursos de considerable magnitud *con relación a* otras fuentes de financiamiento de la inversión productiva en el municipio.

Ahora bien, aunque las remesas constituyan un importante flujo de recursos para sostener la economía local, ello no implica que sean necesariamente un motor de desarrollo económico. En particular, en el caso del balance ahorro-inversión, el análisis debe ser más detallado, en términos de que si bien el dato agregado muestra la importancia relativa de las remesas en el financiamiento de la inversión local, no da cuenta de las características y

Cuadro 1. Distribución de las remesas según destino final.
Zapotlanejo, 2002

	Valor (miles de pesos)	Distribución porcentual
Total remesas	60 720	100
Remesas familiares (hogares)	57 869	95.3
Remesas productivas (negocios	2 850	4.7

Fuente: Elaboración propia con base en el *XII Censo General de Población y Vivienda 2000* y Encuesta de Negocios y Remesas 2002.

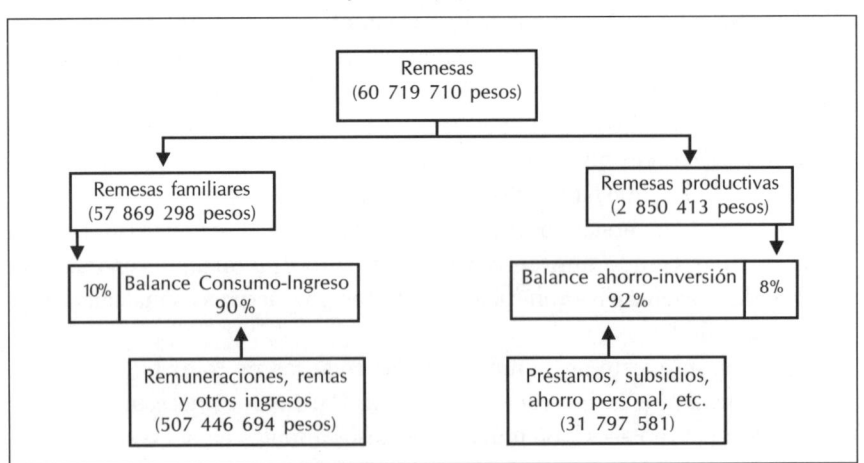

Esquema 1. Aporte de las remesas a la economía local.
Zapotlanejo, 2001.

```
                        Remesas
                  (60 719 710 pesos)
                   ┌──────┴──────┐
        Remesas familiares      Remesas productivas
        (57 869 298 pesos)      (2 850 413 pesos)
               │                        │
    10% │ Balance Consumo-Ingreso   Balance ahorro-inversión │ 8%
        │          90%                      92%              │
               │                        │
       Remuneraciones, rentas    Préstamos, subsidios,
         y otros ingresos         ahorro personal, etc.
        (507 446 694 pesos)          (31 797 581)
```

Fuente: Elaboración propia a partir de la Encuesta de Migración y Remesas (2001) y el XII Censo General de Población y Vivienda 2000.

especificidades de las inversiones financiadas con las remesas. En otras palabras, es necesario conocer el tipo de inversión que es financiada directamente con las remesas para poder determinar su verdadero impacto y sus efectos multiplicadores en el resto de la economía local. Considerando lo anterior, a continuación nos centramos en el análisis del papel de las remesas en la formación de negocios y financiación de la inversión productiva local.

Zapotlanejo se ubica en una región con una centenaria tradición migratoria a Estados Unidos. Por lo mismo, no es de extrañar que desde hace mucho tiempo se formaran los primeros negocios financiados con los ahorros traídos por los migrantes. Actualmente, el proceso social de la migración es un fenómeno que atraviesa horizontalmente no sólo la sociedad sino también la economía de Zapotlanejo. En este contexto no resulta extraño que el 16.5 por ciento de los establecimientos haya recurrido a las remesas como fuente de financiamiento de la inversión inicial o para financiar en algún momento procesos de reinversión de capital.

Sin embargo, este alto porcentaje de establecimientos financiados o apoyados económicamente con las remesas no implica necesariamente que éstas constituyan una alternativa real para el financiamiento del desarrollo local. Por el contrario, esta elevada proporción de establecimientos ligados a las remesas más bien ilustra la carencia de fuentes tradicionales e institucionales de inversión productiva, tales como los préstamos y créditos finan-

Gráfica 1. Establecimientos económicos según origen del capital.
Zapotlanejo, 2002

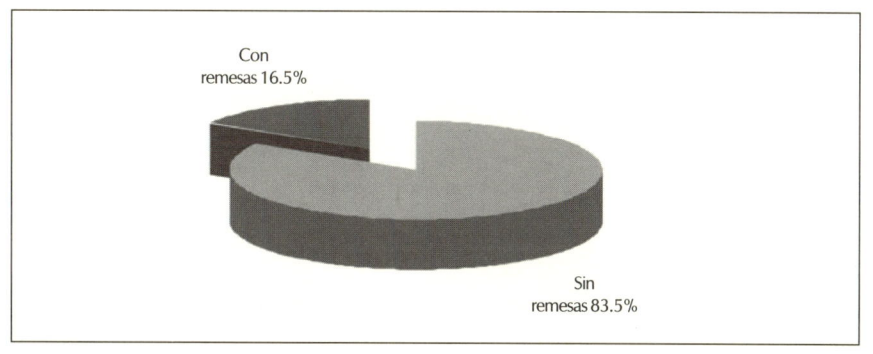

Con remesas 16.5%

Sin remesas 83.5%

Fuente: Encuesta de Negocios y Remesas 2002.

cieros, subsidios estatales, apoyos internacionales, así como la ausencia de una política real de fomento de la pequeña y mediana empresa en ámbitos locales (Canales y Montiel, 2004).

Asimismo, no debemos pasar por alto que muchos de estos establecimientos financiados con las remesas son en unos casos pequeños y fueron creados más como estrategia de sobrevivencia familiar que como estrategia de desarrollo económico, y en otros casos como estrategia de reinserción económica de los migrantes en contextos de ausencia de oportunidades de empleo estables y salarios dignos, situación que en muchos casos es el origen de la migración (Papail y Arroyo, 2004).

A continuación presentamos algunos datos empíricos que nos permiten sustentar estas hipótesis respecto al limitado impacto económico de las remesas como fuente de financiamiento de la inversión productiva local.

Como se ilustra en el cuadro 2, sólo el 12 por ciento de la inversión inicial necesaria para la formación de todos los establecimientos económicos de Zapotlanejo fue financiado con base en las remesas monetarias enviadas o traídas por los migrantes.[4] Si bien a primera vista parece representar una cifra importante, en realidad sólo refleja la ausencia de otras fuentes de inversión. En efecto, a este porcentaje hay que agregar que el 62.6 por ciento de la inversión inicial fue financiado con fondos de los propios dueños de

---

[4] Esta cifra no coincide con la señalada en el esquema 1, pues en éste el dato se refiere a la inversión inicial más las reinversiones de capital para un periodo reciente (2000-2002), mientras que en esta ocasión el 11.9 por ciento se refiere al aporte de las remesas respecto a la inversión inicial acumulada, sin considerar el periodo de dicha inversión ni las reinversiones de capital.

Cuadro 2. Composición de la inversión inicial según tipo
de establecimiento. Zapotlanejo, 2002 (porcentajes)

Fuentes de inversión	Total	Sin remesas	Con remesas
Total	100	100	100
Ahorro personal	62.6	70.5	30.1
Remesas	11.9	0.0	60.7
Préstamo familiar	16.1	19.4	2.4
Préstamo institucional	2.4	1.5	6.0
Préstamo informal	0.2	0.2	0.0
Subsidio, Préstamo público	0.0	0.0	0.0
Herencias, donaciones	6.9	8.4	0.7

Fuente: Elaboración propia con base en la Encuesta de Negocios y Remesas, 2002.

los establecimientos, a la vez que otro 16 por ciento provenía de préstamos de familiares.

Sólo el 2.4 por ciento de la inversión inicial provino de préstamos de instituciones privadas (bancos, cajas de ahorro), mientras que sólo el 0.2 por ciento provino de préstamos informales (agiotistas, tandas y otras formas de ahorro y préstamo informal). Asimismo, destaca el nulo apoyo brindado por instituciones públicas (ya sean municipales, estatales o federales) así como de organismos privados sin fines de lucro (ONG, principalmente).

En otras palabras, de no ser por la capacidad de ahorro y sentido empresarial de los propios dueños, simplemente no habría inversión productiva en esta y otras comunidades. En efecto, si consideramos a las remesas como una forma de ahorro privado, tenemos que más del 90 por ciento de la inversión inicial es financiado con recursos de los propios empresarios. Asimismo, otro 7 por ciento de la inversión inicial corresponde a donaciones, herencias y similares mecanismos de traspaso de la riqueza y capital económico al interior de un grupo familiar.

En el caso de los negocios formados con las remesas, la ausencia de fuentes tradicionales de inversión refleja una situación aún más dramática. Prácticamente el 61 por ciento de la inversión inicial en estos establecimientos es financiado por las remesas, a la vez que otro 32.5 por ciento es financiado con otras formas de ahorro personal o préstamos familiares. En otras palabras, el 93 por ciento del dinero invertido en estos negocios es producto del ahorro privado, ya sea interno o externo. Este dato es elocuente, y ahorra cualquier comentario. Los migrantes no sólo no logran acceder a ninguna forma de préstamos privados, subsidios estatales ni apoyos de instituciones privadas o estatales, sino que en realidad ellos no son sujetos de apoyo crediticio ni por parte del estado ni por parte de las instituciones de financieras del sector privado.

En este sentido, los datos que ofrecemos nos permiten ilustrar la total ausencia de políticas de crédito, financiamiento y apoyo a los pequeños y medianos empresarios. Asimismo, reflejan el nulo apoyo que reciben los migrantes para su reinserción como agentes económicos activos e independientes. Su virtual éxito como empresarios depende exclusivamente de sus propios recursos. Por lo mismo, no es extraño que en estas condiciones apelen a los medios y recursos de que disponen: la migración y las remesas.

Por otro lado, en el caso de los establecimientos formados sin remesas, la situación no es muy diferente. En este caso, el 70.5 por ciento de la inversión inicial es financiado con ahorros propios, a la vez que otro 27.8 por ciento es obtenido a través de préstamos de familiares (19.4 por ciento) o donaciones y herencias (8.4 por ciento). Esta estructura de financiamiento de la inversión inicial en los establecimientos no vinculados con las remesas permite ilustrar dos fenómenos que nos interesa destacar. Por un lado, indica que la ausencia de apoyos institucionales, ya sean privados o públicos, es una característica estructural de la dinámica económica en este tipo de localidades. Por otro lado, refleja las limitaciones y obstáculos que enfrenta la inversión de pequeños y medianos empresarios privados en espacios locales y relativamente alejados de los grandes circuitos de inversión y capitalización, aun cuando se trate de localidades con un relativo impulso económico, como lo es el caso de Zapotlanejo.

Ahora bien, distintos indicadores nos permiten corroborar lo anterior. En nuestro caso nos centraremos en sólo tres de ellos: *a)* el monto de inversión inicial, *b)* el monto de las ventas mensualizadas y *c)* el total y composición del personal ocupado.

Características de los establecimientos económicos

Capital inicial

En Zapotlanejo, como en todo México, la estructura económica de los establecimientos económicos está altamente polarizada. Por un lado, existe una gran cantidad de pequeños y medianos negocios formados con bajos montos de inversión inicial, a la vez que, por otro lado, son muy pocos los establecimientos grandes y muy grandes, los que no obstante concentran la mayor parte de la inversión local. Estos últimos pertenecen a una pequeña elite

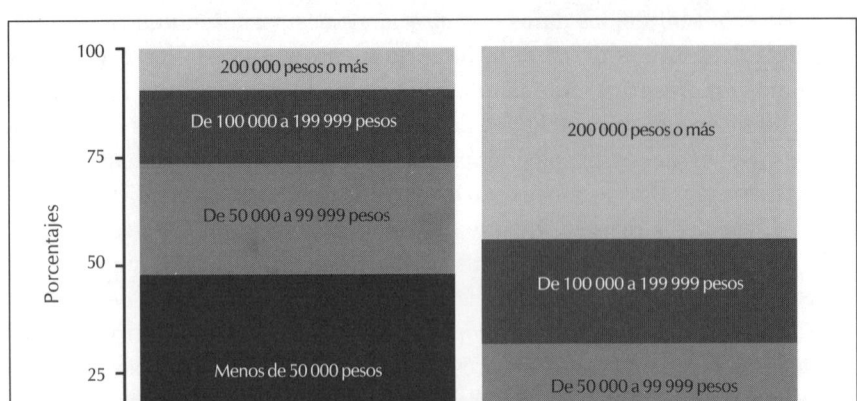

Gráfica 2. Establecimientos económicos e inversión inicial según tamaño del establecimiento. Zapotlanejo, 2002

[Gráfica de barras apiladas mostrando porcentajes de Establecimientos económicos e Inversión inicial, con categorías: Menos de 50 000 pesos; De 50 000 a 99 999 pesos; De 100 000 a 199 999 pesos; 200 000 pesos o más.]

Fuente: Cálculos propios con base en la Encuesta de Negocios y Remesas 2002.

que controla gran parte de la actividad económica de la localidad, y en la que están ausentes los migrantes en tanto actores económicos.

En efecto, el 46 por ciento de los establecimientos fue formado con una inversión inicial inferior a los 50 000 pesos (5 000 dólares), los que en cambio aportaron tan sólo el 10 por ciento del total de la inversión inicial.[5] Asimismo, el 26 por ciento de los establecimientos se ubican en un rango medio, requirieron entre 50 000 y 100 000 pesos para su instalación. No obstante ser de tamaño medio, estos establecimientos concentraron sólo el 20 por ciento de la inversión inicial total. Por el contrario, el 10 por ciento de los establecimientos pueden ser catalogados como grandes, en términos de que requirieron más de 200 000 pesos para su instalación, los que, sin embargo, aportan más del 44 por ciento del total de la inversión inicial.

Resulta interesante comprobar que esta polarización es relativamente mayor en el caso de los establecimientos económicos sin remesas, en términos de que entre ellos se da una mayor proporción de pequeños negocios familiares. En efecto, el 50 por ciento de los establecimientos sin remesas corresponde a aquellos con menos de 50 000 pesos de capital inicial, a la vez que otro 40 por ciento corresponde a negocios de rango medio con inver-

[5] En esta y las demás secciones se trata de valores actualizados a agosto de 2002.

Cuadro 3. Establecimientos económicos según monto de inversión.
Zapotlanejo, 2002 (porcentajes

Inversión inicial	Total (5)	Con remesas	Sin remesas
Total	100	100	100
Menos de 50 000	46.1	26.3	50.0
De 50 000 a 99 999	26.3	40.1	23.6
De 100 000 a 199 999	17.3	23.7	16.0
200 000 o más	10.3	9.9	10.4

Fuente: Encuesta de Negocios y Remesas 2002.

sión inicial de entre 50 000 y 200 000 pesos. En el caso de los establecimientos formados con remesas, en cambio, sólo el 26 por ciento son pequeños, a la vez que casi el 64 por ciento son de tamaño medio. Sin embargo, en ambos casos sólo el 10 por ciento corresponde a establecimientos de gran tamaño, con más de 200 000 pesos (20 000 dólares, aproximadamente) de capital inicial.

Ahora bien, al considerar la participación de las remesas en la inversión reciente (promedio anualizado de los últimos cinco años), se observa que ellas son más importantes entre los establecimientos de tamaño medio (entre 50 000 y 200 000 pesos de capital inicial). En efecto, las remesas aportan entre el 9.7 y 10.6 por ciento de la inversión generada entre los

Gráfica 3. Aporte de las remesas a la inversión según volumen de inversión. Zapotlanejo, 2002

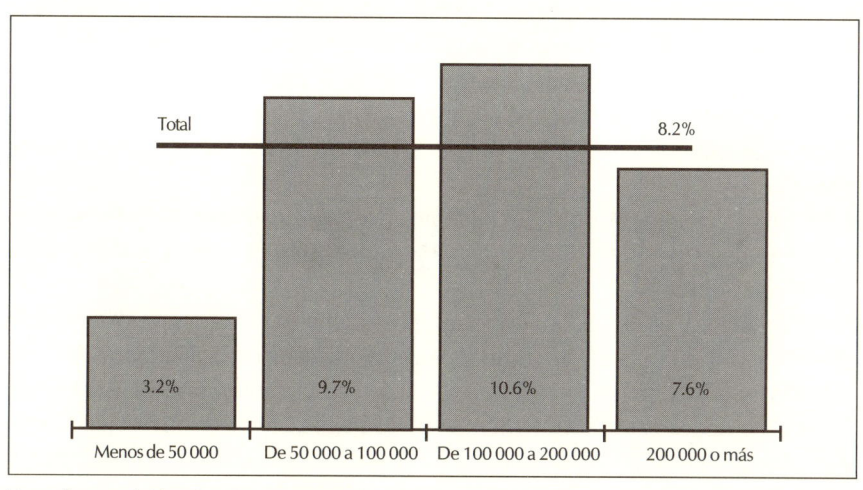

	Menos de 50 000	De 50 000 a 100 000	De 100 000 a 200 000	200 000 o más
	3.2%	9.7%	10.6%	7.6%

Total 8.2%

Fuente: Encuenta de Negocios y Remesas 2002.

establecimientos de tamaño medio, proporción que contrasta con sólo el 7.6 por ciento que representan entre los establecimientos grandes de más de 200 000 pesos de inversión inicial, y aún más con el 3.2 por ciento que representan entre los establecimientos pequeños.

Estos datos confirman lo anterior, que las remesas parecen financiar preferentemente establecimientos de tamaño medio, sin duda mayores que el promedio. No obstante, estos datos también nos ilustran la dificultad que tienen los migrantes para acceder a los grandes proyectos de inversión productiva, que concentran no sólo los mayores volúmenes de inversión, sino también los mayores volúmenes de ventas y de utilidades.

Volumen de ventas

El monto de las ventas totales que los establecimientos generan mensualmente es un buen indicador de su tamaño, así como del capital que ellos administran. En el caso de Zapotlanejo, no parece haber diferencias significativas en el volumen de ventas de los establecimientos según su condición de remesas. Aunque el volumen de ventas promedio es levemente mayor en el caso de aquellos con remesas, esta diferencia no es estadísticamente significativa. Asimismo, al desagregar esta comparación considerando el tamaño del establecimiento según el volumen del capital inicial, se observa que en todos los casos las diferencias entre ambos tipos de establecimientos no son estadísticamente significativas.

Esto nos indica que, en general, los establecimientos que los migrantes crean con base en sus remesas tienden a movilizar mensualmente el mismo monto de recursos y a generar el mismo volumen de ventas e ingresos brutos, situación que se reproduce en todos los estratos, tanto en los establecimientos con bajos volúmenes de capital inicial como en los que movilizan grandes montos de inversión. En todos los casos, las remesas como factor de origen del capital no parecen tener un efecto diferenciador estadísticamente significativo.

Para ilustrar esto último, podemos desagregar el análisis con base en el aporte de estos establecimientos a las ventas totales, según el tamaño del establecimiento.

En efecto, en los establecimientos pequeños, con un capital inicial de menos de 50 000 pesos, los formados con remesas corresponden al 9.4 por ciento y aportan poco más del 11 por ciento de las ventas totales. Asimismo, en el caso de los establecimientos de nivel medio bajo (con inversión inicial de entre 50 000 y 100 000 pesos), los formados con remesas representan el 25 por ciento y aportan similar proporción de las ventas totales. Lo mismo sucede en el caso de los establecimientos de nivel medio alto (con inversión inicial de entre 100 000 y 200 000 pesos), en donde los formados con remesas constituyen el 23 por ciento del total y aportan un porcentaje similar de las ventas totales. Finalmente, en los establecimientos de gran tamaño (con inversión inicial de más de 200 000 pesos), los formados con remesas representan el 16 por ciento y aportan casi el 15 por ciento de las ventas totales.

Personal ocupado

En relación con el personal ocupado, se encuentran en gran medida las mismas similitudes que ya hemos señalado entre los establecimientos económicos, según su condición respecto al uso de remesas para su instalación. En efecto, sin considerar al dueño o socio principal del establecimiento, en general los establecimientos económicos de Zapotlanejo son de tamaño pe-

Cuadro 4. Ventas mensuales promedio según tamaño del establecimiento y origen del capital. Zapotlanejo, 2002

Monto de inversión inicial (pesos a precios de 2002)	Con remesas	Sin remesas	Significancia
Total	40 638	35 700	0.314
Menos de 50 000	24 178	19 718	0.314
De 50 000 a 99 999	39 167	36 534	0.644
De 100 000 a 199 999	43 871	49 398	0.468
200 000 o más	82 752	89 501	0.871

Fuente: Encuesta de Negocios y Remesas 2002.

Cuadro 5. Volumen de ventas mensuales según tamaño del establecimiento y origen del capital. Zapotlanejo 2002 (miles de pesos)

Monto de inversión inicial (pesos a precios de 2002)	Total	Con remesas	Sin remesas
Total	73 835	13 579	60 256
Menos de 50 000	18 757	2 123	16 633
De 50 000 a 99 999	19 829	5 260	14 569
De 100 000 a 199 999	16 795	3 469	13 325
200 000 o más	18 455	2 726	15 729
Distribución porcentual	100.1(%)	18.4%	81.6%
Menos de 50 000	100.1	11.3	88.7
De 50 000 a 99 999	100.1	26.5	73.5
De 100 000 a 199 999	100.1	20.7	79.3
200 000 o más	100.1	14.8	85.2

Fuente: Cálculos propios con base en la Encuesta de Negocios y Remesas 2002.

Cuadro 6. Personal ocupado promedio, según tamaño
del establecimiento y origen de capital. Zapotlanejo, 2002

Monto de inversión inicial (pesos a precios de 2002)	Con remesas	Sin remesas	Significancia
Total	1.9	1.6	0.154
Menos de 50 000	1.3	1.0	0.141
De 50 000 a 99 999	1.6	1.6	0.991
De 100 000 a 199 999	2.2	2.3	0.859
200 000 o más	4.2	3.2	0.435

Fuente: Cálculos propios con base en la Encuesta de Negocios y Remesas 2002.

queño, y dan empleo a sólo 1.9 personas en promedio[6] en el caso de los formados con remesas, y a 1.6 en los demás. Sin embargo, no se trata de una diferencia estadísticamente significativa.

Esta similitud se mantiene incluso si desagregamos este promedio según el tamaño del establecimiento. En efecto, en todos los casos, las diferencias entre ambos tipos de establecimientos (con y sin remesas) no son estadísticamente significativas. Asimismo, en ambos casos, como era de esperarse, el volumen de empleo generado se incrementa con el tamaño del establecimiento. En otras palabras, el empleo generado no depende tanto del origen del capital como del volumen del mismo.

Asimismo, al desagregar estos promedios según el tipo de trabajador ocupado en los establecimientos, las similitudes se mantienen. En efecto, en los negocios formados con remesas se emplea en promedio a 1.17 trabajadores remunerados, cifra que se reduce apenas a 0.82 en el caso de los establecimientos formados sin remesas; sin embargo, se trata de una diferencia que no es estadísticamente significativa. Asimismo, en cuanto al personal no asalariado, en ambos casos los establecimientos emplean en promedio a 0.74 personas.

De esta forma, la composición del empleo en uno y otro tipo de establecimientos no es muy diferente, al menos las diferencias no son estadísticamente significativas. En ambos casos, más del 50 por ciento del personal ocupado corresponde a trabajadores asalariados, proporción que aunque es algo mayor en el caso de los establecimientos con remesas, su diferencia no es estadísticamente significativa.

---

[6] Estas cifras se elevan a 2.9 y 2.6 si consideramos dentro del empleo generado al dueño o socio principal.

Cuadro 7. Personal ocupado promedio, según condición
de asalariado y percepción de remesas. Zapotlanejo, 2002

	Con remesas	Sin remesas	Significancia
Total	1.91	1.57	(0.154)
Asalariado	1.17	0.82	(0.140)
No asalariado	0.74	0.74	(0.979)

Fuente: Cálculos propios con base en la Encuesta de Negocios y Remesas 2002.

Gráfica 4. Composición del empleo según tipo de establecimiento.
Zapotlanejo, 2002

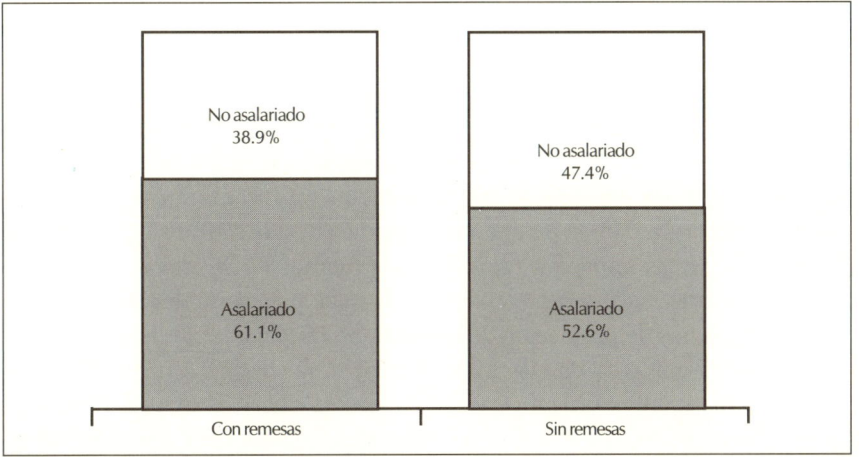

[Gráfica de barras:
Con remesas: No asalariado 38.9%, Asalariado 61.1%
Sin remesas: No asalariado 47.4%, Asalariado 52.6%]

Fuente: Encuesta de Negocios y Remesas 2002.

Estos datos ilustran claramente que se trata de establecimientos económicos muy similares. Con excepción del volumen del capital inicial, en los demás casos no se observan diferencias estadísticamente significativas entre los establecimientos formados con y sin remesas. El volumen de ventas y la generación de empleo es prácticamente la misma, y no parece depender tanto del origen del capital como de su volumen, que determinan el tamaño de los establecimientos.

En este sentido, no hay evidencia que permita sustentar un impacto específico de las remesas en la dinámica económica local. Por el contrario, el impacto productivo de las remesas es prácticamente el mismo que el de cualquier otro fondo de inversión. En este marco, carece de sentido focalizar una política y estrategia de desarrollo únicamente en la promoción de las remesas productivas. De hecho, estos datos ilustran un hecho obvio: más allá del origen del capital, lo realmente importante es la promoción de proyectos de inversión. O lo que es lo mismo, no hay nada intrínseco en las remesas productivas que les dé un potencial único y exclusivo. Su potencialidad radica no en su origen, no en su carácter de «remesas» o de «transferencias externas», sino en su uso como capital productivo. Como tal tienen los mismos efectos aceleradores y dinamizadores de la economía local que cualquier otra fuente de capital productivo. Esto que podría parecer obvio y que se puede consultar en cualquier manual básico de macroeconomía es, sin embargo, usualmente olvidado en los principales discursos de organismos internacionales y gobiernos nacionales que dicen promover el uso de las remesas para fines productivos.

En este contexto, cobran mayor relevancia los datos presentados inicialmente y que indican el bajo aporte que representan las remesas productivas en la inversión a nivel local. En otras palabras, las remesas tienen los mismos efectos macroeconómicos que cualquier fondo de inversión privado. La diferencia estriba en que aun en zonas de alta tradición migratoria y con importante dinamismo económico, las remesas representan una fuente relativamente marginal en la inversión agregada. En este sentido, si las remesas tienen los mismos impactos que las demás fuentes de inversión, pero representan una fracción muy pequeña de ellas, cabe preguntarse para qué insistir en programas de promoción de remesas productivas, cuando es obvio que los mismos o mayores impactos pueden lograrse con programas de promoción de otras fuentes privadas (y familiares) de ahorro e inversión, y que a diferencia de las remesas, sí parecen fluir en montos y volúmenes importantes, al menos en comunidades que, como Zapotlanejo, experimentan un importante dinamismo económico.

No es que estemos en contra de la promoción del uso productivo de las remesas, sino que consideramos que una estrategia de desarrollo local no puede centrarse en una fuente de inversión que es relativamente marginal, y que no se deben abandonar y dejar de promover otras fuentes de inversión que, por sus volúmenes, son claramente de mayor importancia y por lo mismo tienen mayores impactos cuantitativos.

Conclusiones

Las remesas que envían los migrantes son importantes no sólo por su magnitud, que las ubica ya como segunda fuente de divisas para el país, sino sobre todo por sus impactos sociales y económicos en las comunidades de origen de la migración. En este marco, dos posiciones tienden a predominar en el debate sobre los alcances y limitaciones de las remesas en ámbitos locales y el nacional. Por un lado, hay quienes señalan que en las remesas descansa un importante potencial de desarrollo económico local y regional, en términos de que pudieran reorientarse al financiamiento de proyectos de inversión privada y de infraestructura social, todo lo cual redundaría en un círculo virtuoso de crecimiento, modernización y desarrollo social y económico.

En oposición a estos argumentos nos encontramos quienes sostenemos que las remesas son en realidad la forma que adoptan las remuneraciones y salarios en el caso de las familias y hogares de los migrantes. Por lo mismo, suelen destinarse a la reproducción material y económica de los hogares, como ocurre con cualquier otro tipo de remuneración laboral en otras regiones alejadas de la migración. Por lo mismo, sus impactos sobre la economía no son ni formal ni estructuralmente diferentes que los de cualquier salario en México.

En este artículo nos inscribimos en esta segunda línea de argumentación. Con base en un estudio realizado en Zapotlanejo, Jalisco, hemos expuesto información estadísticamente significativa que nos ha permitido corroborar y sustentar esta visión crítica respecto a los impactos económicos de las remesas. En particular, podemos resumir estos hallazgos en cuatro grandes argumentos.

Por un lado, aun cuando a nivel agregado se trata de grandes sumas de dinero, en realidad las remesas productivas representan una fracción muy menor del volumen global de remesas. En particular, estimamos que incluso en comunidades que por su alto dinamismo económico atraen importantes proyectos de inversión, las remesas productivas representan menos del 5 por ciento del volumen global de remesas, y aportan sólo el 8 por ciento de la inversión global.

En segundo lugar, el impacto transformador y modernizador de la inversión productiva financiada con las remesas es otro argumento falaz y no sustentado empíricamente. Por el momento, los datos presentados en este trabajo nos sugieren que el impacto de las remesas en la dinámica económica local y en la generación de empleo no difiere del que tiene cualquier otra fuente de inversión productiva.

De hecho, los establecimientos formados con remesas suelen ser pequeños y medianos negocios familiares que en la práctica corresponden más a estrategias de sobrevivencia familiar que a estrategias de desarrollo local. Su virtual éxito no radica tanto en la capacidad empresarial de los migrantes como en su posibilidad de sobreexplotación de la fuerza de trabajo familiar.

En tercer lugar, si bien las remesas aportan cerca del 10 por ciento de la inversión en negocios a nivel local, ello no indica un potencial productivo de ellas, sino la carencia de otras fuentes de financiamiento de la inversión productiva, así como la ausencia de una política pública orientada a apoyar y fomentar con créditos, subsidios, apoyos técnicos, administrativos y fiscales a la pequeña y mediana empresa. De hecho, como hemos visto, incluso en localidades como Zapotlanejo, que gozan de un dinamismo económico importante, más del 90 por ciento de la inversión proviene de fondos personales o familiares, siendo realmente insignificantes tanto los apoyos gubernamentales como los créditos y financiamientos del sector privado. Asimismo, el hecho de que casi un 17 por ciento de los establecimientos en Zapotlanejo haya recurrido a las remesas para su instalación refleja lo extendido de este problema y las carencias de la política estatal.

Bibliografía

Canales, A.I. (2006). «Migración, remesas y desarrollo. Mitos y realidades», *Unidos por las migraciones*, Madrid, Secretaría General Iberoamericana.
— e I. Montiel (2004). «Remesas e inversión productiva en comunidades de alta migración a Estados Unidos. El caso de Teocaltiche, Jalisco», *Migraciones internacionales,* vol. 2, núm. 3, pp. 142-172.
Comisión Económica para América Latina y el Caribe (CEPAL) (2000). *Uso productivo de las remesas familiares y comunitarias en Centroamérica* (LC/MEX/L.420), México, CEPAL.
— (2006). *Migración internacional, derechos humanos y desarrollo* (LC/W.98), Santiago de Chile, CEPAL.
Cota, R. (2004). *Reestructuración y redes productivas en la industria de la ropa en Zapotlanejo, Jalisco. 1994-2003*. Tesis para optar al grado de doctor en ciencias sociales, Centro Universitario de Ciencia Sociales y Humanidades, Universidad de Guadalajara.

Delgado, R., H. Márquez y H. Rodríguez (2004). «Organizaciones transnacionales de migrantes y desarrollo regional en Zacatecas». *Migraciones Internacionales*, núm. 7, pp. 159-181.

Durand, J. (1994). *Más allá de la línea: patrones migratorios entre México y Estados Unidos*, México, Consejo Nacional para la Cultura y las Artes.

—, E.A. Parrado y D.S. Massey (1996). «Migradollars and Development: A Reconsideration of the Mexican Case», *International Migration Review,* vol. 30, núm. 2, pp. 423-444.

Jones, R.C. (1995). *Ambivalent Journey: U.S. Migration and Economic Mobility in North-Central Mexico*, Tucson, University of Arizona Press.

Moctezuma, M. (2000). «Coinversión en servicios e infraestructura comunitaria impulsados por los migrantes y el Gobierno de Zacatecas», *Memorias del Foro Sivilla-Fundación Produce sobre Temas de Migración*, Zacatecas, México.

Moser, C. (1998). «The Asset Vulnerability Framework: Reassessing Urban Poverty Reduction Strategies», *World Development*, vol. 26, núm. 1, Gran Bretaña, Elsevier Science.

Papail, J. y J. Arroyo (2004). *Los dólares de la migración*. México, Universidad de Guadalajara, Institut de Recherche pour le Développement y Juan Pablos Editor.

Ratha, D. (2003). «Worker's Remittances: An Important and Stable Source of External Development Finance», *Global Development Finance 2003*, Washington, D.C., World Bank.

Russell, S.S. (1992). «Migrant Remittances and Development», *International Migration: Quarterly Review,* vol. 30, núm. 3/4, pp. 267-287.

Terry, D. (2006). «Las remesas como instrumento de desarrollo», *Unidos por las migraciones*, Madrid, Secretaría General Iberoamericana.

Torres, F. (2001). «Uso productivo de las remesas en México, Centroamérica y República Dominicana. Experiencias recientes», en *La migración internacional y el desarrollo en las Américas*, Santiago de Chile, Cepal, Banco Interamericano de Desarrollo.

EL PROGRAMA INICIATIVA CIUDADANA 3 X 1 DE REMESAS COLECTIVAS EN MÉXICO: UN REFERENTE PARA EL PROGRAMA 2 X 1 EN CUENCA, ECUADOR

Rodolfo García Zamora[1]

Las remesas colectivas y los aportes del programa Iniciativa Ciudadana 3 x 1

Con el inusitado crecimiento de las remesas familiares recibidas por México, que en 2006 llegaron a 23 741 millones de dólares, según el Banco de México, y en 2007 alcanzaron los 23 979 millones (*La Jornada*, 31 de enero de 2008), sigue generándose un amplio debate sobre los impactos de éstas en el desarrollo económico del país y sus diferentes regiones.

Durante los últimos años el fenómeno migratorio internacional a Estados Unidos se ha extendido a prácticamente todo el territorio nacional como reflejo del bajo crecimiento económico y de la cada vez más creciente integración económica entre ambos países. Esta situación ha provocado, según el Consejo Nacional de Población (Conapo) (*El Universal*, 26 de diciembre de 2007) un proceso inédito en la historia demográfica de México respecto al ritmo de crecimiento de la población nativa del país radicada en Estados Unidos en las últimas tres décadas del siglo pasado. Al inicio de éste, los mexicanos sumaban alrededor de 100 000 personas, cifra que aumentó progresivamente hasta alcanzar en 1970 cerca de los 800 000. A partir de entonces se registra un incremento muy acelerado: en 1980 su número alcanzó los 2.2 millones, y en la década siguiente ascendió a 4.5 millones. Para el año 2006 fue de cerca de 11.1 millones; si se considera, además, a los descendientes de los inmigrantes, se estima que la población de origen mexicano en Estados Unidos ascendió a 29.3 millones; 18.2 millones de ellos nacieron en la Unión Americana. Respecto al mercado laboral, de los 137 millones de

---

[1] Profesor-investigador del doctorado en Estudios del Desarrollo de la Universidad Autónoma de Zacatecas, México.

personas ocupadas en Estados Unidos en 2006, 6.8 millones son nacidas en México, lo que representa 5 por ciento de la fuerza de trabajo total y 31 por ciento de la fuerza laboral inmigrante. De acuerdo con el Conapo: «nueve de cada diez mexicanos que buscan ocuparse en el mercado laboral estadounidense logran hacerlo con un salario anual de 23 mil dólares en promedio, lo que significa alrededor de 15 mil dólares menos que los demás inmigrantes y que los nativos de ese país». Esto ha generado una gran cantidad de estudios, tanto en México como en el extranjero, sobre las causas y los resultados de dicho fenómeno, de los que se ha concluido en forma clara el verdadero potencial que tienen las remesas en tanto transferencia salarial transnacional que permite a los familiares de los migrantes incrementar su bienestar en términos de alimentación, salud, educación y vivienda (Canales, 2004: 10-11). Lo que si bien es un impacto positivo en la población receptora de tales recursos, crea, por otra parte, un efecto de desigualdad social respecto a quienes no cuentan con ellos. Ahora bien, la experiencia mexicana es relevante en cuanto a la canalización de remesas colectivas (cooperación económica de los integrantes de los clubes mexicanos en Estados Unidos), con las cuales se financian proyectos de infraestructura en las comunidades de origen, y que se remonta a los años sesenta del siglo pasado.

En efecto, ha sido la tradición migratoria de los zacatecanos a Estados Unidos, que se remonta a más de cien años, lo que les permitió formar en las últimas décadas del siglo XX una importante organización de clubes zacatecanos en aquel país, cuya idea central radica en compartir un sentimiento de pertenencia comunitaria a los lugares de origen, que los vincula con los de destino, para realizar actividades conjuntas en beneficio de sus lugares de procedencia. Los clubes aparecen en los años sesenta en el sur de California, cuando de manera incipiente se organizan en Los Ángeles para otorgar apoyos solidarios a migrantes enfermos, accidentados o fallecidos que requerían ser trasladados a su tierra (Moctezuma, 2000: 81). A partir de ahí se genera el apoyo para llevar a cabo las primeras obras de infraestructura social en sus lugares de origen, que inicialmente consistían en reparación de plazas, iglesias, parques deportivos y panteones, contando nada más con sus aportaciones económicas. Dicha etapa ha sido denominada por algunos dirigentes migrantes zacatecanos como el periodo del «cero por uno»: el dólar migrante como único instrumento de financiamiento.

En los años setenta se tiene un avance en la experiencia de reunir fondos, se logra que participen algunos municipios de manera informal con los migrantes para llevar a cabo obras comunitarias bajo la modalidad «uno por uno» (un dólar del municipio por uno de los migrantes).

Sin embargo, como clubes es en los últimos quince años del siglo XX cuando se da una etapa de desarrollo que los convierte en la organización de migrantes mexicanos más importante, por su número (más de 230) y por el apoyo en financiamiento a proyectos de infraestructura social en sus comunidades de origen. En 1992 nace el programa 2 x 1; es decir, por cada dólar de los migrantes los gobiernos estatal y federal aportan otro cada uno; posteriormente, en 1999, cambia al programa 3 x 1, cuando los municipios se integran al programa aportando también un dólar por cada uno de las otras partes. Las obras e inversiones hechas con estos recursos son diversas (cuadro 1).

La contribución más importante del programa 3 x 1 –desde su creación en 2003, como Programa Iniciativa Ciudadana 3 x 1, y posteriormente 3 x 1 para Migrantes, ha financiado cerca de 7 000 proyectos– no es en términos de inversión ni en cantidad de obras de infraestructura básica, sino en posibilitar y fomentar la organización transnacional de los migrantes, que se materializa luego en la realización de cientos de proyectos sociales que elevan el nivel de vida de la población e inciden favorablemente en el desarrollo local. Esto refleja los tres aportes de las remesas colectivas: cohesionan a las comunidades de origen con las de destino, las convierten en interlocutoras con los tres niveles de gobierno y les permite financiar obras sociales en regiones antes excluidas de la inversión pública (García, 2003: 65). Propicia lo que Iskander (2005: 86-98) ha calificado como proceso inédito de aprendi-

Cuadro 1. Zacatecas, programas 2 x 1 (1993-1998)
y 3 x 1 (1999-2005)

Años	Inversión (pesos)	Proyectos	Municipios beneficiados
1993	1 877 428	7	Sin datos
1994	3 769 186	30	Sin datos
1995	3 905 354	34	Sin datos
1996	6 946 039	61	17
1997	16 825 949	77	27
1998	772 281	8	7
1999	48 179 000	93	27
2000	60 000 000	108	28
2001	72 000 000	130	30
2002	170 000 000	240	35
2003	147 771 241	324	40
2004	125 947 530	282	40
2005	199 725 938	387	43
Total	857 719 946	1 781	

Nota: Del año 1993 al 2002 la inversión está hecha a precios corrientes de 2002.
Fuentes: Federación de Clubes Zacatecanos del Sur de California, *Revista*, 1996-1997: 9; 1997-1998: 4; *Programa 3 x 1*, folleto de difusión, Gobierno del Estado de Zacatecas, 2000, 2001 y 2002.

zaje social entre los propios migrantes, sus comunidades de origen y los tres niveles de gobierno. Este es el aspecto que tiene mayor importancia en el contexto actual de México, cuando la fragilidad macroeconómica se incrementa (lo muestra su dependencia de los ingresos petroleros y las remesas); además, en una visión estratégica del país, urge una propuesta de desarrollo regional y local para todo su territorio, en la cual las organizaciones de migrantes pueden representar un apoyo importante.

Un aporte adicional del programa como proceso de aprendizaje social transnacional consiste en el impulso hacia una nueva cultura de rendimiento de cuentas y transparencia en la aplicación de los fondos públicos y aportaciones de los migrantes. El proceso ha sido lento, complicado y lleno de fricciones de los migrantes con los tres niveles de gobierno desde la etapa del 2 x 1 hasta la fecha. En los años noventa del siglo pasado, la supervisión de las obras era deficiente y el rendimiento de cuentas a los migrantes, limitado, debido precisamente a la mala calidad de algunas obras carreteras y de pavimentación de calles, lo que generó inconformidad en las comunidades de origen. La respuesta de la Federación de Clubes Zacatecanos del Sur de California (FCZSC) fue hacer un esfuerzo permanente por lograr que los comités de obra locales cumplieran su tarea de fiscalizar el avance y la calidad de los proyectos. Así, la FCZSC, a través de su cuerpo directivo, registra fotográficamente y con película los detalles más relevantes, como prueba ante las exigencias y negociaciones con las autoridades respectivas.

Ahora bien, la experiencia del programa 3 x 1 en Zacatecas plantea los siguientes desafíos (García, 2005: 43-52):

1. Cómo institucionalizar ese proceso de aprendizaje social sin caer en un corporativismo social.
2. De qué manera administrar mejor el programa para comunidades y clubes.
3. De qué forma acompañar el fortalecimiento de las comunidades de origen y destino para que tengan un papel más activo en el programa e incluso surjan programas emergentes de desarrollo transnacional en educación, cultura y salud, como parte de una nueva política pública.
4. Cómo promover una cultura de rendimiento de cuentas y transparencia hacia los programas y sus comunidades.
5. De qué modo respaldar las estrategias de las organizaciones de inmigrantes para fortalecer su presencia económica, social y cultural en Estados Unidos, asumiendo los retos que representa la segunda generación y la situación de desventaja económica, social y cultural en que se desenvuelve.

6. Qué hacer para que las dependencias gubernamentales generen alternativas de inversión y microproyectos productivos de los inmigrantes, que permitan canalizar las iniciativas bajo programas de inversión específicos, evitando violentar el programa 3 x 1, que tiene una lógica eminentemente solidaria de apoyo comunitario y no empresarial.

DE LOS PROGRAMAS SOLIDARIOS CON REMESAS COLECTIVAS A LOS MICROPROYECTOS PRODUCTIVOS

El hecho de que la FCZSC sea entre las federaciones de migrantes mexicanas la más antigua y más grande le ha permitido proporcionar a cientos de comunidades zacatecanas la totalidad de las obras sociales de infraestructura básica, y ahora, al plantearse la posibilidad de transitar a una nueva etapa con la promoción de microproyectos productivos, enfrenta un desafío y grandes riesgos, que pudiéramos llamar un auténtico «paso de la muerte» (García, 2006: 241) por lo siguiente:

1. La crisis económica estructural en la que se encuentra la economía mexicana.
2. La bancarrota del campo mexicano.
3. El desmantelamiento del Estado mexicano para el desarrollo.
4. Los impactos que ha tenido en el país el Tratado de Libre Comercio de América del Norte.
5. La debilidad económica y organizativa de las comunidades mexicanas.
6. La fragilidad de las organizaciones de migrantes en términos de disponibilidad de tiempo, profesionalización, organización y capacitación.

Así, este «paso de la muerte» de lo solidario a lo productivo implica, además de una reorientación del modelo económico actual y la aplicación de un nuevo tipo de políticas públicas que promuevan el desarrollo regional, el reto de incrementar en forma significativa la organización y capacitación técnica de los clubes y federaciones de migrantes, para que sean competentes al hacer frente de manera seria a la nueva etapa de los microproyectos productivos y el desarrollo comunitario transnacional. Ahora bien, esto no será posible si no se avanza en la organización y capacitación técnica de las comunidades de origen y en el cambio institucional en los tres niveles de gobierno. Las comunidades de origen de Zacatecas, y México en general, presentan una profunda debilidad económica, social y organizativa, lo cual les impide realizar cualquier propuesta de desarrollo local o microproyectos productivos a causa del despoblamiento, el atraso técnico e incluso la pasividad social generada por la adicción a las remesas familiares (García, 2006: 242-243).

Pese a las limitaciones anteriores, las federaciones de migrantes mexicanos han estado discutiendo con la Secretaría de Desarrollo Social (Sedesol), responsable del programa 3 x 1 para Migrantes, la posibilidad de pasar de los proyectos solidarios a los proyectos productivos, lo que representa grandes problemas para la Sedesol y el programa mismo, ya que surge y se institucionaliza para proyectos filantrópicos de infraestructura básica, cuyos resultados son de apropiación comunitaria; a diferencia de los proyectos productivos, que por lo general son inversiones particulares y sus beneficios se apropian individualmente. Por otro lado, el avance hacia los proyectos productivos implica que las organizaciones de migrantes asuman el contexto macroeconómico adverso existente, la ausencia de políticas públicas integrales de apoyo a esas iniciativas, su propia debilidad organizativa e institucional, la falta de cultura empresarial de sus integrantes, su carácter de participantes voluntarios y la necesidad de un equipo técnico de apoyo profesional que se dedique de tiempo completo a respaldar sus actividades sociales y económicas en California y Zacatecas.

En gran medida como resultado de la presión y capacidad negociadora de las organizaciones de migrantes mexicanos con la Sedesol, ésta ha aceptado en los últimos cinco años apoyar algunos microproyectos productivos que no rebasan el 5 por ciento de la totalidad de los proyectos del programa 3 x 1; la mayoría de ellos no tiene un plan de negocios y manifiesta problemas de organización y capacitación, débil vinculación con el mercado y ausencia de acompañamiento técnico permanente. Esta nueva vertiente del programa 3 x 1 muestra una gran debilidad de apoyo institucional y técnico-organizativo que le impide cumplir con las cuatro «C» que son la clave del funcionamiento de los microproyectos productivos en el país: calidad, constancia, cantidad y comercialización.

Una nueva experiencia sobre los microproyectos productivos con migrantes se inicia el 12 de octubre del 2005 cuando Western Union firma con el gobierno de Zacatecas y la FCZSC un convenio de cuatro dólares más uno de la empresa remesadora, mediante el cual tal empresa ofrece aportar 1.2 millones de dólares para cofinanciar microproyectos productivos en Zacatecas, Michoacán y Guerrero. Actualmente, están iniciando ocho microproyectos en Zacatecas, la mayoría agropecuarios, que presentan las limitaciones indicadas líneas atrás.

Las limitaciones y los desafíos del programa 3 x 1

Las principales limitaciones económicas, sociales y demográficas son las siguientes:
1. La intensificación de la migración internacional.
2. El despoblamiento en las comunidades de origen.
3. Mayor envejecimiento de la población municipal, en especial en la región Centro-Occidente.
4. El paternalismo migrante, que delega en los líderes de ese sector el protagonismo y participación que debería tener la comunidad organizada, lo que inhibe el desarrollo local.
5. Los riesgos permanentes de la politización partidaria.

Respecto a los retos principales, consisten principalmente en los que se enuncian a continuación:
1. Fortalecer los comités de obra con un enfoque de desarrollo local transnacional, bajo el cual los migrantes son aliados estratégicos, pero no el eje del desarrollo local.
2. Fortalecer las administraciones municipales para el desarrollo local con enfoque transnacional.
3. Fomentar la participación ciudadana.
4. Coordinar el programa 3 x 1 con los planes de desarrollo municipal y regional.
5. Articular el programa 3 x 1 a una estrategia de desarrollo local integral de carácter nacional.
6. Fomentar nuevas áreas de inversión del programa 3 x 1 como proyectos para niños, mujeres, centros geriátricos integrales, ecoturismo y medio ambiente.

Finalmente, en Zacatecas, como en todo México, se requiere un cambio institucional de fondo en los tres niveles de gobierno, la creación de verdaderas políticas públicas de Estado sobre desarrollo regional y migración que concreten lo que está plasmado en los planes nacionales y estatales de desarrollo, para que se puedan capitalizar las enormes contribuciones de sus migrantes al desarrollo integral de las entidades y del país con empleo, democracia y bienestar para todos.

ECUADOR: LA MIGRACIÓN INTERNACIONAL Y LAS ORGANIZACIONES DE MIGRANTES COMO FUERZA POTENCIAL DE APOYO AL DESARROLLO REGIONAL Y LOCAL CON ENFOQUE TRANSNACIONAL

Las dos etapas de la emigración internacional ecuatoriana

Las provincias de Azuay y Cañar formaron el «corazón» de la zona ecuatoriana migrante que existió entre 1970 y 1980. En particular, las principales comunidades de esta región se dedicaban a la agricultura para su manutención. Además, tenían la tradición de que las mujeres se dedicaran al tejido de sombreros de paja toquilla (*Panama Hats*) para exportarlos a Nueva York, y los hombres cumplieran su temporada de migración hacia la costa.

A la caída del comercio del sombrero de paja toquilla, entre 1950 y 1960, los migrantes pioneros, sobre todo hombres jóvenes, usaron la conexión abierta por el comercio del sombrero para emigrar a Nueva York, la mayoría de ellos sin documentación legal. En general, los trabajos que llevaron a cabo fueron en restaurantes, como ayudantes de meseros o lavando platos, y sólo un pequeño número trabajó en fábricas o en la rama de la construcción (Jokisch, 2007: 28).

Según este autor la migración se mantuvo lenta pero constante durante la década de los setenta. Migrantes de numerosas comunidades de las provincias de Azuay y Cañar se unieron a la red clandestina de migración que envía gente a Estados Unidos a través de las rutas de Centroamérica y México. Menor número de ecuatorianos emigró a Venezuela, cuya economía, con base en el petróleo, era fuerte en aquellos años. A la caída del precio del petróleo en la década de los ochenta, dicha migración parece haber disminuido.

El mismo autor refiere cómo en la década de los setenta, igual que en otros países de América Latina, Ecuador experimentó un crecimiento de su economía y progreso en las condiciones de vida. Sin embargo, a inicios de los ochenta, los precios del petróleo colapsaron de tal forma que esta fue la causa de la crisis en su deuda, el incremento de la inflación y una dramática reducción de salarios. La crisis ecuatoriana, sentida desde 1960, fue particularmente onerosa para quienes subsistían de la agricultura. En consecuencia, miles de ecuatorianos optaron por emigrar.

La mayor parte de estos migrantes pagaron a intermediarios –«coyotes» o falsificadores de documentos– un pasaje clandestino a Estados Unidos; de manera abrumadora hacia el distrito metropolitano de Nueva York, pero también a Chicago, Miami, Los Ángeles y Minneapolis.

Los bajos precios del petróleo y las inundaciones que afectaron los cultivos de exportación, junto con la inestabilidad política y la mala gestión financiera, fueron las causas de que se originara la segunda crisis económica a finales de los años noventa. La moneda nacional (el sucre) perdió más de dos tercios de su valor, la tasa de desempleo subió hasta 15 por ciento y los índices de pobreza llegaron al 56 por ciento. Esta crisis fue directamente responsable de la segunda ola migratoria, que significó la salida al extranjero de más de medio millón de ecuatorianos entre 1998 y 2004. A diferencia de la primera, ésta fue más amplia; los migrantes provenían de todas las provincias; era gente más urbana y un tanto más educada. Asimismo, procedían de varios grupos étnicos, incluso de los grupos indígenas saraguro y otavalo.

En lugar de Estados Unidos, la gran mayoría de estos migrantes escogió España como su destino final, donde vivían pocos ecuatorianos en ese momento. La razón principal: un acuerdo existente que permitía que los ecuatorianos entraran a España en calidad de turistas sin necesidad de visa (la ley fue cambiada en 2003). Para el efecto, la mayoría de migrantes en España estaba constituida por mujeres que pasaban como turistas debido a la acción realizada por las agencias ecuatorianas de turismo. Además, España ofreció dentro de la economía informal abundancia de trabajos que requerían pocas destrezas, y los migrantes no tenían que preocuparse por diferencias de idioma. Las mujeres, en su mayoría, trabajaban como domésticas, mientras que los hombres lo hacían en la construcción, la agricultura y la industria de servicios. En el año 2002, unos 200 000 ecuatorianos se encontraban residiendo en España (Jokish, 2007: 28).

Para Jeannette Sánchez (2004: 14), el segundo proceso migratorio ecuatoriano tiene algunas características particulares respecto a la emigración tradicional del país, las cuales conviene resaltar:

1. La emigración es masiva y, como tal, ocurre a partir de la crisis económica a fines de los noventa. Sólo en 2001 salió alrededor de medio millón de personas.
2. Los patrones de procedencia y destino de la migración han cambiado. El ritmo de la emigración, aunque no necesariamente su magnitud relativa, es mayor en la Costa y en los sectores urbanos, respecto a los sectores rurales de la Sierra (Azuay y Cañar), que han sido los tradicionalmente emigrantes, lo cual está correlacionado con el mayor crecimiento de la pobreza y el desempleo en esa región y sector. En cuanto al destino de la emigración, el gran cambio ha sido el mayor traslado hacia países europeos, sobre todo España, en lugar de Estados Unidos, destino habitual de los ecuatorianos hasta 1995.

3. La mayor parte de los migrantes son jóvenes, hijos o hijas del hogar; sin embargo, los jefes del mismo y sus cónyuges participan cada vez más (pasó del 11.1 por ciento antes de 1995 al 18.6 por ciento entre 1995 y 2000). La participación femenina también se ha incrementado. Esto tiene que ver con varios factores: la existencia de una demanda internacional de trabajadoras, como en el caso de España; procesos de reunificación familiar, para el caso de la migración más antigua de la población del Austro a Estados Unidos, y, finalmente, la mayor disposición de las familias a asumir riesgos, que van de la mano con los nuevos roles que desempeñan las mujeres debido, en parte, a los mismos efectos de la migración precedente.
4. La actual emigración ecuatoriana tiene mucho que ver con una estrategia económica familiar y, en este sentido, no difiere mucho del comportamiento de la migración interna; la diferencia está en la escala de la movilidad, tanto espacial como económica. Por un lado, la emigración compromete a más de un miembro de la familia; por otro, si bien existen decisiones individuales, la aprobación y soporte de la familia es muy importante en términos económicos y extraeconómicos.
5. Los que emigran al exterior no son los más pobres, también emigra gente con cierto ingreso, experiencia laboral y calificación. Entonces, más allá de una estrategia de supervivencia, la emigración también es una estrategia familiar de movilidad: lo que se busca son nuevas oportunidades y un mejor futuro, que no se vislumbra en el Ecuador.

Finalmente, destaca Sánchez (2004: 14) que las remesas fruto del proceso migratorio descrito han tenido un crecimiento vertiginoso en el último quinquenio, al punto de constituirse en el segundo rubro de entrada de divisas del Ecuador, después del petróleo, lo que ha impactado profundamente en la macro, meso y microeconomía del país.

Para Carvajal (2006: 50), en Ecuador, como en distintos países de América Latina, encontramos regiones y localidades en las que el fenómeno de la emigración externa tiene cierta tradición, desplazamientos humanos que se originaron como respuesta a momentos de crisis en procesos productivos circunscritos a territorios menores, en condiciones en que la emigración interna no permitía absorber la fuerza de trabajo liberada, o cuando las condiciones laborales no satisfacían las expectativas de vida.

En el marco anterior, Carvajal reitera cómo la crisis en la exportación del sombrero de paja toquilla en los años cincuenta afectó a las provincias de Azuay y Cañar; las sequías de los años sesenta y setenta sembraron desolación en Manabí y Loja; las inundaciones, producto de la fuerza destructiva de El Niño, ahogaron la producción y las esperanzas en las provincias de la Costa. Muchas familias, sobre todo de las zonas rurales de la región serrana, cuando no se trasladaron a las periferias de las urbes se acogieron a los planes de gobierno para colonizar la Amazonia, migración interna no exenta de dificultades; muchas otras fijaron la mirada en el norte y emprendieron el peregrinaje rumbo a Estados Unidos, abriendo la trocha para la opción de vida de varias generaciones. Migraciones que estructuraron redes que les han permitido reproducirse incesantemente, construyeron sus propias identidades y lógicas de funcionamiento, crearon los circuitos para la remisión de remesas y forjaron diversos encadenamientos económicos. De manera similar, comunidades indígenas como los otavaleños, especializados en la producción y el comercio de artesanías, emigraron con diversas direcciones a Estados Unidos, al sureste asiático, en búsqueda de mercados, las personas retornan con frecuencia a sus comunidades y emprenden desplazamientos con nuevos rumbos.

Para Carvajal, la emigración actual se diferencia de las anteriores por su intensidad y procedencia. Ésta responde a la profunda crisis generada por las políticas económicas aplicadas en el último cuarto de siglo bajo el paradigma del ajuste estructural, conocido como neoliberalismo. Los movimientos migratorios se originaron en todo el territorio nacional y en un período en que las condiciones de vida se han agravado para la mayoría de la población en medio de una virtual quiebra de los órdenes institucional y político.

El mismo autor refiere de qué manera Ecuador, como muchos otros países de la región, durante la década perdida de los años ochenta y con los magros resultados de los años noventa, había acumulado una serie de problemas a consecuencia de la aplicación del nuevo modelo económico, que terminaron por eclosionar al final del siglo pasado. Una de sus manifestaciones es la emigración; el crecimiento inusitado de ésta a partir de 1999 se corresponde con la brutal caída del producto interno bruto de 1998, que marca el inicio de la crisis.

Se calcula que la cifra acumulada de migrantes desde 1998 hasta 2005 puede llegar a un millón de personas, y representaría el 20 por ciento de la población económicamente activa del país. Esa magnitud da cuenta de la severidad del fenómeno. Actualmente, la población migrante del Ecuador bordea los 2.5 millones de personas, de una población total de 13.2 millones; más de un millón se encuentra en Estados Unidos; en España, alrededor de 500 000; en Italia, 60 000; Francia, Chile, Argentina y Venezuela son otros importantes sitios de destino. Las estimaciones se distancian de las cifras oficiales por la magnitud de la migración clandestina, irregular o ilegal.

España se ha constituido en el principal destino de la actual emigración ecuatoriana. La evolución de los registros manifiesta que entre 1999 y 2003 el ingreso de migrantes ecuatorianos a España se multiplicó por cien (Carvajal, 2006: 52). De esa población, alrededor del 50 por ciento son mujeres, lo cual significa que la actual migración, comparada con la tradicional, estaría feminizándose. Lo anterior se explica por varias razones: la oferta de trabajo en España y otros países europeos contempla, entre otras oportunidades, el trabajo doméstico, el acompañamiento a infantes y personas de la tercera edad; las «cadenas globales de cuidado» y otros servicios en que se solicitan preferentemente a mujeres; por otra parte, la creciente responsabilidad de mujeres en su condición de jefas de hogar y las que huyen de la violencia intrafamiliar encuentran en Europa, en particular en España, mejores condiciones para cumplir con sus roles productivo y reproductivo. Emigración que si bien tiene indudables aportes económicos, también tiene evidentes costos afectivos, familiares, comunitarios y demográficos para el país.

Desde la perspectiva nacional, la emigración ecuatoriana resalta en los últimos años por provenir de todo el país, aunque destacan Quito, Guayaquil y Cuenca por su aporte central. Los migrantes pertenecen a hogares con ingresos medios bajos. Junto con la presencia de mujeres, de madres de familia, destaca el aumento de jóvenes con escolarización, muchos de ellos con formación universitaria que en la búsqueda de empleo, además de en Europa, logran insertarse en Canadá, Chile y Argentina.

Como en todas las migraciones actuales del mundo, uno de los signos más visibles de la emigración ecuatoriana lo representan las remesas, que afectan significativamente las variables macroeconómicas y el funcionamiento de los hogares receptores de remesas. Ecuador recibió en 2005 la cantidad de 1 700 millones de dólares por concepto de remesas familiares, que representaron el 8.4 por ciento del PIB nacional (Carvajal, 2006: 54).

LAS REMESAS Y SU IMPACTO EN LA SOCIEDAD ECUATORIANA

Para Acosta *et al.* (2006: 91-153), a inicios de la década de los noventa del siglo pasado, los envíos de remesas eran semejantes a lo recaudado por los impuestos sobre la renta, y eran inferiores a los ingresos petroleros y el

IVA. Sin embargo, debido a la dinámica del proceso migratorio, el flujo de remesas presentó un acelerado crecimiento durante ese lapso, hasta ubicarse en 2004 casi al mismo nivel que el IVA, la principal fuente de ingresos corrientes del Estado, y muy por encima de los ingresos petroleros y el impuesto sobre la renta.

Respecto al monto de remesas recibidas por los receptores de tales recursos, los autores mencionan cómo en una investigación realizada en Ecuador por el Banco Interamericano de Desarrollo (BID) en 2003 se encontró que casi un millón de ecuatorianos (14 por ciento de la población adulta) recibía mensualmente 117 dólares por concepto de remesas. Estos resultados agregados del BID coinciden con las estimaciones de remesas del Banco Central, aunque su metodología es distinta y absolutamente independiente (mientras que la de aquél es una perspectiva macroeconómica, la de éste es una estimación macroeconómica). En efecto, un promedio de 117 dólares mensuales equivale a 1 400 por año, que multiplicados por un millón de receptores equivale a 1 400 millones de dólares de remesas, que es casi exactamente la cifra calculada por el Banco Central: 1 415 millones de dólares para 2001 y 1 432 millones para 2002. Los autores referidos resaltan cómo la coincidencia entre estimaciones macroeconómicas y el cálculo macroeconómico constituye un valioso indicio de que la información utilizada es acertada.

Igual que en México y otros países, las remesas familiares en Ecuador tienen importantes efectos de estabilización macroeconómica, más aún cuando al inicio del nuevo siglo viene saliendo de una profunda crisis económica, una de cuyas secuelas es su dolarización. Pero, además de tales impactos, éstos también se manifiestan a nivel social en la reducción de la pobreza, como se evidencia en el hecho de que en el periodo 1999-2000 el país atravesó la peor crisis económica de su historia, manifiesta, entre otros indicadores, en el hecho de que el 69 por ciento de la población se encontraba por debajo de la línea de pobreza, el 40 por ciento permanecía en extrema pobreza y sólo el 31 por ciento entraba en la categoría de «no pobres». Al iniciarse el periodo de recuperación, 2000-2001, el 61 por ciento de la población vivía en pobreza, el 22 por ciento en extrema pobreza y el 39 por ciento en situación de «no pobres». Para Acosta *et al.*, si bien se puede argumentar que la reducción de la pobreza en 8 por ciento se debe a diversas variables, además de la migración internacional, no hay duda de que esta variable cumplió un papel central en tal reducción.

Al comparar la evolución de la pobreza e indigencia en Quito, Guayaquil y Cuenca de 2000 a 2002, se encuentra que la pobreza se reduce del 70.5 por ciento de la población a menos del 50 por ciento. En tales resultados, la emigración habría desempeñado un papel fundamental en los tres centros urbanos con mayor dinamismo económico, donde se concentran el grueso de la migración y las remesas. Destaca en este proceso el caso de Cuenca, ya que se trata de la ciudad con mayor tradición migratoria y cuya economía ha recibido un gran impulso gracias a las remesas. Las mejoras sociales en esa ciudad superan a las del promedio de las tres, y al mismo tiempo, la pobreza y la indigencia son menores.

Un efecto positivo adicional de las remesas se refiere a sus impactos económicos regionales. En el caso de Ecuador se concentran en las provincias meridionales de la Sierra, como Azuay, Cañar y Loja, donde seis de cada diez habitantes tienen familiares que viven en el exterior. A esa zona llegaron unos 650 millones de dólares de los más de 1 300 ingresados en 2000 (Acosta et al., 2006: 167-199).

Por lo antes reseñado, se puede decir que las remesas son fundamentales para sostener la economía ecuatoriana, concretamente para financiar la dolarización. Sirven también para reducir los índices de pobreza, pero sin constituirse necesariamente en una herramienta para potenciar el desarrollo, especialmente por la ausencia de un entorno macroeconómico que apuesta por la producción y el empleo. Si bien amplios sectores de la población se benefician de las remesas, diversos grupos acomodados lucran indirectamente con ellas, por ejemplo las importaciones de bienes de consumo, así como las empresas legales o ilegales que obtienen enormes utilidades al llevar a cabo transferencias. También hay que tener presente que una parte significativa de los recursos enviados terminan en manos de los prestamistas («chulqueros») y «coyotes» que financiaron la emigración, o bien de las empresas que han asumido el negocio de las transferencias. Por ejemplo en la ciudad de Loja el 21 por ciento de los receptores utilizan las remesas para pagar la deuda que adquirieron al viajar; en la ciudad de Quito, la situación es similar, el 20 por ciento de los receptores las utilizan con este fin. Por otra parte, si bien las remesas de los migrantes no van directamente al Estado, éste, de manera indirecta, dispone de mayor movilidad al disminuir las presiones sociales. Es decir, al no tener que destinar más recursos a financiar las inversiones sociales, dispone de más para atender las demandas de los acreedores de la deuda pública, particularmente externa (Plan Migración, Comunicación y Desarrollo, septiembre de 2006).

Aportes y costos de la migración internacional en Ecuador

Acosta *et al.* (2006: 201-223) señalan los siguientes aportes y costos de la migración internacional de ese país.

Aportes
1. Las remesas como una alternativa del microcrédito para las empresas pequeñas.
2. Posibilidades de organización comunitaria y empresarial transnacional.
3. Surgimiento de la economía de la migración (transporte, transferencias, telecomunicaciones, comercio y turismo).
4. Enriquecimiento cultural.
5. Surgimiento de la familia transnacional.
6. Válvula de escape a las tensiones políticas.
7. Mecanismo de inserción en la economía global.

Costos
1. Adicción a las remesas, el consumismo y las importaciones.
2. Fuga de cerebros y escasez de mano de obra.
3. Los costos demográficos y el despoblamiento.
4. Vulnerabilidad de la economía migratoria ante la ausencia de una institucionalización legal y eficaz.
5. La desintegración familiar y los costos psicológicos del migrante y su familia.
6. Debilitamiento de la organización social y política.
7. La marginación del Ecuador por los efectos acumulativos anteriores.

Una estrategia de acción para articular un proyecto de desarrollo económico nacional con la migración en Ecuador

Acosta *et al.* (2006: 201-223) hacen una serie de propuestas encaminadas al establecimiento de una estrategia de desarrollo económico nacional que capitalice los impactos positivos de la migración internacional ecuatoriana y reduzca sus costos. Las más relevantes son:

1. La política migratoria integral debe formar parte de una estrategia de desarrollo de largo plazo que integre a todos los sectores de la sociedad.
2. La política migratoria debe reconocer la necesidad de un nuevo modelo de desarrollo que asuma la heterogeneidad económica, social, cultural y tecnológica del Ecuador.

3. La política migratoria debe tener un profundo carácter humanista con respeto irrestricto a los derechos humanos de todos los emigrantes e inmigrantes. Salvaguardado el derecho a emigrar y reconociendo el Estado ecuatoriano que sus políticas económicas y sociales deberán posibilitar que a mediano plazo la emigración sea sólo una opción y no una necesidad, como sucede hasta ahora.
4. Políticas de desarrollo regional que integren a las diferentes zonas y comunidades del país.
5. Las nuevas políticas públicas deben poner en el centro el bienestar social, la justicia, la equidad y el respeto de la naturaleza.
6. Programas de organización y capacitación comunitaria transnacional.
7. Programas de alfabetización, bancario, financiero, de ahorro y microinversiones.
8. Catálogos de oportunidades de inversión a nivel nacional, regional y local.
9. Construcción de redes transnacionales del conocimiento. Integrando a los ecuatorianos formados en el exterior y sus descendientes a las diversas estrategias de desarrollo económico y social del país.
10. Reducción de las transferencias de remesas.
11. Promoción de programas de coinversión social y productiva con migrantes y sus familiares.
12. Programas que fortalezcan la integración en el país receptor sin perder sus raíces ecuatorianas.
13. Programas de fortalecimiento de la familia transnacional y las comunidades ecuatorianas transnacionales.
14. Estrategias de incidencia sobre los ecuatorianos de segunda y tercera generación nacidos en el exterior.
15. Programas de acceso a servicios de aseguramiento y vivienda en el exterior y el interior del país.
16. Programa de defensa de los derechos laborales.
17. Atención y defensa integral de los ecuatorianos en el exterior por parte del gobierno nacional.
18. Garantizar el derecho al voto desde el exterior.

El programa 2 x 1 Cuencano

Cuenca es la capital de la provincia del Azuay, ubicada en el sur del país, con una extensión territorial de 8 189 kilómetros cuadrados y con 599 546 habitantes, de los cuales 312 594 viven en esa ciudad. Provincia con larga tradición artesanal desde el inicio del siglo anterior en la elaboración de sombreros de paja toquilla, la cual en los años cincuenta y sesenta, al experimentar una crisis severa, se convirtió en detonante de la emigración internacional a Estados Unidos. Esto convirtió a la provincia en pionera de los flujos migratorios internacionales y laboratorio social de los aportes y costos de estos complejos fenómenos sociales transnacionales. Así, Patiño (2003: 16-18) resalta cómo de acuerdo con información del Banco Central de Ecuador, de los 1 316 millones de dólares que recibió ese país por concepto de remesas familiares (frente a 2 442 millones de dólares recibidos por exportaciones petroleras), el 45 por ciento fue a las provincias de Azuay y Cañar. Además, de los 2.5 millones de ecuatorianos en el extranjero que salieron del país entre 1990 y 2000, se estima que el 44 por ciento proviene de la provincia de Azuay, lo que la ratifica como una de las provincias ecuatorianas con mayor población migrante en el extranjero (Cartilla 4, 2001).

De acuerdo con el Plan Estratégico de Cuenca (2002), Estados Unidos es el destino de siete de cada diez migrantes azuayos en el extranjero. El ingreso promedio mensual en aquel país es de 1 200 dólares y envían entre 400 y 500 dólares mensuales a sus familiares. La mayoría de ellos emigran en forma irregular. España representa el segundo lugar de destino, donde tienen un ingreso promedio mensual de 600 dólares, y mandan aproximadamente 200 dólares mensuales a sus familiares.

Históricamente Cuenca ha sido la tercera ciudad más importante de Ecuador como resultado de un proceso histórico de maduración institucional desde los años setenta del siglo anterior que con las políticas nacionales desarrollistas le permitió capitalizar su vocación como ciudad región, fortaleciendo su capacidad institucional para promover el desarrollo local y regional mediante una estrategia de largo plazo con sustentabilidad ambiental y amplia cobertura de servicios físicos (agua, drenaje) y sociales para la mayoría de la población.

El entorno económico e institucional anterior posibilita que las remesas familiares que envían los azuayos desde el extranjero tengan un mayor impacto multiplicador en el desarrollo local de las parroquias, en el bienestar de la población y el desarrollo en la provincia del Azuay.

Así, la migración internacional y las remesas actúan como factor de apoyo al desarrollo urbano, local y regional, posibilitando mayor recaudación fiscal que financia los programas de obras públicas y sociales, mayores inversiones y donaciones informales de los migrantes en la mayoría de las parroquias que constituyen el cantón de Cuenca.

Este proceso de maduración institucional de Cuenca como región con políticas públicas coherentes con una visión estratégica de desarrollo y una administración altamente profesionalizada ha permitido el funcionamiento de juntas parroquiales descentralizadas y autónomas con proceso sólidos de desarrollo humano parroquial que promueven sistemas participativos y democráticos de organización social influyentes, que la municipalidad de Cuenca, reconociendo la gran importancia económica, social y cultural que tiene la migración internacional en su población, ha institucionalizado como política pública en el Sistema de Protección y Desarrollo Integral para los migrantes y sus familias del cantón de Cuenca (Programa, 2007), que tiene como objetivos centrales los siguientes:

1. Identificar y fortalecer en las parroquias rurales del cantón de Cuenca una red de organizaciones en torno al hecho migratorio con los gobiernos locales.
2. Generación de actividades productivas alternativas solidarias, que reduzcan las espirales de pobreza e inequidad.
3. Facilitar los canales de comunicación adecuados entre familiares migrantes de países de origen y destino.

Hacia el programa cuencano de remesas colectivas: del 2 x 1 al 5 x 1
La alcaldía de Cuenca, reconociendo el marcado perfil transnacional que por la emigración al exterior han ido adquiriendo las diferentes parroquias de esa municipalidad, decidió, al inicio de 2007, avanzar en el diseño de un nuevo tipo de políticas públicas con enfoque comunitario transnacional. Para ello busca la colaboración de la Secretaría General Iberoamericana y de la Universidad Autónoma de Zacatecas, con larga experiencia en la investigación sobre migración internacional y políticas públicas con y hacia los migrantes. Así, las instituciones anteriores y la administración de la municipalidad cuencana iniciaron sus trabajos conjuntos en mayo del mismo año, buscando crear un programa de inversión de remesas colectivas con migrantes adecuado a las especificidades de este cantón y sus parroquias, denominado inicialmente el «5 x 1 Cuencano» (migrantes, parroquias, municipalidad, gobierno nacional y algún participante internacional). Los primeros trabajos conjuntos arrojaron el siguiente diagnóstico positivo para su construcción y puesta en marcha (Borrador 5 x 1, mayo de 2007).

1. La alcaldía de Cuenca, reconociendo la importancia de la migración internacional para las familias de los cuencanos y para el desarrollo de esta región, ha decidido avanzar en el diseño de un nuevo tipo de políticas públicas de desarrollo local con enfoque transnacional que permita integrar a los migrantes cuencanos en el exterior a los proyectos de desarrollo local en las diferentes parroquias.

2. Reconociendo el éxito que los programas de inversión conjunta con migrantes han tenido en México y El Salvador tipo 2 x 1 y 3 x 1, esta alcaldía ha decidido trabajar conjuntamente con las parroquias y los migrantes en una iniciativa parecida a aquéllas adecuada a las condiciones específicas de Cuenca y el Ecuador.
3. Esta iniciativa intenta incrementar la capacidad de la alcaldía en la promoción de los proyectos de infraestructura básica y desarrollo comunitario en curso mediante el manejo de fondos concurrentes de la propia alcaldía, de las parroquias y de los migrantes. Se puede empezar con dos o tres actores como promotores de la iniciativa, para avanzar luego con otros actores nacionales e internacionales que potencialmente se pueden incorporar, como el gobierno ecuatoriano, la Secretaría General Iberoamericana y la Agencia Española de Cooperación Internacional, entre otros.
4. La justificación de esta propuesta es que permite el trabajo conjunto de todos los cuencanos, incluidos los que radican en el exterior, para elevar el bienestar y promover el desarrollo integral en las comunidades de origen con la combinación de recursos financieros, técnicos, laborales, institucionales, etcétera.
5. La aportación de los participantes en este nuevo programa podrá hacerse en recursos económicos, en trabajo o en especie, como ya es tradición en muchas parroquias.
6. Para el funcionamiento de este programa se conformará una comisión de selección, validación y seguimiento de los proyectos con una representación paritaria de los participantes.
7. Se plantea empezar en una etapa piloto con un número reducido de proyectos de fácil realización técnica y financiera, pero se pretende que este programa adquiera institucionalidad en la planeación, el presupuesto y la administración permanente de la alcaldía de Cuenca, junto con los cambios legales correspondientes.
8 La alcaldía de Cuenca buscará hacer llegar este programa a la Asamblea Nacional para que se discuta y eventualmente se convierta en programa nacional con el respaldo legal, político y financiero necesario.
9. Para lograr el buen funcionamiento de esta propuesta como parte de las nuevas políticas públicas de desarrollo local con enfoque transnacional se requiere voluntad política de todos los actores, la corresponsabilidad de los mismos y un equipo profesionalizado en las áreas de desarrollo y migración internacional con enfoque estratégico.

La decisión de la alcaldía de Cuenca de integrar a sus migrantes en el exterior como un nuevo actor del desarrollo local con enfoque transnacional, mediante el establecimiento del programa 5 x 1 Cuencano de remesas colectivas para obras de infraestructura y desarrollo comunitario, encuentra los siguientes factores positivos para su éxito:

1. La voluntad política del ayuntamiento de Cuenca hacia estas nuevas políticas públicas con enfoque transnacional.
2. La existencia de diversas experiencias de solidaridad transnacional en las cuales los migrantes cuencanos, de manera informal, ya han venido colaborando en la realización de diferentes proyectos sociales y productivos en sus comunidades de origen.
3. La existencia del Plan Estratégico Cuenca 2006-2020 y del programa de Presupuestos Participativos Parroquiales.
4. El interés del gobierno ecuatoriano en generar políticas de Estado sobre migración y desarrollo, como lo evidencia la creación de la Secretaría Nacional del Migrante.
5. La reciente realización de un convenio de colaboración interinstitucional entre la Secretaría Nacional del Migrante y la alcaldía de Cuenca.
6. El interés de la Secretaría General Iberoamericana y de varios niveles del gobierno español de apoyar y participar en esta propuesta.
7. El interés de varias organizaciones de migrantes ecuatorianas en España, como Rumiñahui, Adimur, Movimiento Cañari y otras, por informarse de esta propuesta para participar en ella, en Cuenca y otras provincias del Ecuador.

La iniciativa del programa 5 x 1 Cuencano puede fortalecerse con la visión del codesarrollo y la colaboración de gobiernos autónomos y ayuntamientos españoles, en las ciudades donde los migrantes ecuatorianos tienen una presencia significativa. Además, en el diseño y puesta en marcha de este programa, la Pastoral para las Migraciones representa un aliado estratégico por el conocimiento que tiene de las parroquias y sus migrantes en el exterior. Finalmente, la experiencia de México muestra cómo las universidades pueden desempeñar un papel importante de apoyo técnico y acompañamiento institucional en este tipo de procesos, por lo cual la participación de la Universidad de Cuenca y otras universidades será de gran relevancia.

Del programa cuencano 2 x 1 al 5 x 1 de remesas colectivas
Como resultado del trabajo profesional y comprometido del equipo administrativo y técnico de la alcaldía de Cuenca, coordinado por la Dirección de

Desarrollo Social, la Casa del Migrante y la participación de las parroquias, en febrero inicia el programa 2 x 1 Cuencano (alcaldía, parroquias y migrantes) con la puesta en marcha en marzo de tres proyectos productivos con inversión migrante en la cría de cuyes en las parroquias de Santa Ana, Ricaurte y Molleturo, con beneficio para 15, 60 y 100 familias, respectivamente. Se trata de parroquias con alta intensidad migratoria internacional, importante componente indígena y una mayoría de población femenina: 64, 60 y 79 por ciento, respectivamente. Destaca la consistencia técnica del proyecto en los siguientes aspectos:

1. Rescata una tradición milenaria de producción y consumo de cuyes.
2. Establece una estrategia de organización y capacitación de los productores de esas parroquias.
3. Existe una visión integral del proyecto, bajo la cual estas parroquias se especializarán como centros de producción de reproductores de alta calidad genética para vender a otras parroquias que en el futuro tecnifiquen y busquen aprovechar este nicho de mercado.
4. Los estudios de mercado son consistentes y muestran cómo en Cuenca existe un consumo semanal de 8 500 cuyes, de los cuales 6 500 son llevados de otras regiones del Ecuador.
5. La integralidad del proyecto radica, entre otros aspectos, en que está planeada la construcción de un centro de acopio y transformación agroindustrial de los cuyes en productos tales como jamones, chorizos, salchichones y otros de mayor valor agregado y una clara ventana de oportunidades de exportación para aprovechar el mercado de la nostalgia de la comunidad ecuatoriana en el exterior.
6. La estrategia de crecimiento es clara: posicionamiento a nivel local y regional, avance en el plano nacional y exportación mediante un proceso permanente de capacitación y asesoría técnica.
7. En estos proyectos existe ya inversión de los migrantes cuencanos radicados en Estados Unidos, predominantemente en el área de Nueva York, como Queens y Brooklyn, a través de sus familiares.
8. En los hechos, si bien inicialmente se consideraba viable comenzar con un programa 5 x 1, la realidad se impone y hoy lo que se tiene de manera palpable son proyectos 2 x 1: inversión de la alcaldía, la parroquias y los migrantes y sus familiares. Esto marca el inicio de la participación de nuevos actores nacionales e internacionales, nuevas instituciones del país y del exterior, para avanzar hacia el proyecto original, con el ritmo, la modalidad y la cantidad que todos los actores transnacionales participantes definan.

Por otra parte, los mismos promotores de la iniciativa anterior están construyendo y poniendo en marcha telecentros comunitarios en las comunidades de San Joaquín, Checa y Chiquintad. Parroquias que tienen alta intensidad migratoria y diversas experiencias informales de coinversión con sus migrantes en proyectos de beneficio para sus comunidades de origen.

Conclusiones

1. El programa 3 x 1 ha sido una experiencia exitosa de solidaridad transnacional entre las organizaciones mexicanas de migrantes y sus comunidades de origen. Además de otros aportes, ha propiciado la colaboración de la ciudadanía transnacional con los tres niveles de gobierno para el beneficio de la población de las zonas de alta migración internacional, generando, al mismo tiempo, un proceso de aprendizaje social transnacional que posibilita avanzar hacia un tipo diferente de proyectos productivos y comunitarios, con base en nuevas políticas públicas que promuevan el desarrollo local y regional.
2. El programa 3 x 1 se puede mejorar en su planeación, participación, cobertura, ejecución y evaluación. Incluso puede hacer una doble aportación en el tránsito hacia los proyectos productivos mediante el financiamiento de obras de infraestructura y el capital social de las organizaciones transnacionales de migrantes, de tal manera que faciliten la realización de los proyectos productivos. Sin embargo, mezclar lo solidario con lo productivo, en condiciones de ausencia de cultura empresarial e introduciendo potenciales disputas por las inversiones y sus rendimientos, puede ser la tumba del programa 3 x 1.
3. La clave del programa ha sido el lazo afectivo de los migrantes con sus comunidades de origen, que a pesar de su heterogeneidad económica, social y política los ha hecho participar y contribuir al bienestar de la población; influyendo, de paso, en las nuevas orientaciones de la política social del país. Su crecimiento sostenido se explica porque las donaciones son voluntarias y la apropiación de los resultados es comunitaria, sin distinciones para nadie. Sin embargo, cuando se trata de inversiones productivas la lógica es otra: la de la ganancia, y cambian radicalmente las reglas del juego. Ahora son inversionistas (individuales o asociados) que comprometen sus ahorros para obtener un beneficio; asumen los riesgos del mercado afines a toda inversión em-

presarial, fiscalizan y exigen rendimiento de cuentas de manera constante.
4. Conociendo el potencial de inversión que tiene una parte de los migrantes mexicanos en Estados Unidos y las oportunidades que ofrece el mercado paisano en ese país, las secretarías de Hacienda, de Economía, de Agricultura y de Desarrollo Social, entre otras, deberían tomar con seriedad la posibilidad de presentar un catálogo de programas y proyectos de inversión que responda a la diversidad de perfiles de la comunidad migrante: ahorradores, inversionistas, microempresarios y migrantes jubilados.
5. El surgimiento del programa 2 x 1 Cuencano supera las limitaciones anteriores al contar con un plan de desarrollo estratégico hasta el año 2020 y una sólida administración municipal.
6. La relativamente reciente migración cuencana, y de Azuay en general, explica por qué hasta ahora las inversiones y donaciones de los migrantes ecuatorianos se han hecho de manera informal. Sin embargo, el interés de las organizaciones ecuatorianas en el exterior, antes indicadas, muestra la posibilidad de que a corto plazo se fortalezca el 2 x 1 con su participación e incluso crezca rápidamente con la colaboración de otros actores nacionales y del exterior a un 4 x 1 o 5 x 1. Se espera replicar esta experiencia en otras provincias de Ecuador, e incluso en otros países como Bolivia, Perú y Colombia.
7. El 2 x 1 Cuencano fortalece el plan estratégico de desarrollo en curso con las actividades hasta ahora realizadas y otras que están por realizarse como: *a)* el diseño y aplicación de nuevas políticas públicas de desarrollo local transnacional; *b)* una visión del codesarrollo desde el Sur, desde abajo y desde adentro de las comunidades cuencanas; *c)* la construcción de sistemas de información sobre migración y desarrollo georreferenciados como soporte técnico para el desarrollo de las nuevas políticas públicas; *d)* diseño y desarrollo de programas de organización y capacitación transnacional junto con las parroquias y sus organizaciones de migrantes que fortalezcan su gestión del desarrollo local en Ecuador y su empoderamiento aquí y en los lugares de destino, y *e)* Realizar una investigación comparada con países que tienen o están promoviendo políticas de desarrollo local con enfoque transnacional como México, Senegal, Filipinas y El Salvador, para enriquecer las nuevas políticas públicas cuencanas.

El mejor aporte que pueden hacer las organizaciones de migrantes a sus comunidades de origen es ayudarlas a llevar a cabo sus procesos de organización y capacitación para que se conviertan en responsables y promotoras de su desarrollo comunitario. Sin depender en el futuro de las gestiones, negociaciones y donaciones de los clubes para resolver sus problemas. Esto significa que se conviertan en la célula básica de la planeación para el desarrollo local y regional, trabajando de manera articulada con los municipios (en el caso de Zacatecas, México) o las alcaldías (en el del Ecuador) y los diferentes niveles gubernamentales.

Bibliografía

Acosta, A. S. López y D. Villamar (2006). *La migración en el Ecuador: oportunidades y amenazas*, Quito, Universidad Andina Simón Bolívar, Corporación Editorial Nacional.
Borrador de Propuesta del Programa 5 x 1 Cuencano (2007), 17 de mayo.
Canales, A. (2004). «El papel de las remesas en la reducción de la pobreza en México. Mitos y realidades», *Carta Económica Regional*, Universidad de Guadalajara, núm. 98.
Cartilla 4 (2001). *Verdades y medias verdades de la migración*, Quito, Plan Migración, Comunicación y Desarrollo.
Carvajal, A.F. (2006). «La emigración, una expresión de la crisis latinoamericana. Una mirada desde la experiencia ecuatoriana», en A. Acosta *et al.*, *Remesas en Ecuador*, Quito, Centro de Investigación y Cooperación para el Desarrollo.
García, R. (2003). *Migración internacional, remesas y desarrollo local*, México, Universidad Autónoma de Zacatecas.
— (2005). «Migración internacional y remesas colectivas en Zacatecas», *Foreign Affaires en Español*, vol. 5 núm. 3.
— (2006). *Migración internacional, remesas y desarrollo. Los retos de las organizaciones migrantes mexicanas en Estados Unidos*, México, Universidad Autónoma de Zacatecas.
Iskander, N. (2005). «Social Learning as a Productive Project or Zacatecas and Guanajuato´s Cautionary Tales», International Conference on Migration, Remittances and Development, Marrakech, Morocco, OCDE.
Jokish, B. (2007). «Diversidad en migración», *Migration Information Source*, March.

Moctezuma, M. (2000). «La organización de los migrantes zacatecanos en Estados Unidos», *Cuadernos Agrarios*, nueva época, núms. 19-20.
Patiño, M. (2003). «El fenómeno social de la migración internacional. Una lectura desde la provincia del Azuay, Ecuador», Conferencia Regional sobre Globalización, Migración y Derechos Humanos, PADH, Quito, 16-18 de septiembre.
Plan Estratégico de Cuenca 2002.
Plan Migración, Comunicación y Desarrollo 2006, núm. 22.
Programa Municipal de Desarrollo Económico y Social Cuenca 2007.
Sánchez, J. (2004). «La emigración de Ecuador y los retos del desarrollo» *Aportes Andinos*, Universidad Andina Simón Bolívar, diciembre.

CAPITAL SOCIAL Y POLÍTICA SOCIAL EN COMUNIDADES MIGRANTES: REFLEXIONES DESDE DOS COMUNIDADES DE LOS VALLES CENTRALES DE OAXACA

Mariana Gabarrot Arenas[1]

Cuando se habla de migrantes se parte siempre de un reconocimiento de la importancia de las redes migratorias para permitir el acceso a los recursos en la comunidad de destino. El caso típico puede ser el de Ernesto, un oaxaqueño de 20 años de edad, quien al decidir emigrar a Estados Unidos llama a su hermano residente en California y le pide ayuda. A partir de esta llamada se genera una serie de interacciones dentro de la red que le permiten a Ernesto conseguir dinero prestado, contactar un «coyote» y conseguir trabajo en California sin moverse de su comunidad. El hecho de que las relaciones amistosas y familiares de los migrantes signifique para los migrantes potenciales el acceso a este *pool* valioso de recursos, ha llevado como paso lógico a una conceptualización de las mismas como capital social.

Sin embargo, el concepto de capital social puede ser útil más allá del análisis de las redes migratorias. Si entendemos la migración como un proceso de ampliación del espacio social de las comunidades de origen hacia los lugares de destino, en el cual se crean campos sociales transnacionales, el capital social no solamente se genera entre migrantes sino también es producto de las condiciones de las comunidades de origen. Este texto parte del caso de dos comunidades de los Valles Centrales de Oaxaca, para explorar la utilidad del concepto de capital social para entender la agencia de los no migrantes en el proceso migratorio y analiza las implicaciones que esto tiene en términos del diseño de política social en comunidades de migrantes. Primero se presenta un panorama general de la migración oaxaqueña y se explica la metodología de investigación, posteriormente se analiza el concepto de capital social y se discuten dos fuentes importantes del mismo para el

---

[1] Profesora-investigadora de la Escuela de Graduados en Administración Pública y Política Pública del Instituto Tecnológico y de Estudios Superiores de Monterrey.

caso oaxaqueño: la familia y el sistema de usos y costumbres. Luego se consideran algunas implicaciones derivadas del uso del concepto de capital social para entender los impactos de la migración en las comunidades de origen. Finalmente se hacen sugerencias para adaptar el diseño de las políticas sociales en contextos transnacionales.

La migración en los Valles Centrales de Oaxaca

Varios factores han sido importantes para hacer de la migración a Estados Unidos un fenómeno reciente en Oaxaca. Primero, su topografía irregular y ubicación en el suroeste del país ha dificultado históricamente el tránsito hacia el norte. Más aún, la proximidad con la ciudad de México y las áreas de agricultura comercial de los estados vecinos de Puebla y Veracruz han hecho de Oaxaca una fuente tradicional de migración interna más que de migración internacional. Si bien existen casos de estudio que rastrean la emigración oaxaqueña a Estados Unidos desde el Programa Bracero de 1942 (Gregory, 1986; Young, 1976), éstos también han mostrado su aumento desde la década de los ochenta (Husholf, 1991; Kearney, 1996; Klaver, 1997). Lo anterior se debe probablemente al deterioro de las condiciones de vida en áreas rurales y a la disminución de la capacidad de la ciudad de México para recibir y dar acomodo a los nuevos inmigrantes a partir de la crisis de 1982 (Cornelius, 1991; Wyman, 1983).

Cuadro 1. Concentración de municipios con alta migración en Oaxaca

Región	Total de municipios	Municipios con alta migración N	Porcentaje en la región
Cañada	45	0	0.0
Costa	50	2	4.0
Istmo	41		0.0
Mixteca	155	32	20.6
Papaloapan	20	0	0.0
Sierra Norte	68	15	22.1
Sierra Sur	70	4	5.7
Valles Centrales	121	24	19.8
Total Oaxaca	570	77	13.5

Fuente: Consejo Nacional de Población, 2003.

En general, la contribución de Oaxaca al total nacional de flujos migratorios a Estados Unidos está aumentando. De acuerdo con la Encuesta Nacional de la Dinámica Demográfica, el porcentaje de migrantes oaxaqueños del total de migrantes nacional ha pasado de 1.76 en 1992 a 2.70 en 1997 (Consejo Nacional de Población, 1992, 1997). Así mismo, el Consejo Nacional de Población estima que de los 571 municipios oaxaqueños, solamente 41 no registran emigración a Estados Unidos. Sin embargo, el número de municipios con alta migración sigue siendo bajo, sólo 77, y están concentrados en tres de las ocho regiones del estado. Como se ilustra en el cuadro 1, la mayoría de los municipios oaxaqueños y aquellos con alta migración se concentran en la Mixteca y los Valles Centrales; no obstante, si tomamos en cuenta la proporción de municipios que tienen migración, la Sierra Norte también aparece como una región importante.

Las dos comunidades analizadas en este trabajo, Díaz Ordaz y San Juan Teitipac, se encuentran en la región de los Valles Centrales y tienen características comunes a todas las comunidades oaxaqueñas: su población es de alrededor de 2 500 habitantes, predomina la agricultura tradicional como una de las fuentes de subsistencia y una proporción de su población habla alguna lengua indígena. Como otras comunidades de Oaxaca, tienen un sistema de gobierno corporativo o sistema de cargos, y son consideradas comunidades de usos y costumbres por el gobierno del estado.

METODOLOGÍA

La información presentada es resultado del trabajo de campo realizado en las dos comunidades. El periodo de trabajo etnográfico comprendió ocho meses de observación participante, en los cuales tuve el papel de maestra de inglés, entre enero y agosto de 2002, además fui invitada a observar dos asambleas y a realizar visitas periódicas a diferentes familias y al cabildo durante sus sesiones.[2] El material recabado incluye un diario de campo detallado, así como seis entrevistas en profundidad con miembros de familias migrantes, para entender la experiencia migratoria en los hogares.

---

[2] El papel de profesora de inglés me facilitó ganar la confianza de los miembros de la comunidad y fue motivo de análisis durante el trabajo de campo, el cual fue realizado utilizando un enfoque reflexivo en el cual el material empírico fue confrontado en todo momento con las ideas teóricas (*cfr.* Alvesson y Sköldberg, 2000; Bourdieu y Wacquant, 1992).

Así mismo, se realizó un sondeo estadístico que incluye a 104 (14.4 por ciento) de un total de 633 hogares en Díaz Ordaz y 105 (13.3 por ciento) de 660 en San Juan. Los hogares fueron definidos como un grupo de personas que comparten la misma casa y el mismo presupuesto doméstico. El cuestionario incluyó datos de todos los miembros del hogar, tanto migrantes como no migrantes, de tal forma que se elaboraron dos bases de datos con características socioeconómicas, participación en el sistema de cargos y experiencia migratoria, una a nivel hogares y otra a nivel individual. Todos los hogares estaban constituidos por familias nucleares, en algunos casos con uno o dos miembros de la familia extensa, que eran por lo general los suegros del jefe del hogar. En general, se utilizan estadísticas descriptivas para ilustrar el perfil de la migración a nivel local y las características principales del capital social, las cuales se articulan para construir los argumentos derivados de la experiencia etnográfica.

El concepto de capital social

Quizás el único consenso acerca de la definición de capital social es la dificultad que existe para definirlo. La naturaleza relacional de este tipo de capital, a diferencia del económico y el humano, presenta retos de medición y valoración (Bourdieu, 1973, 1986; Coleman, 1997; Putnam, 2000). A grandes rasgos, podemos definir, de acuerdo con Portes (1998), al capital social como la capacidad de ciertos actores para obtener beneficios a través de su membresía en redes y grupos sociales. En el caso ilustrado al inicio de este artículo, Ernesto hace uso de su capital social al pedir un favor a su hermano que se encuentra en Estados Unidos y él a su vez deberá corresponder este favor, ya sea ayudando a su hermano en alguna otra cosa o ayudando a alguien más a emigrar en un momento dado. En este sentido, debemos tener clara la diferencia entre los actores que poseen capital social, es decir, quienes tienen acceso a las redes y piden el favor (como Ernesto), las fuentes de capital social o aquellas personas que acceden a las demandas de los poseedores (como el hermano) y los recursos a los que el capital social da acceso (dinero, medios de transporte, trabajo).

De los tres componentes del capital social, las fuentes o motivaciones que tienen los actores para cumplir con las obligaciones inherentes al mismo son las más complejas de definir. Portes nos ofrece una tipología de dos clases: fuentes consumatorias y fuentes instrumentales. Las consumatorias

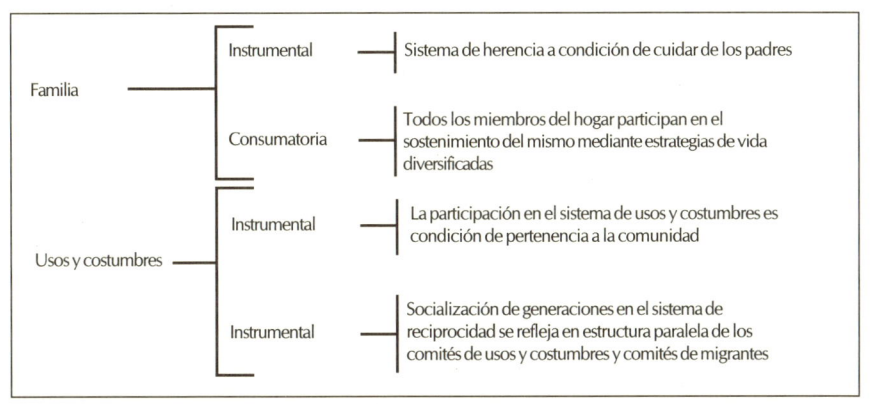

Figura 1. Fuentes del capital social
en dos comunidades oaxaqueñas

Familia	Instrumental	Sistema de herencia a condición de cuidar de los padres
	Consumatoria	Todos los miembros del hogar participan en el sostenimiento del mismo mediante estrategias de vida diversificadas
Usos y costumbres	Instrumental	La participación en el sistema de usos y costumbres es condición de pertenencia a la comunidad
	Instrumental	Socialización de generaciones en el sistema de reciprocidad se refleja en estructura paralela de los comités de usos y costumbres y comités de migrantes

tienen que ver con un sentimiento de obligatoriedad derivado de la internalización de ciertas normas de conducta, consideradas correctas en una comunidad determinada, o con un sentimiento de solidaridad derivado de una experiencia común. Las instrumentales están relacionadas con la reciprocidad, es decir, yo hago un favor esperando que me lo paguen en un futuro, y con la capacidad de sanción de las redes, si no correspondo al favor otros miembros pueden aplicar alguna medida de coerción. Cuanto más cerrada sea una red, más capacidad de sanción tiene dado que existen más posibilidades de que todos los miembros de la red estén enterados del comportamiento de un actor (Portes, 1998).

En el caso de muchas comunidades oaxaqueñas existen dos aspectos que han estado presentes en la fábrica social de las comunidades previos a la migración, los cuales muestran claramente las fuentes instrumentales y consumatorias del capital social: las familia y la organización de usos y costumbres (véase la figura 1).[3] La familia, mediante la administración del sistema de herencia, es la unidad principal de acceso a la tierra en estas comunidades predominantemente agrícolas. Lo anterior convierte la obligación –común en casi todas las culturas del mundo– que tienen los hijos de cuidar a los padres en un deber con reglas de sanción muy específicas. Por otro lado, los migrantes crecen en un entorno en el cual los miembros de la familia participan de alguna manera en el sostenimiento del hogar mediante estrategias de vida diversificadas. En el caso del sistema de usos y cos-

---

[3] Los usos y costumbres fueron reconocidos en la ley electoral de 1997 como forma de gobierno comunitario, actualmente funciona en 480 de los 570 municipios del estado.

Cuadro 2. Experiencia migratoria individual por comunidad

	Díaz Ordaz	San Juan
Total de la muestra de individuos	463	541
Población con experiencia migratoria	85	179
Población que vive en EUA (porcentaje)	12	27.4
Migrantes de retorno (porcentaje)	6.3	5.7
Proporción total de migrantes	18.3	33.1
Migrantes hombres (porcentaje)	67.1	67
Migrantes mujeres (porcentaje)	32.9	33
Edad de migración (porcentaje)		
0-14	8.2	10.6
15-29	63.5	61.5
30-44	18.8	25.1
45-59	7.1	2.8
60 o más	0.2	—
Escolaridad de la población migrante a Estados Unidos		
Sin escolaridad	1.2	1.7
Primaria	65.9	58.7
Secundaria	29.4	30.9
Preparatoria	2.4	7.6
Licenciatura	1.2	1.2

tumbres, éste es un claro ejemplo de cómo las comunidades conforman una red con alta capacidad de sanción, dado que el cumplimiento de las obligaciones comunales es una condición de pertenencia importante.

El aspecto básico de este argumento es que el perfil de los migrantes implica que tienen tiempo de ser socializados en un entorno de obligaciones recíprocas en las cuales tanto la familia como la comunidad tienen capacidad de sanción. La existencia histórica de estas fuentes instrumentales de capital social se refleja en la internalización de estas normas, lo cual constituye la fuente consumatoria del mismo. Estas últimas resultan evidentes si consideramos la edad en la que los migrantes salieron de su comunidad. Es decir, si nos remitimos a grandes rasgos al concepto de socialización como un proceso de internalización de normas sociales a lo largo de la vida de una persona.[4] Tal como lo muestra el cuadro 2. Los migrantes de estas comunidades tienen un perfil muy similar a los migrantes mexicanos en general, la mayoría tiene entre 15 y 44 años, con un nivel de educación principalmente de primaria y secundaria.

---

[4] La socialización ha sido objeto de reflexión sociológica desde hace muchos años, quizás la corriente más desarrollada es la psicoanalítica (*cfr*. Elías, 1989; Freud, 1997), pero en general hay consenso sobre la importancia de la misma en la definición de hábitos y costumbres en los individuos, los cuales han sido retomados por autores como Bourdieu (Bourdieu y Wacquant, 1992) en su concepto de *habitus*.

La edad de los migrantes y su experiencia en la escuela como ámbito de convivencia, nos indican que al momento de emigrar han tenido contacto con las dos fuentes principales de capital social: la familia y el sistema de usos y costumbres.

La familia como fuente de capital social: herencia y estrategias de vida

Oaxaca es el estado con mayor proporción de población rural de México. Cuenta con un total de 3.4 millones de habitantes, de los cuales más de la mitad vive en municipios de menos de 2 500 personas (INEGI, 2008). En general, los pueblos oaxaqueños son campesinos, y las familias tienen estrategias de vida diversificadas en las cuales la agricultura de subsistencia desempeña un papel fundamental (Cook y Binford, 1990; Klaver, 1997). Siendo la agricultura la principal estrategia de vida, es importante considerar que toda la tierra disponible en la comunidad tiene dueño y rara vez se vende.[5] De hecho no se registró ninguna venta formal de tierra en el sondeo estadístico ni en el trabajo de campo etnográfico en ninguna de las dos comunidades.

La propiedad está mediada por el parentesco, a través de la herencia, y toda la tierra disponible del municipio tiene dueño. En general, un matrimonio hereda por partes iguales a todos los hijos e hijas. Además, el patrón de residencia patrilocal y la herencia implican obligaciones. Primero, los padres cuidan de los hijos, luego los hijos cuidan de los padres. Este sentido de obligación filial es muy común en el mundo; sin embargo, es importante recordar que en el caso de los pueblos oaxaqueños como Díaz Ordaz y San Juan, romper con la obligación implica quedarse sin tierra y, por lo tanto, sin una parte crucial para la subsistencia.[6] Por ello la reciprocidad intergeneracional es una obligación fuerte dado que su incumplimiento implica una sanción grave.

Los hogares están formados en gran medida por familias extensas, todos los hijos adultos viven con sus padres hasta el matrimonio y es común que las mujeres casadas se integren a la familia de los padres de su esposo. Todos los miembros del hogar tienen la obligación de contribuir al presupuesto doméstico. Estos datos de estrategias de vida no sólo muestran el predominio de la migración sino también la diversificación de las mismas

---

[5] Existen algunos terrenos comunales, pero son de poca extensión y se utilizan para el pastoreo y la recolección de leña. La propiedad ejidal es poca y de facto se rige por las mismas reglas que la pequeña propiedad.

[6] Más del 70 por ciento de los hogares tienen tierra de uso agrícola, el resto por lo menos tiene la propiedad del terreno en el cual está construida su casa.

Cuadro 3. Estrategias de vida en los hogares por comunidad
(porcentajes)

	Díaz Ordaz (N = 91)	San Juan (N = 88)
Hogares con más de un proveedor	58.2	64.7
Ocupación de los proveedores por hogar		
Campesino	28.3	56.6
Jornalero	21.6	2.8
Migrante	10.8	16.8
Artesano	0.8	2.1
Comerciante	10.8	13.9
Construcción	9.1	2.1
Oficios	9.1	4.9
Otro	9.1	0.7

que ha sido documentada desde hace años como parte de la estructura de los hogares campesinos (Chayanov *et al.*, 1986; Cook y Binford, 1990; Kearney, 1996; Taylor, 1999; Wolf, 1957, 1986).

Los resultados de la investigación muestran que en Díaz Ordaz y San Juan todos los miembros de la familia que no son estudiantes contribuyen a la subsistencia del hogar. Como resultado, más de la mitad de los hogares tienen al menos dos personas trabajando a la vez. El número de personas involucradas en actividades productivas varía, pero pueden ser hasta seis, dependiendo de la edad y el tamaño del hogar. Como muestra el cuadro 3, si bien Díaz Ordaz tiene una distribución más amplia de actividades, la agricultura aún predomina en ambas comunidades –los principales cultivos son maíz, frijol y calabaza–, seguida por el trabajo de jornalero en el campo o en la construcción (Stark y Lucas, 1988; Taylor y Philip, 1998). Estos arreglos no cambian cuando un miembro de la familia es migrante. De hecho, la migración es la tercera estrategia de vida más importante en las comunidades, **predomina** sobre otros trabajos tradicionales en Oaxaca, oficios tales como carpintero, sastre y panadero y el comercio en pequeña escala.[7]

---

[7] Es interesante resaltar que en Díaz Ordaz una parte importante de la población masculina trabaja exclusivamente en la construcción. Esto es posible porque la construcción es un trabajo sostenido principalmente por las remesas de migrantes que están construyendo sus casas en las comunidades, pero también porque algunos trabajadores pueden viajar a la ciudad de Tlacolula (localizada aproximadamente a 20 minutos en autobús) y compensar con esto la falta de trabajo en el pueblo. En San Juan la construcción es una actividad menos relevante por su lejanía relativa de la ciudad de Oaxaca y de Tlacolula, pues el traslado implica una hora y media de autobús y un costo del boleto de aproximadamente seis pesos.

Cuadro 4. Estrategias de vida y remesas en los hogares con migrantes

Hogares con migrantes en la muestra	Díaz Ordaz N = 46	San Juan N = 65
	(%)	(%)
Hogares que consideran al migrante como proveedor	23.9	18.4
Hogares que consideran al migrante como único proveedor	6.5	3.1
Hogares con migrantes que reciben remesas	76.7	88.9

En este sentido es importante recordar que contribuir a la subsistencia es una obligación cotidiana de todos aquellos que crecen en pueblos campesinos. Como resultado, cuando un miembro de la familia emigra, esta obligación se conserva. El compromiso con la reproducción del hogar en México puede ser visto como una continuación de las relaciones familiares y de las responsabilidades que son comunes históricamente en estos pueblos.

Sin embargo, tal como lo muestra el cuadro 4, menos del 6 por ciento de los hogares dependen únicamente de las remesas, a pesar de que la migración es una estrategia de vida importante y más del 70 por ciento de los hogares migrantes reciben remesas (con un promedio de 2 035 dólares al año en Díaz Ordaz y de 1 949 en San Juan).

Estos datos nos muestran que ambas comunidades oaxaqueñas parecieran haber encontrado un equilibrio entre la migración y la reproducción social en la comunidad de origen. Es decir, la migración pasa a formar parte de las estrategias de vida diversificadas y el hogar se adapta a las mismas, sin abandonar el resto de las actividades.

Lo anterior puede estar relacionado con el hecho de que la mayor parte de los migrantes son hijos e hijas, quienes apoyan a sus padres y al resto de la familia. Pero la relación no se basa simplemente en el dinero, una parte importante son las interacciones a través de llamadas telefónicas. Más del 70 por ciento de los migrantes de ambas comunidades llaman a su casa por lo menos una vez, con una frecuencia que varía entre dos semanas y cinco meses. Las visitas son otra parte importante, más del 70 por ciento de las personas con experiencia migratoria han viajado por lo menos dos veces.[8] Por último, hay quienes deciden regresar y continuar viviendo con sus fa-

---

[8] De acuerdo con la última visita a la comunidad, durante el verano de 2008, en que se realizaron entrevistas informales con varios miembros de la misma (hombres y mujeres), manifestaron que la circularidad ha disminuido debido a la inseguridad en el cruce fronterizo.

milias, la proporción de migrantes de retorno en los hogares entrevistados es relativamente significativa en Díaz Ordaz (34 por ciento). Lo anterior nos indica que existen lazos sociales fuertes entre los migrantes y aquellos que no emigraron, los cuales se basan en la interacción a distancia, es decir, en la agencia de personas en ambos lados de la frontera.

En este sentido, es importante considerar las remesas como parte de relaciones familiares complejas, basadas en la interacción a distancia, las cuales se sostienen gracias a la disposición y el esfuerzo tanto de migrantes como de no migrantes. Si bien queda claro que el sistema de herencia es una fuente instrumental para que los migrantes continúen aportando dinero al hogar, es importante señalar que existe un sentido del deber ser al momento de considerar su participación en la familia, tanto por parte de los migrantes como de sus familiares. Por lo tanto, las remesas tienen un impacto no sólo cuando generan desarrollo económico local, sino también cuando contribuyen a la reproducción de la familia en la comunidad de origen, gracias al sostenimiento del capital social. El estudio de los lazos familiares y de las remesas no se pueden separar; en este sentido, al estar hablando de políticas públicas de desarrollo social y de alternativas de vida en las comunidades de origen es importante considerar que estamos hablando de una población objetivo fundamentalmente distinta de las de otras comunidades, compuesta principalmente por familias transnacionales cuyo capital social les da acceso a recursos provenientes de Estados Unidos.

El sistema de usos y costumbres: capital social y capacidad de sanción
Por otro lado, la capacidad de sanción es un rasgo histórico de las comunidades oaxaqueñas. Las comunidades indígenas y campesinas han sido el centro de la vida social en el área desde tiempos prehispánicos, algunas de ellas han podido sostenerse en el mismo territorio desde entonces. Como resultado, existe un sentido fuerte de grupo e identidad relacionado con este territorio, por lo que es usual que la comunidad coincida con el municipio o la agencia municipal. Las condiciones de membresía están relacionadas, entre otros aspectos, con el sistema de gobierno comunal o sistema de cargos.

El sistema de cargos incluye el servicio voluntario en obras públicas y en la administración del gobierno local, en el cual los representantes son electos mediante voto abierto en una asamblea en la que participan todos los miembros hombres mayores de edad. Muchas de estas funciones son desarrolladas en lengua indígena. En 1995, el gobierno del estado de Oaxaca reconoció este sistema de gobierno como una práctica política. Posteriormente, en 1997, la organización de las elecciones comunitarias y otros pro-

Cuadro 5. Capital social familiar en Díaz Ordaz
y San Juan (porcentajes)

Relaciones de parentesco del migrante con las personas que se quedan en la comunidad	Díaz Ordaz (N = 85)	San Juan (N = 179)
Jefe de hogar o conyugue	36.5	11.7
Hijos o hijas	58.8	86.6
Otros familiares	4.7	1.7
Toma de decisiones con respecto a las remesas		
Jefe del hogar	41	37.7
Cónyuge	18	27.9
Compartido entre jefe y cónyuge	0	24.6
Migrante	15.4	6.6
Padre (o suegro)	15.4	0.0
Otro	10.2	3.2
Frecuencia de llamadas telefónicas		
Una vez cada dos semanas a cinco meses	91.7	77.6
No contactan a sus hogares	4.8	14.4
Proporción de hogares con migrantes de retorno	34.1	17.3
Migrantes que han hecho el viaje a EUA más de una vez	71.8	77.1

cesos electorales locales fueron transferidos de la autoridad federal (Instituto Federal Electoral) a los municipios. Actualmente, 480 de los 570 municipios de Oaxaca han adoptado legalmente este sistema de cargos, el cual ha sido denominado como de usos y costumbres (Instituto Estatal Electoral del Estado de Oaxaca, 2004).

Los usos y costumbres se sostienen mediante reglas claras de sanción comunitaria. Los puestos públicos o cargos se asignan en la asamblea comunal por turnos. Las personas designadas para ocupar los cargos no perciben salario, lo desempeñan porque lo consideran una obligación. Generalmente, los miembros de la comunidad aceptan los cargos porque las personas que rechazan esa obligación comunitaria son mal vistas y pueden ser excluidas de la vida social de la comunidad. Por otro lado, los cargos son fuente de estatus y reconocimiento, la responsabilidad del mismo depende de la experiencia y respetabilidad de la persona elegida. Por ejemplo, los hombres jóvenes por lo general inician en puestos de poca importancia y van escalando cargos a lo largo de su vida.

La jerarquía de las autoridades municipales es bastante clara. El gobierno se compone de un presidente municipal, un síndico y varios regidores. El presidente municipal actúa como la instancia ejecutiva. El síndico es el representante legal del municipio y también se encarga de administrar el presupuesto. Los regidores toman decisiones con respecto a la administración de la comunidad y cada uno es responsable de un comité encargado de distintas funciones concretas. Los comités son los brazos operativos del municipio, hay uno por cada servicio público, por ejemplo: agua potable, luz, seguridad; cada uno a su vez tiene presidente, secretario y tesorero.

También existen comités *ad hoc* para actividades especiales. Por ejemplo, cuando varios diputados del estado visitaron las comunidades de Díaz Ordaz y San Juan, se creó un comité para organizar el evento de recepción, y se han creado comités con funciones similares para la fiesta del 16 de Septiembre o para la construcción de una cancha de baloncesto. Finalmente, los *topiles* son personas encargadas de hacer mandados en el municipio, llevar recados del presidente municipal y estar al pendiente del mantenimiento del edificio. Este órgano de gobierno también tiene derecho a solicitarles a los miembros de la comunidad uno o varios días de *tequio*, los cuales son días laborales sin paga para la realización de alguna obra pública como barrer las calles o construir un camino.

Es importante aclarar que hay diferencias locales en cuanto al desempeño del sistema de cargos. En San Juan el gobierno es controlado por un pequeño grupo de personas y los habitantes no están convencidos del cumplimiento de las obligaciones comunales; así mismo, hay una larga historia de conflicto por la tierra con los pueblos vecinos y con el gobierno, lo cual ha causado que muchas personas desconfíen de otros habitantes del pueblo. En cambio en Díaz Ordaz el gobierno está abierto a la participación de todos los miembros de la comunidad, las personas no temen expresar sus ideas sobre los asuntos públicos y existe la sensación de que el poder está equitativamente distribuido. Las obligaciones comunales son una parte importante del sentido de pertenencia y las personas sienten que es un requisito justo. Como resultado, en Díaz Ordaz el *tequio* se usa de manera frecuente, mientras que en San Juan fue abolido por la asamblea en la década de los setenta debido a que los hombres de la comunidad se sentían explotados al tener que trabajar sin recibir salario.

Otro aspecto del sistema de cargos es su relación con el sistema de costumbres religiosas, conocido también como sistema de mayordomías, relacionado con la iglesia católica. Los mayordomos son voluntarios organizados por el comité del templo, el cual también se elige en asamblea y se encarga de administrar la asignación de responsabilidades a los distintos mayordomos, quienes participan activamente en la celebración de fiestas de los santos. Cada pueblo tiene un panteón al cual le rinde homenaje de acuerdo con el calendario religioso, los mayordomos se encargan de organizar estas celebraciones, también llamadas fiestas, en las cuales se arregla la iglesia con flores, se organiza una reunión con música de banda y se ofrece comida y mezcal a los invitados. Cuanto más importante es el santo en términos del panteón, más grande es la fiesta y mayor el estatus para el mayordomo; la responsabilidad de mayor estatus es la fiesta del santo patrono. Si bien no hay un vínculo formal entre los cargos civiles y los religiosos, los hombres escalan de manera paralela en ambas jerarquías; por ejemplo, todos los presidentes municipales han sido presidentes del comité del templo. Aunque las mayordomías son voluntarias, hay mucha presión social para que aquellas familias consideradas prósperas asuman responsabilidades acordes a su bienestar.

Finalmente, es muy importante tomar en cuenta el aspecto familiar del sistema de cargos. Dado que los hombres que ocupan un cargo no reciben salario, la asamblea solamente asigna un cargo por hogar de manera simultánea. De hecho, la única razón válida para rechazar un cargo es que otro miembro del hogar esté cumpliendo con esa función. En este sentido, las sanciones se aplican a nivel familiar cuando nadie quiere hacerse responsable del cargo. Lo anterior tiene implicaciones fuertes para entender el aporte de los migrantes al sistema, pues hay quienes participan de manera directa desde Estados Unidos.

En algunas comunidades, los migrantes siguen siendo sujetos directos de obligaciones tanto civiles como religiosas. En este caso las razones son claramente instrumentales, dado que los migrantes continúan involucrándose en las redes comunitarias porque esperan algo a cambio de las remesas e inversiones que hacen, por ejemplo su continuidad como miembros activos en la organización pública y su lugar en el campo social comunitario cuando regresen (Muttersbaugh, 2002). De las dos comunidades estudiadas, solamente en Díaz Ordaz se da la participación de los migrantes de manera directa con el municipio, el 33.3 por ciento de ellos han donado dinero para alguna fiesta y el 48 por ciento han cumplido un cargo mientras se encontraban en Estados Unidos; la mayoría le ha solicitado de manera explícita a algún familiar que asuma la responsabilidad, y en correspondencia manda dinero para compensar la dedicación a esta actividad.

Sin embargo, es importante considerar el caso de la participación indirecta: las familias de los migrantes cumplen con las obligaciones correspondientes y este crédito se le atribuye al migrante de manera implícita en tanto miembro del hogar. En este sentido, todos los hogares participan en el sistema de cargos, y la presencia de hogares con migrantes es importante en todo el abanico de posibilidades de participación. Como se muestra en el cuadro 6, del total de cargos posibles en cada comunidad, más del 50 por ciento en ambos casos los desempeñan personas pertenecientes a hogares con migrantes.

Cuadro 6. Distribución de cargos por personas
pertenecientes a hogares con actividad migratoria (porcentajes)

	Díaz Ordaz		San Juan	
	Migrantes	No migrantes	Migrantes	No migrantes
Cabildo	14.68	10.09	17.58	3.3
Comité	21.1	20.18	20.88	10.99
Topil	7.34	9.17	10.99	5.49
Mayordomo	7.34	10.09	27.47	3.3
Total	50.46	49.53	76.92	23.08

Si bien no podemos atribuir la instrumentalidad directamente a la intención del migrante, sino quizás a la de su familia, es importante considerar que todos los miembros de la comunidad se socializan en un ambiente en el cual cumplir con un cargo es obligatorio. En la siguiente sección se argumenta la importancia de esta socialización para generar un *habitus* de participación comunitaria en los migrantes.

Díaz Ordaz y Collage

Cuando se efectuó el trabajo de campo, Marisela, Misael y Eve tenían 25, 24 y 20 años, respectivamente. Su padre, don Ernesto, ha vivido en Estados Unidos desde que ellos nacieron y les envía remesas regularmente. Tienen una hermana mayor, Susana, de 30 años, que se casó con un hombre de Díaz Ordaz y actualmente vive en Estados Unidos. Allá se reúne frecuentemente con don Ernesto, de hecho llaman juntos a la familia cada dos semanas. Su madre también ha sido migrante temporal, pero ahora vive en el pueblo y cuida de la familia, la cual incluye a los padres de don Ernesto.

Marisela es actualmente maestra de primaria y trabaja en la Sierra Zapoteca, pero visita Díaz Ordaz cada dos semanas, además de pasar en el pueblo las vacaciones. Misael estudia ingeniería industrial y Eve está estudiando para ser maestra, al igual que Marisela. Los tres hermanos han viajado por la Sierra, por el trabajo de Marisela, y a la ciudad de Oaxaca viajan diariamente para ir a la escuela. Como resultado, se dieron cuenta de que Díaz Ordaz tenía carencias en comparación con otros pueblos, y en especial con la capital del estado. Hablaban sobre este tema en la cena; en particular, discutían sobre lo que las autoridades no estaban haciendo. En una de estas ocasiones decidieron organizar un club para gente joven que estuviera interesada en mejorar las condiciones de vida de Díaz Ordaz. Asociaciones similares son muy comunes en el pueblo; sin embargo, su meta principal es la discusión de la Biblia o los bailes folklóricos, en su mayoría, con la intención de participar en fiestas de los pueblos de la región o en el festival de la Guelaguetza de la ciudad de Oaxaca. De hecho, ya existía un club de danza, pero los invitados eran seleccionados solamente entre quienes bailan muy bien o tienen el dinero suficiente para comprar los trajes.

Las intenciones de los hermanos eran formar un grupo que incluyera a «todos los que quisieran reunirse» y que fuera más allá del baile para involucrarse en el mejoramiento de las condiciones de vida locales. Dado que Misael era maestro de danza y ya pertenecía al otro grupo, las dos hermanas se dieron a la tarea de informarles a sus amigos y familiares sobre sus intenciones de iniciar un grupo. Solamente cinco personas asistieron a la primera reunión, todos amigos cercanos. A la segunda reunión asistieron 15, y en el momento de mi trabajo de campo el grupo constaba de 45 miembros, incluidos los niños, quienes se reunían una vez a la semana. Los miembros mayores daban lecciones de danza a los menores. Además, organizaron una serie de actividades comunitarias, como la compra de botes de basura y placas con nombres para las calles. Habían decidido llamarse a sí mismos Collage, porque sentían que así se reflejaba la variedad de personas involucradas en este compromiso, así como sus esfuerzos por integrar y articular estas diferencias. Al final, Misael decidió renunciar al otro grupo y unirse al de sus hermanas, ahora él es el representante de la organización.

Tal como se ha explicado, el centro de las actividades públicas en cualquier comunidad es el sistema de cargos y las autoridades municipales que lo controlan. Por lo tanto, no sorprende que los miembros de Collage se hayan presentado ante el presidente municipal y hayan pedido la autorización y la cooperación del cabildo. Como resultado, se les permitió usar un salón de clases en la escuela primaria para sus reuniones semanales. Sin embargo, las autoridades estaban renuentes a darles dinero para sus actividades. Entonces, Marisela, Misael y Eve decidieron mencionar el asunto en una de las llamadas telefónicas a su padre y su hermana que estaban en Estados Unidos, y ellos se ofrecieron a ayudarles.

Los miembros de Collage hicieron un plan de trabajo que enviaron por fax a don Ernesto y Susana, éstos fotocopiaron el documento y lo repartieron entre las personas de Díaz de Ordaz que estaban en Estados Unidos y les pidieron su cooperación económica voluntaria. Se juntaron 2 000 dólares que fueron enviados por giro a Collage. Este dinero se usó para financiar tres actividades: *a)* la presentación del grupo durante la celebración de un bailable en la fiesta de agosto; *b)* la adquisición de botes de basura para el centro de la localidad, y *c)* el diseño e instalación de las placas con los nombres de las calles.

Para el evento de agosto, el grupo decidió contratar una banda de fuera de Díaz Ordaz, además consiguió que un grupo local de música ranchera tocara gratis (solamente le pagaron la renta del equipo). Después de la presentación, se organizó una fiesta en la cual se cobraron 20 pesos de admisión y se vendieron bebidas para recuperar algunos de los gastos. El grupo recuperó 80 por ciento de estos. El dinero que quedó después de todos estos gastos, casi la mitad de lo que los migrantes habían enviado originalmente, fue depositada en una cuenta de banco administrada por el grupo. Eve es la presidenta de Collage, pero Misael es su representante para propósitos públicos. En parte, esto se debe a que es el mayor (Marisela está fuera la mayor parte del ciclo escolar) y las personas de edad deben hablar antes en cualquier organización, pero además los miembros de Collage sienten que es más fácil para el cabildo relacionarse con un hombre. Sin embargo, las relaciones de género dentro de Collage son igualitarias y tanto hombres como mujeres participan en la toma de decisiones. Por ejemplo, un hombre fue nombrado tesorero, pero una mujer coordinó las actividades del programa de danza.

Después de que Collage se instaló y tuvo éxito en sus primeros proyectos, se formó una mesa directiva en Estados Unidos, en California, la cual ha enviado al grupo su acta constitutiva y está planeando apoyar al grupo en otras actividades. Esta nueva mesa directiva, así como el grupo Collage, tienen la misma estructura que los comités del cabildo municipal. Se nombra un presidente, un secretario y un tesorero por asamblea. Lo mismo sucedió en el caso del comité de la ambulancia en San Juan.

San Juan y el asunto de la ambulancia

La clínica de San Juan consiste en una sala de espera, una de emergencias, una oficina para las enfermeras y un consultorio para el doctor. El equipo médico consta de una cama dentro del consultorio del doctor, un paquete de primeros auxilios y medicina para tratar enfermedades comunes, como las infecciones gastrointestinales o la desnutrición. No hay farmacia ni servicios médicos, como rayos x o ecografías. Si una persona se enferma de gravedad, debe ser trasladada al hospital rural de Tlacolula o a la ciudad de Oaxaca, ambos localizados a una hora de camino. Más aún, tanto el doctor como las enfermeras viven en la capital del estado y trabajan en San Juan sólo durante horas de oficina (de nueve de la mañana a seis de la tarde). Por lo tanto, si ocurre una emergencia fuera de este horario, las personas necesitan acudir a los hospitales antes mencionados.

Los migrantes en California decidieron comprar una ambulancia para que el traslado a estos hospitales fuera más fácil y seguro. De acuerdo con el presidente municipal, se formó un comité en Los Ángeles y 35 por ciento del costo del vehículo fue donado al municipio. El dinero provino de fiestas organizadas entre sanjuanenses en Los Ángeles, donde se vendía bebida y comida. Comprar el vehículo y presentarlo ante las autoridades implicó muchas llamadas de larga distancia y visitas de miembros del comité de los Ángeles a San Juan. Después de que se logró la compra el comité desapareció porque los miembros se mudaron a otras partes de Los Ángeles o decidieron no continuar con el compromiso por motivos personales.

De acuerdo con un rumor esparcido en la comunidad, la versión de los eventos es distinta de la del presidente municipal. Por ejemplo, la señora Flora es una migrante de retorno que vivía en los Ángeles cuando se compró la ambulancia y su hermano participo en el comité. Ella y él asistieron a las fiestas que se organizaron; cuenta que la ambulancia fue donada 100 por ciento por los paisanos y que el comité se disolvió porque los miembros se acusaron entre sí de corrupción y pelearon entre ellos por el dinero recabado. Probablemente haya algo de verdad en ambas versiones, las actividades transnacionales no están exentas de conflicto (Levitt, 2001; Muttersbaugh, 2002) y algunos migrantes pierden el interés en ellas por diversos motivos. Lo importante es que el esfuerzo por institucionalizar la participación de los migrantes solamente duró lo suficiente como para lograr la meta inicial.

Hoy la ambulancia se ve nueva porque casi no se ha utilizado; no obstante que está equipada, no hay chofer ni paramédico que la operen. Las personas se niegan a pagar el combustible cuando la utilizan y no hay dinero para hacer las revisiones mecánicas. Mientras estuve en San Juan no conocí a nadie que la hubiera utilizado, y las personas a quienes pregunté por este asunto no recordaban ninguna ocasión en la que se hubiera utilizado. Los informantes explicaron que si necesitaban viajar a Tlacolula o a Oaxaca era más fácil pedirle a un amigo que tuviera coche que los llevara. Como resultado ello queda duda de si alguna vez el vehículo fue a algún lugar.

Puntos de reflexión para la política social en comunidades con migrantes

En general, la relación entre migración y desarrollo a nivel local ha privilegiado la discusión de las remesas y su impacto económico (Conway y Cohen, 1998; Durand, Parrado y Massey, 1996; Taylor, 1999; Waterbury, 1999). Sin embargo, el análisis derivado de la estructura familiar de Díaz Ordaz y

San Juan nos habla de la complejidad de las relaciones sociales en las cuales las remesas están inmersas (para un argumento similar, véase Van Hear, 2002). La familia es en general una unidad importante de reproducción social en el mundo, pero en el caso de las comunidades campesinas, desempéñan un papel fundamental al perpetuar la permanencia de los migrantes en la comunidad. La relación del migrante con su familia a través del envío de dinero y de llamadas telefónicas, así como la inversión en construcción y la circularidad de los flujos, tienen como complemento un compromiso tácito de parte de los miembros del hogar que no emigran por mantener estas relaciones.

La transnacionalización de la familia y del espacio del hogar nos permite considerar la importancia de los aspectos cualitativos de las remesas. Es decir, podemos entender los dólares que envían los migrantes como un recurso al cual se accede mediante un capital social que se ha vuelto transnacional debido a la migración de uno o más miembros de la familia. En este sentido, como lo demuestra el compromiso constante con el sostenimiento del hogar en la comunidad de origen, tanto la fuente instrumental como la consumatoria del capital social se derivan de la experiencia compartida, tanto de quienes emigran como de quienes no lo hacen, en un modelo de familia determinado. Lo anterior indica que para entender la motivación que hay detrás del gasto de remesas y la forma en que los migrantes pudieran estar interesados en colaborar con su comunidad de origen, es de suma importancia entender la dinámica de estas familias. Este enfoque también nos ayudará a considerar las variaciones en la estructura del capital social a nivel local y, por lo tanto, las diferencias en la relación que existe en la articulación de los efectos de la migración en el desarrollo de una comunidad a otra.

Utilizando este esquema es posible analizar los dos casos presentados, y podemos pensar que la organización Collage y el comité de las ambulancias reflejan el *habitus* de participación en cada comunidad, el cual se reproduce tanto en México como en Estados Unidos. Collage presenta una participación política abierta, en donde las reglas del juego mediante las cuales se involucra la gente en la organización se mantienen. El grupo tiene la misma estructura que un comité de la comunidad con presidente, secretario y tesorero, mientras que la mesa directiva en Estados Unidos se conformó de la misma forma.

De manera similar, los migrantes de San Juan en Baja California formaron un comité para comprar la ambulancia y poder hacer más fácil y más seguro el viaje al hospital cercano, el cual está a una hora. Los fondos provinieron de eventos sociales y fiestas organizadas entre paisanos de San

Juan en Los Ángeles –en las cuales se vendía comida–, muy similares a las llevadas a cabo en el pueblo. La organización se disolvió porque poco después de la compra los miembros se acusaron unos a otros de corrupción y hubo conflicto acerca del manejo de fondos. Las experiencias varían de un pueblo a otro porque los comités trabajan de forma distinta en las comunidades de origen de la migración.

La explicación de estas diferencias puede encontrarse en los contrastes en el funcionamiento del sistema de cargos en una comunidad y otra, lo cual implica distintas formas de operación del capital social. El hecho de que el sistema de participación en el comité de migrantes de San Juan se viera involucrado en conflictos y acusaciones de corrupción responde a las condiciones que encontramos en todas sus actividades públicas. El sistema más abierto de Díaz Ordaz se refleja en la organización de Collage, como un grupo de gente joven con entusiasmo por participar, cuyas iniciativas fueron aceptadas y luego apoyadas por sus amigos y familiares migrantes en Estados Unidos. Como resultado, la ayuda extra que recibieron se reflejó en el éxito de sus proyectos.

Pensar en las asociaciones de pueblos como resultado de capital social existente en las comunidades de origen, previo a la migración, puede ayudarnos a entender cómo se organizan las comunidades de manera transnacional. Por ejemplo, se ha demostrado que comunidades con normas de sanción claras y efectivas puedan reclamar de sus migrantes mayor participación directa (Levitt, 2001; Muttersbaugh, 2002), lo cual implica desviar la atención y canalizar recursos del migrante de las comunidades de destino a las comunidades de origen. Sin embargo, es interesante pensar que el contexto de socialización del migrante en este entorno, rico en capital social, puede hablarnos de sus probabilidades de éxito al organizarse en Estados Unidos.

No es casualidad que los migrantes oaxaqueños tengan una variedad de organizaciones de pueblos y confederaciones tales como el Frente Indígena Oaxaqueño Binacional, es muy probable que las características específicas de sus comunidades de origen les den las herramientas suficientes para lograr ese nivel de institucionalización. De la misma forma, en comunidades donde existe un conflicto previo, las posibilidades de organización transnacional disminuyen. En este sentido, una modificación en el *stock* de capital social de las comunidades en México puede ser determinante para su desenvolvimiento al otro lado de la frontera, y la interacción entre ambos polos de la comunidad es importante para mantener ese *stock*.

Otra conclusión más ambiciosa que pudiéramos sacar de los datos presentados en este texto es pensar en una política social específica para comunidades transnacionales como Díaz Ordaz y San Juan, la cual se llevará a cabo en ambos lados de la frontera. Lo anterior implicaría dos esfuerzos distintos. Primero, buscar la coordinación entre las instancias gubernamentales que actualmente manejan programas de atención específicos para migrantes, tales como la Secretaría de Educación Pública (programa de escuelas binacionales), la Secretaría de Salud (certificados binacionales de salud) o el Programa de Comunidades Mexicanas en el Extranjero, y buscar la articulación ya sea con otros programas de esas mismas secretarías que operen en las comunidades de origen en México o con otras secretarías en el mismo sentido. La intención sería buscar que las familias migrantes y sus comunidades tuvieran atención y ayuda en ambos lados de la frontera.

Esto implica, además, una revisión a fondo de la posibilidad de diferenciar la política social cuando se atiende a familias transnacionales. Por ejemplo, la investigación llevada a cabo en Díaz Ordaz y San Juan nos indica que 26 y 50 por ciento, respectivamente, de los hogares con migrantes también recibían apoyo del programa Oportunidades (entonces llamado Progresa), lo cual puede indicar, por un lado, que las familias que reciben remesas no necesariamente logran salir de la pobreza aunque está probado el efecto positivo de las mismas en la calidad de vida de los hogares, y por otro, que las transferencias condicionadas del programa Oportunidades pudieran ser aprovechadas de otra forma en familias migrantes si se combinan con el flujo de remesas.

Otro aspecto importante es que las prioridades de desarrollo pueden ser distintas en comunidades con familias transnacionales. Por ejemplo, medidas que parecieran ser poco relevantes, como mejorar las posibilidades de comunicación y el uso de Internet, pueden ser buenas alternativas para consolidar las comunidades de migrantes, fortaleciendo los lazos que puedan representar un compromiso a largo plazo con la mejora de la calidad de vida tanto en Estados Unidos como en México. A nivel colectivo, en comunidades de origen como las oaxaqueñas hay una larga historia de reciprocidad y capital social que puede potenciar los efectos positivos de la migración. Para poder facilitar el acceso de las comunidades a los recursos derivados de este capital social no basta con invertir en proyectos productivos, también debe procurarse la continuidad de este capital social positivo mediante programas de mejora en las comunicaciones como el teléfono e Internet

Esta ampliación de la visión de la política social se debe reforzar además con la consideración de que la circulación puede ser una alternativa viable para algunas comunidades campesinas. Pareciera que gracias al capital social de las familias, en algunas comunidades la migración ha resultado una estrategia de vida exitosa en un contexto limitado. Por lo tanto, cuando no existen suficientes recursos para mejorar la calidad de vida de las comunidades en el corto plazo, la migración circular puede ser una forma de generar ingresos a la par de que se busca generar recursos por otras vías. En este sentido, en comunidades en las que la migración pudiera ser una estrategia de vida a corto o mediano plazo, la inversión de remesas en bienestar es tan importante como la inversión de remesas en proyectos productivos, y considerar a los migrantes en programas de bienestar como el seguro popular y programas de pensiones es crucial para buscar la continuidad de la experiencia laboral transnacional y que el regreso a México no signifique un detrimento en los beneficios sociales para los migrantes.

Lo anterior apoya la idea manejada ya por algunos autores, entre ellos Besserer (1998, 1999, 2005), de la necesidad de pensar en temas como ciudadanía y desarrollo en términos de políticas públicas de atención transnacional y no aislar un problema como exclusivo de los lugares huéspedes y los lugares de destino. Más aún, los casos de estudio presentados en este artículo nos invitan a considerar la necesidad de integrar la migración en el diseño de política social y vincularla con los programas para migrantes, de tal forma que nos acerquemos a este enfoque de diseño de políticas transnacionales para poblaciones transnacionales.

BIBLIOGRAFÍA

Alvesson, M. y K. Sköldberg (2000). *Reflexive Methodology: New Vistas for Qualitative Research*, Londres, Thousand Oaks, Cal., Sage.
Besserer, F. (1998). «A Space of View: Transnational Spaces and Perspectives», documento presentado en el encuentro Transnationalism: An Exchange of Theoretical Perspectives from Latina American, Africanist and Asian Anthropology, University of Manchester, UK.
— (1999). «Estudios transnacionales y ciudadanía transnacional», en G. Mummert (ed.), *Fronteras fragmentadas, identidades múltiples*, Zamora, El Colegio de Michoacán, pp. 215-238.
— (2005). «Luchas transculturales y conocimiento práctico», en http://cmd.princeton.edu/taxco.shtml [consultado en mayo del 2007].
Bourdieu, P. (1973). «Cultural Reproduction and Social Reproduction», en R. Brown (ed.), *Knowledge, Education and Cultural Change*, Londres, Tavistock.

— (1986). «The Forms of Capital», en J.J. Richardson (ed.), *Handbook of Theory and Research for the Sociology of Education*, Londres, Greenwood Press, pp. 241-258.
— y J.D. Wacquant (1992). *An Invitation to Reflexive Sociology*, Great Britain, Polity Press.
Chayanov, A.V., D. Thorner, B. Kerblay, R.E.F. Smith y T. Shanin (1986). *The Theory of Peasant Economy*, Manchester, Manchester University Press.
Coleman, J.S. (1997). «Social Capital in the Creation of Human Capital», en A.H. Halsey, H. Laudar, P. Brown y A. Stuart (eds.), *Education: Culture, Economy. and Society*, Oxford, Oxford University Press, pp. 80-95.
Consejo Nacional de Población (Conapo) (1992). Encuesta Nacional de la Dinámica Demográfica, México.
— (1997). Encuesta Nacional de la Dinámica Demográfica, México.
Conway, D. y J. Cohen (1998). «Consequences of Remmittances for Mexican Transnational Communities», *Economic Geography*, vol. 74, núm. 1, pp. 26-44.
Cook, S. y L. Binford (1990). *Obliging Need: Rural Petty Industry in Mexican Capitalism*, Austin, University of Texas Press.
Cornelius, W.A. (1991). «Los migrantes de la crisis: The Changing Profile of Mexican Migration to the United States», en M. González de la Rocha y A. Escobar Latapí (eds.), *Social Responses to Mexico's Economic Crisis*, San Diego, University of California, pp. 155-194.
Durand, J., E.A. Parrado y D.S. Massey (1996). «Migradollars and Development: A Reconsideration of the Mexican case», *International Migration Review*, vol. 30, núm. 2, pp. 423-444.
Elías, N. (1989). *El proceso de la civilización*, México, Fondo de Cultura Económica.
Freud, S. (1997). *El malestar en la cultura*, Madrid, Alianza Editorial.
Gregory, L.M. (1986). *Rural Out-Migration in Oaxaca, Mexico. An Historical Perspective*, tesis de maestría inédita, University of Georgia.
Husholf, M. (1991). «Zapotec Moves. Networks and Remmittances of US–Bound Migrants from Oaxaca, Mexico», *Nederlandse Geografische Studies*, núm. 128 (número especial).
Kearney, M. (1996). *Reconceptualizing the Peasantry : Anthropology in Global Perspectiva*, Boulder, Colorado, Oxford, Westview.
Klaver, J. (1997). *From the Land of the Sun to the City of Angels: The Migration Process of Zapotec Indians from Oaxaca, Mexico to Los Angeles, California*, Utrecht, Koninklijk Nederlands Aardrijksundig

Genootschap/Instituut voor Sociale Geografie Universiteit van Amsterdam.
Levitt, P. (2001). *The Transnational Villagers*, Berkeley y Londres, University of California Press.
Muttersbaugh, T. (2002). «Migration, Common Property and Communal Labour: Cultural Politics and Agency in a Mexican Village», *Political Geography*, núm. 21, pp. 473-494.
Portes, A. (1998). «Social Capital: Its Origins and Applications in Modern Sociology», *Annual Review of Sociology*, núm. 24, pp. 1-24.
Putnam, R.D. (2000). *Bowling Alone: The Collapse and Revival of American Community*, Nueva York y Londres, Simon and Schuster.
Stark, O. y R.E.B. Lucas (1988). «Migration, Remmittances, and the Family», *Economic Developement and Cultural Change*, vol. 36, núm. 3, pp. 465-481.
Taylor, E. (1999). «The New Economics of Labour Migration and the Role of Remmittances in the Migration Process», *International Migration*, vol. 37, núm. 1, pp. 63-86.
— y L.M. Philip (1998). «Human Capital: Migration and Population Change», en B. Gardner y G. Rausser (eds.), *Handbook of Agricultural Economics*, Nueva York, Elsevier Science Publishers.
Van Hear, N. (2002). Sustaining Societies under Strain: Remmittances as a Form of Transnational Exchange in Sri Lanka and Ghana», en N. Al-Ali y K. Koser (eds.), *New Approaches to Migration: Transnational Communities and the Transformation of Home*, Londres y Nueva York, Routledge, pp. 202-223.
Waterbury, R. (1999). «Lo que dice el mercado: Development without Developer in a Oaxacan Peasant Community», en W. Locker (ed.), *Globalization and the Rural Poor in Latin America*, Londres, Lynne Reinner.
Wolf, E.R. (1957). «Closed Corporate Peasant Communities in Mesoamerica and Central Java», *Southwestern Journal of Anthropology*, vol. 13, núm. 1, pp. 1-18.
— (1986). «The Vicisitudes of the Closed Corporate Community», *American Ethnologist,* vol. 13, núm. 2, pp. 325-329.
Wyman, D.L. (1983). *Mexico's Economic Crisis: Challenges and Opportunities*, La Jolla, California, Center for U.S.-Mexican Studies-University of California San Diego.
Young, C. (1976). *The Social Setting of Migration: Factors Affecting Migration from a Sierra Zapotec Village in Oaxaca, Mexico*, tesis de doctorado inédita, London University.

LA CRISIS Y LA PARTICIPACIÓN DE LOS AMERICANO-MEXICANOS EN EL DESARROLLO EQUITATIVO DE MÉXICO

Mario López Espinosa

En este artículo expresaré mi opinión sobre el eventual impacto que podría tener la actual crisis económico-financiera mundial en el fenómeno migratorio de México. Me limitaré en esta ocasión a comentar algunas reflexiones que es conveniente tener en consideración especialmente si se pretende instrumentar alguna acción gubernamental para incidir en el proceso, ya sea con el propósito particular de atenuar sus impactos negativos o bien con la intención de aprovechar las oportunidades que sin duda se presentan para fortalecer la eventual vinculación de la emigración con el desarrollo equitativo de nuestro país. Sobre esta última vertiente me permitiré, además, formular algunas propuestas de acción específicas y concretas.

Mis reflexiones se soportan en la experiencia personal y en la relación que he podido mantener durante varios años, en especial durante los últimos meses, con los que emigraron en busca de una oportunidad de empleo digno, los que nacieron allá y no pierden el vínculo con el país, los que permanecieron en sus comunidades de origen, los que se aventuraron en pequeñas iniciativas productivas en zonas marginadas; en fin, los que en primera y última instancia protagonizan el fenómeno migratorio de México.

Reflexiones en torno a la actual crisis económico-financiera

Para externar de manera objetiva opiniones sobre el eventual efecto de la crisis económico-financiera en el fenómeno migratorio de México resulta in-

---

[1] Asesor de la Organización Internacional del Trabajo.

dispensable aceptar, por una parte, la magnitud y el alcance de la propia crisis, y reconocer, por otra, que México no es una víctima inocente de las calamidades que se gestan en otras latitudes.

La crisis es un fenómeno sin precedente para las generaciones que asumen el poder de decisión en el país. Se multiplican las declaraciones que destacan que los problemas por venir son considerables pero que se están adoptando las medidas correctas para superarlos, aunque no queda claro todavía cuáles son estas medidas. Nuestras autoridades coinciden en destacar que México sufre los efectos de una crisis lejana de la que nadie en nuestro país es culpable. Se insiste en que el país resiste estoicamente los embates de una crisis ajena, pero que México no estaba ni está en crisis.

Con todo respeto, me permitiría disentir. Cuando en un país el sistema financiero no atiende los requerimientos crediticios de la abrumadora mayoría de las unidades productivas, en tanto que la banca comercial obtiene las más impresionantes ganancias que se registran en el mundo, ese país está en crisis financiera. Si los ingresos salariales de la clase trabajadora son ocho o diez veces menores que los que imperan en el país avanzado más cercano, mientras que los ingresos de los mandos medios son sólo dos o tres veces inferiores y los de los directivos son iguales o incluso superiores a los que prevalecen en el país vecino, ese país está en una severa crisis económica.

Cuando se expulsa a 700 000 trabajadores por falta de oportunidades, se ha desmantelado la banca de desarrollo y las tasas de interés que la banca extranjera aplica para el ahorro y la inversión fluctúan entre el 2 y el 8 por ciento, en tanto que las tasas de interés de los créditos y las tarjetas de crédito a través de los cuales se presta ese mismo ahorro rebasa en términos reales el 50 por ciento, ese país afronta una terrible crisis financiera.

Las autoridades financieras se resisten a imponer límites a los «techos» y defienden la libertad de los bancos para fijar los márgenes de intermediación y las comisiones que ellos consideren pertinentes, argumentando que el equilibrio deberá surgir como resultado de la competencia, cuando se sabe perfectamente que en México los banqueros no compiten, que jamás han competido y que se han limitado a ponerse de acuerdo en lo que con el mayor cinismo denominan *Gentlemen Agreements*, que más bien debieran calificarse como acuerdos de complicidad en donde fijan los «pisos» por debajo de los cuales ninguno incursiona, no obstante que estos pisos se confunden con las prácticas del agio informal. Cuando esto sucede, ese país está en una crisis financiera deplorable.

Si en un país se concentra cada vez más el ingreso en una pequeña clase minoritaria y privilegiada en tanto que la gran mayoría de la población vive en la pobreza, y buena parte de ella en pobreza extrema, ese país afronta una crisis económica trágica.

México ya estaba en crisis económica y financiera. Los efectos de la crisis internacional vinieron tan sólo a agudizar los efectos de la delicada crisis nacional que ya se sufría. El modelo también se agotó en nuestro país. Urge que las autoridades lo reconozcan como lo están haciendo otras naciones, incluyendo los dos socios comerciales de América del Norte.

En el resto del mundo, y en particular en los países más avanzados, se reconoce, en efecto, que el modelo de desarrollo neoliberal a ultranza ha fracasado; que el mercado no funciona para beneficio de la población si opera en absoluta libertad y con entera impunidad. Se señala que la crisis actual significa para el modelo prevaleciente lo mismo que significó la caída del muro de Berlín para el sistema comunista. Cuando esto sucede en todas partes, sería conveniente para el país que los integrantes de la elite de poder en México, y en particular los políticos y las autoridades, lo aceptaran.

Cuando se reconoce de manera generalizada que el paradigma económico que predicaba la necesidad de desregular y liberalizar, de reducir el tamaño y la intervención del Estado y de confiar en que las fuerzas del mercado evitarían sus propias distorsiones, que ese modelo de desarrollo neoliberal a ultranza, de sacralización del mercado, ha fracasado, debiera también aceptarse en México, donde ha acontecido exactamente lo mismo. Reconocer un problema como una realidad significa que se puede avanzar en el otro 50 por ciento para resolverlo.

Los resultados más recientes cuestionan seriamente la eficacia de este modelo. La crisis financiera no sólo es una crisis del sistema financiero estadounidense, es una crisis de todos los sistemas financieros del mundo, y por supuesto también de México. No es del todo cierto que el país esté simplemente siendo afectado por un problema externo, en el que no tuvo nada que ver. México afronta serios problemas porque su sistema financiero tampoco funciona, porque se ha concentrado en los servicios y operaciones menos relevantes, porque tampoco atiende suficiente y adecuadamente las prioridades del desarrollo.

Cuidado con perder de vista esta realidad. Puede perderse también la extraordinaria oportunidad de cambiar, de transformar lo que definitivamente no funciona bien. Por supuesto que no se propone una vuelta al Estado benefactor, esta opción también está agotada y sería inviable repetirla pues el sustento de la experiencia permite predecir que sería poco factible que los pocos logros del pasado se repitieran, y sí es muy probable que los elevados costos implícitos aumenten de manera sensible. No se sugiere que intervenga el Estado porque el mercado no funciona, se propone que intervenga para que el mercado sí funcione.

La crisis y el fenómeno migratorio

¿De qué manera y en qué proporción la crisis financiero-económica de Estados Unidos habrá de afectar la realidad mexicana? ¿Qué tanto habrá de reducirse el flujo de remesas a nuestro país y cuáles serán sus posibles consecuencias? ¿Se dará efectivamente el regreso masivo de connacionales? ¿Qué tan rápido sucederá esta catástrofe? ¿Cómo podrá afrontarse? Todas ellas son interrogantes que invitan a la reflexión cuidadosa. Es importante imaginar cada uno de los pronósticos y evaluar con objetividad los argumentos. Anticiparse a los acontecimientos e instrumentar acciones oportunas puede ser determinante para aminorar los impactos negativos. Una reacción tardía puede tener graves consecuencias. Pero no actuar con inteligencia y objetividad también puede hacer perder a México la extraordinaria oportunidad de aprovechar la crisis para impulsar los cambios que no sólo requiere, sino que le urgen. Lo que resultaría verdaderamente lamentable y peligroso sería persistir drásticamente en la simulación como contexto y esencia de nuestras decisiones. Lo importante y urgente no es hacer parecer que no pasa nada, y cuando resulta inevitable el reconocimiento de que sí pasa, hacer parecer que se atiende de manera oportuna y eficaz. No, lo importante y urgente ahora es reconocer, con todas sus implicaciones, lo que sí pasa en la realidad y hacer lo necesario para que efectivamente deje de suceder.

Por lo que hace al regreso masivo de connacionales, a la estampida pronosticada por algunos analistas, tengo serias dudas de que así suceda. Habrá cambios sin duda, pero pienso que habrán de compensarse entre sí. Si fueran despedidos y no encontraran nuevas opciones laborales, sobre todo los que llegaron recientemente, con seguridad algunos paisanos optarán por el regreso. «Cuando menos no pagaré renta» –pensarán unos–; «Donde comen cuatro comen cinco» –concluirán otros–; «Cuando se arreglen las cosas volveré a intentarlo» –reflexionarán ilusionados–. Pero me temo que serán pocos, la gran mayoría permanecerá en su nuevo lugar de residencia aun sin empleo, y no sólo porque se apoyarán en el respaldo solidario de los paisanos que conserven el empleo y que probablemente ya han logrado su legal residencia, sino básicamente porque entre dos males, la inteligencia conduce a optar por el menos grave.

Entre permanecer desempleado en su nuevo lugar de residencia y estar desempleado en su comunidad de origen, los migrantes mexicanos van a optar por quedarse, van a preferir la expectativa de trabajar algunas horas al mes, porque en última instancia les significará un ingreso superior a la posibilidad bastante improbable de conseguir un empleo en sus comunidades de origen. Si esto era ya difícil antes de partir, se tornará casi imposible ahora precisamente por la crisis, que por supuesto sí afectará a México de manera severa. Y sabemos muy bien que los desastres naturales y económicos siempre lastiman con mayor violencia a los que menos tienen. Las comunidades de origen están formadas por los más pobres, no obstante el gran apoyo de las remesas.

Es triste confirmar que los factores de expulsión en México son más poderosos que los factores de expulsión de la principal economía del mundo, aun ahora que enfrenta la más severa crisis económica desde la Gran Depresión de 1929.

Lo que sí es probable es que la crisis de México motive a más mexicanos a abandonar sus lugares de origen en busca de mejores oportunidades de empleo, aunque tal vez debiera eliminar el término «mejores» y limitarme a decir simplemente «en busca de oportunidades de empleo». Pero esto no significa necesariamente que aumentará el flujo migratorio al exterior. Muchos de ellos no irán a Estados Unidos. Y no precisamente porque las autoridades estadounidenses han aumentado, y lo seguirán haciendo, las restricciones al acceso, porque cuando aumenta la gravedad de la situación también aumenta la disposición al riesgo. No, muchos mexicanos pobres suspenderán este año, y tal vez el próximo, su salida trágica hacia el país vecino porque buena parte de los flujos migratorios se dan en el marco de las redes sociales, y muchos de los familiares ya establecidos, legal o ilegalmente, que en el pasado animaban su aventura y los apoyaban significativamente en el proceso inicial de su conquista, habrán de persuadirlos de diferir su propósito para después, argumentando que las condiciones actuales no son las más propicias. «Espérate al año que entra –le dirán al sobrino–, ahora las cosas no están muy bien que digamos, pero el próximo año seguro que se van a arreglar». Pero muchos sobrinos no permanecerán en su comunidad, sino que habrán de emigrar, quizá con idea de temporalidad, a los lugares en que suponen podrán encontrar alternativas laborales. Quizás no tan atractivas como las de su sueño americano, pero sí mejores que las prácticamente inexistentes en sus comunidades.

En mi opinión, aumentará el flujo migratorio interno hacia los grandes centros urbanos, hacia la ciudad-capital de cada entidad federativa. Y si los gobiernos locales no se preparan para atender este éxodo, verán crecer los cinturones urbanos de miseria y, consecuentemente, los niveles de inseguridad y criminalidad.

Como parte del propósito de desmitificar al fenómeno migratorio, valdría la pena hacer un paréntesis para reflexionar que si bien es merecido calificar de «héroes» a los trabajadores que tienen el coraje de lanzarse al viacrucis de la aventura migratoria, dejando a sus seres queridos, sus comunidades y su realidad cultural para arriesgar la vida y, en su caso, afrontar un contexto estructuralmente adverso, no son menos «héroes» los mexicanos que se quedan, que permanecen trabajando también arduamente y sin expectativas en sus comunidades de origen o en otras partes del país, con la diferencia dramática de que su esfuerzo laboral no se traduce en una retribución ni siquiera suficiente para satisfacer de manera precaria las necesidades más elementales de la familia.

Habría que reflexionar, por otra parte, que si bien es cierto que las cifras de desempleo en Estados Unidos son y seguirán siendo cada vez más preocupantes, probablemente no serán los mexicanos, a final de cuentas, los más afectados, en virtud de las dos siguientes consideraciones:

Es cierto que en algunos sectores, como el de la industria de la construcción y ciertas actividades agrícolas, entre cuyos trabajadores figura un muy elevado porcentaje de hispanos, sobre todo de mexicanos, el impacto del desempleo está siendo considerable para los paisanos, pero no es menos cierto que entre las más importantes medidas que deben ser adoptadas para reactivar la economía, la construcción de obras de infraestructura desempeñará un papel más que relevante. Los trabajadores mexicanos en este ámbito han demostrado una elevada productividad, así que es muy probable que se les abra muy rápido, antes que a otros, un nuevo campo de actividad laboral.

En otros sectores de actividad productiva es muy probable que el impacto sea más grave para los trabajadores anglosajones o afroamericanos. Conviene reflexionar que si los empleadores estadounidenses han optado por contratar trabajadores mexicanos no ha sido por algún tipo de simpatía o preferencia racial. Lo han hecho porque simplemente les resulta más conveniente contratar mexicanos. Es evidente que los paisanos reúnen ciertas ventajas comparativas que elevan las expectativas de ganancia de los empleadores. Aceptan salarios más bajos, resisten jornadas más prolongadas, protestan menos, tienen, como en México, serias dificultades para organizarse y defender sus derechos de manera colectiva. He hablado con algunos empleadores estadounidenses y cuando me destacan las ventajas y supuestas cualidades laborales de nuestro paisanos, en esencia y en el trasfondo me están diciendo que los trabajadores mexicanos son más «dóciles» y «explotables». Parece ser que 400 años de esclavitud aún se reflejan en nuestra idiosincrasia. Aún más, no es difícil que, en algunos casos y para algunas empresas, una estrategia para hacer frente a la crisis y no reducir sus ganancias, o al menos disminuir sus pérdidas, sea la de sustituir algunos de sus empleados actuales por trabajadores mexicanos.

Y también para las autoridades, nacionales y estatales, de Estados Unidos las ventajas de disponer de trabajadores ilegales aumentan ante la crisis. Trabajadores cuya formación y crecimiento no tuvieron costo para el país, que cubren el pago de prestaciones sociales y no las reclaman, que dejaron sus familias en sus lugares de origen y, por lo tanto, no demandan servicios públicos, que aceptan salarios inferiores a los prevalecientes y se doblegan ante jornadas excesivas. Son ventajas todas ellas que se reflejan en la macroeconomía y que se magnifican en una situación de crisis severa. Las autoridades estadounidenses han demostrado en muy diversas ocasiones que son bastante «prácticas» en sus consideraciones, y lo son aún más en situaciones críticas.

Otro elemento que debe mencionarse es que un porcentaje considerable de quienes contratan indocumentados de origen mexicano está constituido por los propios paisanos que con un espíritu incuestionable de solidaridad deciden emplearlos. Pero no debe dejarse de reflexionar, con el propósito de cuestionar los mitos del fenómeno migratorio, que contratar trabajadores ilegales es también un gran negocio para los paisanos. No es aventurado señalar que en algunos casos los principales explotadores de migrantes mexicanos indocumentados son los propios paisanos regularmente establecidos.

En cuanto al flujo de remesas, es cierto que habrá de disminuir. Las preguntas son si la consecuencia es igualmente grave en términos de balanza de pagos y de desarrollo local, y si esta disminución habrá de persistir por un periodo prolongado.

En relación con el primer cuestionamiento podría señalarse que en las localidades de alta expulsión de migrantes cualquier disminución tiene serias consecuencias, pues los recursos provenientes de las remesas superan en muchos casos el gasto de inversión que realizan los gobiernos federal, estatal y municipal juntos, e incluso el importe neto de todos los programas asistencialistas. Una reducción de la masa salarial, y por lo tanto del circulante monetario, del 10 o 20 por ciento puede tener consecuencias catastróficas en comunidades muy pobres. Sin embargo, es muy probable que en un número importante de casos los migrantes hayan mantenido el valor de sus envíos en moneda nacional, aun cuando en virtud de la significativa devaluación de la moneda respecto del dólar, el flujo en dólares ha disminuido en proporciones superiores. Es decir, el impacto negativo en la balanza de pagos no tendrá necesariamente similar dimensión en el desarrollo social. Desde luego, las consecuencias siguen siendo preocupantes, pues siempre que se reduce el circulante monetario de una comunidad marginada de alternativas se incrementan inevitablemente los índices de pobreza.

También puede destacarse que con el regreso adicional de algunos migrantes, que bien pueden reintegrarse a sus comunidades con ahorros, para evitar lo que todavía es uno de los costos de transferencia más elevados del mundo, algunos otros los utilizan como correo de sus envíos, con lo que ciertos importes que antes se transferían por vías electrónicas registrables ahora se canalizan a través del flujo informal que los mecanismos oficiales definitivamente no pueden detectar. Siempre que se le pregunte a un connacional que se interna al país cuánto dinero trae o trajo consigo dirá que es menos de lo que realmente es.

¿Se continuará el descenso por un largo período? En mi percepción, no será así, sobre todo por el impacto que sin duda tendrán en las oportunidades laborales para los altamente productivos trabajadores de origen mexicano, los programas de inversión urgente y cuantiosa en obras de infraestructura y los flujos impresionantes de subsidio que se pretende canalizar en Estados Unidos para reactivar el sector de la construcción de vivienda.

Recomendaciones para una acción de fomento verdaderamente activa

En cuanto al propósito de promover la vinculación del fenómeno migratorio con el desarrollo equitativo en México, dos primeras recomendaciones me permitiría transmitir a las autoridades responsables del fomento económico, tanto federales como estatales y municipales.

En primer término sugiero orientar la acción de fomento hacia la comunidad de americano-mexicanos, es decir, aquellos jóvenes y no tan jóvenes que nacieron o se formaron en Estados Unidos y que están integrados, o decididos a integrarse, cultural y económicamente a la sociedad estadounidense, por lo que en este documento he preferido referirme a ellos como americano-mexicanos.

Por supuesto, no se propone dejar de promover el vínculo con la comunidad de nacidos en México que de manera legal o ilegal radican en Estados

Unidos. Se trata de un «además de» y no de un «en lugar de». Tampoco se propone debilitar la relación con los clubes y federaciones de oriundos. Se recomienda fortalecer significativamente la relación con las organizaciones de los migrantes mexicanos,[2] que agrupan efectivamente a millones de paisanos.

Y, desde luego, de ninguna manera convendría desatender a los migrantes mexicanos que han desarrollado cierta experiencia empresarial y están dispuestos a efectuar inversiones directas en sus comunidades o regiones de origen. Convendría reconocer, sin embargo, que inversionistas de este tipo son relativamente pocos, que ya mantienen contactos regulares con las autoridades locales y que, por lo general, gestionan respaldos preferenciales por conducto de sus clubes de oriundos, y sobre todo de sus federaciones, donde tienden a distribuirse las posiciones directivas. Estos inversionistas continuarán en su propósito de concretar negocios y tal vez lo único que podría recomendarse a las autoridades sería no otorgar ventajas y tratamientos diferenciales que no estén dispuestos a otorgar a los emprendedores locales, que permanecieron en México, quienes debieran tener, al menos, los mismos derechos. Sería grave que con la intención de no dar un trato discriminatorio a los migrantes, los gobiernos estatales y municipales terminen discriminando a los ciudadanos mexicanos.

Los americano-mexicanos, los verdaderamente binacionales, que según *Wikipedia* en 2008 superaban los 28.3 millones,[3] disponen sin duda de mayores defensas para afrontar la situación de crisis que los trabajadores migrantes y, en ocasiones, que los mismos anglosajones, en virtud no sólo de su situación regular, sino también del prestigio que han conseguido construir como trabajadores esforzados, eficientes y creativos. También es cierto que el ingreso promedio y el nivel de escolaridad de los binacionales es considerablemente superior al promedio que registran los migrantes de más reciente incorporación, que son justamente los que concentran la transferencia regular de remesas.

Debe señalarse, sin embargo, que los americano-mexicanos, en contraste con los trabajadores migrantes, están mucho menos dispuestos a efectuar donaciones y aportar recursos para cofinanciar obras públicas de beneficio

---

[2] National Council of La Raza (NCLR); Hispanic American Center for Economic Research (HACER); Hispanic National Bar Association (HNBA); League of United Latin American Citizens (LULAC); New American Alliance (NAA); Hispanic Association of Colleges and Universities (HACU); Association of Farm Worker Opportunity Programs (AFOP): México-USA Chambers of Commerce and Industry.

[3] http://en.wikipedia.org/wiki/Mexican_American

comunitario. Los binacionales están, eso sí, más dispuestos a, y en mejores condiciones de, colocar recursos en posición de riesgo con un propósito particular de negocio en aquellos proyectos productivos en México cuyos supuestos de viabilidad y expectativas razonables de rentabilidad lo justifiquen.

Por supuesto, no aceptarán destinar a este propósito sino una parte minoritaria de sus ingresos o ahorros, no obstante lo cual, el importe potencial puede alcanzar cifras impresionantes tomando en consideración que los binacionales, en conjunto, son más de cinco veces el número de migrantes que envían remesas y disponen de ingresos regulares considerablemente superiores.

Los principales obstáculos a la inversión productiva

En mi opinión son dos los principales obstáculos estructurales que complican y desalientan la decisión de los migrantes y de los americano-mexicanos de impulsar proyectos productivos en sus comunidades de origen. En primer término, la carencia de una infraestructura de respaldo productivo, ya que en la mayoría de los casos se trata de localidades tradicional y sistemáticamente desatendidas por los programas de inversión y servicios públicos de las autoridades estatales y federales. En buena medida este olvido explica el flujo migratorio, al actuar como uno de los principales factores de expulsión. La ausencia de medios adecuados y modernos de comunicación con los centros proveedores de insumos y los principales mercados desincentivan un número considerable de inversiones, cuando se pretende alcanzar niveles de eficiencia y competitividad que garanticen la autosuficiencia. En ocasiones la falta de agua, drenaje y servicios municipales eficientes, como el de recolección de basura o la seguridad, contribuyen a este desaliento. El nivel de pobreza comunitaria, con todo lo que ello implica, tiende a convertirse en un obstáculo casi infranqueable para la inversión productiva.

En realidad, si no han proliferado las empresas grandes y medianas en las comunidades de origen o en sus inmediaciones ha sido seguramente porque las condiciones del entorno no son las más favorables y es muy probable que así continúen. No debe olvidarse que la falta de oportunidades de trabajo productivo y bien remunerado fue lo que básicamente motivó a los jóvenes más trabajadores y emprendedores a emigrar.

Un segundo obstáculo se deriva de la carencia de recursos humanos preparados para ejecutar y administrar con eficiencia los proyectos productivos. Por lo general, son precisamente los mejores trabajadores y los más emprendedores los que optan por emigrar en busca de nuevas oportunidades. Los mexicanos en el exterior no perciben, en términos generales, una capacidad local de administración de proyectos en sus comunidades como para justificar inversiones con cierto grado de riesgo, por más interés que tengan en impulsar el desarrollo económico local. Algunos connacionales radicados en el extranjero poseen las habilidades para instrumentar y operar un proyecto productivo, pero sus planes de vida no incluyen, por lo general, el regreso. Otros prefieren invertir sus ahorros en iniciativas en sus propios lugares de residencia por considerar que no sólo resulta más sencillo concretar su intención, sino porque además vislumbran mayores expectativas de rentabilidad. Por otra parte, tampoco resulta sencillo persuadir a quienes disponen de tal capacidad en México de trasladarse de las grandes ciudades a radicar en las comunidades de origen, que no presentan precisamente las condiciones más favorables para el bienestar y desarrollo familiar.

Y si bien es cierto que entre los pocos migrantes empresarios e inversionistas, sólo algunos están dispuestos a trasladarse a México o a dedicar una parte muy significativa de su tiempo para supervisar y administrar en forma directa su inversión productiva, también lo es que entre los americano-mexicanos son todavía muchos menos quienes están dispuestos a hacerlo. He señalado que entre los americano-mexicanos hay un extraordinario potencial de colocar en México recursos de posición de riesgo para participar en negocios productivos, pero no he insinuado siquiera que estarían dispuestos a cambiar temporal o definitivamente sus lugares de residencia.

Los proyectos productivos que debieran ser promovidos

¿Qué tipo de proyectos productivos debieran promoverse entre los americano-mexicanos? ¿Quién debiera seleccionar y diseñar los proyectos? Son cuestionamientos de la mayor relevancia.

Considero que una iniciativa para convencer a los americano-mexicanos de que participen en negocios productivos en México debiera concebirse en todo momento como acción instrumental de las políticas públicas de fomento del desarrollo equitativo. En consecuencia, al tratar de definir el tipo de proyectos productivos que puede resultar más aconsejable impulsar, sería prudente reflexionar sobre las implicaciones que la actividad productiva puede tener precisamente en el desarrollo local, en particular en las comunidades y regiones de origen de los mexicanos que se encuentran en el exterior.

En los países más avanzados y en los emergentes más dinámicos, las regiones, estados, comunidades autónomas o entidades locales que han obtenido mayores ventajas de su relación económica con el exterior han sido aquellas cuyos gobiernos locales las han concebido como si éstas fueran un país en lo individual. Los administradores de estas localidades exitosas han diseñado e instrumentado su propia estrategia internacional, partiendo de su propio registro estatal de balanza comercial y, sobre todo, de pagos, es decir, su relación particular con el exterior, adicionando en algunos casos la tenida con las demás entidades de su propio país, ya que en términos de repercusión económica el impacto y las implicaciones son similares.

Cuando en el ámbito estatal, municipal o comunitario el saldo en el flujo de recursos derivados de las operaciones económicas con el exterior es negativo, se reduce inexorablemente el circulante monetario de la propia localidad, y resulta imposible frenar el deterioro económico; también es un hecho que de mantenerse este desequilibrio por un periodo prolongado, resulta inevitable que los índices de pobreza y de marginación crezcan.

En un análisis particular sustentado en este principio de relación local, podría afirmarse que, en efecto, si después de un plazo razonable los ingresos provenientes del exterior, generados directamente por una nueva actividad productiva (inversión directa, remesas, aportaciones, créditos, ventas, etc.), no resultan superiores al monto de recursos que dicha unidad productiva hace egresar de la comunidad por su operación (recuperación de aportaciones, retiro de utilidades, amortizaciones e intereses de préstamos externos, adquisiciones de equipos, tecnología e insumos, pago de regalías, etc.), no habría contribución efectiva al desarrollo local y, por lo tanto, no se podría justificar fácilmente la promoción del esfuerzo productivo por parte de las instituciones públicas de fomento.

Los integrantes de los grupos comunitarios y sus aliados en el exterior son los que debieran identificar aquellos bienes producidos por la comunidad que puedan sustituir bienes que provienen de fuera, o bien que puedan comercializarse en otros mercados, es decir, la elaboración de productos o la prestación de servicios que en un plazo razonable puedan arrojar un ingreso neto positivo de recursos financieros y, como ya se destacó, un incremento neto del circulante monetario de la comunidad, que es el que habrá de garantizar un bienestar superior para todos sus integrantes.

Para elegir los bienes que se vayan a producir, por supuesto que sería aconsejable evaluar las posibilidades de utilizar como insumos recursos naturales disponibles en la propia comunidad, e incluso en el respectivo municipio, así como la conveniencia de agregar valor a las actividades agropecuarias, forestales o pesqueras que constituyan la vocación productiva de la localidad. El encadenamiento productivo puede incidir desde luego más rápido y más ampliamente en el desarrollo local; sin embargo, debe tenerse cuidado de no asignar a la nueva producción de las comunidades de origen responsabilidades exageradas, inequitativas y a todas luces injustificadas, pues las deficiencias crónicas en producciones primarias podrían afectar estructuralmente las nuevas iniciativas de procesamiento. Convendría pues analizar cuidadosamente si en la producción primaria pueden alcanzarse los niveles necesarios de competitividad, pues una falta de competencia estructural en los insumos puede contaminar en principio toda actividad secundaria y anular las perspectivas de rentabilidad y permanencia de un nuevo proyecto de inversión.

Lo recomendable, en síntesis, es que la activación de un nuevo proyecto no debiera surgir como resultado de una decisión independiente, sino formar parte integral de una estrategia endógena de desarrollo local.

¿Cuál es el tipo particular de proyectos que debiera impulsarse?, ¿cuáles los productos que se recomienda elaborar?, no son, en efecto, preguntas sencillas de responder. Sería conveniente recalcar que los proyectos productivos no existen en abstracto; lo que significa que difícilmente un grupo de consultores externos, por capaces y experimentados que sean, podrían formular de manera independiente proyectos de inversión con el indispensable sustento técnico, económico y social.

Ante la realidad de las poblaciones mexicanas de bajos ingresos, la pretensión de que especialistas ajenos a la comunidad definan sus proyectos de inversión no sólo puede ser una osadía pretenciosa, sino que puede llegar a convertirse en un esfuerzo inútil. Se puede identificar, es cierto, una oportunidad y hasta una necesidad de inversión; se puede también describir un perfil con base en experiencias más o menos similares, pero jamás se podrá formular seriamente un proyecto de inversión sin haber definido antes a los sujetos de la acción empresarial, a los emprendedores de la iniciativa. De hecho, las modalidades, el alcance y las características fundamentales de las iniciativas de inversión dependen precisamente de los intereses, objetivos, aptitudes, deseos, experiencias y posibilidades particulares de quien o quienes pondrán en riesgo su patrimonio, prestigio, esfuerzo, talento, imaginación y capacidad técnica para ejecutarlos y operarlos.

Los proyectos de inversión dependen en su formulación de las relaciones que prevalecen entre los protagonistas principales que administrarán su instrumentación y operación. Si ignorar este principio es riesgoso en las zonas urbanas de gran experiencia industrial, mucho menos debiera olvidarse en las comunidades rurales de escasos recursos, en las que el patrimonio que aportan los participantes locales no lo constituyen casi nunca propiedades inmobiliarias, bienes muebles o valores tradicionales, sino que habitualmente se pone en riesgo un capital social significativamente más importante, como el prestigio personal y la aceptación comunitaria o incluso los sueños y las aspiraciones individuales, familiares y, en algunos casos, comunitarias.

Es conveniente reconocer que los recursos financieros derivados del apoyo o la participación de los mexicanos en el exterior, si bien es de significativa consideración, no son suficientes para que un proyecto de inversión productiva en comunidades de origen tenga éxito.

Si se pregunta a las personas que permanecieron en la comunidad cuáles son las actividades productivo-empresariales que desearían operar, y se les demanda una respuesta inmediata, no es improbable que propongan las que, aun con deficiencias de respaldo y poco éxito, han funcionado siempre en la localidad, y que evidentemente no les han permitido superar sus condiciones de pobreza, es decir, aquellas que no han impulsado el desarrollo comunitario, familiar o personal.

¿Bastaría, por otra parte, que los mexicanos en el exterior aceptaran constituirse en el mercado único para sugerir la elaboración de ciertos productos? En mi opinión, de ninguna manera como criterio generalizado. No debe perderse de vista que la mayoría de los migrantes figura entre los estratos de menores ingresos en sus lugares de residencia y que las remesas y las aportaciones solidarias constituyen casi siempre un sacrificio, pues no se trata de recursos excedentes. Subsidiar indefinidamente, a través de un simple consumo de respaldo, las nuevas actividades productivas no parece ser una solución equitativa, y tampoco inteligente.

La adquisición con sentido solidario puede ser un factor determinante de impulso, es cierto, sobre todo en las etapas iniciales de un negocio productivo, pero la única posibilidad de darle permanencia y perspectiva de crecimiento radica en la posibilidad de que el ejercicio de la acción de compra de los bienes elaborados en las comunidades de origen se convierta para los mexicanos en el exterior en una decisión racional del gasto familiar; en otras palabras, cuando el producto exportado se constituya en un satisfactor idóneo y atractivo y en la mejor oferta disponible para los compradores solidarios.

La elección de proyectos tiene, por otra parte, ciertas condicionantes en las comunidades de origen, ya que es muy probable que los eventuales participantes sean adultos mayores (que en consecuencia afronten ciertas dificultades para el trabajo intensivo y la producción en serie), o bien jóvenes (generalmente inexpertos y con necesidad de continuar estudiando), y sobre todo mujeres (que si bien tienen ventajas competitivas importantes, afrontan oportunidades y condiciones inequitativas y dificultades estructurales que limitan su participación y que se derivan de su propia condición de género). Las mujeres, por ejemplo, disponen de tiempo laboral de manera irregular y discontinua, ya que por lo general deben combinar su actividad laboral con sus tareas domésticas, en especial con la atención de los hijos y, cada vez más, con la administración de la vida comunitaria. No tomar en consideración limitaciones o condicionantes como estas puede ser la fórmula más eficaz para hacer fracasar los proyectos de inversión.

El financiamiento de proyectos de inversión mediante las aportaciones de los mexicanos en el exterior de ninguna manera resulta suficiente para concretarlos con eficiencia y, desde luego, tampoco para garantizar una contribución efectiva al desarrollo local. Aún más, en algunos casos el respaldo financiero aislado puede resultar no sólo insuficiente sino hasta contraproducente. Otorgar recursos a quien produce o va a producir lo que no debiera o que vende o venderá donde tampoco debiera o que supone que gana cuando en realidad pierde, puede ser otra manera eficaz de aniquilar su actividad productiva y su iniciativa emprendedora para obtener mayor bienestar familiar. Se requiere, sin duda, de otras acciones de apoyo para que se obtengan beneficios perdurables y autosustentables como resultado de una actividad productivo-empresarial.

La alternativa de producción que se presenta con especial frecuencia y con cierto simplismo es la industria maquiladora, que no obstante los resultados de los últimos veinte años, cada seis se vuelve a presentar como una panacea para dinamizar la actividad económica nacional. La alternativa que significan las empresas maquiladoras, sin embargo, no parece ser la opción más aconsejable para impulsar el desarrollo económico y social de las comunidades de origen de migrantes.

Las maquiladoras, por razones de competencia, sustentan por lo general su operación y permanencia en el pago de salarios relativamente bajos y de prestaciones laborales mínimas. Es cierto que el importe de un salario mínimo puede ser atractivo en comunidades muy pobres y marginadas, pero también lo es que la perspectiva de avanzar en un mejoramiento continuo sería muy limitada o casi inexistente. Los mexicanos en el exterior podrían enfrentar un conflicto de intereses serio ante dos alternativas excluyentes: el pago de mejores salarios y prestaciones, por una parte, y la necesidad de aplicar salarios bajos para asegurar la competitividad de la oferta de bienes de producción masiva que se dirigen a mercados particularmente sensibles a los niveles de precio, por la otra.

Además, la instalación y operación de las maquiladoras requieren cierta infraestructura básica, de la que por lo general carecen las comunidades de origen, y su incorporación a los costos del proyecto, aparte de seguramente hacer incosteable la iniciativa e irrecuperable la inversión, puede resultar contraproducente y poco justificada si gravita sobre la inversión pública.

La operación de las maquiladoras se basa, por lo general, en economías de escala, producción en serie y una elevada productividad, modalidades que exigen a su vez de una rigidez en los horarios (la que difícilmente pueden cumplir los integrantes de la comunidad de origen, ya que por lo general los hombres que permanecen en ella continúan vinculados a las tareas del campo y las mujeres deben hacerse cargo de las labores del hogar y el cuidado de los niños), y de una disciplina operacional basada en un esquema riguroso de incentivos y, sobre todo, sanciones, las que, de acuerdo con lo que nos han expresado los propios mexicanos en el exterior, no es sencillo que puedan aplicar a sus familiares y amigos. Las maquiladoras tienden a contratar, para alcanzar los índices de productividad requeridos, a jóvenes mujeres solteras, muchas de las cuales en las comunidades de origen se han venido incorporando al flujo migratorio, o para quienes la aceptación del trabajo conllevaría implícitamente la cancelación de las expectativas de continuar con sus estudios. El matrimonio y la maternidad, por su parte, tienden a incidir sensiblemente en la rotación del personal y consecuentemente en la disminución de los índices de productividad.

El establecimiento de empresas industriales medianas e incluso de ciertas pequeñas, parece igualmente poco aconsejable, pues no sólo plantea el requerimiento de infraestructura adecuada, sino que actualmente, en un contexto de globalización económica, su competitividad se sustenta de manera creciente en la disponibilidad de capital intensivo, tecnología de vanguardia, experiencia y productividad laboral y una capacidad de gestión administrativa cada vez más sofisticada, factores todos ellos que no son precisamente abundantes ni fáciles de generar en las comunidades de origen.

Todo apunta a que los proyectos productivos que sería aconsejable impulsar en las comunidades de origen son los que habrán de dar como resultado el establecimiento de muy pequeñas unidades productivas. Es necesario, sin embargo, que todos los que participen en este tipo de iniciativas estén seriamente convencidos de que es precisamente el estrato más conveniente, desde todos los puntos de vista.

En primer término, es prudente reconocer que las muy pequeñas unidades productivas se han venido confirmando como la verdadera base sólida de las estructuras productivas en la mayoría de los países y regiones. En términos de generación neta de puestos de trabajo, es decir, el número de los nuevos empleos, menos aquellos que han desaparecido en el mismo período, puede confirmarse que actualmente tanto en los países en desarrollo como en los más avanzados, casi las únicas empresas que registran una aportación positiva en materia de empleo son aquellas con menos de 30 trabajadores.

Ante esta realidad, el impulso a las muy pequeñas unidades productivas se consolida en todos los países, independientemente de su grado de desarrollo, no sólo como la mejor sino como la única estrategia de generación de empleo permanente. El desarrollo y la operación de las muy pequeñas unidades productivas requieren, además, un sustento de infraestructura considerablemente modesto en términos relativos, situación que adquiere una relevancia de orden estratégico en las comunidades de origen de los migrantes, sobre todo en épocas de crisis.

A partir de las ventajas competitivas de las pequeñas unidades productivas, que se derivan precisamente de su condición de pequeñas, se podrían encontrar las actividades particulares hacia donde orientar los proyectos productivos en las comunidades de origen.

Sin duda carece de sustento técnico la afirmación, lamentablemente frecuente, de que las unidades productivas pequeñas no pueden alcanzar niveles de competitividad internacional y que, por lo tanto, no debieran incorporar la exportación entre sus objetivos comerciales. La experiencia internacional demuestra todo lo contrario.

Cuando las muy pequeñas unidades empresariales producen eficientemente lo que sus ventajas competitivas aconsejan y se dirigen a los nichos de mercado idóneos, tienen mayor capacidad de internacionalización que muchas de las empresas pequeñas y medianas, e incluso superior a muchas de las grandes.

En mi opinión, los proyectos productivos que habrían de impulsarse en las comunidades de origen con el apoyo de los mexicanos en el exterior, y en particular de los americano-mexicanos, debieran orientarse desde su origen hacia la exportación, en virtud de las siguientes tres ventajas particulares:
1. México es el único país en desarrollo que dispone de una frontera con uno de los grandes mercados del mundo industrializado, en este caso el más grande.
2. En Estados Unidos, las comunidades de origen disponen de un impresionante mercado, integrado por los migrantes mexicanos y los estado-

unidenses de origen mexicano. Tan sólo la capacidad de compra de los paisanos del estado en que se localiza la comunidad de origen podría justificar la activación de un número muy significativo de proyectos productivos.
3. Los mexicanos en el exterior pueden constituirse, además, en un aliado estratégico para acceder a los mercados generales de sus lugares de residencia. Es decir, no sólo para comercializar los productos entre mexicanos e hispanos, sino con su participación comprometida entre todo tipo de consumidores.

Nuevos mecanismos a través de los cuales podrían los americano-mexicanos participar en el riesgo financiero de los proyectos productivos

Líneas de contingencia

Los americano-mexicanos podrían apoyar a sus comunidades de origen en el financiamiento de sus proyectos por conducto del sistema de intermediación financiera y sin tener que efectuar erogaciones inmediatas.

El americano-mexicano que disponga de una cuenta de cheques o de ahorros en un banco estadounidense podría, de manera individual o colectiva, solicitar a su banco que, con base en su capacidad de crédito, proceda a abrir un línea contingente de respaldo a un determinado banco establecido en México para que, a su vez, otorgue un crédito sin garantías por un cierto importe a quien él señale en su comunidad de origen. El acuerdo contingente indicaría que si el beneficiario en México no cumple oportunamente con el pago de una de las amortizaciones del crédito con el interés implícito, el banco mexicano acreedor podrá, mediante mecanismos de compensación, descontar automáticamente el monto no cubierto de la línea de contingencia del banco corresponsal en Estados Unidos. En consecuencia, a partir del registro del incumplimiento, el banco de Estados Unidos procedería a abrir un crédito al migrante que respalda, en términos previamente acordados.

De esta manera, sin transferir recursos, los americano-mexicanos pueden activar el financiamiento sin respaldo de garantía, para impulsar un proyecto en su comunidad de origen, transfiriendo su capacidad de crédito no utilizada a familiares, amigos o paisanos, y pudiera ser, si sus beneficiarios cumplen con sus compromisos de pago, que el migrante jamás tenga que efectuar transferencia de recursos o pago alguno derivado de su apoyo.

Conviene señalar que si el respaldo contingente cubre el 100 por ciento del crédito y sus accesorios se configuraría una operación sin riesgo para el banco, lo que daría lugar a que se aplicara una tasa de interés considerablemente más favorable, la cual podría ser todavía inferior si se negocia con el banco intermediario el hecho de que se le otorga una garantía en divisas para respaldar una operación en moneda nacional.

Podría el americano-mexicano obtener un efecto multiplicador interesante con su línea de respaldo contingente, si se concierta con Nacional Financiera/Bancomext que otorgue, en una operación de financiamiento paralelo, su garantía por un importe similar al banco intermediario, con lo que se duplicaría el importe del crédito para respaldar el proyecto en la comunidad de origen. De esta manera, un apoyo virtual de un americano-mexicano por 5 mil dólares permitiría activar un financiamiento sin garantías reales para apoyar un proyecto comunitario por el equivalente en moneda nacional de 10 mil dólares. Si se negociara una participación complementaria similar del respectivo gobierno estatal, comprometiendo su participación futura en impuestos federales, el importe del crédito podría elevarse al equivalente en moneda nacional de 20 mil dólares.

La ganancia para el americano-mexicano podría provenir de los beneficiarios al cubrirle una comisión equivalente incluso al doble de la tasa de interés que prevalece en su propio banco por ahorro o inversión. Importe que de todas maneras sería inferior a la tasa de interés bancario.

Créditos directos

El americano-mexicano que estuviera dispuesto a asumir el riesgo de pago podría otorgar directamente un crédito a los responsables de los proyectos en sus comunidades o región de origen, efectuando directamente el pago de las adquisiciones al proveedor. En este caso se aplicaría también una tasa de interés equivalente al doble o triple del rendimiento que esté obteniendo por su ahorro o inversión en su lugar de residencia. De esta manera, el acreditado en México estaría asumiendo un compromiso de pago para con el americano-mexicano con una tasa de interés equivalente al 20 o 30 por ciento de la tasa que prevalece en el sistema bancario mexicano, en el lejano supuesto de que hubiese tenido acceso al mismo.

Esquemas de participación en riesgo

Las instituciones de fomento, federales y estatales, podrían diseñar e instrumentar mecanismos para incentivar y facilitar la participación de los mexicanos en el exterior, en particular los americano-mexicanos, en proyectos de inversión productiva, sobre todo aquellos que estén orientados en su comercialización hacia los mercados de sus lugares de residencia. Resultan evidentes las ventajas del capital de riesgo sobre el apoyo crediticio para impulsar nuevos proyectos productivos, sobre todo cuando no se registran precedentes ni se dispone de actividad productiva en operación, en que resulta indispensable un período de gracia largo durante la fase de ejecución.

Los gobiernos estatales y el federal podrían impulsar proyectos en una vía de doble sentido en la que los protagonistas y beneficiarios fundamentales no sean únicamente los integrantes de la comunidad de origen, sino en la que se abran en paralelo nuevas oportunidades de incrementar el bienestar y mejorar las perspectivas de desarrollo personal a los americano-mexicanos. Sería más que una mera colaboración, se trataría de una auténtica coinversión *joint venture*, de una alianza estratégica para instrumentar proyectos binacionales de interés recíproco en los que ambos integrantes aportarían patrimonio y esfuerzo productivo-empresarial y se beneficiarían de los resultados. No se trataría de la iniciativa de unos que la llevan a cabo con el sustento de otros, se trataría de un esfuerzo emprendedor de ambos.

- Participación temporal en el riesgo

Sin necesidad de participar como socios en el capital social de las empresas, los americano-mexicanos podrían aportar recursos con el objeto de cubrir parte de los requerimientos de capital de trabajo para atender un pedido específico. La empresa mexicana desagregaría sus costos y ganancias, con la certificación de alguna institución de fomento oficial, e invitaría a los americano-mexicanos a participar en el negocio, en el entendido de que inmediatamente después de efectuarse la cobranza respectiva, se les transferirían las ganancias correspondientes al porcentaje de su respectiva participación en el financiamiento del capital de trabajo.

- Participación accionaria

El gobierno federal y los estatales, por conducto de sus instituciones de fomento o bancos de desarrollo, podrían constituir fideicomisos de capital de riesgo, o bien utilizar algunos de los existentes, para acompañar a los americano-mexicanos como socios paralelos en un proyecto de inversión. Para garantizar el carácter promocional de la inversión oficial y la de los americano-mexicanos, se acordarían previamente los mecanismos de salida, señalándose que después de un determinado período de asociación, los inversionistas locales adquirirían las acciones de la institución de fomento y de los americano-mexicanos a un precio cuyo cálculo también se acuerde previamente. De no suceder así, la institución de fomento y los americano-mexicanos tendrían el derecho de adquirir la participación accionaria de los inversionistas locales para proceder a poner en venta el control y la propiedad total de la empresa. El hecho de que las instituciones de fomento estén dispuestas a poner en posición de riesgo una cantidad similar a la que arriesgue el americano-mexicano constituiría su mejor garantía de que se realiza una adecuada evaluación y supervisión de la viabilidad económica y rentabilidad financiera del proyecto. Se tendría así la certidumbre de que en la operación prevalecen criterios de orden empresarial y que las instituciones de fomento cuidarían de su inversión al cuidar de la propia, pues los resultados positivos o negativos afectarían a todos por igual.

¿Los connacionales como mercado?
Quienes impulsen la vinculación entre migración y desarrollo local no deben perder de vista que los mexicanos en el exterior, en particular los migrantes, han sido literalmente acosados por sus paisanos en México. Les piden los padres, hermanos, sobrinos, cuñados y amigos que, en un acto de solidaridad familiar, envíen dinero para contribuir a sufragar una variedad interminable de gastos prioritarios; les demanda la autoridad comunitaria que transfieran recursos para compartir los gastos de la fiesta del santo patrono; les solicita el párroco que colaboren en la reconstrucción del templo; le sugiere el presidente municipal o alguna autoridad estatal que compartan, en un esquema de 1 x 1, 2 x 1, 3 x 1 o 4 x 1, obras públicas cuya construcción corresponde a los gobiernos pero que son fundamentales para la vida comunitaria; les exhorta el gobernador del estado a que inviertan en su región en proyectos productivos; les presionan todos para que contribuyan, pero pocos se preocupan de cómo les va por allá.

Los mexicanos en el exterior requieren con urgencia una demostración contundente de que «el gobierno», en todas sus instancias, se preocupa efectivamente por ellos, de que los sigue considerando mexicanos para todos los efectos. Y es por ello aconsejable que las autoridades, como sucede en Marruecos, dejen de llamarles «migrantes» para referirse a ellos simplemente como «mexicanos en el exterior». Pero dándole un sentido efectivo y no meramente retórico a este cambio, que puede ser trascendente.

Una estrategia seria de fomento para impulsar proyectos binacionales orientados a la exportación a Estados Unidos implicaría algunos cambios en la normatividad de diversos instrumentos. Por ejemplo, Nafin-Bancomext tendrían que comenzar a considerar como elegibles los proyectos de inversión de migrantes cuando se destinen a importar de manera regular bienes y servicios generados en México. En la actualidad, si un empresario radicado en México quiere abrir una bodega en Nueva York para mantener inventarios y ampliar su potencial exportador, puede recibir de Nafin-Bancomext respaldo financiero a tasa y plazo preferencial (de consenso), pero a veces a un emprendedor de origen mexicano, nacido en Estados Unidos, cuando decide establecer una tienda en Nueva York para importar exclusivamente productos mexicanos no se le apoya porque se le considera extranjero. El gobierno tiene que ser congruente y no considerar a los mexicanos en el exterior como nacionales sólo cuando envían dinero al país.

Y la verdad es que difícilmente habría inversión más relevante que aquella que genera de manera permanente exportaciones de México. En realidad, bien pudiera argumentarse que la exportación como iniciativa de fomento no existe, que se trata simplemente de una acción instrumental de la decisión de importar. Los países verdaderamente exportadores, igual que las empresas, son aquellos que no se limitan a vender a quienes del exterior vienen a comprarles, sino que se instalan en el exterior para desde allá importar sus productos y servicios, monitoreando en forma directa el comportamiento de los mercados y la acción de la competencia.

En este tipo de alianzas verdaderamente estratégicas, los participantes locales aportarían básicamente el esfuerzo productivo y los americano-mexicanos, el esfuerzo de comercialización para acceder a los nichos de mercado objetivo en sus lugares de residencia. Se trataría de proyectos conjuntos que eliminarían el efecto nocivo del asistencialismo, en el que se compartirían responsabilidades y esfuerzos y se dividirían las tareas en función de las ubicaciones, especialidades y capacidades competitivas.

La organización productiva y las empresas de servicio

Sin duda, la principal limitación y desventaja de la pequeña unidad productiva no se deriva de su condición de pequeña, sino de que actúa sola en un contexto de actividad económica de cada vez más profunda y compleja interdependencia. Es una perspectiva manifiesta que, para muchas pequeñas unidades productivas mexicanas, la única posibilidad de desarrollarse, y para otras incluso de que sus negocios sobrevivan, radica en su capacidad y de su decisión oportuna de conjugar esfuerzos con otras unidades productivas en actividades e inversiones diversas de beneficio común, con la finalidad concreta de incrementar colectivamente su capacidad de competencia.

Si en efecto la participación y el respaldo de los americano-mexicanos debiera darse preferentemente en pequeñas unidades productivas, es conveniente reconocer, en paralelo, que la acción individual de las muy pequeñas unidades productivas, ante la magnitud reducida de su propia actividad, no sólo les impone diversas limitaciones, sino que les impide acceder solas a los métodos y procedimientos modernos de producción, administración y comercialización y, en consecuencia, alcanzar los niveles de eficiencia que exigen mercados verdaderamente competidos.

La acción conjunta, sin embargo, no debiera necesariamente concebirse como la formación de una organización con sustento cooperativo o con sentido de fusión, sino como un instrumento activo de colaboración emprendedora; como una alianza estratégica que, respetando el principio de la individualidad, que en México es manifiesto y determinante, propicie y facilite el esfuerzo conjunto para acrecentar la capacidad de negociación y de concreción colectiva; pero una alianza en la que los resultados y el ingreso para cada participante dependan directamente de la calidad y de la magnitud de su propio esfuerzo individual.

Para garantizar niveles aceptables de eficiencia y productividad se recomienda promover, en todo caso, la formación de empresas de servicios que con un enfoque de negocio mantengan como único objeto y objetivo el desarrollo integral de los participantes y el éxito de los proyectos productivos.

En empresas de servicios, propiedad exclusiva de los miembros de la comunidad de origen que participen en los proyectos y de los americano-mexicanos, se podría integrar con estudiantes y egresados universitarios de diversas disciplinas y, de preferencia, con los hijos e hijas de los productores participantes, con cierto nivel de formación educativa y con una clara inclinación a desempeñar las funciones de administración empresarial.

Las empresas de servicios gestionarían el respaldo técnico, financiero y promocional para el diseño, ejecución y operación de los proyectos, ante dependencias e instituciones de fomento, en los ámbitos municipal, estatal o federal, así como ante organizaciones mexicanas e internacionales de cooperación para el desarrollo. Actuarían también como agentes de interlocución y enlace entre los productores locales y las instituciones de respaldo productivo-empresarial de los sectores público, privado y social, en materia de información, capacitación, asesoría técnica, financiamiento, soporte tecnológico, articulación productiva y promoción comercial. Asumirían, en este caso, la función específica de asegurarse de que, para la ejecución y operación de los proyectos, se reciba el respaldo adecuado, oportuno y competitivo, y en términos y condiciones accesibles.

Las empresas de servicios concentrarían, por otra parte, la capacidad de negociación para relacionarse con proveedores, compradores e instituciones de respaldo financiero. Consolidarían así los requerimientos, gestionarían el respaldo crediticio y administrarían los préstamos para financiar las necesidades de capital de trabajo colectivo y de inversión de activos fijos.

Fondos promocionales

Los americano-mexicanos podrían integrar fondos especiales de apoyo a los proyectos de sus municipios y comunidades de origen, cuyos recursos se utilizarían para cubrir ciertas acciones de respaldo como las siguientes:
1. Investigaciones de mercado.
2. Edición y distribución de material promocional.
3. Contratación de asesores que se trasladen temporalmente a las comunidades de origen para que proporcionen asistencia técnica y contribuyan al incremento de la capacidad competitiva de los proyectos productivos.
4. Adquisición y envío de muestras, diseños, prototipos, herramentales e innovaciones tecnológicas, que permitan aumentar la capacidad de competencia de los proyectos.
5. Organización de ferias y exposiciones en las localidades de residencia para exhibir y comercializar los productos elaborados en sus comunidades de origen.
6. Instalación de observatorios y galerías de arte popular para promover y comercializar los productos elaborados en sus municipios y comunidades de origen.

Observatorios de inteligencia y promoción comercial

Los americano-mexicanos podrían promover y operar observatorios de inteligencia y promoción comercial, cuya principal misión será la de identificar los nichos de mercado más idóneos para la oferta de los proyectos productivos en sus lugares de residencia, sondear las reacciones de potenciales consumidores, evaluar la reacción del mercado ante la estrategia motivacional y retroalimentar con información de los nichos de mercado objetivo a los productores en sus comunidades y regiones de origen.

Recomendaciones finales a las autoridades de fomento

En primer término, se recomienda que los proyectos productivos sean concebidos siempre como una propuesta de las propias comunidades de origen, asesoradas por los mexicanos en el exterior. Es importante tener presente siempre que el desarrollo nunca ha venido de afuera hacia adentro. La única posibilidad de que los proyectos avancen y tengan éxito depende de que los propios participantes los consideren sus propias iniciativas. La experiencia demuestra que cuando los proyectos son decididos y diseñados por autoridades o «expertos» ajenos a su realidad cotidiana, se genera un cierto tipo de «anticuerpos» sociales extraordinariamente dinámicos que no descansan hasta hacerlos fracasar y desaparecer.

Es aconsejable que la acción de fomento de las autoridades, en los ámbitos federal, estatal y municipal, se oriente a promover y respaldar las iniciativas de las comunidades, incluso a proporcionar asesoría técnica, pero nunca a decidir por ellos. Será fundamental eliminar todo criterio de carácter asistencialista o conductista. Indudablemente se requiere orientación y soporte, pero sólo para que los integrantes de las comunidades de cada proyecto puedan organizar mejor su propio esfuerzo, para diseñar e impulsar por ellos mismos una iniciativa, en la que deberían participar no como simples objetos del respaldo, sino como sujetos de la acción emprendedora.

Sería ampliamente recomendable que la acción de fomento y las medidas de respaldo integral a las comunidades de origen y a los connacionales en el exterior para decidir e instrumentar sus proyectos productivos, se insertaran en el marco de la decisión política de restituir a la sociedad civil la responsabilidad fundamental de transformar su realidad y de ocuparse en la construcción de su nueva perspectiva de desarrollo.

Se sugiere adoptar un enfoque de desarrollo empresarial, no asistencialista, partiendo de la convicción de que la mayoría de las muy pequeñas unidades productivas puede alcanzar los niveles de competencia que exige una economía globalizada y de que los niveles de eficiencia no son condición intrínseca del volumen de operaciones o de las dimensiones de los establecimientos productivos.

En la acción de fomento gubernamental debiera impulsarse y respaldarse la participación de los americano-mexicanos en la formación de nuevas unidades productivas pequeñas, pero no sólo para que sobrevivan, sino para que evolucionen como participantes dinámicos en el proceso de modernización de la economía en su conjunto. Sería conveniente establecer la política de que las unidades productivas que se promuevan en las comunidades de origen, o bien en las comunidades integradas de alcance binacional, no operen en la informalidad, sino que desde un inicio participen activamente en la economía formal, con sustento en su propia capacidad de competencia. Para esto será necesario que en México se cuente finalmente con un marco jurídico y fiscal que no sólo promueva esta transición sino que no la impida, como lamentablemente sucede en la actualidad.

Y en este contexto resulta fundamental que los proyectos binacionales que impulsen los gobiernos a través de sus instituciones de fomento sean básicamente aquellos que estén orientados, en términos comerciales, hacia los mercados de los lugares de residencia de los propios mexicanos en el exterior, pero no considerándolos simplemente como centros de consumo, sino como verdaderos aliados estratégicos.

México dispone de un verdadero caballo de Troya en la principal economía del mundo, tan impresionante como perfectamente desperdiciado. Es muy probable que ningún país del mundo despilfarre como el nuestro un bien tan preciado, una ventaja comparativa tan envidiable para los administradores públicos verdaderamente eficientes y visionarios y para los empresarios auténticamente emprendedores y competitivos. Millones de americano-mexicanos continúan esperando la iniciativa de México para transformar esta realidad.

Migración a Estado Unidos: remesas, autoempleo e informalidad laboral se terminó de imprimir en diciembre de 2009 en los talleres gráficos de Infagon, S.A., Escobillera núm. 3, Col. Paseos de Churubusco, Iztapalapa, 09030, México, D.F.
En su formación se utilizaron tipos de las familias
New Century Schoolbook de 11, 10 y 8 puntos,
y CG Omega de 13.5, 10, 8.5 y 7 puntos.

Se tiraron 1500 ejemplares más sobrantes para reposición.